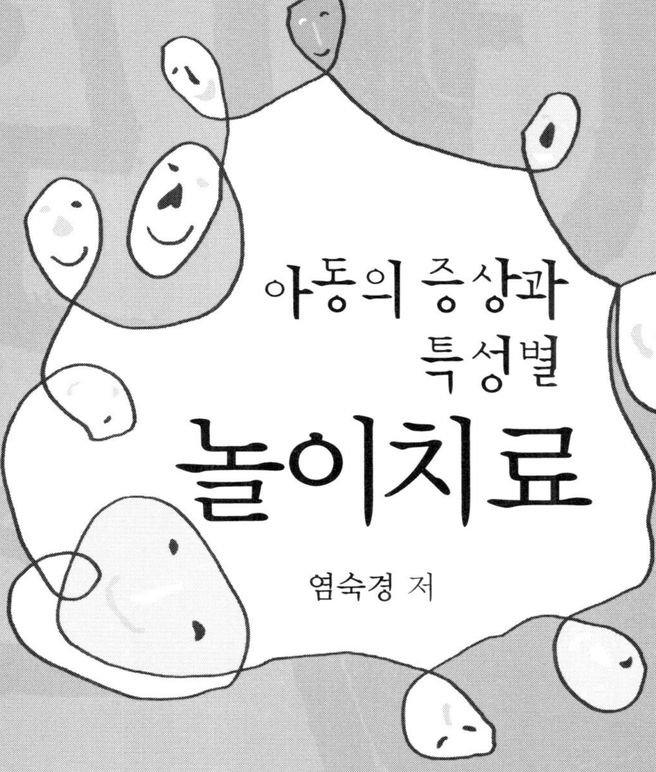

아동의 증상과
특성별

# 놀이치료

염숙경 저

학지사

# | 저자 서문 |

최근 우리나라에서는 놀이치료의 이론과 실제에 관한 책들이 앞다투어 소개되고 있고, 이러한 양적인 증가뿐만 아니라 질적인 면에서도 많은 발전이 이루어지고 있다. 저자가 놀이치료를 공부하고 우리나라 놀이치료 1세대로 활동하기 시작했던 30여 년 전과 비교하면 이는 대단히 큰 변화라 할 수 있다. 그때는 놀이치료에 관한 책의 종류도 부족했을 뿐만 아니라 이마저도 접하기가 쉽지 않아 놀이치료를 연구하는 데 어려움이 많았다.

놀이치료는 말이 잘 통하지 않는 아동의 마음을 이해하고 또 아동이 변화의 길로 들어서게 하는 데 많은 도움을 준다. 그러나 이들을 효과적으로 치료하기 위해서는 많은 노력과 경험, 그리고 지식이 필요하다. 특히 놀이치료를 하면서 서로 다른 특성과 증상을 갖고 있는 다양한 아동에게 한 가지 이론과 방법만을 적용하는 것은 한계가 있다. 그러나 안타깝게도 이렇게 너무나 다양한 특성을 갖고 있는 아동의 개별 특성에 따른 적합한 치료방법을 체계적으로 제시한 책은 찾기가 어려웠다.

이러한 상황에서 나는 그동안의 연구와 경험에 기초하여 놀이치료를 배우는 학생과 치료 현장에서 일하는 사람들에게 아동의 특성과 증상에 따라 좀 더 효과적이고 적절한 놀이치료 방법을 안내하기 위해 이 책을 집필하였다.

최근의 심리치료는 여러 가지 이론적 틀과 방법을 다양한 내담자에게 적용해 가며 내담자 특성에 맞는 치료방법을 발견하는 데 노력을 기울이고 있다. 그러나 어떤 내담자에게 어떤 이론과 방법을 어떻게 적용해야 하는가 하는 문제는 간단하지 않다. 이는 계속해서 연구해 나가야 할 과제로, 실제적인 발전을 위해 오랜 임상 경험을 가진 치료사들이 더욱 적극적으로 나서야만 할 것이다. 또 외국에서 개발되어 적용되고 있는 방법이 우리 현실에도 적합하고 효과적인지 등의 문제도 꾸준히 밝혀 나가야 할 것이다.

이 책에서는 DSM-IV에 제시된 장애에 기초해 임상현장에 흔히 의뢰되는 대표적인 증상을 선택해 제시하였다. 1장에서 6장까지는 아동의 대표적인 여섯 가지 장애를 선정하여 이에 해당하는 아동을 위한 놀이치료를 다루었으며, 7장과 8장에서는 위기를 겪은 아동을 위한 놀이치료를 소개하였다.

각 장마다 먼저 이론을 제시하고 그다음 이론을 실제에 적용하는 방식을 취하였다. 각 장별로 해당 아동에 대한 이해를 돕기 위해 아동의 특성을 기술한 후 놀이치료 방법을 소개하였으며, 마지막으로 이론을 실제에 적용한 예로 부족하나마 저자의 놀이치료 사례를 소개하였다.

앞으로도 계속해서 우리나라 아동과 청소년의 실정에 맞는 다양한 내담자를 위한 놀이치료에 관한 연구가 이어지고, 이에 관한 수준 높은 저서가 출간되어야 할 것이다. 저자 또한 이 책에서 미처 다루지 못한 내용에 대해서는 다음 개정에서 수정 보완할 것을 약속한다. 부족하나마 이 책이 마음의 상처를 가진 아동과 청소년을 위해 작은 도움이 되길 바란다.

끝으로 이 책이 출간될 수 있도록 도와주신 학지사 김진환 사장님, 정승철 차장님, 그리고 편집부 김경민 과장님 등 관계자 여러분께 감사드린다. 또한 8장 사례 제공을 도와준 새길아동청소년상담센터 부소장 백지은 선생님에게도 감사의 마음을 전한다.

2009년 8월

저자 염숙경

# | 차 례 |

# 발달장애아동을 위한 놀이치료

● ● ● 임상현장에서는 발달장애아동을 자주 접하게 된다. 발달장애란 지적인 장애와 신체적인 장애를 모두 포함하는 폭넓은 개념이다. 임상현장을 내방한 발달장애아동을 대상으로 우선적으로 고려해야 할 사항은 지적인 능력에서 장애를 갖고 있느냐 하는 것이다. 그러나 지적인 능력의 장애 여부를 정확히 진단하고 평가하기는 쉽지 않다. 장애가 명백해 보이는 경우도 있으나 장애와 정상의 구분이 모호한 경우도 있다. 이 장에서는 발달장애아동 중 지적장애(정신지체), 전반적 발달장애아동을 위한 놀이치료 방법을 제시한다.

## 1. 지적장애란

### 1) 정의

'지적장애(Intellectual and developmental disability)'란 개정된 장애인복지법의 시행에 따라 기존의 '정신지체(mental retardation)'를 대신해 2007년 10월부터 우리나라에서 사용되는 새로운 법적 명칭이다(배연창, 2007). 그동안 'mental retardation'이란 용어를 번역한 정신지체란 용어가 사용되면서 지적장애인에 대한 편견과 부정적 인식이 커졌고, 이를 대체할 다른 용어가 필요하다는 의견이 오랫동안 제기되어 왔다. 그러던 중 2007년 1월 미국정신지체협회가 미국 지적 및 발달장애협회(American Association on Intellectual and Developmental Disabilities: AAIDD)로 명칭을 변경하면서 우리나라에서도 법적 명칭을 지적장애로 변경하였다.

지적장애란 지적 기능과 적응행동(일상적 사회생활과 실제적인 기술) 둘 다에 심각한 한계가 있는 것으로, 이런 장애가 18세 이전에 시작되는 것을 말한다(Schalock, Luckason, & Shogren, 2007).

지적 기능(또는 지능)이란 학습, 추리력, 문제해결력 등과 같은 정신적 활동을 말하며 지적 기능을 측정하는 한 가지 준거는 IQ 검사다. 일반적으로 표준화된 IQ 검사에서 70이나 75점 정도 이하를 지적 기능의 한계라고 말한다.

적응행동의 한계 또한 표준화된 검사로 정해질 수 있으며 적응행동에는 개념적 기술, 사회적 기술, 실제적 기술의 세 가지 기술이 포함된다.

지적장애를 정의하고 평가할 때 AAIDD는 전문가들이 그 개인의 또래와 문화를 대표하는 지역사회환경, 언어적 다양성, 문화적 차이(사람들이 의사소통하고, 이동하고, 행동하는 방식)도 고려해야 한다고 강조한다. 마지막으로 평가를 할 때는 개인의 한계점뿐만 아니라 장점도 평가해야 하며 지속적으로 개별화된 도움이 제공될 경우의 그 사람의 생활기능수준을 상정해야 한다고 한다.

DSM-IV에서는 아직도 지적장애를 기존의 정신지체 개념으로 사용하고 있으며, 정신지체의 진단기준을 다음과 같이 정의하고 있다(APA, 1994).

**■ 정신지체 진단기준 ■**

(1) 심하게 평균수준 이하인 지적 기능: 개별적으로 실시된 지능검사에서 지능지수가 70 이하(유아의 경우는 지적 기능이 유의미하게 평균 이하라는 임상적 판단)다.

(2) 다음 항목 가운데 적어도 두 가지 항목에서 현재의 적응기능(예: 개인의 연령이나 집단 문화에서 기대되는 기준을 만족시키는 개인의 효율성) 결함이나 장애를 동반한다.

의사소통, 자기돌봄, 가정생활, 사회기술 및 대인관계기술, 지역사회 자원의 활용, 자기관리, 기능적 학업기술, 작업, 여가, 건강 및 안전

(3) 18세 이전에 발병한다.

## 2) 적응행동의 측정

IQ 점수가 지적장애를 판정하는 중요한 규준이 되고 있으나 단순히 인간의 지적 기능을 IQ만으로 판정하는 것에는 문제가 있다는 지적이 많아 AAMD(American Association for the Mental Deficiency; AAMR의 전신)부터는 위에서 말한 적응기능을 포함시켜 규준을 확대했다. 지적장애아동의 적응행동을 평가하기 위한 많은 도구가 있으나 여기서는 다음 두 가지만 제시한다.

### (1) Vineland 사회성숙도 검사

E. Doll이 1965년에 제작한 『바인랜드 사회성숙척도(*Vineland Social Maturity Scale*)』 5판을 기준으로 하여 한국에서도 1969년에 김승국과 김옥기가 표준화하여 사용하고 있다. 사회성숙도 검사는 의사소통, 자조기술, 운동능력, 작업능력, 사회성의 다섯 가지 요인으로 구성되어 있다.

평가는 주로 보호자의 보고를 통해 이루어진다. 사회연령(SA)과 사회성지수(SQ: 정신연령과 IQ 지수와 비슷함)를 계산하여 이 점수를 정상아동과 비교해 수검자의 상대적 위치를 말해 준다.

### (2) AAIDD의 적응행동척도

AAIDD에서는 적응행동을 측정하기 위해 다음과 같이 세 가지 영역을 준거로 구체적 내용을 설정했다(Schalock et al., 2007).

- 개념적 기술: 언어와 문자해독력, 돈, 시간, 수 개념, 자기관리

- 사회적 기술: 대인관계기술, 사회적 책임감, 자아존중감, 속기 쉬움, 용의주도성, 사회적 문제해결력, 규칙과 법을 지키며 희생자가 되는 것을 피하는 능력
- 실제적 기술: 일상생활활동(개인적인 돌봄), 직업적 기술, 보건, 여행과 운송, 계획 짜기와 일과, 안전, 돈 사용, 전화 사용

### 3) 지적장애의 수준

DSM-IV는 지적장애(정신지체) 수준을 다음과 같이 설정하고 있다.

① 가벼운 정도(mild)의 정신지체: 지능지수 50~55에서 약 70까지
② 중간 정도(moderate)의 정신지체: 지능지수 35~40에서 50~55까지
③ 심한 정도(severe)의 정신지체: 지능지수 20~25에서 35~40까지
④ 아주 심한 정도(profound)의 정신지체: 지능지수 20 또는 25 이하
⑤ 정도를 세분할 수 없는 정신지체: 정신지체라는 강한 심증은 있지만 표준화 검사에 의해 지능을 측정할 수 없는 경우

미국교육자협회의 분류방식은 지적장애인에게 필요한 서비스 수준을 확인하기 위해 교육시스템에서 오랫동안 사용되어 왔다. 이 분류에 따르면 IQ 50~75까지를 교육가능급이라고 하여 가벼운 정신지체에 해당하며 일기 쓰기, 수학 등과 같은 기본 학업기술을 가르칠 수 있다고 본다. IQ 30~50까지를 훈련가능급(중간 정도의 정신지체와 유사)이라고 해 학업기술의 숙달은 어렵지만 독립적 생활을 위한 기본 직업기술과 자조자립 기술을 학습할 수 있다고 본다. IQ 30 이하는 심한 정신지체라고 하는데, 이 경우에는 학업이나 직업지도로 도움을 받기 어렵고 많은 보호가 필요하다.

교육적 범주와 DSM-IV 범주는 둘 다 손상의 정도를 강조하기 때문에 아동에게 낙인을 찍으며 능력에 한계를 설정한다는 측면에서 비판을 받아 왔다. 따라

서 AAMR(American Association on Mental Retardation; AIDD의 전신)에서는 필요한 도움의 수준에 초점을 맞춘 분류체계를 갖추게 되었다. AAMR에서는 전통적 IQ에 기초한 손상 수준을 사용하기보다 이들에게 필요한 지원서비스의 정도에 따라 〈표 1-1〉과 같이 정신지체를 범주화하고 있다(Luckason et al., 1992).

〈표 1-1〉 필요한 지원에 따른 정신지체의 범주(AAMR)

| | |
|---|---|
| 간헐적인 | 필요할 때마다 도움: 도움을 항상 필요로 하지 않는 사람들이 대상이 된다. 때에 따라 도와주게 되는데, 이는 주로 생활에서 주된 변화가 있을 경우다(예, 직업상실이나 심각한 의학적 위기). 이러한 도움의 수준은 높을 수도 낮을 수도 있다. |
| 한정적인 | 정해진 시간 동안에만 도움: 필요할 때마다 도와주는 것이 아니라 시간 제한을 둔다. 이 수준은 좀 더 집중적인 도움 수준보다는 소수의 직원과 비용이 필요하다(예, 시간 제한적 고용훈련이나 학교에서 성인으로 이동하는 기간 동안 도와줌). |
| 포괄적인 | 적어도 몇몇 환경(작업장이나 가정과 같은)에서, 그리고 시간 제한적(예, 장기적 도움과 장기적 가정생활 도움)이 아닌 규칙적인(예, 매일) 도움을 준다. |
| 전반적인 | 계속적이고 높은 강도의 도움: 여러 환경에서 지원이 이루어진다. 삶을 유지시키기 위한 강력한 도움이며, 포괄적인 도움이나 한정적인 도움보다 많은 직원이 필요하며 삶의 전체적인 측면에 개입한다. |

### 4) 원인

AAMR에서는 정신지체의 원인으로 감염, 외상, 신진대사장애, 영양장애, 전반적 대뇌질환, 출생 시의 영향, 염색체 이상, 임신 동안의 장애 등을 들고 있으며 이런 요인은 생물학적 과정과 환경적 과정 모두를 포함하고 있다. 이런 조건은 모든 수준의 정신지체와 관련이 있으며, 특히 심한 정신지체와 관련이 있다. 그러나 가벼운 정신지체는 심리사회적 변인이 중요한 원인으로 작용하는 것으로 보인다.

염색체 이상의 대표적인 예는 다운증후군으로 3개의 쌍으로 된 21번째 염색체가 다운증후군의 원인이 되며 산모의 나이가 많을수록 더 결정적인 역할을 한다.

그 외에도 성염색체 이상으로 나타나는 클라인펠터 증후군과 터너 증후군은 성염색체 이상에 의한 장애 중 가장 널리 인식되고 있는 유형이다. 클라인펠터 증후군은 하나의 초과 X염색체를 지닌 남성에게서 발생한다. 이 증후를 보이는 남아의 25~50%가 심하지는 않으나 정신지체 현상을 보인다. 터너 증후군은 1개의 X염색체만 지닌 여성에게서 발견된다. 이 증후군에서 가벼운(mild) 정신지체가 나타난다는 보고가 있으나 심한(profound) 정신지체는 잘 나타나지 않는다.

출생 전후의 많은 요인이 중추신경계를 손상시키고 그 결과 정신지체를 가져올 수 있다. 임신부가 임신 3개월 이내에 풍진에 감염되면 태아에게 많은 손상을 가져올 수 있는데 정신지체가 그중 하나다. 또한 매독은 태아사망과 정신지체의 원인이 된다. 임신 초기 다량의 방사선에 노출, 만성 알코올 중독, 고연령(35세 이상), 임신 기간 동안에 가해지는 심한 정서적 스트레스는 영아의 정신지체 위험을 증가시킨다.

조산과 출생 전 질식(분만 시 혹은 분만 직후의 산소결핍)은 출산 시의 위험요인이다. 출생 후의 요인은 머리손상(주로 교통사고와 아동학대로 생김), 뇌염, 뇌막염(세균, 바이러스, 결핵균의 감염에 의한 뇌의 염증)인데 이런 일이 영아기 동안 일어나면 특히 위험하다. 뇌성마비, 발작장애(간질), 아동이 먹은 인스턴트 음식 안에 있는 납과 수은 중독도 정신지체와 관련이 있다.

이 외에도 가족 및 사회문화적 요인이 정신지체의 원인으로 논의되고 있다. 이런 아동은 흔히 신체적으로는 정상으로 보이고 적응기능도 좋은 편이어서 IQ 점수를 근거로 판별하고 있다. 이들의 지능범위는 IQ 50~70이며, 성장하면서 직업적으로나 사회적으로 적응할 수 있게 됨으로써 일반 사회에 흡수·통합된다.

이 범위에 속하는 IQ를 가진 아동 가운데 가정의 사회경제적 지위가 낮은 경우가 많다. 빈곤, 임신 중 발달기의 위험이나 미숙, 출생 후의 영양실조, 질병 및 의료적 관심 부족, 저소득층에서 볼 수 있는 대가족 등은 아동의 지능과 역관계를 지닌다. 사회경제적 지위에 따라 부모와 아동의 상호작용 양식이 다르며 이런 요인 모두가 지적 발달과 관련이 있다. 즉, 아동에 대한 엄마의 낮은 관심, 가정의 부적절한 물리적 환경조직과 언어화 과정, 성취에 대한 낮은 기대, 낮은 동기유발 등이 낮은 지적 발달과 관계가 있다(Nelson & Israel, 1990).

## 5) 치료

### (1) 약물치료

정신지체만을 위해 사용되는 것은 아니며 그에 수반되는 장애의 일부에도 사용되어 왔다. 아동이 보이는 증상에 대한 치료를 목표로 하며 우울증이나 자해, 상동증적 행동, 충동성을 감소시키는 데 효과적이다.

### (2) 심리치료

최근까지도 정신지체 아동은 제한된 이해력과 언어능력, 충동통제의 곤란, 문제상황에서의 수동성 때문에 심리치료가 맞지 않는 것으로 여겨져 왔다. 그러나 놀이치료나 미술치료 같은 비언어적 기법은 긴장이완과 자기표현 등 두 가지 기능이 가능하다. 언어적 기법은 느낌에 대한 명료화와 해석뿐만 아니라 확신이나 지지, 토의, 충고 등에 유용하게 사용될 수 있다.

집단상담은 심리치료 중 가장 대중적이면서도 다양한 형태가 있다. 토의, 놀이, 수공예, 영화, 여행 등의 활동을 하는 형태가 있고 느낌에 대한 회상이나 해석 등에 중점을 두는 형태도 있다. 부모집단은 공통적인 문제점이나 상호 관심을 갖고 있는 문제에 대해 토의의 기회를 제공한다.

### (3) 행동수정

가장 성공적이면서 널리 사용되는 치료기법이다. 이 기법은 광범위한 행동을 증가시키는 데 사용되어 왔다. 자조행동(변 보기, 먹기, 옷 입기), 일중심행동(생산성, 과제 완수), 사회적 행동(협동, 집단활동), 비학업적인 교실 내 행동(주의하기, 차례 지키기, 적절한 시간에 말하기), 학업적인 학습(산수, 어휘) 등이며 주의를 끌기 위한 행동이나 공격성 또는 자해행동과 같은 바람직하지 않은 행동을 감소시키는 것도 포함된다. 이 기법의 중요한 이점은 부모가 가정에서 능동적으로 치료

프로그램에 참여할 수 있다는 점이다(Wenar, 2004).

(4) 특수교육

교육가능급이나 훈련가능급 정신지체아를 위해서는 특수교육이 필요하다. 교육가능급 정신지체 아동은 적어도 초등학교 3학년 수준의 수행을 기대하거나 때로는 6학년 수준까지도 기대한다. 훈련가능급 정신지체 아동은 전통적인 학업기술을 습득하리라고 기대하기 어렵기 때문에 제한된 환경 내에서 기능하도록 가르친다.

특수학급에서 교육가능급 학생들은 사회적 역량과 직업적 기술을 증진시키기 위한 도구로서 학과를 배우며 개별적인 주의를 기울일 수 있는 소수 학급이 권장된다. 이 아동이 6~10세(MA로는 3~6세)가 되면 흔히 유치원에서 하는 일종의 준비 프로그램을 시행하게 되는데, 주로 언어의 풍부화, 자신감, 건강, 일, 놀이 습관 등을 강조하는 프로그램이다. 9~13세(MA로는 6~9세)가 되면 3R(읽기, 쓰기, 셈하기)에 포함된 기본 학습기술을 숙달할 수 있게 되고 중학교나 고등학교에 가면 직업적응을 위한 훈련을 받게 된다. 직업교육은 정확성이나 지시에 따르기와 같은 적합한 작업습관을 기르는 데 중점을 두게 되는데 대부분의 직업적 실패는 낮은 정신능력 때문이라기보다 적응력 부족 때문이다. 정규교육을 받은 후 보호작업장이나 직업재활원 등에서 복잡한 현대사회에 적응할 수 있도록 도움을 받는다.

훈련가능급 학생을 위한 교과과정은 자기 돌보기, 의사소통기술, 작업습관, 지시에 따르기, 기초적인 사회참여 등을 강조한다. 이런 아동은 유용한 일에 종사하거나 보호적인 가족환경 내에서 적응을 할 수는 있으나 성인으로서 사회적, 경제적 독립을 이루지는 못한다.

정신지체 아동을 정규학급에서 교육하는 것을 주류화(main streaming)라고 한다. 연구결과 주류화가 특수학급에 배치하는 방식과 비교해 교육가능급 정신지체 아동에게 학업성취, 사회적 수용, 긍정적 자기개념 형성 등에 별 차이를 가져오지 않는다고 한다(Wenar, 2004).

## 2. 전반적 발달장애란

전반적 발달장애(Pervasive Developmental Disorder)는 발달의 여러 분야, 즉 사회적 상호작용과 의사소통기술에서 심각하고 광범위한 장애가 있거나 상동증적인 행동 및 관심, 활동이 있는 것이 특징이다. 또한 장애가 개인의 발달수준이나 정신연령에 비해 질적으로 명백히 이탈되어 있다. 이 장애에는 자폐성 장애(Autistic Disorder), 레트장애(Rett's Disorder), 소아기 붕괴성 장애(Childhood Disintegrative Disorder), 아스퍼거 장애(Asperger's Disorder), 기타 전반적 발달장애(PDD NOS)가 포함된다. 이런 장애는 일반적으로 생의 초기부터 명백히 나타나고 어느 정도 정신지체와 관련된다. 과거에는 '정신병'이나 '소아정신분열증' 같은 용어가 이런 상태에 있는 개인에게 사용되었으나 전반적 발달장애는 정신분열증과 분명히 다르다는 증거가 있다(그러나 때로는 전반적 발달장애가 있는 소아가 후에 정신분열증이 되는 경우도 있다). 여기서는 전반적 발달장애 중 가장 대표적인 자폐성 장애의 DSM-IV 기준에 대해 살펴본다(APA, 1994).

**■ 자폐성 장애의 진단기준 ■**

다음 (1), (2), (3)에서 총 6개(또는 그 이상)의 항목 중 적어도 (1)에서 2개 항목, (2)와 (3)에서 각각 1개 항목이 충족되어야 한다.

(1) 사회적 상호관계의 질적 손상으로서, 다음 항목 중에서 적어도 두 가지가 나타나는 경우
- ① 사회적 상호작용을 조절하기 위한 눈 맞춤, 얼굴표정, 신체적 자세나 몸짓과 같은 여러 가지 언어적 행동의 현저한 손상
- ② 발달수준에 적합한 또래관계를 발전시키지 못하는 것
- ③ 다른 사람의 행복감에 대해 기뻐하는 능력의 현저한 결여
- ④ 사회적 또는 정서적 상호성의 결여

(2) 의사소통의 질적 손상으로서 다음 사항 중 적어도 한 가지가 나타나는 경우
- ① 구어의 발달지연 또는 완전한 결손(몸짓이나 동작과 같은 의사소통의 대체적 형태

로 보상하려는 시도를 수반하지 않는 경우)
② 말을 적절하게 하는 아이의 경우 다른 사람에게 말을 걸거나 지속하는 능력의 현저한 장애
③ 언어 또는 괴상한 언어를 상동증적 또는 반복적으로 사용
④ 발달수준에 적합한 다양한 자발적인 가장놀이(pretend play) 또는 사회적 모방놀이의 결손

(3) 제한적이고 반복적이며 상동증적인 행동, 관심, 활동으로서 다음 항목 중 적어도 1개 항목이 나타나는 경우
① 강도나 초점에 있어 비정상적인 한 가지 또는 그 이상의 상동증적이고 제한된 관심에 몰두
② 특이하고 비효율적인 틀에 박힌 일이나 의식에 대해 매우 고집스럽게 집착함
③ 상동증적이고 반복적인 동작성 매너리즘(예: 손이나 손가락으로 딱딱 때리거나 비틀거나 또는 상동증적이고 반복적인 몸 전체의 복잡한 움직임)
④ 대상의 부분에 대한 지속적 몰두

### 1) 유병률 및 경과

인구 1만 명당 2~5명이 발병한다고 보고되고 있고 남아가 여아보다 3~4배 높은 출현율을 보이고 있다. 자폐증후군이 나타나는 연령에 대해서는 다소 다른 견해가 있다. Kanner는 출생 직후에 자폐증후군이 나타난다고 보고했으나 후속 연구에서는 1/3의 자폐아가 일정 기간 동안 정상발달을 보인 후에 자폐증을 보인다는 사실이 관찰되었다. 그러나 이런 것은 부모의 보고에 의존하므로 부정확할 가능성이 있다. Lotter(1966)는 전형적 자폐증상은 3~5세 사이에 나타난다고 보고했다. 그러나 이런 경우를 DSM-IV에서는 기타 전반적 발달장애(PDD NOS)로 분류했다(곽영숙, 1996).

자폐증은 일반적으로 만성적인 질병이다. 예후에 관해서 Lotter(1978)는 5~10%의 자폐아가 전반적인 사회적 적응에서 좋은 결과를 보였다고 보고하였고 Gillberg(1990)도 소수의 자폐인은 생산적이고 자족적인 성인기를 보냈다고 보고했다. 그러나 그들도 대인관계에서는 어려움을 나타내었고 몇 가지 이상행

동을 보였다.

Lotter(1978)의 연구에서는 61~74%가, Gillberg(1990)의 연구에서는 2/3가 심한 장애로 인해 어떤 유형의 독립적인 생활도 영위할 수 없는 좋지 못한 예후를 보였다.

예후와 관련된 요인으로는 IQ, 구어사용 여부, 장애 정도를 들 수 있으며 이 중에서도 IQ가 예후를 가장 잘 예언해 준다. 이 밖에도 학교와 일터에서의 상태, 학교에 다닌 기간, 사회적 성숙도, 사회적 행동 정도, 발달기준에 도달한 연령 등이 예후와 관련이 있었다.

### 2) 원인

가계 및 쌍생아 연구 모두에서 유전적 요인이 자폐증의 병인으로 중요한 역할을 한다고 지적하고 있다. 그러나 정확히 자폐증의 어떤 측면이 유전되며 유전적 물질이 자폐증으로 변화되는 기제는 어떤 것인지 아직 밝혀지지 않고 있으며 이는 앞으로의 과제로 남아 있다.

신경학적 요인이 자폐증과 관련된다는 여러 연구가 있다. 뇌의 단층촬영 등에 의해 자폐증의 소뇌이상과 주요 뇌조직의 손상이 있다고 보고되기도 하였으나 (Gillberg, 1988) 이런 결과는 아직 확인된 것이 아니다. 또한 자폐아에게서 비정상적 EEG가 많이 발생하지만 이것이 자폐 행동과 관련이 있는지는 분명하지 않다(Schreibman & Charlop, 1989).

좌반구 결함이 자폐증의 병인이란 가설이 제기되고 있으나 이로 인해 자폐증의 언어 문제는 나타날 수 있으나 이것이 자폐증의 병인이라고 말하기는 어렵다.

신경화학적 요인, 특히 대뇌신경 전달물질인 세로토닌의 감소에 관한 주장이 있다. 세로토닌은 신경세포 간의 의사소통을 맡고 있는 '화학적 전달자(chemical messengers)' 중의 하나다. 정상 발달을 하면서 세로토닌의 수준은 감소하지만 자폐아의 어느 하위집단에서는 이런 감소가 나타나지 않았다. 이는 자폐아의 신경체계가 상대적으로 미성숙하다는 사실을 뒷받침하는 것으로 해석되고 있다. 그러나 이 결과는 자폐아의 일부 집단에서만 관련이 있다(Wenar, 2004).

### 3) 평가

전반적 발달장애아동에 대한 종합적이고 타당한 평가를 위해 다음과 같은 사항이 다양하게 평가되어야 한다.

#### (1) 부모면담

아동의 과거 발달사에 대한 조사를 한다. 아동과 엄마의 의료기록을 참고하며 출산 전 감염, 출혈, 출산 시 문제, 출산 후 뇌손상을 일으킬 만한 사건, 유아기의 질환, 특히 초기 발달과정에 초점을 맞추며 영아가 보이는 눈 맞춤, 모방행동, 옹알이, 주 양육자와의 애착 형성 여부, 발달상의 불균형, 좋아하는 놀이 및 놀잇감, 신체발달, 사회성, 언어적 · 비언어적 정서표현, 언어능력 등에 관한 질문에 대한 답을 수집한다. 또한 양가 가계에서 자폐증과 관련된 증상을 갖고 있는 사람이 있는지 가족력도 조사한다.

#### (2) 놀이관찰 및 평가

다양한 상황에서 아동을 평가하기 위해 비구조화된 상황과 구조화된 상황을 제시하고 그에 따른 반응을 평가한다. 놀이치료실에서 아동을 맞이하여 처음에는 다소 수동적 역할을 하면서 아동이 놀잇감과 사회적 상황에 어떻게 대처하는지를 본다. 그런 후 다소 적극적으로 아동이 어떻게 반응하는지 살펴보며 다양한 자극을 주고 놀잇감을 통해 상호작용능력과 반응성을 평가한다. 많은 자폐아동이 놀이를 시작하고 조직화하는 데 어려움이 있다. 따라서 자유놀이 상황에서 무엇을 하는지, 적절하게 노는지, 아니면 반복행동이나 상동증에 빠지는지를 알아본다. 또 놀이의 다양성과 창조성이 어느 정도인지, 모방과 역할놀이 및 상상놀이 등이 가능한지도 본다. 자폐아동은 이런 놀이를 제대로 하지 못한다. 자폐증의 특징일 수 있는 놀이의 괴상함, 제식 행동, 변화에 대한 저항, 비이성적 집착 및 대상에 대한 비이성적 애착 등이 있나 알아본다.

정상아동은 보통 처음 보는 치료자에게 어느 정도의 위축을 보이다 시간이 지나면서 차츰 평온을 되찾는데 자폐아에게서는 이런 반응과 변화를 볼 수 없다. 사회성, 언어, 감정표현의 정도, 감정의 범위와 질, 감정표현의 적절성에 주목한다. 물건의 냄새를 맡거나 느끼는 것, 사람 자체가 아닌 사람의 부분에 반응하는 것, 상동증, 자해 행동, 상동적 놀이나 말 등 모든 이상행동에 주목한다. 자세, 걸음걸이, 몸 동작, 펄쩍펄쩍 뛰는 행동, 몸이 뻣뻣한 것, 자기를 깨무는 행동, 귀 막기, 손 펄럭임, 박수, 손을 쥐어짜는 행동, 손이나 물건을 입에 넣는 것, 얼굴 찡그림, 시각적 자기자극 행동 등을 관찰한다.

구조적 놀이를 통해 아동을 체계적으로 관찰, 평가하는 도구로 Lord와 Schopler(1989)자폐증 진단 관찰표가 있고, 언어능력이 없는 더 어린 아동을 위한 도구로 DiLavore와 Lord 및 Rutter(1995)의 전언어기 자폐진단 관찰척도도 있다.

### (3) 인지기능의 평가

아동의 현재 인지수준을 정확히 평가하는 것은 진단, 예후, 치료를 계획하는 데 결정적으로 중요하다. 심리검사를 하는 것이 필수적이나 이것만 단독으로 고려해서는 안 된다. 부모와 교사에서부터 집과 학교에서 있었던 아동의 과거행동에 대한 과거력이 아동의 인지수준을 추측하는 데 사용되어야 하고 또 다른 상황에서 아동을 관찰한 근거를 고려하여 판단해야 한다.

아동의 전체 지능을 알아보아야 한다. 전체 지능은 환경에 대한 호기심, 즉 새로운 상황에 어느 정도 호기심을 갖는지와 사물이 어떻게 작용하는지를 알아내는 능력, 문제해결 방식, 사회적 성숙도, 놀이 등을 통해 평가해야 한다.

구조화된 검사도 필요하다. KEDI-WISC 검사나 더 어린 아동을 위해 K-WIPSSI 검사가 이용되며 아주 어린 아동에게는 Bayley 검사가 이용된다. 그 외에도 PEP 검사, K-ABC 검사, PTI 등도 실시할 수 있다. 이때 지시 따르기 능력,

언어적 이해능력의 정도가 검사 실시의 관건이 된다. 검사 실시의 어려움이 있지만 잘 고려하면 검사 실시가 가능하다. 무엇보다 쉬운 항목에서 시작해야 하며 집중해서 지시를 이해했는지 확인해야 한다. 또 복잡한 언어적 지시나 언어적 반응을 요구하는 것은 피하는 것이 좋다.

정신지체가 함께 있건 없건 자폐아를 구별 짓는 특징적인 인지 패턴이 있다.

첫째, 특정 능력의 돌출이다. 숫자를 외우는 기술과 같은 기계적 기억, 음악과 예술, 시공간 능력 등이 특별히 뛰어날 수 있다. 둘째, 최근 사건에 대한 기억손상이 있는 것으로 보이는데 정보가 주어지지 않거나 개방된 질문이 주어졌을 때 지나간 일을 기억하는 데 장애를 보인다. 이것은 진짜 기억력 결핍이 아니라 기억입력에 접근하는 방법에 문제가 있는 것일 수도 있다. 셋째, 문제 해결과 해석에서 구체적인 구별은 잘하나 형식적인 구별이 어렵다. 구체적인 방법을 쓰는 것이 평생 지속된다. 넷째, WISC 지능검사에서 특이한 프로파일을 보여 특정 분야에 따라 높고 낮음이 크다. 시공간 능력은 우수하나 언어와 직관, 공감과 관련된 검사에서는 매우 낮은 점수를 보인다.

언어능력도 평가해야 한다. 언어능력의 평가는 과거력 청취, 관찰, 표준화된 검사를 이용한다. PPVT(Peabody Picture Vocabulary Test)는 어휘를 인식하는 능력을 간단히 측정하는 데 도움이 된다.

학령기 아동은 학업성취를 평가한다. 자폐아동의 이해능력은 종종 기계적 학습능력에 비해 뒤지므로 두 가지를 다 측정할 수 있는 검사가 필요하다(곽영숙, 1996).

#### (4) 측정도구

자폐증, 정신지체 아동의 지적능력을 평가하고 감별하기 위한 측정도구로 다음과 같은 것이 있다.

**1 베일리 유아발달척도**(Bayley Scale of Infant Development: BSID)

1~30개월 사이의 유아를 대상으로 발달평가를 하는 검사다. 유아의 전반적

인 발달상태를 평가하고 정상발달에서 이탈이 발견되는 경우 이탈 정도를 평가해 보기 위해 개발되었다. IQ가 아니라 발달지수를 산출하며 지능척도, 운동척도, 유아행동기록의 세 부분으로 구성되어 있다. 감각기관 사용에 문제가 있거나 운동활동이 제한되는 장애를 가진 경우에는 이 검사로 쉽게 평가하기 어렵다. 발달척도 중에서는 우수한 것으로 평가받은 도구다(정문자, 이은해, 박경자, 1993).

**② 덴버 발달선별검사**(Denver Developmental Screening Test: DDST)

임상에서 간편하게 광범위하게 사용되는 검사로 실시가 간편하고 빠르다는 이점이 있고 생후 2주부터 6세까지의 아동에게 개별적으로 실시할 수 있다. 시각장애, 청각장애 같은 특수한 장애를 가진 아동의 측정뿐만 아니라 정상유아를 위해서도 많이 사용된다. 개인적-사회성 영역, 소근육-적응 영역, 언어 영역, 운동 영역의 네 영역에 대해 직접 관찰하거나 엄마의 진술로 실시할 수 있다(구본권, 2000).

**③ 포테이지 아동발달 지침서**(Portage Guide to Early Education: PGEE)

발달의 다섯 가지 영역(운동성, 인지, 언어, 사회성, 자조기술)에 대한 문항으로 구성되어 있으며 0～6세 아동의 발달 정도를 체크한다. 각 영역별로 아동의 현재 발달 정도가 몇 세에 해당하는지를 알 수 있다. 영역별 발달 정도를 살펴봄으로써 정신지체와 발달장애를 어느 정도 구분할 수 있다. 정신지체아동은 각 발달 영역이 비교적 고루 지체되어 있으며 자폐아동은 다른 영역보다 사회성과 언어 영역이 현저히 지체된다.

**④ 아동기 자폐증 평정척도**(Childhood Autism Rating Scale: CARS)

15개의 요인으로 구성되어 있으며 각 문항은 다음의 요인을 평가하도록 되어 있다. 평가는 4점 척도로 이루어지며 총점으로 자폐증의 여부를 판단한다(Schopler & Reichler, 1996).

① 사람과의 관계
② 모방
③ 정서반응
④ 신체 사용
⑤ 물체 사용
⑥ 변화에 대한 적응
⑦ 시각반응
⑧ 청각반응
⑨ 미각, 후각, 촉각 반응 및 사용
⑩ 두려움 또는 신경과민
⑪ 언어적 의사소통
⑫ 비언어적 의사소통
⑬ 활동 수준
⑭ 지적 반응의 수준과 항상성
⑮ 일반적 인상

**5 자폐아, 발달장애아 교육진단검사**(Psycho Educational Profile: PEP)

PEP는 학습에 문제를 갖고 있는 아동의 행동과 능력을 평가하도록 구성되어 있다. 또한 이 검사를 가지고 개별화된 교육 프로그램을 작성할 때 활용하도록 제작했다(Schopler & Reichler, 1987).

생활연령이 1～12세면서 정신연령이 1～5세인 아동에게 적합하다. 7개의 기능 영역과 1개의 병리척도로 구성되는데 복합적인 여러 수준으로 과제가 구성되었다. 각 영역별로 상대적인 강점, 약점, 병리행동의 정도가 프로파일로 나타난다. 채점은 합격, 불합격, 싹트기 반응으로 나눈다. 전체 항목은 139개며 실시와 채점에 소요되는 시간은 45～75분이다. 과제해결의 속도를 보는 검사가 아니며 검사시간은 아동의 기능 수준에 따라 결정된다.

발달진단으로 쓰일 때 PEP는 모방, 지각, 소근육 운동, 대근육 운동, 눈과 손의 협응, 언어이해, 언어표현 능력의 7개 기능 영역의 발달 수준을 측정한다. 병리척도는 자폐아나 발달장애아를 진단하기 위한 목적으로 작성되었다. 5개 하위 영역으로 나눠는데 대인감정 및 사람과의 관계, 협력과 관심, 놀이와 물체와의 관계, 감각, 언어다.

PEP의 특징은 다음과 같다.

- 각 항목은 경험적 과제로서 적당한 것으로 선택했다.

- 검사항목은 1~7세까지의 발달단계에 따라 배열했고, 특히 낮은 연령 과제에 중점을 두었다.
- 획일화된 검사 상황을 개선하기 위해 검사항목의 순번을 정하지 않았다. 또한 실시방법을 융통성 있게 변경시킬 수 있도록 했다.
- 언어능력에 결함이 있는 아동을 대상으로 한 것이므로 각 과제는 가능하면 언어지시에 대한 이해가 필요하지 않은 것으로 선택했다.
- 반응을 채점할 때는 다른 검사에서는 무시해 버리기 쉬운 반응도 기록하여 개별학습 프로그램 구성에 이용하도록 하였다.

**⑥ 한국 웩슬러 유아지능검사**(Korean-Wechsler Preschool and Primary Scale of Intelligence: K-WIPSSI)

만 3세부터 만 7세 3개월까지의 아동을 대상으로 한 지능검사다. 그러나 어린 영재아동이나 나이가 많은 지체아동과 같은 경우에는 이 범위를 벗어나더라도 사용할 수 있다. K-WISC도 실시할 수 있는 연령(5~7세)의 아동 중에서 평균 이상의 지능을 가지고 보통 수준의 의사소통능력이 있는 아동에게는 K-WISC를 사용하는 것이 좋으며, 지능이나 의사소통능력이 평균 이하인 아동에게는 K-WIPSSI를 실시하는 것이 좋다. 동작성 지능과 언어성 지능을 따로 평가할 수 있어서 정신지체나 자폐증을 판단하는 데 도움을 줄 수 있다(Wechsler, 1996).

**⑦ 그림지능검사**(Pictorial Test of Intelligence: PTI)

미국의 Joseph I. French가 제작한 그림지능검사를 우리나라에서 사용할 수 있도록 번안 · 표준화한 것이다. 정신지체 아동이나 발달장애 아동, 뇌성마비 아동 등 특수아동에게 사용하기 쉽도록 만들어져 있다. 4~7세 정도의 간단한 지시를 알아들을 수 있는 아동이면 사용할 수 있다. 검사문항에 대한 반응을 그림으로 선택하도록 되어 있어 언어표현에 한계가 있는 아동에게도 이용 가능하다. 어휘, 형태변별, 상식 및 이해, 유사성 찾기, 크기와 수, 회상능력의 여섯 가지 소검사로 구성되어 있다(French, 1985).

### 4) 치료

#### (1) 특수교육

학령전기에 자폐아를 확인하여 매우 구조화된 환경에서 특수교육 프로그램을 통해 치료한다. 자폐아의 치료는 사회적, 언어적 발달을 촉진시키고 부적응 행동(지나친 움직임, 상동행동, 자해행동, 공격성)을 최소화하는 데 중점을 두고 있다.

#### (2) 행동치료

1960년대 이래로 많은 연구가 행동치료로 자폐아에게 사회적 적응과 인지 및 운동기술을 가르칠 수 있음을 입증했다. Lovaas와 그의 동료들(1976)은 자폐아의 행동치료에 포함되는 몇 가지 원칙을 제시했다. 자폐아는 개인차가 심하므로 행동치료 프로그램이 개인별로 작성되어야 하며, 일반화에 문제가 있으므로 일반화를 위한 단계가 필요하고, 아동의 사회적 발달을 촉진시키는 것이 치료목적의 하나이므로 시설에서의 장기간의 치료는 절대로 바람직하지 않다고 한다. 유아기의 강도 높은 행동치료는 결정적으로 중요하며 효과가 장기간 지속되는 긍정적인 결과를 보였다고 한다(McEachin, Smith, & Lovaas, 1993에서 재인용).

언어를 가르치고, 손 흔들기나 기타 자기자극 행동(발끝으로 걷기, 몸 흔들기, 손가락 흔들기 등)과 같은 부적절한 행동을 줄이기 위해 행동치료 기법이 사용되어 왔다.

#### (3) 가족중심접근법

가족이 더 잘 적응하도록 돕기 위해 가족과 밀접하게 협력하는 것에 초점이 맞추어져 있다. 일부 연구에서 자폐아의 형제나 부모에게서 불안을 동반한 적응장애가 보이고 대조군보다 우울과 스트레스 점수가 높게 나타난다고 보고했다. 가족의 적응에 영향을 주는 중요한 요소로 질병의 정도와 엄마가 받는 사회적 지지, 엄마의 조절능력, 기관의 연계 여부 등을 들 수 있다. 자폐아의 부모, 형제자매, 특수교사를 훈련시켜서 행동치료를 실시하도록 하는 가족중심접근법도 좋은 결과를 보였다(Hemsley et al., 1978).

#### (4) 약물치료

약물치료가 자폐증의 경로를 바꾸지는 못하지만 과잉운동, 위축, 상동증, 자해행동, 공격성, 수면장애, 기분 변화 같은 특정 증상을 통제하는 데 도움이 된다. 할로페리돌(haloperidol)은 특히 자폐아의 위축과 상동증에 호전을 가져왔고 클로미프라민(clomipramin)은 강박적이고 제식적인 행동, 상동증, 사회관계, 공격적이고 충동적인 행동에 도움을 주었다. 그러나 이런 약물은 초조, 식욕감소, 졸음, 활동감소 등의 부작용도 있었다. 그 외에도 플루옥세틴(fluoxetine), 뉴로펩티드(neuropeptide), 리스페리돈(risperidone), 올란자핀(olanzapine) 등도 사회관계와 자폐 증상의 전반적 호전에 도움이 된다고 보고되었다(전성일, 2000).

#### (5) 놀이치료

자폐아동을 위해 놀이치료를 이용하는 것은 특이한 것이 아니다. 놀이치료가 자폐아동의 근본적이고 유일한 치료는 아니라 하더라도 다른 어떤 치료보다 자폐아동의 애착 형성, 사회적 상호작용과 대인관계, 감정이입, 통합능력의 발달에 좋은 효과를 보인다.

특히, 대인애착이나 유대관계를 잘 맺지 못하는 것이 자폐증의 핵심적이고 중요한 증상임을 고려할 때 놀이치료를 통해 치료자와 좀 더 밀접한 애착관계를 체험함으로써 대부분의 경우 대인애착이 더 일반화되고 사람에 대한 긍정적 관심이 증가한다. 또한 사회적 상호작용의 동기가 증가하며 범위와 빈도가 확대되는 것을 경험하게 된다.

이들의 사회적 반응성(social responsiveness)을 촉진시키기 위해 놀잇감과 놀이를 사용한 사람들이 있다. Dawson과 Adams(1984)는 사회적 기술을 증가시키고 고착적 놀이(perseverative play)를 감소시키기 위해 놀잇감을 이용하였다. Dawson과 Galpert(1990)는 엄마가 자폐아동에게 놀잇감 놀이를 모방하게 함으로써 그 아동의 주의집중력이 증가되고 반복적인 놀이가 줄었다는 연구결과를 보고했다.

Leland(1983)는 놀잇감은 발달이 지체된 아동이 그들의 환경을 조정하고, 창조하고, 변화시킬 기회를 준다고 하였다. 이를 통해 발달지체아동은 자기를 둘러싼 세상에 대한 인식을 증가시키고 그들의 적응능력을 향상시킨다고 보았다.

발달장애아동을 대상으로 한 놀이치료는 접촉에 의한 치료를 강조하는 발달놀이치료(developmental playtherapy)나 치료놀이(theraplay) 등 좀 더 계획적이고 구조화된 놀이치료를 통해서 많이 이루어지고 있다. 또한 놀이는 자폐아동이 특수교육이나 행동치료 등을 통해 습득한 각각의 것을 놀이를 통해 표현하고 응용하며 실험함으로써 경험을 통합하고 감각통합을 할 수 있는 장(場)의 역할을 한다.

Bromfield(1989)는 고기능 자폐아동(high functioning autistic boy)을 정신분석적 놀이치료로 성공적으로 치료한 사례를 보고하고 있다. 이 치료는 주 2회로 진행했고 아동은 명백한 자폐증상(손 흔들기, 반복적 움직임과 눈맞춤의 회피)을 갖고 있었다. 또한 자폐아동에게 흔치 않은 증상도 보였다. 아동은 다른 사람, 특히 치료자와 친밀한 관계를 맺고자 하는 욕구를 보였다. 또한 회기가 끝날 때면 슬퍼했고 치료가 진행되면서 초기보다 더 확실하게, 편안하게 의사소통을 할 수 있었다. 자폐적 상동증적 움직임은 줄었고 아동은 좌절과 불안을 좀 더 효과적으로 다룰 수 있었다.

Turley(1998)는 다른 자폐아동의 놀이치료에 대한 사례를 보고했는데 자신의 치료를 실존적 놀이치료(existential playtherapy)라고 불렀다. 1년간 진행했으며 아동은 주로 물감과 모래를 가지고 놀면서 치료자와 그리고 나중에는 다른 놀잇감과 상호작용을 늘려 갔다. 그리고 좀 더 언어표현이 증가되고 행복감과 자기표현능력을 발달시켰고 믿을 만한 성인과 관계를 맺었으며 학교적응도 쉬워졌다.

전통적인 형태의 심리치료가 성공적이었다는 몇몇 보고에도 불구하고 많은 치료자가 자폐아동에게 이런 치료를 하는 것을 꺼려 왔다. 그것은 반복적이고 창의성이 부족한 자폐아동의 놀이가 전통적 치료의 사용에 걸림돌이 되고 있기 때문이다(Wulff, 1985). 그러나 언어적으로 의사소통에 장애가 있는 자폐아동에게 놀이치료는 하나의 대안이 될 수 있다. 이들은 인지기능이 저하되어 있기 때문에 연령에 관계없이 놀이치료에 더 잘 반응한다. 고기능 자폐아동 또한 놀이치료에 잘 반응한다(Bromfield, 1989). Wulff(1985)는 아동의 심한 의사소통과 언어 결손 장애 때문에 자폐아동의 평가에 놀이를 도입했다. Dawson과 Galpert(1990)는 자폐아동의 사회적 반응을 증가시키는 데 모방놀이가 성공적이었다는 것에 기초해 놀이가 다른 심리적 관심으로 일반화될 수 있다고 보았다.

놀이치료의 매개물인 놀이는 자폐아동의 사회적 능력과 인지수준, 환경에 대한 호기심의 수준, 놀이의 복잡도(상상놀이의 가능성 여부) 등을 평가할 수 있다. 또 놀이에서 특이함의 정도, 즉 제식적 행동, 변화에 대한 저항, 특정한 대상이나 이상한 놀이에 대한 집착과 흥미를 보이는 정도 등이 그대로 드러나게 된다. 또 놀이의 내용, 유형, 질을 평가하고 필요한 부분을 수정하고 발달시키는 데 도움이 된다. 많은 자폐아동이 놀이를 스스로 시작하고 조직화하는 데 어려움이 있으므로 놀이를 통해 우선 그 정도를 파악한 후 놀이치료를 해 나가며 아동이 놀이를 배우고 조직화하고 상호작용놀이와 역할놀이, 상상놀이도 습득하는 등 놀이 수준이 향상될 수 있도록 돕는다. 자폐아동 또한 아동의 특성상 단순한 형태라도 놀이는 하므로 이는 다른 것으로 파악하기 어려운 아동의 중요한 측면을 이해하도록 돕고 부족한 부분을 자연스럽게 발달시킬 수 있게 해 준다.

### 5) 심리치료의 목표와 개입전략

자폐, 전반적 발달장애아동의 심리치료에서는 다음과 같은 목표와 개입전략을 계획할 수 있다.

#### (1) 장기목표

① 타인과 간단히 의사소통할 수 있는 기본적 언어기술과 능력을 발달시킨다.

② 주 애착인물과 애착관계를 수립하고 유지한다.

③ 개별화 교육계획을 세워 교육적, 행동적, 사회적 목표를 성취한다.

④ 가족구성원이 아동의 전반적인 능력을 수용하고 아동의 행동에 대한 현실적인 기대를 갖도록 한다.
⑤ 다른 사람과 규칙적으로 상호 호혜적이고 협동적인 상호작용에 참여한다.
⑥ 일상생활이나 환경의 변화를 견뎌 내고 기분을 안정시킨다.
⑦ 모든 자해행동을 제거한다.
⑧ 최고의 현실적인 독립을 하도록 하고 유지한다.

### (2) 단기목표와 개입전략

위와 같은 장기목표를 이루기 위한 단기목표와 개입전략은 다음과 같다.

① 인지기능을 평가한다.
② 약물치료에 관한 정신과적 평가를 의뢰한다.
③ 적절한 유치원이나 교실환경을 찾는다.
④ 치료자에게 적절한 자발적인 언어를 사용하는 빈도를 늘린다.
⑤ 특이하고 이상한 언어 사용을 줄인다.
- 언어치료사에게 의뢰해 언어능력을 향상시킨다.
- 타인의 언어에 대한 반응과 아동의 자발적인 언어를 증가시키도록 칭찬과 긍정적 강화를 자주 사용한다.
- 부모를 격려하고 지지하여 아동의 언어발달을 촉진하기 위해 강화를 주고 모델링하는 방법을 안내한다.

⑥ 분노폭발과 기분의 잦은 변화의 빈도와 강도를 줄인다.
- 부모에게 행동수정 방법을 가르쳐(타임아웃, 과잉교정, 특혜 제거 등) 아동의 특이한 언어, 과잉자기자극, 분노폭발, 자해행동을 줄인다.
- 아동의 사회적 기술, 분노조절, 충동통제, 언어능력을 증가시키기 위해 가정과 학교에서 보상체계나 토큰경제를 계획한다.
- 부적응 행동을 변화시키기 위해 가정, 학교, 놀이치료실에서의 행동분석을 한다. 우선, 목표행동을 조작적으로 정의한다. 다음에는 특정 행동의 선행

자극과 결과를 분석한다. 그다음에는 보상에 대한 아동의 반응을 관찰하고 기록한다. 마지막으로 치료의 효과를 평가하기 위해 자료를 분석한다.

⑦ 부모, 또래, 형제와 함께 매일 적어도 20분간 놀이나 작업활동에 참여한다.

- 아동과 부모에게 서로 신뢰를 쌓고 의존하기 위한 활동(수영, 자전거 타기 등)을 과제로 내준다.
- 아동과 분리되어 있는 부모에게 아동의 일상생활, 오락활동, 학업에 참여하는 시간을 증가시키도록 격려한다.

⑧ 자기보호와 자조기술을 습득한다.

- 부모에게 기본적인 자조기술(머리 빗기, 목욕, 이 닦기 등)을 가르치도록 한다.
- 조작적 조건형성(operant conditioning)과 반응형성 방법을 이용하여 자조기술(옷 입기, 침대 정리하기, 식사 준비 등)과 개인위생 능력을 발달시키도록 한다.

⑨ 부모는 발달장애아동의 부모가 함께하는 지지집단에 참여한다.

- 부모에게 아동을 위한 부모 모임을 소개해 사회적 연계망을 확대하고 이 장애에 대한 지식을 얻고 지지와 격려를 받도록 한다.

⑩ 부모가 아동과 좀 더 긴밀한 유대를 갖도록 한다.

- 아동이 부모와 좀 더 긴밀한 유대를 갖고 가정에서의 언어발달을 증가시키기 위해 노래(유아 노래, 최신 히트곡, 아동이 관심 있는 노래)를 가르친다.
- 가정에서의 놀이치료 방법을 이용해 부모-자녀 간 유대를 강화하고 부모가 아동의 생각, 감정, 욕구를 좀 더 잘 인식하도록 한다.

⑪ 아동의 강점과 관심 영역이 더욱 건설적인 활동으로 출구를 찾도록 한다.

- 아동이 한 가지 사물이나 제한된 관심 분야에만 집중하는 것을 생산적인 활동(악기조율을 배우기, 수를 이용해 용돈 사용법을 배우기 등)으로 방향을 돌리도록 한다.

⑫ 기본적인 감정을 구별하고 표현하도록 한다.

- 부모에게 치료회기 사이에 아동이 하는 긍정적이고 적응적인 행동을 관찰하게 한다. 부모가 이런 행동을 칭찬하고 보상하도록 격려한다.

• 고기능 자폐아동에게 미술치료(그리기, 칠하기, 조각 등)를 이용해 자신의 기본 욕구와 정서를 표현하게 하고 부모, 돌보는 사람, 치료자와 더욱 가까운 관계를 갖도록 촉진한다.
• 감정 포스터를 이용해 자기의 감정을 구별하고 표현하게 한다.

⑬ 시각이나 청각에 대한 검사와 의학적 검사를 받는다(Jongsma, peterson, & Mclnnis, 2000).

## 3. 발달장애아동의 놀이치료

### 1) 기본 가정

발달장애가 있는 아동을 치료하기 위해서는 기본적으로 다음 세 가지 가정을 염두에 두어야 한다.

첫째, 아동이 스스로 대처능력을 갖지 못하고 제대로 기능을 하지 못할수록 직접적인 개입이 더욱 필요하다(Sherwood, 1980). 이들은 주변의 자극과 단서를 활용하는 데 큰 어려움이 있고 그로 인해 적절한 대처를 하지 못하며 아주 실제적인 문제를 갖게 된다. 이런 아동은 자기의 문제를 통찰하지 못하며 치료 상황에서 자유로울 수 없다. 따라서 치료를 통해 자기인식이 생겨야 하므로 지체를 많이 보일수록 치료는 더욱 지시적이어야 한다.

둘째, 치료자가 사회적 기준, 문화적 관습 등에 대해 어떻게 느끼든지 간에 아동이 처한 특수한 환경을 아동이 짊어져야 할 짐이라고 여기지 않아야 한다. 아동은 지체되었기 때문에 그들의 환경이 어떻든 간에 그와 상관없이 그들의 환경 속에서 살도록 허락되어야 한다.

치료자는 아동을 자기 틀에 맞게 다시 만들려 하지 말아야 하며 아동에게 너무 많은 변인(광범위한 사회적 기준에 비추어 보아 긍정적인 것이라 해도)을 소개하면 혼동만 더해 줄 뿐이다. 아동은 자기 가족이나 자기가 속한 사회와 적절히 상호작용할 수 있어야 한다. 치료자는 아동이 속한 가정이나 지역사회가 아동에 미치는 영향을 파악하고 아동이 그 속에서 적절히 상호작용할 수 있도록 도와야 한다.

놀이치료는 장기간 고도로 몰입해야 하는 과정으로 생각하지 말아야 한다. 놀이치료는 상대적으로 단기간이 걸리며 아동의 사회생활을 어렵게 하고 문제를 일으키는 중요한 한두 가지 행동을 바꾸기 위한 지시적 과정이다.

기본 패턴은 ① 의뢰한 부모에게 가능한 문제를 명확히 설명한다. ② 통상적인 의료평가를 받지 않았으면 받도록 한다. ③ 부모를 만나 그들이 현재 상황을 보는 관점을 알아낸다. ④ 아동의 주문제가 분명하지 않거나 아동을 평가할 수 없다면 놀이진단회기(play diagnostic session)를 적용한다. ⑤ 이들을 고려해 놀이치료의 목표를 정하고 이러한 목표를 12회기 안에 달성될 수 있도록 간단한 것으로 한다. ⑥ 12회기가 끝날 때쯤 새로운 만남을 약속하고 현재 행동을 점검하고 놀이치료를 계속하기 원하면 새로운 목표를 정하고 치료를 진행시킨다.

셋째, 모방과정은 다른 어떤 개입방법보다 가치 있는 것이다. 따라서 치료자는 자주 집단치료를 계획하는 것이 좋다. 집단의 경우 4명을 넘지 않도록 하고 적어도 1명의 보조치료자가 있어야 한다.

## 2) 발달장애아동을 위한 네 가지 기본 치료기법

장애아동의 놀이치료는 지능이 보통 이상인 정상아동의 치료와는 달라야 한다. 정상아동은 이미 상황을 인식하고 있으므로 그것을 전제로 상황에 대처하는 법을 배우도록 하면 되지만 지체아동은 자기인식이나 상황인식을 제대로 하지 못하므로 어려움이 크다. 여기서부터 접근법이 달라지게 된다.

또한 같은 장애아동이라 해도 연령, 장애 수준, 지능지체 정도, 충동성 정도가 각기 다르므로 모두 같은 방법을 적용하는 것은 효과적이지 못하다. 지능 수준, 장애 정도가 심할수록 더 구조화된 방법을 적용하고 그 수준이 약할수록 덜 구조화된 자발적인 아동중심의 방식이 도입되어야 한다. 여하튼 구조화의 정도는 구조화 방식이냐 비구조화 방식이냐의 양자택일로 정할 수는 없으며 그 정도에 따라 다양하게 선택해야 한다.

아동의 발달 문제에는 다양한 원인이 있으며 서로 다른 특징을 보인다. 이런 다양성으로 인해 치료방법도 어떤 한 가지로 국한시켜 적용하는 데 어려움이 있다. 그러나 이런 아동을 치료할 때 일반적으로 다음의 네 가지 기본 기법을 염두에 둔다면 아동의 문제에 맞는 적절한 방법을 발견하는 데 도움이 될 것이다(Leland, 1983).

(1) 비구조적 자료와 비구조적 방법(unstructured materials with unstructured therapeutic approaches: U-U)

가장 원시적인 방법이다. 자신을 의식하지 못하는 행동을 보이는 아동, 지나치게 충동적인 아동, 적대감과 공격성을 아무 이유 없이 분출하는 아동, 이유 없이 위축되고 환경을 거부하는 아동은 구조가 거의 없는 치료과정으로 큰 도움을 받을 수 있다. 비구조적 자료는 아동의 통제능력, 창의능력, 변화능력, 놀이활동능력 발달에 중요하다. 아동은 이를 통해 자기가 물건을 만들고 다룰 줄 아는 사람이라는 것을 알게 된다. 이것은 자신을 조절하고 결국에는 다른 사람과 상호작용하도록 만든다. 그리고 자기가 언제나 위험하게 물건을 부수지 않는다는 것을 배우며 충동성 때문에 파괴적이었다는 것을 알게 된다. 그리고 자신의 생각과 노력으로 현실세계에서 눈에 보이는 차이를 만들어 냈다는 것을 알게 된다. 예를 들면, 찰흙으로 여러 가지 모양과 크기가 다른 것을 만들어 내고 부수기도 하는 것, 찰흙을 두 조각 내고 다시 뭉쳐 하나로 만들게 되면 아동은 이것을 만든 사람이 자기란 의식을 갖게 된다.

치료자는 두 가지 역할, 즉 강화해 주는 긍정적 반응과 방해하거나 금지하는 부정적 반응을 한다. 이때의 목표는 다음과 같은 것이 될 수 있다.

① 자신에 대한 인식: 환경에 대한 통제감을 얻고, 자신의 생각에 따르는 자유를 깨닫고 살아 있는 사람이란 생각을 갖게 한다. 자신에 대한 인식이 없이는 아동은 환경에서 성장을 꾀하는 요소를 전혀 활용할 수 없다.

② 충동은 통제할 수 있다는 것을 이해시킨다. 아동이 갑작스러운 충동을 통제할 수 있음을 인식하도록 조건화시킨다.

③ 사회적인 울타리 안에서 살도록 훈련시킨다.

### (2) 비구조적 자료와 구조적 방법(unstructured materials with structured theapeutic approaches: U-S)

미술치료자, 음악치료자, 오락치료자의 활동방식과 같지만 아동과 치료자와의 관계는 다르다. 이 관계가 밀접하고 따뜻할 때 치료자는 모델역할을 하게 되고 또한 사회의 주요 측면을 알려 주는 역할을 한다.

회기를 미리 계획하고 활동을 미리 정해 두며 치료자는 아동이 놀도록 유도한다. 그런 후 아동이 하고 있는 일에 관해 이야기한다. 치료자는 활동을 미리 세운 목표와 연관시켜야 하고 인지적 이해로 바뀔 수 있는 측면을 찾아야 한다. 놀이의 결과가 중요한 것이 아니라 놀이를 하는 과정에서 충동적으로 행동하거나 함부로 행동하는 경향을 통제하는 것이 중요하다.

### (3) 구조적 자료와 비구조적 방법(structured materials with unstructured approaches: S-U)

치료의 방법과 목표가 모두 전통적 아동중심 놀이치료(Axline, 1947) 방법과 유사하다. 놀잇감은 미리 정해 놓고 놀잇감과 놀이의 선택은 아동에게 맡긴다. 장애아동에게는 S-U 방식의 놀이치료가 적합하지 않다고 보는 견해가 많으나 이들에게도 S-U 방식은 많은 도움이 된다.

#### [1] S-U 방식의 필요성

① 애착 및 초기 사회적 상호작용의 중요성과 이들의 발달적 촉진에 대한 접근은 정상발달이냐, 특정한 발달문제를 가졌냐와 상관없이 필수적이다.

② 아동의 특정한 결함과 인지 언어적 장애는 사회적, 정서적 요소와 함께 다루어져야 한다. 이런 장애아동은 능력의 한계가 있으나 아동 자신이 갖고

있는 잠재 능력을 찾아내고 이를 극대화함으로써 발달을 촉진시킬 수 있다. 또한 아동이 자신에 대해 긍정적 감정을 갖고, 자율감을 찾게 되고 자신감을 갖게 되어 이를 통해 살아가는 데 필요한 환경에 적응하려는 긍정적인 동기를 유발시킬 수 있다. 또한 2차적인 공존질환이 유발되지 않도록 예방할 수 있다는 점에서도 단순히 부족한 부분을 보충하기 위한 계획적이고 구조적인 접근보다 가치가 있다. 이런 측면에서 이 기법은 아동의 치료 시 가장 먼저 기본적으로 고려되어야 할 치료방법이다. 이런 치료법으로 어느 정도 타인과의 상호작용에 대한 기초가 형성되었을 때 부족한 부분을 보충하기 위해 다른 기법을 통합적으로 사용해 나갈 수 있다. 이런 아동에게는 부분적으로 이루어져 온 기타 치료기법으로 학습한 것을 실험하고 통합적으로 적용하기 위해 아동이 경험하는 여러 기법 중 S-U 방식의 놀이치료가 통합역할을 하는 중심 기법이 되어야 한다.

2 목표

① 자기와 환경에 대한 인식을 돕는다. 이를 위해서는 처음에는 비구조적 자료(물, 반죽, 모래, 물감 등)가 도움이 된다. 아동은 물의 이동, 퍼담기, 따르기, 출렁이기 등을 이용해 자신의 신체를 실험하고 경험하며 자신의 신체가 움직임으로써 이루어 놓은 것을 보게 된다. 그러면서 자기능력, 자기를 둘러싼 환경을 좀 더 명확하게 인식한다. 물놀이의 경우 처음에는 단순하게 자신의 신체를 이용하다 시간이 지나면 차츰 도구를 사용하거나 물에 물감을 풀어 그 속에서 손을 넣었다 뺐다 함으로써 자기 신체가 없어졌다 나타나는 경험을 반복하고 이를 통해 자기 신체에 대한 대상항상성을 인식하게 한다.

② 환경이나 주변과의 상호작용이 자기중심적, 폐쇄적 태도보다 더 만족스럽다는 것을 알게 해 아동이 사물, 사람과 안전한 관계를 수립하게 한다. 이것은 아동의 놀이를 반영(mirroring)해 줌으로써 이루어진다. 치료자는 처음에는 아동이 내는 소리를 따라 함께 내거나, 아동의 놀이를 따라 하며 차츰 언어적으로 반영해 주는 것을 늘린다.

③ 충동을 조절하게 하고 그럼으로써 기쁨과 만족을 얻을 수 있다는 사실을 알게 해 사회문화적 현실에 대처하도록 돕는다. 이를 위해서는 물, 모래에 대한 경험이 필요하며 이런 놀이는 따로 장소를 정해 그곳에서 하게 한다. 따라서 깨끗한 방과 지저분한 방을 따로 분리시키거나 한방 안에서 영역을 나누어도 되며, 이를 통해 아동은 분화되고 상황에 맞게 자기충동을 조절하는 법을 배우게 된다.

④ 타고난 잠재력을 발휘하게 하며, 발달을 돕고 현실적 수준에서 자신의 목표를 세우도록 한다.

### 3 놀이치료실의 환경과 놀잇감

놀이치료실은 다른 일반 놀이치료실보다 좁고 놀잇감의 수도 적게 구성한다. 지나치게 많은 놀잇감을 개방식으로 진열하여 배치하는 것은 발달장애아동에게 좋지 않다. 지나치게 많은 자극은 집중을 방해하고 더욱 충동적으로 만들며, 놀이를 질적으로 심화·발전시켜 가는 데 방해가 된다. 아동은 그저 이것저것을 보이는 대로 잠깐씩 만지고 지나가게 되며 한 가지 놀이에 집중할 수 없다. 따라서 놀이치료실에는 여닫이 서랍장을 구비하여 소수의 놀잇감만을 개방식으로 배치하고 필요에 따라 놀잇감을 넣어 두고 빼 쓸 수 있게 하는 것이 좋다.

또한 놀잇감은 발달 수준이나 지능 수준이 낮을수록 감각운동적 놀이도구를 중심으로 갖춰져야 한다. 예를 들면, 놀잇감 망치, 손에 쥘 수 있는 단순한 자동차, 상호작용을 촉진하는 데 특히 도움이 되는 여러 가지 형태와 크기의 공, 풀, 타악기, 반죽 놀이도구, 그림도구, 간단한 역할놀이를 위한 집, 사람인형, 종이블록 등과 같이 원하는 환경을 만들 수 있는 조립식 도구, 간단한 조립용 블록, 아기인형 등이 준비되어야 한다.

#### (4) 구조적 자료와 구조적 방법(structured materials with structured therapeutic approaches: S-S)

여기서 활용되는 자료는 인지능력으로 만드는 것이거나 창의적 표현으로 만들 수 있는 것으로 고도로 규정되고 구조화된 것이어야 한다. 마지막 결과물은 행동의 결과로서 중요하다.

각 회기는 미리 계획하며, 치료자는 장면을 설정하고 치료자가 고안한 대로 내담자가 하는지를 계속해서 점검한다. 아동이 혼자서 문제를 경험하기보다 치료자와 내담자가 문제를 함께 해결해 나가도록 치료자는 라포를 유지하면서 활동에 참여한다. 결국에 문제를 해결할 사람은 치료자가 아니라 아동 자신이라는 것을 알면서도 동료가 있다는 것을 느끼도록 하면서 함께 문제를 풀려고 해야 한다. 이에는 세 가지 목표가 있다.

① 인지적 기능을 향상시킴으로써 사회적 성숙 수준을 높인다.
② 어떻게 주변에 맞추고 사람들의 수용을 얻는가에 대한 이해를 발달시킨다.
③ 규칙과 성취에 대한 감각과 함께 현실적인 포부 수준을 세우도록 한다.

아동이 놀이를 통해서 통제 상황에 대처하는 법을 배운다면 놀이에서 배운 것을 청소년이나 성인으로 살아가면서 적용할 수 있을 것이다. 놀이치료에서 얻는 주요한 점은 사회가 요구하는 것을 알고 그러한 요구에 성공적으로 대처하는 경험이다. 이것은 사회에서 수용되는 특성이다. 그러한 특성을 지녀야 사회에서 생활하고 기여할 수 있다(Shellhaas & Nihira, 1969).

아동이 사회적 상황에 대처하는 법, 적응태도 등을 치료자의 놀이를 통한 모델링이나 역할놀이를 통해 학습할 수 있다.

### 3) 발달놀이치료

정신지체아동이나 자폐아동을 대상으로 한 치료는 발달놀이치료(developmental playtherapy)나 치료놀이가 많이 이용된다. 발달놀이치료의 핵심은 존재(presence)와 친밀감(intimacy)이다. 발달놀이치료 접근에 대한 틀을 제공하는 성격이론은 Ainsworth, Bowlby 등의 대상관계이론과 애착이론이며, Barnard와 Brazelton,

Des Lauries, Harlow, Spitz 등이 수행했던 접촉(touch)에 관한 연구가 발달놀이치료의 개념을 뒷받침하고 있다.

Freud는 최초의 자기는 신체적 자기라고 말한다. 생후 최초로 맺는 모자관계, 즉 애착관계 속에서 엄마는 아동이 내적인 자기 또는 핵심적 자기(self)를 발달시키는 데 필요한 조건을 제공한다. 그 조건은 접촉이다. 엄마의 양육접촉을 통해서 아동은 자신의 물리적인 신체, 엄마의 물리적인 신체, 그리고 자신을 살아 있는 신체로 느끼는 기쁨을 경험한다.

Lauries에 따르면 아동은 자신의 엄마를 자신과 분리된 것으로서 경험하는 경우에만 엄마와 관계를 맺을 수 있다. 만족을 추구하려는 본능적인 에너지는 현실경험에 관한 조건이 주어졌을 때, 즉 기쁨을 경험할 수 있는 자아(ego)가 존재하는 경우, 그리고 기쁨의 경험과 관련되는 대상이 존재하는 경우에만 궁극적인 기쁨을 발견한다고 한다.

애착이론 모델에서 접촉은 한 명의 성인, 대개는 엄마와 아동 간의 지속적인 신체적 접촉의 대화다. 이런 접촉관계에서의 기쁨은 아동이 자신의 신체를 느끼도록 해 준다. 신체를 느낌으로써 아동은 자기를 자각하게 된다. 이 신체적으로 느껴지는 자각은 자기에 대한 의식을 가져온다. 또한 개인이 신체에 대해 반복적으로 느낀 경험을 말하고, 심상을 만들어 내고, 공상을 하고, 추상적으로 사고할 수 있는 능력이 발달된다.

이렇게 아동을 위해서 아동과 충분히 함께하는 성인과의 신체적 접촉을 반복적으로 경험한 아동은 언제나 자신의 신체에 대한 흔들리지 않는 감각—자기 내부의 집, 중심지—을 지니게 된다. 또 그 자신을 어떻게 세울 것인지를 알게 된다. 아동은 그것이 무엇인지를 알기 때문에 자신이 필요한 것을 어떻게 요구할지도 알게 된다.

발달놀이치료는 이런 모델에 기초한다. 모델 속의 엄마처럼 발달놀이치료자는 접촉의 대화를 시도한다. 접촉의 대화는 창조적이고, 재미있고, 친밀한 것으로 성인과 아동이 서로를 알게 되는 기본 방식이다. 발달놀이치료는 상징놀이를 위해 필요한 기본적인 것을 제공하기 때문에 최초의 놀이치료라 할 수 있다.

발달놀이치료에서 접촉 경험은 아동이 앞뒤로 흔들리거나 발달놀이치료 게임을 몇 가지 하게 되는 경우 손, 손가락, 얼굴, 발, 발가락, 그리고 신체 전체까지를 포함한다. 발달놀이치료에서는 아동이 자신의 물리적 신체에 대한 자각과 인식이 결여되어 있기 때문에 병리가 발생한다고 본다. 따라서 기초가 튼튼하지 않으며, 완전하게 자신의 행동을 책임지고 조직하는 중심 또는 내적 자기(inner self)가 없다고 본다. 학대받은 아동, 행동문제를 가진 아동, 자폐증, 정신병, ADD(주의력결핍) 아동, 즉 애착 관련 문제를 지닌 모든 아동이 여기에 해당된다. 이런 아동은 대부분 어떤 것을 느낀다는 인식을 갖지 못한다. 영리하고 어휘력이 뛰어난 아동 역시 자신의 물리적 신체에 대한 자각과 인식이 결여되어 있는 경우가 많다. 이는 그들 자신 속에서 그들의 에너지, 동기, 자신에 대한 신념을 경험하지 못하기 때문이다(Brody, 1997).

#### (1) 발달놀이치료실과 도구

발달놀이치료는 신체 접촉을 중요시하기 때문에 치료자가 아동과 신체 접촉을 할 수 있는 안전한 공간이면 된다. Brody(1997)는 치료자와 아동의 친밀한 접촉을 허락하고 촉진시키기 위해 필요한 것으로 카펫과 흔들의자, 테이프 레코더, 핸드로션 통, 종이, 연필, 크레용 등을 들었다.

#### (2) Brody의 치료방법

##### 1 목표

발달놀이치료의 목표는 아동에게 그의 핵심 자기(core self)—완전하게 자신을 지도하고 통제하도록 지도하는 내적 자기—를 발달시키기 위해서 필요한 조건을 제공하는 것이다. 이 조건은 접촉하는 것의 의미가 무엇인지를 알고 있는 성인에 의해 제공되는 접촉이다.

최초의 기본 목표는 아동이 자신의 신체를 경험하도록 돕는다. 이를 위해 치료자는 아동을 바라보고 아동과 접촉을 시도한다. 이렇게 함으로써 치료자는 아동이 그 자신의 내부에 있는 에너지를 소비하도록 박차를 가한다. 아동은 자신이 어떻게 보이는지에 관심을 보이고, 아동이 자신의 신체를 얼마나 좋아하는가를 표현함으로써 그리고 자신의 신체를 통해서 자기가 할 수 있는 것을 알기 위해 실험을 한다.

두 번째 목표는 아동이 스스로 구조화를 해 나갈 때 아동이 원하는 것을 말해 주고, 아동이 할 수 있는 것을 드러내 보여 주면서 치료자는 아동을 지지한다. 아동의 뒤로 물러나 더 경청해 주고 더 많이 수용해 준다. 치료자는 아동의 지시를 따르고 아동이 만들려고 하는 것이 무엇이든 간에 그것과 투쟁하도록 허용한다.

세 번째 목표는 아동이 고통스러운 상황을 경험할 때, 특히 치료의 종결로 복잡한 감정을 느낄 때, 그리고 작별인사를 하기 위해 필요한 것을 스스로 만들어 낼 때 도와주고 함께 있어 준다.

### 2 아동과 함께 하는 활동

안고 흔들기, 각 신체 부위를 접촉하고 노래하기, 안아 주기, 키스하기, 말하고 노래하기 등을 하면서 아동과 관계를 맺고 상호작용을 하게 된다. 손을 쥐었다 펴기("넌 너의 손을 펼 수 있는 유일한 사람이야. 굉장하다."라고 하며 껴안아 준다), 손바닥을 종이에 대고 그리기(아동이 두 손을 종이 위에 올려놓으면 치료자가 손을 따라 그려 준다. 다시 아동이 종이 위에 손을 올려놓고 꼭 맞는지 보게 한다), 미끌거리는 손게임(치료자가 손에 약간의 로션을 바르고 손 안에 아동의 손을 넣게 한다. 아동의 팔을 마사지해 주고 당기게 해 준다. 발로 같은 게임을 해 본다. 이를 통해 접촉의 즐거움과 기쁨을 느끼게 한다), 생강빵 쿠키게임(아동이 쿠키가 되어 아동의 몸을 반죽하고 만들고 오븐에 넣어 굽는 게임), 작별인사를 위한 안고 흔들어 주기, 자장가 불러 주기 등을 한다.

### 3 치료단계

① **도입 및 소개 단계**: 안녕으로 시작되는 '인사단계'에서부터 발달놀이치료의 특성과 핵심이 전달된다. 치료자는 아동을 바라보면서 악수를 하면서 '안녕'이라고 말한다. "너는 나를 모르고 나도 너를 모르지만 우리 손은 벌

써 서로에게 '안녕' 하고 말하고 있구나." 일반적으로 여기서 무엇을 할지에 대한 소개 대신 아동의 관심을 치료자를 경험하고 아동의 신체를 경험하는 것에 집중시키는 것으로 시작한다. 따라서 최초의 접촉에서 아동은 치료자가 누구며 자신이 누구인지에 대한 감각을 얻게 된다. 인사단계는 아동이 자신에게 흥미를 갖고 자신에게 에너지를 투자하고 자신을 좋아하게 만드는 핵심 과정을 시작하는 것이다. 치료자는 아동에게 주목하며 접촉한다(예: "너의 눈은 까맣구나. 넌 너의 손을 가져왔구나."라고 하며, 손을 만진다). 치료자는 아동의 행동을 통제하지 않으며 몇 가지 제한을 제외하고는 자기에게 필요한 것을 자유롭게 할 수 있다. 발달놀이치료가 제공하는 것은 접촉과 존재다. 지금-여기의 관계 속에서 형성되는 아동과 치료자 간의 접촉, 존재, 친밀감이 바로 치료다.

② 전개단계: 아동이 치료자에게 받는 것을 허용하는 단계다. 자신의 신체를 느끼고 접촉의 기쁨을 즐긴다. 동시에 그것을 즐기기 시작하자마자 곧 무엇인가를 중지해야 한다는 것에 대한 좌절을 느끼며 부정적 경험을 한다. 이 단계는 치료자가 아동의 부정적인 느낌을 담아 주는 그릇(container)이 되는 것이다. 그리고 아동이 무엇을 하든 아동은 치료자를 떼어 낼 수 없다. 필요할 때는 아동의 관심을 아동의 신체에 집중시킨다. 그리고 치료자는 아동이 언제나 치료자의 존재를 알고 치료자에게 반응할 수 있도록 행동한다.

③ 아기단계: 아기단계에 들어가 유아기를 재현하는 단계다. 거의 모든 애착문제를 가진 아동은 어느 순간 아기처럼 안아 줄 것을 요구한다. 여기서 많이 접촉하고자 하는 욕구, 접촉 없이 아동의 신체 자체를 경험하고자 하는 욕구, 치료자가 곁에 있지만 접촉이나 말없이 침묵하면서 치료자에게서 분리되려는 욕구와 같이 세 가지 욕구를 나타내고 치료자는 이에 반응해 준다. 아기단계에서 아동은 자신이 내면(inside)이 있다는 것을 알게 된다. 아동은 이제 내면으로부터 세상과 관계를 맺는다. 아동은 내면을 지니고 있으므로 자신이 스스로 구조를 부여할 수 있음을 인식한다. 아동의 이런 내부

의 변화는 치료자가 제공자와 시도자라는 기능에서 반응자와 지지자라는 기능으로 이동할 수 있도록 한다.

④ **상호 주체적인 단계:** 아동은 치료자를 자신과 분리된 한 사람으로 보기 시작한다. 아동은 자신의 핵심 문제 중의 하나를 표현하고 경험하고, 다루도록 허용해 주는 관계를 치료자와 맺는다. 이로써 아동은 다른 사람과 관계를 맺고 그들을 받아들이면서 배우는 것을 시작할 수 있다.

⑤ **종결단계:** 치료자가 종결일을 정하며 3회 정도의 회기를 종결과정을 완성하는 데 사용한다. 이 회기들에서 아동은 분리에 대한 고통을 표현하고 자신의 긍정적 느낌을 표현하는 기회를 얻게 되며 마지막 회기에서 그가 즐겼던 모든 것을 되돌아볼 기회를 갖는다. 이 시기는 아동에게 가장 친근하고 감동적인 부분이다. 아동은 이 한 회기에서 전체 치료에 대한 개관을 경험한다. 이때 특별한 친근감과 이전에는 없었던 자기확인을 함께 나눈다.

### 4) 치료놀이의 치료방법

Jernberg는 Lauries와 Brody의 초기작업을 기초로 이를 더욱 체계화시켜 새로운 치료방법으로 개발하였고 후에 이 접근법에 치료놀이(theraplay)란 이름이 붙게 되었다(Jernberg & Booth, 1999).

#### (1) 놀이치료실

간단하고 기능적이고 편안해야 한다. 넓은 마루, 쉴 수 있고 재미있다는 느낌을 줄 수 있는 커다란 쿠션, 공기를 넣은 튜브의자, 부드럽게 뒹굴 수 있는 베개, 그리고 일방경과 그에 딸린 관찰실을 갖추어야 한다. 일방경 뒤에서 부모, 보조치료자, 해석하는 치료자가 회기를 관찰하고 진행에 대해 토의하게 된다.

#### (2) 치료놀이의 기본 4차원

건강한 부모자녀의 상호작용에서는 네 가지 차원이 필요하며, 이는 구조화

(structuring), 개입(engagement), 양육(nurturing), 도전(challenge)의 경험이다. 이것은 아동이 건강하게 발달하기 위해 부모와의 관계에서 경험해야 하는 것이며 이 중 어느 하나라도 문제가 생기면 아동의 정상발달은 방해를 받게 된다. 치료놀이는 치료에서 이러한 측면을 경험하게 하는 것이다.

구조화(structuring)는 한계를 설정해 줌으로써 아동이 보호받고 있다는 느낌과 신뢰감, 예측 가능성과 안정감을 갖게 해 주는 것이다. 이는 명확한 규칙과 시작, 중간, 끝이 있는 놀이로 이루어진다. 이러한 원리는 지나치게 활동적인 아동, 주의집중이 안 되는 아동, 자극에 민감한 아동, 심하게 불안한 아동에게 유용하다.

개입(engagement)이란 아동이 누군가 다른 사람과 함께 있는 것이 즐거운 일이며 적절한 방법으로 다른 사람과 상호작용할 수 있고 친해질 수 있다는 메시지를 전달하기 위한 것이다. 개입은 다양한 자극을 통하여 아동에게 새롭고 즐거운 경험을 제공하는 것이다. 결과적으로 아동은 다른 사람과 의사소통하고, 친밀감을 형성하고, 대인관계적 접촉을 즐길 수 있게 된다. 위축되고 접근을 회피하며 지나치게 경직된 아동에게 도움이 된다.

양육(nurturing)이란 아동이 자신은 사랑스럽고 보호와 사랑, 인정을 받고 있다고 경험하게 하는 것이다. 안정적이고 양육적인 활동은 아동으로 하여금 세상을 따뜻하고 안전한 곳으로 느끼게 해 준다. 즉, 먹여 주기, 달래 주기, 꼭 껴안아 주기, 이름 불러 주기 같은 양육적 활동은 아동을 달래 주고, 차분하게 위로해 주고, 조용하게 안심시켜 줄 수 있다. 이런 차원은 과잉행동적이고 공격적이거나 조숙한 아동에게 도움이 된다.

도전(challenge)이란 아동이 자신이 성장할 수 있고 세상에 좋은 영향을 줄 수 있다는 것을 경험하게 하는 것이다. 아동이 앞으로 나아가게 하고, 조금씩 견디어 가고, 더욱 독립적이 되도록 격려하는 것이다. 도전은 아동이 활동에 성공하는 경험을 함으로써 할 수 있다는 자신감과 성취감을 느끼도록 해 준다. 치료자는 아동의 파트너가 되어 아동을 온화하게 만들고 아동의 발달수준에 알맞은 경쟁, 신뢰, 성취의 경험을 제공한다. 이 차원은 특히 위축되고 수줍거나 불안한 아동에게 도움을 준다. 치료놀이에서는 이 네 차원의 치료 경험을 놀이를 통해 제공하며, 특히 아동의 문제에 따라 이 중 어느 차원의 경험이 좀 더 필요한지를 평가하여 그와 관련된 경험을 하게 한다.

(3) 치료놀이의 방법

① 아동에게 재미있고 즐거운 시간이 되어야 한다. 따라서 치료자 자신이 긍정적이고 활력 있고 즐거워야 하며 놀라움과 재미로 가득 차게 회기가 계획되어야 한다.

② 아동의 상처를 어루만져 주어야 한다. 사소한 것이라도 아동의 작은 상처를 부드럽게 보살펴야 한다. 불어 주고 만져 주고 연고나 로션도 발라 주는 등 관심을 보이며 위로해 준다. 이런 과정을 통해 신뢰관계를 맺고 격려를 해 주게 된다.

③ 아동을 절대로 혼자 두지 않으며 아동과 함께 한다. 참여를 재미있게 유도하며 반항과 저항을 도전으로 이용한다.

④ 성인 치료자가 회기를 모두 계획하고 주도한다. 아동의 의사를 묻지 않고 아동의 욕구를 고려해 치료자가 미리 알아서 진행한다. 따라서 치료자는 능력 있고 자신감이 있어야 하며 아동의 저항과 분노폭발을 확실히 통제할 수 있는 준비가 되어 있어야 한다.

⑤ 놀잇감이 필요 없으며 활동 위주로 진행한다. 경우에 따라 매트와 로션, 우유 등이 이용될 수 있다. 치료놀이는 치료자 자신과 아동 자신을 도구로 활용해야 하며 치료가 끝난 후에도 아동의 머릿속에 치료자와의 경험이 확실히 남아 있도록 재미있는 활동으로 가득 차 있어야 한다.

⑥ 신체 접촉을 주로 한다. 건강한 모자관계의 상호작용을 바탕으로 하여 다양한 신체 접촉을 많이 사용한다. 간지럼을 태우거나, 쓰다듬어 주거나, 손가락이나 발가락을 만지면서 게임을 하거나 속눈썹을 입으로 불면서 동요를 부르거나 팔씨름을 하거나 머리카락을 만지는 등의 활동을 한다. 활동은 어떤 것이든 접촉을 매개로 한 것이어야 한다.

⑦ 치료자는 적극적이고 재미있어야 하며 치료자의 사랑은 무조건적이어야 한다. 아동이 긍정적으로 성취한 일에 초점을 두는 것이 아니라 부정적인 태도일지라도 아동의 현재 모습 그대로에 초점을 맞춰야 한다.

⑧ 지금, 현재, 여기, 미래에 초점을 맞춰야 한다. 치료자와 아동이 공유하고 있는 이곳과 이 순간이 중요하다. 따라서 치료자는 비현실적인 삶이나 과거에 대해 묻지 않고 가상놀이도 하지 않는다. 가상놀이는 단지 치료자와 아동에게 지금-여기에서 벗어나는 수단이 되기 때문이다.

#### (4) 자폐증과 전반적 발달장애 아동을 위한 치료놀이의 적용

치료놀이는 이런 아동에게 특히 효과적인 치료방법인데 언어반응에 의존하지 않고 아주 반항적인 아동이라 하더라도 재미있고 놀라워하며 상호작용적인 놀이로 개입하기 때문이다. 그들은 변화나 자극, 놀라움을 받아들이기가 어려우므로 치료는 이들이 정서적으로 활발하고 스스로 즐길 수 있게 도움을 주도록 초점을 맞춰야 한다(Jernberg, & Booth, 1999).

##### [1] 개입(engagement)

이러한 아동에게 가장 중요한 치료법은 개입이다. 그러나 이들을 개입시키려면 그들을 처음에 사로잡아야 한다. 이들은 자기가 원하지 않는 자극을 차단하는 것에 익숙하므로 그들을 직면하게 하는 것이 중요하다. 아동이 바라는 대로 순조롭고 편안하게 해 주면 어떤 새로운 영향도 미치기 어렵다. 치료자는 아동을 안아 주고 흔들며 노래를 불러 줄 수도 있다. 엄마의 얼굴이나 볼을 만지도록 팔을 뻗을 수 있게 아동에게 용기를 주어야 한다. 기쁨을 주는 관계 맺기에 초대하도록 해야 한다. 기쁨과 즐거움은 매우 중요한데 아동이 퇴행 후 잃어버린 부모-자녀관계의 따뜻함과 기쁨을 찾도록 하는 것이다.

① **눈 맞춤하기:** 첫 시간에 치료자에게 저항하는 아동을 까꿍놀이로 즐겁게 유도하고 눈 맞춤을 하도록 한다. 치료자의 얼굴에 가까이 하는 활동을 많이

해 치료자와 눈 맞춤을 증가시킨다. 예를 들면, 까꿍놀이도 치료자의 얼굴을 두 손으로 가렸다가 양쪽으로 치우면서 '까꿍'이라고 하며 눈 맞춤을 시도한다. 또는 아동이 바닥에 누워 뒹구는 것을 좋아하면 바닥에 누웠을 때 아동을 똑바로 눕게 해 양다리를 붙여 치료자가 발끝에서 두 다리를 잡고 들면서 다리를 벌렸다 오므렸다 하면서 '까꿍'이라고 하면서 다리 사이로 누워 있는 아동과 눈 맞춤을 하도록 한다. 아동을 계속 참여시키기 위한 방법을 찾아야 하는데 재미있고 즐거운 신체 활동과 부드러운 로션으로 아동을 끌어들일 수 있다.

**예** 치료자가 아동을 안는다. 아동이 치료자의 행동에 놀라고 울고 빠져나오려 몸부림을 친다면 재빨리 앉아서 아동을 껴안는다. 그리고 빠르게 로션을 아동의 손에 바른다. 아동의 미끄러운 손을 치료자의 볼에 바른다. 아동이 치료자를 볼 수 있도록 아동의 손이나 발을 치료자의 볼에 댄다. 양말을 벗기고 발에도 꼼꼼히 로션을 바르며 "넌 멋진 발가락을 가졌구나. 예쁜 발이네."라고 한다. 다음에는 발가락으로 치료자를 밀어보게 한다. 누워서 무릎 위에 아동을 올리고 비행기 노래를 부르며 눈을 맞추며 비행기 태우기를 한다.

② **퇴행활동 하기**: 아주 어린 영아단계에 맞는 놀이를 하도록 한다. 첫 회기에서는 몇 가지의 제한된 놀이만을 해야 하는데 이는 아동이 활동에 익숙해지고 편안하게 느낄 시간이 필요하기 때문이다. 거품 터뜨리기(손가락, 발가락, 팔꿈치로), 미끄러지는 팔놀이, 코에 붙은 스티커 떼기, 손 유희 등을 할 수 있다.

③ **세 번의 규칙 따르기**: 이러한 아동은 새로운 것을 받아들이는 데 어려움이 있으므로 적어도 새로운 활동을 받아들이려면 세 번의 시도가 필요하다. 계속해서 시도해 보는 것이 중요하다.

④ 반영: 아동의 모든 언어적, 비언어적 반응을 모방해 반영한다. 아동의 소리를 모방하는 것은 부모가 영아와 함께 옹알이를 나누는 것과 같다.

⑤ 음악의 이용: 익숙한 노래와 리드미컬한 손가락 놀이는 자폐아를 끌어들인다. 또 좋아하는 노래의 익숙함과 새로움은 아동에게 언어를 기억하고 제스처에 참여할 수 있는 기회를 준다.

2 구조화(structuring)

① 아동을 품어 주기: 아동을 치료자 무릎에 앉히거나 베개에 기대게 하거나 푹신한 의자에 앉히거나 해서 안정감을 갖게 한다.

② 충동을 조절하게 하기: 이러한 아동은 감각통합에 문제가 있으므로 심각한 감각통합 문제가 의심되면 치료놀이와 함께 감각통합치료를 병행해야 한다. 자극에 대해 과잉반응을 하거나 과소반응을 하는 아동과 치료놀이를 할 때 기본 원칙은 아동이 최적의 각성 수준을 획득하도록 치료자가 강도를 조절하는 것이다. 과소반응 아동을 위해서는 더 크게 말하고 조명을 밝게 하고 발걸음을 빠르게 한다. 활동은 개입될 수 있고 흥분되고 활기찬 것이어야 한다. 과잉반응아동은 반대로 목소리를 부드럽게 하고 조명의 밝기를 낮추고 발걸음은 느리게 하며 활동은 고요하고 부드럽게 해야 한다. 또한 아동의 감각계(sensory system)를 조직하는 활동을 이용해야 한다. 이를 위해 Wilbarer의 감각요법활동을 적용한다. 이는 재미있고 유쾌하며 대인 간 상호작용 활동을 증가시키는 방법으로 아동의 감각기능을 조직하는 방법이다. 그 예로는 깊게 껴안기, 확고한 접촉, 리듬 있게 흔들기, 점프하기 등이 있다. 이러한 아동이 참을 수 있는 접촉 경험 방법을 찾는 것은 매우 중요하다. 많은 아동이 가벼운 접촉에 스트레스를 느끼지만 확고한 접촉은 수용하며 이를 통해 평온함을 느낀다. 로션 게임으로 확고한 접촉을 적용할 수 있는데, 치료자의 손에 로션을 바르고 아동의 팔이나 손발을 꽉 잡고 치료자 쪽으로 끌어당기며 "미끌미끌 미끄러지네." 라고 말한다. 아동이 손을 빼려 할 때 치료자는 과장된 행동을 하면서 뒤로 넘어진다. 이것은 치료

에 놀라움과 즐거움을 덧붙이는 것이며 아동이 치료에 개입하게 한다. 깊게 껴안기(deep pressure)는 아동을 꼭 껴안고 깊게 자극하는 것이다. Grandin(1988)은 자폐아동은 접촉하는 것을 불안해하면서도 갈망한다고 하였다. 아동의 몸 둘레를 누르며 팔로 꽉 껴안기, 흥분하는 활동 후 어깨를 꽉 눌러 주기, 부드러운 담요로 꼭 싸서 감은 후 무릎에 안고 흔들기나 음식 주기 등이 도움이 된다. 작은 트램펄린 위, 베개 위, 소파 위에서 아동의 손을 꼭 잡고 함께 위아래로 뛰는 활동은 감각통합 문제를 가진 아동에게 좋다. 이때 특정한 점핑 노래를 함께 부르며 리드미컬하게 해야 한다.

③ **책임지기**: 치료자는 아동이 좋아하지 않는 활동이라도 해야 한다. 아동이 귀를 막고 말을 듣지 않는 것을 허용해서는 안 된다. 아동은 한계를 알지 못할 때 불안해하므로 아동이 한계를 알도록 해야 한다. 그리고 아동에게 질문을 반복하는 것은 치료자의 역할을 아동이 혼동하게 하므로 하지 않도록 주의해야 한다.

④ **안아 주고 반영하기**: 아동을 팔에 안고 눈을 응시하고 아동의 마음을 수용하며 아동의 행동, 몸짓, 기분을 반영한다. 아동 목소리의 어조, 성량, 리듬, 화남, 미소, 놀라움, 슬픔을 따라 반영한다.

### 3 양육경험(nurturing)

아동을 진정시키고 달래는 데 양육활동이 중요한 영향을 미친다. 영아 마사지하기와 같은 방법이 도움이 되며 아동마다 개별 선호와 특성이 다르므로 주의깊게 관찰해 실시한다. 가벼운 접촉에는 놀라지만 강한 접촉은 오히려 좋아하는 아동도 있다.

### 4 도전(challenge)

새로운 활동과 도전을 계속 소개함으로써 아동이 자신감을 가지도록 한다. 새로운 도전은 이전에 자신이 거부했던 자극을 견뎌 내도록 하기 위한 것이다. 도전경험을 제공할 때에는 아동이 쉽게 받아들일 수 있는 단계에서 시작하고 한 단계씩 진행한다.

#### (5) 자폐아동의 치료놀이 과정

이런 아동의 치료기간은 다른 아동에 비해 장기적이다. 처음에는 치료회기를 주 2회 이상 자주 갖는 것이 도움이 된다. 치료는 일반적으로 다음의 3단계 과정을 거친다.

**1 산만하고 비인간적인 저항단계**

아동은 감각 자극에 쉽게 당황하고 일상의 변화를 거부함으로써 처음부터 저항한다. 그러나 그들의 저항은 초점화가 되어 있지 않고 개인적인 의지가 결여되어 있다. 아동이 치료자를 피하려 하고 원하지 않는 경험을 차단하려 하고, 강렬한 반응을 한다 하더라도 아동이 싸우고 있는 것은 치료자 개인이 아니다. 치료자는 아동이 이 단계에 계속 있도록 해서는 안 되며 치료자의 존재를 인식시키려는 시도를 계속해야 한다. 아동이 인간화된 방식으로 저항할 수 있을 때 아동은 더욱 인간다워지며 수용과 성장의 마지막 단계로 나아갈 수 있다.

**2 집중되고 초점이 맞춰진 분노를 포함하는 인간화된 저항단계**

아동이 격렬하게 개입에 저항할 때 아동이 준비될 때까지 기다리는 부드러운 접근은 아동이 나아지는 것을 계속 연기시킨다. 치료자가 지속적으로 개입하면 아동은 치료자에게 화를 내고 치료자와 맞서기 시작한다. 그리고 치료자에게 뚜렷하게 목적적이고 통합된 제스처로 치료자를 공격한다. 이것은 이제 아동이 살아 있다는 것을 말한다. 분노를 표현하는 공격 기간 동안에 치료자는 엄하게 지시하면서도 신체적으로 아동을 감싸 주고 안아 주어야 한다. 치료자가 아동의 분노를 잘 알고 껴안고 편안하게 해 주면 아동은 더 많은 관계를 맺게 되고 인간적이 된다. 분노의 투쟁 끝에 아동은 울기 시작하면서 편안함을 느끼게 되고 이때 치료자에게로 몸을 돌린다. 이런 회기의 장렬함을 지켜보는 것이 부모에게는 어려운 일이다. 따라서 부모에게 사전에 잘 설명해야 하고 부모의 심정을 지지하고 공감해 주어야 한다.

### [3] 수용과 성장의 단계

분노의 대립국면이 끝나면 수용과 성장이 시작된다. 이제 아동은 치료자나 부모와 편안하고 느긋하게 관계를 맺고 치료자가 제시하는 활동을 즐기기 시작한다. 치료자는 새로운 활동 레퍼토리를 계속 준비해 아동이 기대와 흥분으로 회기를 기다리도록 유도해야 한다(Jernberg & Booth, 1999).

## 5) 통합적 놀이치료

Shirk(1999)는 집에서 순종하지 않고, 기본적인 생존기술이 부족한 11세의 여아를 대상으로 하여 비지시적 놀이치료, 지시적 개입(개인적인 신변처리 등의 위생과 사회성 기술에 초점), 부모교육 및 지지의 통합치료를 적용했다.

비언어적 의사소통, 아동에 대한 수용적이며 개방적인 태도 때문에 아동중심 놀이치료가 치료의 전 과정 동안 적용되었고 아동의 인지 부족 때문에 아동은 놀이를 즐겼다. 아동중심 치료는 외부의 침범 없이 아동이 수용되는 기회를 제공한다. 더욱이 발달적으로 무능력한 아동이 자신의 결손과 관련된 신체적, 정서적 강점을 발견하게 한다. 자폐아동에게 부족한 아동의 개인적인 위생기술에 대한 엄마의 관심을 만족시키기 위해 좀 더 직접적인 개입방법이 아동중심 놀이치료와 함께 통합적으로 적용되었다. 이것은 치료의 중간에 도입되었으며 때때로 치료자는 아동이 배워야 할 기능적인 활동과 같은 과제를 도입하는 지시적인 방법을 사용했다. 이는 사회적 반응과 사회적 기술을 증가시키기 위한 Leland(1983)의 지시적인 접근에 기초한 것이다. Rasmussen과 Cunningham(1995)은 비지시적인 접근과 초점화된 치료는 상호 배타적인 것이 아니라고 말한다.

마지막으로 부모와 지지적인 상담을 하고 부모교육을 했다. 이러한 부모에게는 좀 더 많은 심리적 지지와 정보 제공을 해야 한다. 부모와의 공동작업은 부모의 요구를 찾아내고 가족의 심리역동에 대한 정보를 얻고 또 필요한 정보를 제공해 줌으로써 부모가 아동의 치료를 계속해서 지원할 수 있게 도움을 주고 치료의 성공을 돕는다.

### 6) 집단놀이치료

장애아동이 개인치료에서 치료되어야 할 목표에 도달하고 나면 사회와 또래 사이에서 살아가는 능력을 유지시켜 주는 것이 필요하다. 이를 위해 직접적인 또래관계 경험을 제공해 주어야 한다.

#### (1) 집단놀이치료의 목표

첫째, 아동이 집단에서 또래의 요구에 맞춰 놀 수 있게 한다. 아동이 또래와 상호작용할 수 없고 특이한 행동을 하며 또래에게 배척당한다면 집단치료를 해야 한다. 둘째, 사회생활을 할 수 있도록 지체아가 정상아동과 함께 지내기 위해 필요한 것이 무엇인지 알게 한다.

#### (2) 집단놀이치료의 형태

첫째, 아동의 특성이 비슷한 동질집단으로 구성한다. 비슷한 문제를 갖고 있는 3~4세 집단을 S-U나 U-S 수준에서 치료하는데, 이는 U-U나 S-S 형태보다 집단치료에 더 유익하다. 둘째, 이질집단 구성으로 정상아와 장애아의 통합기회를 줌으로써 정상아동에 대한 모방을 통해 치료를 촉진시킨다. 치료자와 보조치료자는 서로 협력하여 상호 개입 패턴을 개발하고, 제한설정을 통해서 집단의 행동을 수정하도록 돕는다. 이런 아동은 집단구성 시 집단놀이보다는 병행놀이(parallel play)를 하는 경향이 많다. 그러나 발전되기 시작하면 매우 효과적이다. 셋째, 전혀 다른 행동 특성을 보이는 아동(예: 공격적 아동과 위축되거나 수동적 아동)을 섞어 집단을 만드는 것이 효과적일 때가 많다. 아동은 성공적으로 보이는 행동을 모방하고 벌을 받거나 방해받는 행동은 피함으로써 서로에게 더 많은 것을 배운다. 이 집단경험은 S-S 형태와 비슷하게 아주 구체화되고 미리 정해진 구조를 가지게 된다. 이를 통해 개인치료보다 좀 더 많은 아동을 도울 수 있다.

### 7) 부모의 참여

장애아동의 치료에 부모의 참여는 특히 중요하다. 가정에서 부모가 아동과 어떤 상호작용을 하느냐는 아동이 장애를 극복하는 데 들이는 시간에 결정적인 영향을 미친다. 따라서 부모를 최대한 활용해야 한다. 특히 한국과 같이 교육 수준이 높은 부모에게는 충분히 잘 활용될 수 있는 방법이다.

부모에게 직접 놀이치료 상황을 보여 주거나 비디오 녹화를 한 후 나중에 이를 보고 교육하는 시간을 가질 수 있다.

치료놀이에서는 아동치료자와 부모에게 해설하는 사람을 한 조로 구성한다. 해설자와 부모는 일방경 뒤에서 함께 치료를 지켜보며 해설자는 부모에게 진행되는 치료놀이의 의미, 기대 효과, 방법 등을 자세히 설명해 주고 가정에서도 그런 놀이를 해 보도록 과제를 준다. 또한 놀이치료 시 부모가 직접 아동과 회기를 갖도록 하고 놀이가 끝난 후 그에 대해 지도하고 효과적인 놀이방법과 상호작용 방법을 가르칠 수도 있다.

부모에게 가정에서 아동을 돌보는 방법, 함께 어떻게 놀며, 어떤 상황에서는 어떤 것을 갖고 놀아야 하는지를 체계적으로 가르친다. 예를 들면, 트럭놀이를 할 때 아동이 어떤 부분이 부족하며 어떤 측면을 가르쳐야 할지 파악해 도와야 한다. "이게 트럭이구나, 바퀴가 네 개 있네, 구르는구나, 트럭에 무엇을 실을까? 어디로 갈까?" 하며 놀이를 진행할 수 있으며 이 과정에서 아동이 부족한 부분을 찾아내어 시범을 보이고 함께 놀이를 진행할 수 있다.

아동에게 가르칠 때 바로는 따라 하지 않을 수 있으나 나중에 자신이 하고 싶을 때 그 방식을 적용해 놀이를 하면 놀이 수준이 향상된다. 이 경험(엄마가 원하던 놀이를 하는 것, 엄마가 가르쳐 준 것, 다른 친구가 하던 것을 하고 있다는 느낌)은 아동에게 성공경험을 늘려 주고 자기확신과 자기개념을 갖게 해 준다.

또한 아동이 가정에서 부적응 행동을 적응적 행동으로 바꿀 수 있도록 부모가 아동의 행동을 격려하는 방법을 가르친다. 어떤 행동을 강화하고 어떤 행동을 무시하는지, 벌을 주어야 하는지를 가르친다. 이때 가능하면 긍정적 강화와 격려를 주는 방법을 택하는 것이 좋다.

## 4. 발달장애아동의 놀이치료 실제: 영훈 사례

### 1) 아동 인적사항

영훈이는 접수 당시 만 4세 3개월 된 남아로 아주 마른 체격에 무표정하며 힘이 없어 보이는 모습이었다.

### 2) 주 호소내용

① 상황판단능력이 떨어진다.
② 또래관계가 원만하지 않다. 병행놀이는 가능하나 상호작용이 이루어지지 않는다.
③ 산만하고 충동적이다.
④ 신체접촉을 싫어한다.
⑤ 특정한 놀잇감(차바퀴 등)에 집착하고 같은 질문을 반복한다.

### 3) 발달 및 생육사

#### (1) 임신과 출산

분만 시 진통이 긴 난산이었으나 아동은 건강했다.

#### (2) 발달사

① 수유 및 식사: 모유를 6개월 먹고 우유병은 27개월에 떼었다. 식습관은 산

만하고 엄마가 돌아다니며 떠 먹여 주었다.

② 대소변 가림: 시작은 11개월부터 했으나 가린 것은 38개월 정도부터였다.

③ 수면 및 활동: 부모와 함께 자고 활동량은 과다하다. 다른 곳에 가면 충동적으로 일을 잘 저지른다.

④ 신체발달: 15개월에 걸었다.

⑤ 언어표현력, 이해력: 모두 지체된다.

⑥ 사회성 및 정서발달: 눈 맞춤을 했고 낯가림이 많았다. 엄마에게서 떨어져 본 적이 없다.

⑦ 부모와의 관계: 아빠를 좋아하고 만 4세부터는 자기를 아빠라 부르고 또 남이 자기를 아빠라고 불러 주면 좋아한다. 엄마는 동생이 생긴 후부터는 아동과 놀아 주지도 관심을 주지도 못했다.

⑧ 또래관계: 관심은 있고 같이 어울리고 싶어 하는 것은 같으나 노는 방법을 모르고 같이 있어도 혼자 논다.

⑨ 교육사: 26개월 때 한글을 가르치기 시작했고 그때는 20분씩도 집중했다. 책도 꼼짝하지 않고 보았다. 현재 글자는 어려운 것 빼고는 거의 다 안다. 유치원에 다니다 이사 후 가지 않겠다고 울어 현재는 그만둔 상태다.

### (3) 양육과정

① 0~1세: 말이 많아서 말이 빠를 줄 알았다. 시어머니와 34개월까지 같이 살며 고부갈등이 많았다. 분가하면서 이모가 아동이 전부터 불러도 잘 돌아보지 않는다고 해 아동에 대해 문제의식을 갖기 시작했다.

② 1~3세: 22개월부터 놀이치료실에 갔다. 1주일간은 떨어지지 않으려고 했으나 그다음부터는 잘 떨어져 8개월간 다녔고 34개월부터는 어린이집을 1년간 다녔다. 이때 할머니가 외손자와 함께 아동을 돌보았는데 아동이 좀 밀리고 다치고 했다. 주변에 놀 또래가 없었다. 엄마가 정서적으로 우울해서 아동과 거의 관계 맺기를 하지 못했고 아동은 거의 하루 종일 비디오를 보았다. 아빠도 시간이 없어 아동과 놀아 주지 못했다.

③ 3세~현재: 35개월부터 문제를 느꼈고 이때 동생이 출생했다. 그 후는 엄마에게는 다가가지 않고 아빠에게만 가고 45개월경에 유치원에 3개월간 다녔으나 집은 이사한 후로는 아침에 가지 않으려 하며 유치원을 가면 대변을 싸는 등 힘들어해 중단했다. 자기 고집이 늘어나 물컵을 던지기도 하고 밥을 먹고 자주 토하며, 먹기 싫을 때도 토한다.

### 4) 가족관계

가족은 아빠, 엄마, 남동생(14개월)으로 구성되어 있다.

### 5) 심리평가 결과

아동의 현재 발달 수준을 알아보기 위해 발달평가가 필요해 엄마를 통해 포테이지 아동발달 지침서로 평가했다. 그 결과 신변처리 4세, 운동성 4세, 사회성 2.5세, 인지 4세, 언어 4세 수준이었다. 엄마 보고에 의한 평가였으나 치료자가 보기에 이보다 각 영역에서 발달이 조금 더 지체되는 것으로 보였다. 다른 발달도 조금씩 지연되고 있으나 특히 사회성은 현저히 지연되어 있었다.

부모에게 MMPI를 실시한 결과 아빠는 따뜻하고 섬세하며 공감능력은 높았으나 에너지가 저하되어 있는 상태였다. 엄마는 우울한 특성을 보였다.

### 6) 문제의 원인

아동은 현재 여러 측면에서 발달 문제를 보이고 있다. 엄마와 애착 형성이 되어 있지 않으며 특히 사회성 발달이 많이 지체되어 있고 충동조절이 잘 안 된다. 언어 및 인지 발달도 지체되고 있으며 반복적인 언어표현이 많다. 아동의 이런 문제는 아동이 갖고 태어난 기질상의 문제로 보이며 부적절한 양육환경(엄마의 우울, 초기 상호작용 부족, 특히 지적 발달 위주의 초기 학습)도 아동의 발달에 부정적인 영향을 미친 것 같다. 엄마와 안전한 애착 형성이 되어 있지 못한 중에 할머니 집에서 분가해 이사하면서 동생이 출생하고 엄마는 몸이 아팠다. 아동을 적절히 돌볼 수 있는 사람이 없는 상태에서 아동은 엄마에게서 더 많이 밀려나면서 불안감도 커져 양가감정이 심해지고 충동성이 커지며 위기의식을 느끼게 된 것이다. 이에 따라 유치원에 적응할 내적 자원이 부족해져 유치원에 가는 것도 거부하게 되었다.

### 7) 상담목표와 치료전략

① 아동이 부모와 안정된 애착을 형성함으로써 불안을 줄이고 안정감을 갖게 한다.

- 아동중심놀이치료를 통해 안전하게 치료자와 신뢰관계를 형성한다.
- 엄마와의 애착관계 형성을 촉진시켜 아빠에 대한 지나친 집착을 엄마에게로 돌리고 안정감을 갖게 한다.

② 자기개념을 갖게 하고 자신감을 키운다.

- 발달놀이치료 접근을 도입해 대인관계에서 신체 접촉을 수용하게 하며 친밀감을 형성하게 한다.
- 치료자 및 부모와 신체에 대한 접촉 및 탐색을 통해 자기개념이 발달되게 한다.
- 자기 신변처리를 스스로 할 수 있도록 자조기술을 형성시킨다.

③ 산만하고 충동적인 행동을 조절한다.

- 부모에게 아동을 이해시키고 수용할 수 있는 행동은 수용하도록 한다.
- 부정적인 관심 끌기 행동을 줄이고 적절한 적응행동을 습득시킨다.
- 부모가 일관성 있는 한계설정을 하도록 한다.
- 언어를 통한 자기표현을 늘려 가도록 한다.

④ 또래와 함께 어울려 상호작용을 할 수 있게 한다.

- 동생과의 상호작용에서 자기를 방어 할 수 있도록 돕고 동생과 적절히 놀이

를 할 수 있게 한다.

• 상호작용의 즐거움을 놀이를 통해 경험한다.
• 상호작용에 필요한 기술을 습득한다.
• 또래 상호작용의 기회를 넓혀서 유치원에 적응할 수 있도록 한다.

⑤ 부모교육 및 지도를 통해 아동과의 긍정적 관계 형성 및 발달을 촉진시킨다.

• 부모와 아동의 관계 형성에 필요한 놀이방법과 충동조절 방법을 배운다.
• 충동조절과 사회적 상호작용의 활성화를 위해 필요한 경우 부모와 약물복용을 검토한다.
• 특정한 것에 집착하는 행동을 줄이고 다양한 놀이를 할 수 있도록 한다.

### 8) 상담과정(아동 놀이치료 총 55회, 엄마 상담 10회)

#### (1) 초기단계 : 1～9회기

1 1～5회기

아동의 놀이치료를 주 2회로 진행했다.

처음에 아동은 오자마자 주로 카세트를 가지고 장난하며 음악을 튼다. 자기가 좋아하는 음악을 틀고 싶어 해 이것저것 매우 충동적으로 테이프를 넣는다. 그러다 텐트 안으로 들어가 텐트를 쓰러뜨리며 뒹군다.

처음 3회 정도는 주로 아동중심적인 놀이를 하도록 하면서 아동의 놀이를 관찰하는 시간을 가졌다. 아동은 처음에는 아주 조용했으며 전혀 산만하다는 느낌이 없었으나 점차 조용함과 산만한 태도가 주기적으로 반복되고 조절이 안 되고 충동적인 행동을 많이 보였다. 나중에는 대기실에서 다른 곳을 뛰어다니며 통제가 되지 않았다. 놀이치료실에서도 주로 텐트 안에 누워서 뒹굴며 텐트를 과격하게 쓰러뜨리고는 매우 즐거워한다. 그러나 치료자가 안으려 하거나 신체 접촉을 시도할 때 피하거나 빠져나가는 거부반응을 보인다.

영훈이는 치료자와 상호작용을 하려는 욕구는 보였으나 접촉은 회피했고 자기가 알고 있는 것(주로 언어치료나 인지치료에서 학습한 것)을 반복적으로 말하거나 자기중심적이며 반복적인 일방적 질문을 했다. 특히 아빠와 동생에 대해서 많은 질문을 하고 궁금해했다. "아빠는 와요? 아빠 갔어요? 영준이(동생)는요? 뭐예요?"를 계속 혼자 질문하고 혼자 대답했다. 치료자가 반죽놀이를 제시했고 반죽놀이 시 반죽을 있는 대로 모두 다 무조건 섞어 버리는 상당히 충동적이고 혼란되어 있는 모습을 보였다. 또 조용할 때와 산만할 때가 주기적으로 반복되는 경향을 보였다.

아동이 아빠와 함께 올 때와 엄마와 함께 올 때가 있는데 아빠와 함께 올 때면 기분이 아주 좋아 보이면서 전혀 조절이 안 될 정도로 깔깔대며 뛰어다녔다. 5회 때는 많이 차분해진 모습이었다. 즐거워 보이고 "이거 영훈이(자기 이름) 집이야. 영훈이 아파트 ○○○호" 등의 말을 하고 아빠에 대한 말이 많아 치료자가 ["영훈이는 아빠를 좋아하나 보다."]라고 하자 "좋아해."라고 한다. 치료자는 아동이 아빠에게 지나치게 집착하며 의존하고 자기를 아빠라고 생각하며 아빠와 자기 간에 거의 경계선이 없는 상태인 것으로 보았다. 동생에 대해서도 아빠와 같은 느낌을 갖고 있는 것으로 보였다. 따라서 아동에게 자기인식 및 자기감, 자기개념을 갖게 하는 것을 일차 목표로 삼았다. 아동이 하는 모든 활동에 대해 자기개념을 갖게 하기 위한 반영을 계속했다. ["영훈이가 했네. 영훈이는 포클레인을 좋아하지. 영훈이는 아빠를 좋아하지. 이건 아빠가 좋아하는 거지. 이건 동생이 하는 거야. 이건 영훈이 손이야. 이건 영훈이 발이고 팔이야. 영훈이는 양말 벗는 거 좋아하지."] 아동이 아빠처럼 하면 ["영훈이는 아빠를 좋아해서 아빠처럼 하는구나."] 등으로 아동의 감정과 태도, 행동에 대한 반영을 많이 해 주었다.

---

**엄마 보고** 산만하고 감정의 기복이 너무 심하다. 어떤 단서에 자극되면 아주 심하게 흥분하고 통제가 안 된다. 어디 가면 일을 많이 저지른다. 자기가 '아빠' 라고 하고 아빠처럼 하려고 한다. 동생에게도 대항을 하지 못하고 피하며 물건도 동생이 뺏으면 그냥 힘없이 빼앗긴다.

---

2 6~9회기: 짜증과 양가감정을 많이 나타냄

아빠와 함께 오면서 짜증을 많이 냈고 방에 들어와서도 노래를 틀며 아니라고 계속 짜증을 내었다. 아동이 계속 누워 뒹굴고 싶어 해 집 텐트 대신 굴러가는 둥근 볼풀을 설치해 주었다. 아동은 그 안에 들어가 아주 즐거워하며 볼풀을 엘리베이터, 집, 굴착기 등으로 연상하며 30분 정도 거의 볼풀에서 누워 뒹굴기를 하며 치료자에게 '지퍼 닫아 달라, 열어 달라'며 짜증을 냈다. 네가 할 수 있다고 하니까 해 달라고 짜증 내다 나중엔 짜증 내지 않고 자기가 지퍼를 닫고 들어가고 열고 나온다. ["그것 봐. 영훈이가 그렇게 지퍼를 닫을 수 있지."] 아동이 들어간 볼풀을 치료자가 '떼굴떼굴 도토리가 어디서 왔나' 노래를 하며 굴려 주자 아동은 즐거워한다. 치료자가 무엇인가를 소개하면 볼풀 안으로 칭얼대며 들어간다. 그러나 나중에는 치료자가 보여 주었던 활동을 잠깐 모방한다. 노래 테이프를 들으면서 자신이 원하는 노래가 있긴 한데 생각이 안 나는지 무조건 아니라며 심하게 짜증을 낸다.

차바퀴, 궤도바퀴에 관심을 많이 보이고 볼풀(굴러가게 되어 있음)을 가리켜 "바퀴야."라고 한다. 아동은 손힘이 매우 약하여 치료자는 찰흙놀이를 많이 도입하려 시도했다. 그러나 아동은 다양한 색깔의 찰흙을 무조건 충동적으로 합쳐 놓는다. 아동이 미분화되어 있고 혼란스러운 전체 속에 있다는 것을 알 수 있다. 그렇게 합친 것을 볼풀로 가지고 들어간다. 어딘가에 들어감으로써 치료자와의 접촉을 차단하려는 시도를 보인다. 치료자가 뭐냐고 묻자 '김치', '계란프라이', '밥', '참치', '돈가스'라고 하며 아주 좋아한다. ["다 먹는 거구나. 거기 들어가면 기분이 좋으니?"] "네." 그러나 차츰 볼풀에 덜 들어가고 덜 산만하고 좀 더 안정적이 되어 간다.

치료자에게 기중기를 그려 보라고 요구해 ["네가 잘 그릴 수 있지."] 하며 아동에게 되돌리자 스스로 기중기를 비슷하게 그린다. ["그래, 영훈이가 그렇게 그릴 수 있지."]

집에서 자고 있는 남자를 가리키며 "영훈이 아빠야. 영훈이 아빠 자. 영훈이 아빠 똥 눠." 등 주로 자고 똥 눈다는 퇴행적인 표현이 많다. 기차 부품끼리 연결해 굴착기라고 한다. 아동은 굴착기에 집착을 많이 했고 초기에 치료자는 이를 수용해 주었다. 나무판으로 굴착기 모양도 만들고 다양한 연상을 해낸다. 책상 위에 올라가 노래를 부르며 쿵쿵 뛰고 미장원 반죽놀이도 한다. 이전보다 다양하게 놀이를 했다.

아빠, 엄마가 함께 왔다가 아빠가 가면 아빠에 대한 질문을 계속 반복한다. "아빠 가면 뭐예요?" ["너는 어때?"] "싫어." "아빠 가면 또 오셔. 아빠 가면 뭐예요?" ["아빠 가면 어떻게 되는데?"] "또 오셔." 하며 계속 아빠 얘기를 반복한다. ["아빠가 가는 것 싫구나."]라고 하자 "네."라고 대답한다.

종이 벽돌을 꺼내며 "영훈이 집 만들 수 있어. 영훈이 벽돌 꺼낼 수 있어."라고 자신감이 증가된 모습을 보인다. 종이 벽돌을 꺼낼 때 무조건 충동적으로 빼내고 또 벽돌이 떨어져 다리에 맞아도 별로 아픔을 느끼지 못하는 듯 아무 반응이 없다. 기찻길 맞추기를 치료자가 유도하자 따라 하며 치료자의 도움을 받아 동그랗게 만들었다. 그러나 기찻길에 굴착기, 기중기들을 굴리며 부적절한 표현을 한다.

**부모 보고** 아동이 어두운 곳에 대한 불안이 많다. 작년 9월(이사 후)에 유치원의 불 꺼진 지하실에서 울고 난 후부터 불 끄는 것을 싫어한다. 며칠 전부터는 이불을 꼭 덮으라 하고 스탠드 불은 켜 놓고 밖의 거실문은 꼭 닫으라고 하는 등 컴컴한 곳을 꺼리고 부쩍 퇴행하는 것 같다. 양가적인 태도도 작년 이후부터 시작됐다. 불 끄라고 했다가 켜라고 하고, 켜면 또 끄라고 하고 울면서 그런 행동을 반복했다. 그러나 최근 아동은 불 꺼진 상태에서도 달래면 그냥 자고 심하게 양가적이었던 감정과 태도도 안정되어 간다.

아빠와 같이 올 때는 아동이 더 흥분하며 조절이 안 되는 모습을 보여 아빠가 단호히 대처하도록 당부했다. 집에서는 덜한데 할머니 댁에서 애들과 놀 때에는 흥분조절이 더 안 된다고 한다.

### 초기단계 요약

초기의 목표는 치료자, 엄마와 더욱 단단한 애착관계를 형성하는 것이었다. 그렇게 함으로써 아동이 혼란된 전체로부터 분화와 발달을 해 나가기 위한 토대를 마련하기 위한 것이었다. 또 자기감을 갖게 하고 자기개념을 심어 주기 위해 노력했고 아동은 점차 자신감을 갖고 자기개념을 형성해 가기 시작했다. 아동이 불안이 많고 짜증을 많이 내고 양가적인 태도를 심하게 표현하는 것에 대해 부모를 이해시키기 위한 부모교육을 많이 했고 이를 통해 안정감 있게 아동을 양육하도록 노력했다.

(2) 중기단계: 10~42회기

1 10~13회기

피곤해 보였고 주로 '영훈이 아빠 자, 똥 눠, 아기 자' 등의 표현이 많고 누워서 차를 굴리거나, 입 벌리고, 반죽도 힘없이 누르는 등 전반적으로 힘들어 보이고 퇴행적이었다. 유치원에 다니기 시작하면서 적응하기 힘들고 피곤해하는 것 같다.

11회기에서는 볼풀을 열어 달래서 네가 할 수 있다고 하자 쑥스러워하며 볼풀의 지퍼를 연다. 주유소에서 차 바퀴구멍에 주유를 한다. "나 물감으로 그리고 싶어요."라고 해 물감으로 치료자와 함께 도화지에 손, 발 찍기를 시도하며 영훈이 손, 선생님 손, 영훈이 발, 선생님 발을 치료자가 말해 주었다. 자기개념과 인식을 갖게 하기 위한 것이었다.

12회기 때는 치료자가 신체접촉을 유도하기 위해 돌려 주기, 면 카펫으로 김밥말기놀이를 시도하자 수동적으로 가만히 있고 피하려 하기도 한다. 그러다가 "나 팽이야. 나 김밥이야."라고 한다. 벽돌을 쌓아 놓고 높은 창문틀 같은 곳에 올라가는 행동을 많이 하고 통제가 잘 안 되었다. 치료자가 제지하면 창문 위를 가리키며 "저긴 올라가면 다쳐."라고 말한다. 놀이 후 나와서 신발을 신지 않은 채 누워서 떼를 부린다.

**부모 보고** 전화를 받지 못했었는데 요새 묻는 말에 조금씩 대답한다. 자기주장을 말로 표현하며 동생에게 자기방어를 조금씩 하고 동생을 공격하기도 한다. 아빠에 대한 부정적인 감정을 표현하기 시작한다. 집에서는 '싫다' 는 말 대신에 '아니야' 란 말을 많이 한다. 동생이 자기 것을 뺏으니 "이건 형 거야."라고도 하며, 대응을 하지 못하던 예전과는 달라졌다. '나' 라는 단어를 사용한다. 일부러 물 등을 어지르는 행동빈도가 많이 줄었다는 긍정적 변화를 보고한다.

그러나 양가적 태도가 줄었다가 다시 심해졌다. 유치원 가는 데 대한 지시 따르기가 안 되고 그냥 방을 나가는 등 전혀 조절이 되지 않아서 교사가 너무 힘들다며 호소한다고 한다. 치료자가 보기에 행동조절이 어려워지면서 한편으로는 아동이 억압했던 표현이 가능해지고 있으나 유치원에서 적응하는 데는 문제가 될 것으로 보였다. 치료자가 유치원을 권하지 않았으나 부모가 너무 불안해하는 것 같아 유치원 시간을 줄이고 보조교사를 구해 보기로 했다. 그러나 아동은 아침에 떼쓰는 것이 심해지고 유치원에 가기 싫다고 한다. 아동이 주초 2일은 전혀 안 그러다가 3일째부터 힘들어한다. 아동이 창틀에 올라가고 다른 애들이 모두 따라 한다고 교사가 힘들어한다고 하나 점차 나아지고 있고 순식간에 밖에 나가긴 하지만 동화구연 시간에는 5분 이상 집중하기도 한다. 요새는 '아니야' 라는 말 대신 '싫다' 는 말도 한다.

[2] 14회기

텐트 안으로 들어가 혀로 똑딱이는 소리를 낸다. 치료자가 아동의 소리를 똑같이 반영(mirroring)하자 치료자를 쳐다보며 미소 짓는다. "영훈이 여기 앉고 싶어요. 찰흙놀이 하고 싶어요." 하며 스스로 바구니를 꺼내는 등 자기감정을 자발적으로 표현하는 것이 늘고 의존에서 벗어나는 느낌이다. 집 세트에서 이층으로 올라가는 아이를 꾸며 놓으며 "얘는 떨어지고 싶어 해요." 집에 혼자 앉아 있는 아이가 "여기 심심해."라고 한다고 한다. 아빠가 오고 아이가 떨어지게 하고 "풍덩 빠졌어. 빠져서 구급차 와야 돼. 너 지붕에 올라가면 물에 풍덩 빠져. 아빠랑 같이 있어야지."라고 한다. 또 높은 데 가서 그네 타는 아기, 지붕에 올라가는 아기를 꾸민다. 아동이 요즘 집과 유치원에서 많이 하는 행동이다.

주로 심심한 감정을 나타내고 그래서 높은 데 올라가고, 떨어져서 다치는 아이와 구급차를 타고 병원에 가서 치료하고 집에 가는 것까지 한 계열의 적절한 역할놀이를 치료자의 도움을 받아서 했다. 자발언어, 감정표현도 늘고 문장도 길어지고 자기상황을 표현하기도 한다.

**엄마 보고** 동생을 방어하지 못했는데 "귀찮아 저리 가. 나 뭐 할 거야. 영준아 이리 와."라고 표현한다. 동생 영준이와 함께 뒤집어쓰고 돌아다니는 놀이를 많이 한다. 유치원에서는 유리창에 올라가지 않고, 지시 따르기도 조금 되고 있다. 그러나 겁을 내는 경향이 생겼다. 부모가 아동을 조절시키는 수단으로 도깨비나 괴물 얘기를 하게 되면서 겁이 생긴 것이다.

③ 15~16회기

아기에게 큰 주사를 놓으며 만면에 환한 미소를 짓는다. 동생에 대한 부정적 감정을 표현하고 있는 것으로 보인다.

음식을 만들어 치료자에게 주고 '갈비', '계란프라이', '아이스크림', '어묵'이라 하며 음식 만드는 놀이가 많았다. 치료자도 아동에게 아동이 좋아하는 자장면 등을 만들어 대접하는 놀이를 많이 하였다. 이런 음식놀이는 아동에게 양육적인 경험을 하게 해 주어 엄마에 대한 애착을 증진시키는 데 도움을 준다.

이때쯤부터는 아빠에 대한 지나친 집착과 동일시가 점점 사라져 갔다. 대신 주로 엄마가 등장하고 엄마가 애들에게 맛있는 음식을 만들어 주는 놀이를 했다. 엄마와의 애착 형성에 진전이 있음을 보여 준다. 치료자는 아동과 텐트 안에 들어가 아동을 치료자 무릎에 앉히고 꼭 안고 흔들어 주기 등 신체 접촉을 많이 시도했다.

**엄마 보고** 유치원에서 거의 나가지 않고, 인형극, 동화를 잘 듣고 놀이터나 사촌 집에 가서도 애들에게 말 걸기를 시도한다. 요새 동생을 많이 찾고 사촌과 접촉하는 횟수가 증가되었다. 유치원에서는 간혹 소리를 지른다. 유치원에도 인사하고 엘리베이터를 타고 혼자 갈 수 있게 되었고 자기가 원하는 것을 사겠다고 처음으로 돈을 달라고 요구하기도 했다. 밤에 잘 때도 엄마를 힘주어 꼭 안고 자고 자기 쪽으로 얼굴을 돌려 자게 한다. 야단을 쳐도 무반응이었는데 엄마가 혼내서 화가 나면 식탁이나 바닥을 탁탁 친다. 유치원에서도 이탈하지 않고 잘 앉아 있으나 금요일쯤에는 잠시 돌아다닌다고 한다. 아동이 일주일간 지속적으로 유치원을 가는 데는 무리가 있는 것으로 보여 중간인 수요일에는 유치원을 하루 쉬도록 했다.

④ 17~25회기

텐트 안에다 자신이 좋아하는 물건을 가득 넣어 두며 또 그 안에서 반죽으로 음식을 만들어 식탁을 차리는 놀이를 많이 하였다. 할머니 집이 반복하여 출현하고 아빠가 밉다고 하며 아빠 차를 터널에 갇히게 하거나, 바람에 날아가게 하고 아빠도 날아가게 한다. 아빠 차, 아빠가 싫다고 한다. 삼촌 차가 좋다고 한다. 지붕 위에서 아빠가 떨어지고, 물놀이 시 검은 물을 풀고 아빠를 거기다 넣을까 말까 눈치를 보다 치료자가 허용하자 아빠를 검은 물속에 빠뜨린다. 이때쯤 엄마에 대한 애착이 증가되고 아빠와 분리되어 가면서 아빠에 대한 부정적인 표현이 많았다. 집을 기차로 쾅쾅 부딪치면서 집에 대한 부정적 표현을 하고 통제가 힘들어진다. 그러나 놀이가 좀 더 창의적이고 다양해진다. 유치원 적응을 힘들어하면서도 차츰 지시 따르기가 되어 가고 있고 또래에 대한 관심이 많이 생겼다. 놀이에서는 치료자의 질문에 "아빠가 화내서 싫었어요."라고 한다. 텐트를 이리저리 끌고 다니고 아빠를 악어로 물고, 동생은 구석에 놓아 둔다. 이사 가는 놀이를 하고 '왜' 란 말을 자주 하고 텐트 집과 할머니 집을 붙여 놓는다. 텐트는 자기 집이고 할머니 집이 자기 집 가까이 있었으면 하는 마음인 것으로 보고 감정을 반영해 주었다.

점차 자기 기차와 아빠 기차, 선생님 기차를 따로 구분하며 분화되고 분리되어 가는 모습을 보인다. 이때쯤 언어의 자발적 표현이 많이 늘었고 치료자 무릎에 편안히 앉고 치료자가 기차놀이에서 아동 기차와 치료자 기차가 서로 잡고 도망가기를 시도하면 아동은 아주 재미있어한다. 이 놀이는 분리개별화를 위한 까꿍놀이의 변형이다. 그러나 가끔 치료자가 자기가 원하는 것을 금지시키면 "지금 무슨 시간이에요? 나가고 싶어요."라고 자기표현을 한다.

치료자가 풍선을 펌프로 불어 날리기를 시도했으며 아동은 아주 좋아하며 여러 번 하기를 원했다. 치료자는 함께 놀이를 하다가 나중에는 이 놀이를 이용해 지시 따르기와 구조화를 경험시키기 위해 1부터 10까지 세면서 10에 왔을 때 풍선로켓 발사시키기로 전환했고 아동은 이를 함께 했다.

텐트에 주로 자기가 좋아하는 것, 애착하는 것을 넣어 두고 나서 놀이를 시작한다. 여기에 있는 것들을 좋아하냐고 묻자 그렇다고 한다. 다 집어넣고 텐트를 거칠게 쓰러뜨리고 그 안에서 뒹구는 놀이가 계속되어 통제가 어려워졌다. 몇 회기 후 치료자가 텐트를 없애자 왜 없어졌냐고 계속 질문한다. 대신 벽돌로 집을 만들자며 울타리를 만들고 그 안에 좋아하는 것들을 넣게 했다. 아동은 대안을 수용했고 그 안에 들어가 음식놀이 등을 했고 차츰 그 안에 집어넣는 행동이 없어졌다.

엄마가 애들에게 맛있는 음식을 주는 놀이를 하며 "밥 많이 먹어야 아빠처럼 크지. 나 매운 비빔밥 먹어 봤어. 비빔밥 그려 줘요."라고 한다. 치료자에게 접시를 그려 달라고 하고 비빔밥이라며 접시 안에 점찍기로 밥알을 표현하고 매운 비빔밥이라고 쓰라고 요구한다. ["영훈이가 매운 비빔밥도 잘 먹는구나."]라고 하자 "네."라고 대답한다. 아동과 텐트 안에 들어가 치료자 무릎에 앉히고 아동을 꼭 안고 흔들어 주고 신체 접촉을 많이 해 주었다. 아동은 텐트 문을 닫으라고 하며 치료자와 함께 있는 것을 즐겼으며 더워서 땀이 나는데도 텐트 문을 열지 못하게 하고 나가지도 못하게 하였다.

다음 회기에서는 같이 텐트에 들어가자고 먼저 요구하였다. 풍선을 불어 날리기 놀이를 아주 좋아하고 여러 번 하기 원했다.

아주 즐거워하며 자기가 엄마가 되어 "얘들아, 밥 먹을 시간이다."라고 하며 밥과 포크도 가져온다. 이때 치료자가 작은 사람 인형을 가져오자 아동은 인형 여러 개를 식탁에 앉히고 함께 먹는 장면을 꾸몄다. 또래와의 상호작용을 놀이에서 처음으로 표현했다. 엄마의 보고에서도 아동이 또래에 대한 관심이 많아졌다고 하였다. 그러나 관심을 주로 부적절한 방식으로 표현하고 있다. 매우 즐겁게 놀았고 이렇게 한참 즐겁게 놀고 나면 놀이치료실을 나와서도 자제를 하지 못하고 흥분해 여기저기를 뛰어다녔다.

**엄마 보고** 아빠가 며칠째 아프다. 그 바로 전부터 "아빠 차 안 탄다." 하며 아빠를 싫어하는 태도를 보였다. 충동조절이 어려워 소아정신과에서 충동조절을 도와주는 약을 복용하기로 했다. 유치원은 적응이 잘 안 되어서 이번 주까지 해 보고 계속 어려워하면 어린이집 같은 곳으로 바꾸기로 했다. 밤에 잘 안 자고 '자, 안 자' 를 반복하며 짜증을 낸다. 아침에도 일찍 깨 짜증을 내고 돌아다닌다. 유치원 때문인 것 같다.

며칠 사이에 매우 적대적이 되었다. 동생이 우니까 동생을 가두라고 하고 엄마가 아동을 가둬 놓은 방식대로 똑같이 질질 끌고는 방에 가둬 놓았다. 동생이 떨어지길 바라며 문을 열어 놓으라고 하고 엄마가 아동에게 뭘 하지 말라고 하면 엄마에게 소리를 지른다. "아빠가 싫다, 밉다."라고 하고 "아빠 안 들어오면 싫다, 동생 싫다."라고 한다. 동생이 들어오지 못하게 문을 닫는다. 똑같다 다르다를 잘 구별하지 못해 화가 난 엄마가 아동을 때렸다. 밤에는 잘 자고 밥도 전과 달리 잘 먹는 편이다. 그러나 자꾸 같은 질문(바퀴는 왜 동그래야 돼? 네모나면 왜 못 굴러? 등)을 반복한다. 유치원에서 거의 1시 30분까지는 있고 또래와 있는 것을 좋아한다.

### 5 26~30회기

아동은 이때쯤 친구에 대한 관심이 많이 생기고 어울리고 싶어 하나 적절히 어울리는 방법을 몰라 몸으로 치대는 행동을 주로 하고 그로 인해 아이들에게 거부당하는 경험을 많이 하게 되었다. 치료자는 친구에게 적절한 자기표현 하기를 역할놀이로 아동에게 시범을 보였다. 치료자가 인형으로 집에 놀러오는 친구 역할을 하며 ["영훈아 같이 놀자. 심심해서 놀고 싶어. 미끄럼 타자."]라고 하니까 아동은 "싫어, 모래밭에 갈 거야. 안 돼, 자전거 탈 거야." 등의 반응을 보인다. 나중엔 "대윤아 기차놀이 하자. 할 거야?" 하며 웃고 좋아해 ["영훈이는 친구랑 노는 거 좋구나."]라고 하자 그 후 "대윤이랑 기차놀이 하는 거 좋아요. 대윤아 밥 먹자." 등의 표현을 하며 즐거워한다.

---

**엄마 보고** 이때쯤 아동은 엄마에게 미니카, 탱크 등을 사 달라고 요구를 많이 하며 떼를 쓴다고 엄마가 힘들어해 미니카, 탱크를 받을 수 있는 행동수정을 도입하기로 했다. 놀이치료실에 왔을 때 다른 방에 들어가지 않고 잘 기다릴 때, 다른 사람에게 인사를 했을 때, 질문에 대답을 했을 때, 친구에게 말로 하며 다가갔을 때 스티커를 받고 일정 개수가 모이면 2~3일에 한 번 정도 원하는 것을 사기로 했다. 아동은 미니카를 갖고 싶어 해 미니카를 받기로 하였다. 이렇게 하면서 남에게 대답하는 것도 증가하고 유치원에서도 행동이 많이 좋아졌고 산만하게 나대고 나가지 않으며 지시 따르기가 증가했다고 한다. 남이 자기 물건 뺏으면 안 뺏기려 하고 방어한다고 한다. 동생에게도 "형 것 뺏지 마. 너 이거 해."라고 한다.

자발적으로 교사에게 와 말을 시키기도 한다고 한다. 이때쯤에는 오히려 아동이 동생을 괴롭힌다고 하며, 동작모방도 많이 하고 친구에게 "풍선 좀 빌려 줘라. 이따 줄게." 등의 말도 한다. 정서 상태가 밝아지고 즐거워하며 바깥놀이를 많이 즐기면서 한편으론 아주 멀리까지 갔다 오는 등 통제가 되지 않아 엄마가 걱정하기도 한다. 아동이 나가서는 안 되는 한계선을 그어 주라고 부탁했다.

---

**⑥ 31~32회기: 짝 놀이치료**

아동이 개인치료에서 호전되었고 또래와 상호작용하고자 하는 관심도 많이 증가되었으나 구체적인 방법을 잘 몰라 친구를 집적이는 행동으로 표현해 집단놀이치료가 필요하다고 보았다. 2회의 놀이치료 중 1회는 2인으로 이루어진 짝 놀이치료를 하기로 하였다. 그러나 두 아동은 병행놀이만을 했다. 영훈이는 특히 치료자에게 치대고 칭얼거리고 자기에게 관심을 주기를 요구하다 자기 뜻대로 되지 않자 방을 나가려고 한다. 전형적인 반복질문을 하며 불안해하고 짜증을 낸다. 놀이치료실을 나가기도 하며 치료자에게 다급하게 안기려는 행동도 한다. 전체적으로 아동이 다른 아동과 치료자를 공유하는 것에 대한 불안을 많이 보인다. 아동이 놀이치료실에 올 때는 즐겁게 왔다가 가서는 시무룩하다고 하며 집에서 엄마에게 슬프다고 말했다고 한다. 치료자를 공유하는 것에 대한 준비가 아직 안 된 것으로 보아 짝 치료를 종료하기로 했다. 대신 놀아 주는 선생님의 집으로 와서 다른 아이 한 명과 함께 노는 시간을 갖도록 했다. 또한 놀이치료 시간은 주 1회로 줄이기로 했다.

### ⑦ 33~36회기

개별치료로 들어가자 매우 좋아하며 흥분한다. 치료자가 개별치료에 대한 아동의 감정을 반영해 주었다. ["같이 노는 거 싫었구나. 선생님이 다른 아이랑 노는 거 싫고 슬펐구나."] 라고 하자 아동은 치료자를 따라 "싫어요."라고 감정표현을 한다.

이때쯤 아동은 아주 표정이 밝아지고 좋아하며 들떠 있었다. 그러면서 한편으론 지나치게 흥분하고 상담센터를 뛰어다니는 행동을 보인다. 행동조절이 더 어려워지고 더 산만하고 정신없이 몸놀이를 하기도 하는데 조절이 필요해 보여 치료자가 일부러 기차놀이로 유도했다. 이 기차놀이는 배터리로 가는 자동기차이나 스위치로 서고 가는 것을 자신이 조정할 수 있는 놀잇감으로 자기 힘을 건설적인 방식으로 사용하도록 전환시키며 자기조절능력에 대한 감각을 갖게 하는데 도움이 되는 놀잇감이었다. 치료자는 아동의 힘으로 기차를 가고 서게 할 수 있다는 것을 계속 반영해 주었다. 그러면서 아동은 좀 더 조용해지고 행동조절이 쉬워졌다.

풍선 로켓놀이를 오래 즐겼고 거의 집에 오는 친구 얘기를 많이 했다. "대윤이 보고 싶어. 놀 거야. 약속 안 지켰어. 끝나면 놀 거야." "여긴 ○○ 유치원이야.

병주랑 놀았어." 등 또래에 대한 관심을 많이 보인다.

그러나 반복해 포클레인에 집착하고 자기가 그리거나([그림 1-1] 참조) 치료자에게 그려 달라고 하기도 했다. 바퀴에 대해 반복적으로 질문하는 것이 계속될 때도 많았다. 처음에는 아동의 요구대로 포클레인 그림을 그려 주었으며 점차 치료자는 포클레인에 대한 관심을 포클레인의 기능을 알게 하는 쪽으로 전환시키려 했다. 처음에는 반죽이나 손에 묻지 않는 특수한 풀, 네모구슬을 흙이라고 하고 흙을 포클레인으로 파는 놀이를 했다. 다음에는 판 흙과 돌을 다른 트럭에 옮겨 담기로 전환하고 나중에는 전체를 연결해 포클레인으로 흙을 파 트럭에 옮겨 담고 공사장으로 싣고 가 내려놓는 놀이로 확대했다. 아동은 처음에는 아랑곳하지 않고 계속 자기가 원하는 질문을 반복하다 치료자가 주도하는 놀이를 모방하며 조금씩 전환하였다. 엄마에게 야단맞고 온 날은 놀이치료실에서 더욱 산만하며 충동적이 되었다.

초기에 했던 포테이지 아동발달 지침서를 다시 했는데 사회성이 치료 초기에 치

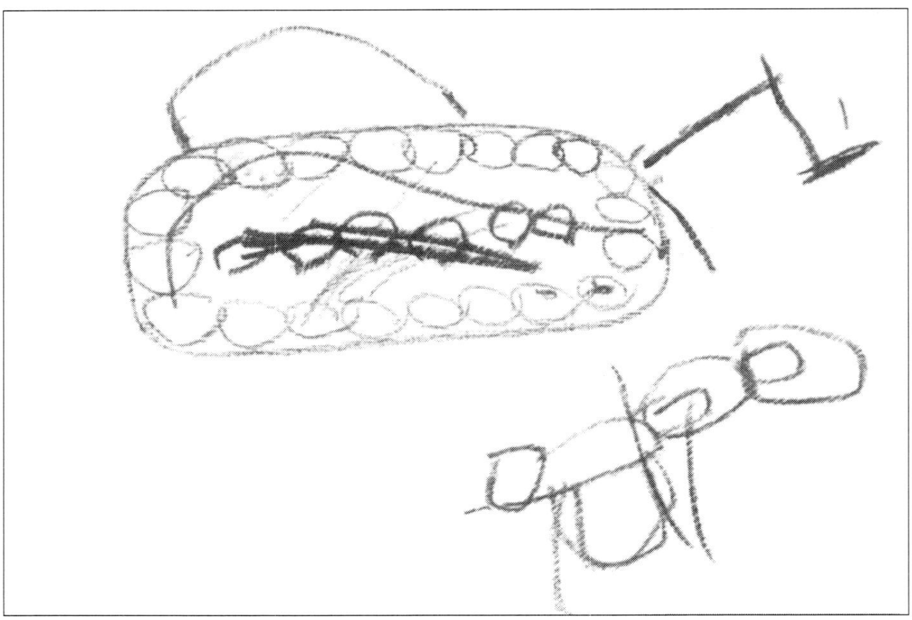

[그림 1-1] 포클레인

료자가 평가한 것보다 6개월 정도 높아졌다. 게젤발달검사(Gesell Development test)도 실시했으며 그 결과 운동성 4세, 적응성 3.5세, 언어 3.5~4세, 사회성 3.5~4세 수준이었다. 그동안의 놀이치료로 사회성 발달이 이루어진 것으로 보인다.

---

**엄마 보고** 유치원에서 돌보는 사람이 없어도 큰 무리가 없겠다고 해 보조교사가 오는 횟수를 줄였다. 집에서 집단놀이를 할 때도 상대 아동과 조금씩 논다. 풍선놀이, 공놀이를 조금 하나 공이 오면 받지 못하고 피한다. 아동은 물을 꼭 엄마 컵에 먹겠다고 떼를 쓰고 집에 오는 친구가 가면 더 놀고 싶다고 떼쓰며 운다고 한다. 굴착기에 대한 집착이 많아 밖에 나갈 땐 항상 굴착기를 들고 나간다.

아동의 반복적인 질문이 자연스러운 대화를 방해하고 있는 면이 많이 나타났다. 아동의 반복질문은 언어치료에서 반복적으로 습득한 것을 그대로 따라 하는 측면이 있는 것으로 보여 언어치료를 당분간 중단하기로 했다.

---

8 37~42회기: 침체기

오자마자 "포클레인은 어디 있어? 없어? 포클레인은? 트럭은?" 등의 질문을 하며 자기가 원하는 포클레인이 있다는 걸 확인하고 안심한다.

놀이에서 아이들이 주로 등장하며 "○○야 놀자."라고 관계를 시작하는 표현은 많아졌다. 그러나 그다음을 스스로 잘 이어 가지 못해 치료자는 주로 놀이로 진전된 상호작용을 하는 방법을 가르치기로 하였다. 친구들과 함께 그네 타고 자전거 타는 상호작용 모델을 인형으로 보여 주려 했으나 관심이 금방 포클레인, 궤도바퀴로 가며 집착한다. 치료자가 주도한 놀이에 약간 관심을 기울이다가 놀이 중간에 다시 궤도바퀴에 대한 질문으로 갔고 "바퀴는 왜 굴러?" "동그라미는 왜 굴러?" 등 질문을 계속 반복적으로 했고 치료자가 대답해 주지 않으면 안절부절못하는 모습을 보인다. 다른 놀이로 유도했는데 치료자가 대답을 해 주지 않거나 원하지 않는 놀이를 했을 때는 나중에 칭얼대는 모습을 보인다.

놀이치료실에 많던 차를 치우고 몇 개만 남겨 두었는데 다른 차가 왜 없냐며 "불도저 없어서 속상해."라고도 한다. 아동은 이때쯤 자신의 감정을 말로 표현하는 능력이 증가되었다. 이때 아동은 무조건 연결하는 놀이를 많이 했고 두 개의 차를 호스로 연결하는 놀이를 주로 했다. 아동의 연결놀이는 좋아하고 애착을 가지던 대상을 상실한 것에 대한 반응이라고 보았다.

아동은 동생에 대한 질문이 많았다. "동생은 여기 안 들어와? 왜 못 들어와?" ["여긴 영훈이가 노는 곳이야. 동생은 들어올 수 없어."] 왜 들어올 수 없어? ["왜라고 생각해?"] "어려서. 영준이는 똥 싸? 기저귀 차? 자전거 못 타?" 하며 계속 동생은 어리다고 얘기한다. 동생에 대한 형으로서의 자신감을 표현한다고 보이며 이런 자신감 때문인지 동생을 잘 도와준다고 한다.

---

**엄마 보고** 아빠에 대한 집착은 줄어든 대신 엄마를 많이 찾는다. 요새 엄마 물건에 집착을 많이 하고 엄마 컵에만 물먹겠다고 한다.

아빠가 너무 바빠 아이랑 놀아 주지 못하고 아빠도 힘들어 아이에게 짜증을 많이 낸다. 겨울이라 밖에도 나가지 못하고 주로 방 안에서만 논다고 한다. 자기가 좋아하는 밖에서의 신체놀이를 하지 못해 힘들어하는 것 같아 매일 한 번씩은 놀이터나 밖에 나가도록 조언했다. 그러나 동생도 조절이 되지 않아 함께 나가면 엄마가 너무 힘들어 어려움이 있다고 한다.

증가되었던 사회성이 다시 퇴보되었고 아동은 기분이 처지고 누워 있으며 우울 행동을 보였다. 친구들을 붙여 주어도 친구와 상호작용이 지속되지 못하고 결국 그 친구가 동생과 놀고 자기는 소외되며 다시 혼자만의 놀이로 빠진다. 사회적 상호작용 증진을 돕고 우울한 기분을 좀 더 상승시키기 위해 소아정신과에서 약물을 리스페리돈으로 바꾸었다. 약을 바꾸면서 아동은 기분은 상승되고 우울하고 처져 보이는 행동은 줄었으나 다시 통제가 어려워지는 상태가 되었다. 영훈이의 어려움은 기분이 상승되면 산만해지고 통제가 어려워지는 반면 통제가 잘 되면 지나치게 기분이 처져서 아무것도 하지 않고 누워만 있으려 하며 상호작용도 하지 않으려 한다는 것이다. 그러나 조절 문제보다는 상호작용을 증가시키는 것이 아동에게 더 중요해 보여 우선은 이 방법을 선택했으며 이것이 다시 아동의 상호작용을 활성화시키는 데 도움을 주었다.

유치원에 가지 않으려고 하고 너무 힘들어하는 것 같아 유치원을 중단하고 엄마와 다른 신체놀이를 하는 곳이나 수영장 등을 다니기로 했다. 그렇게 하면서 아동은 다시 기분이 조금씩 상승되기 시작했다. 그러면서 동생에게 관심을 많이 보이고 집에서도 계속 동생에게 관심을 보이며 동생은 똥, 오줌 싼다고 하고 동생 옷도 가져오고 옷도 입혀 주기도 하며 동생과 사이가 좀 좋아졌다. 그러나 여전히 바퀴에 대한 집착이 많다. 놀이는 다른 걸 하지만 계속 말로는 바퀴 얘기를 한다. 언어치료를 중단했으나 아직 아동의 언어에 별 차이가 없다고 엄마가 보고하고 치료자가 보기에도 별 차이가 없었다.

---

### 중기단계 요약

치료자가 좀 더 놀이를 구조화시켰고 볼풀 놀이, 신체놀이, 반죽놀이, 인형집 놀이 등을 많이 했다. 아빠에 대한 부정적인 감정표현을 하며 아빠와 분리되어 가면서 엄마와 점점 긍정적인 애착관계를 맺어 갔다. 또한 동생에 대해서 자기 방어를 하고 동생에게 대항하고 괴롭히기도 했다. 친구에 대한 관심도 증가하고 접촉을 시도하고 사회성이 많이 향상되었다. 그러다가 주 2회의 치료를 1회로 줄이고 아빠의 직장 문제로 부모가 모두 힘들어지고 아동과 함께 놀이시간도 갖지 못하고 아동이 좋아하는 놀이도 할 수 없어지면서 아동은 전반적으로 기능이 저하되기 시작했다. 그 후 다시 부모상담을 통해 유치원을 당분간 중단하고 아동이 즐거워하는 놀이시간을 늘려 가면서 점차 기능이 다시 회복되기 시작했다.

#### (3) 말기단계: 43~55회기

##### 1 43~48회기

기분이 상승되고 눈 맞춤이 증가되었으며 자연스러운 언어 표현이 증가되어 갔다. 상호작용도 다시 증가하였다. 그러나 충동조절 문제가 아직도 크게 나아지지 않고 있다. 이로 인해 또래관계 유지에 어려움이 있다고 보았다. 또한 집단에 다시 들어가기 위한 준비가 필요했다. 치료자는 좀 더 구조화된 신체활동 위주의 발달놀이치료 접근을 더 많이 추가하기로 하였다. 이런 접근으로 상호작용을 늘리고 충동을 조절하며 구조화에 적응하도록 하였다. 놀이치료실 안에 있는 물건들을 치우고 필요한 최소한의 물건으로만 구성했다. 필요한 활동을 주로 볼풀을 이용해 그 안에서 다른 자극을 차단한 상태에서 놀이를 시도했다. 아동은 초기와 달리 그런 놀이를 잘 따라 하는 편이었다. 그러면서 지시 따르기와 충동조절이 좀 더 쉬워졌다. 아동은 방에 들어와 자신이 좋아하는 차 종류가 없자 왜 없냐고 묻고는 "다른 거 가지고 놀라고?" 한다. 그렇다니까 받아들이고 다른 질문은 하지 않는다. 반복적이고 단조로운 같은 질문이 많이 줄고 의사소통이 자연스러워졌다.

치료자는 아동이 들어오면 얼른 얼굴을 치료자의 두 손으로 감싸고 치료자와 눈 맞추기, 반갑게 악수를 요청하고 손등에 입을 맞추고 치료자에게도 해 주도록 요구하니 따라 한다. 안아 주기 등을 먼저 시도했다. 볼풀 안에 들어가 치료자와 뒹구는 신체놀이를 한바탕했으며 그 후는 조용히 안고 흔들어 주기, 양말 속의 발가락 찾기 등을 시도했는데 잘 반응하고 웃으며 좋아한다. 아동이 좋아하는 즐겁고 흥분되는 신체놀이와 반대로 조용한 놀이가 흐름을 타고 섞이도록 계획했다. 그럼으로써 아동이 조절감을 느낄 수 있도록 하기 위한 것이었다.

볼풀 안에 아동을 들어가게 하자 선생님도 들어오라고 한다. 볼풀에 들어가 ["이 양말 안에는 뭐가 있나 볼까? 영훈이 예쁜 발이 있네. 영훈이 발가락이 나 여기 있어요 하네."] 등으로 양말을 벗기며 신체를 접촉하고 탐색해 자기감을 갖게 하는 놀이를 먼저 하였다. 얼굴에 뽀뽀하기, 빰 불어 주기, 귀에 바람 불어 넣기를 치료자가 시도했고 순서대로 차례를 바꾸어 아동에게도 시켰는데 잘 따라 한다. 발바닥을 손가락으로 찌르기 놀이를 하고 어느 손가락으로 찔렀는지 맞히기를 하였다. 치료자가 찌르고 어느 손가락인지 묻는 질문에는 어느 정도 답하나 자기가 하는 것은 잘하지 못한다. 자기가 찔러 놓고 자기가 답한다. 치료자가 찌를 때 어느 손가락으로 하는지는 잘 쳐다보지 않는다.

아동을 원통형 볼풀에 눕게 하고 치료자가 굴려 주는 놀이를 했다. 이렇게 활동적인 놀이를 하고 나서 다시 배 흔들기 놀이를 했다. 이 놀이는 치료자가 아빠 다리를 하고서 아동을 옆으로 다리 위에 눕히고 꼭 안아 천천히 위아래, 좌우로 조용한 노래를 부르며 흔들어 주는 놀이다. 시간이 다 되어 가면 치료자가 양말을 가져오게 해서 ["양말이 영훈이 발에 들어가고 싶대요. 이젠 양말이 내 발 찾아 주세요 해."]라고 하며 양말을 신게 했다. 흥분이 가라앉고 조절된 상태에서 다시 놀이치료실 밖의 현실로 나오게 하였다.

**엄마 보고** 엄마와 애착 형성은 아주 잘된다. 밤에도 엄마를 꼭 껴안고 잔다. 신학기가 되어 그동안 중단했던 유치원을 놀이치료실로 바꾸어 1~2시간씩 가기로 했다. 또한 특수유치원에도 다니기로 했다. 놀이치료실은 좋아하나 특수유치원은 가기 싫다고 하고 가지 않으려 한다. 놀이치료실 교사의 말로는 처음 1개월간은 조절이 잘 안 되다 지금은 지시 따르기가 많이 되는 편이고 가끔 다른 아동이 놀 때 가서 보고 관심을 보이며 끼어 놀기도 한다고 한다.

엄마는 아동이 반복적인 질문을 하는 언어 패턴이 많이 줄고 의사소통이 자연스러워졌고 남의 의견도 묻고 남의 반응에 대한 관심이 늘어났다고 한다. 집에서는 동생을 돌보려 한다. 동생 물건도 챙겨 주고 동생 것도 갖다 주는 등 동생에 대한 태도가 우호적으로 변했다. 엄마 컵이나 좋아하는 옷 등에 대한 집착도 거의 사라졌다고 한다.

### 2 49~55회기

놀잇감의 자극이 거의 없는 새로운 발달놀이 놀이치료실이 마련되어서 그곳으로 방을 옮겨 2주에 1회의 치료를 했다. 그곳에서 주로 개입과 구조화를 경험하는 데 초점을 둔 발달놀이치료를 했다. 신체를 점검하고 접촉하는 활동으로 개입을 하고 신체놀이를 이용해 구조화를 경험하게 했다. 그 후 차츰 간단한 규칙이 있는 놀이로 유도했다. 아동이 차와 자기가 좋아하는 장소에 가는 것을 좋아해 바닥에 길을 그리고 장소를 표시한 후 아동과 치료자가 각자, 함께 차를 가지고 그곳(슈퍼, 강변, 할머니집)으로 가는 놀이를 주로 했다. 길을 가는 과정에 신호등을 설치하고 빨간불에 서고 파란불에 가는 놀이를 했다. 그렇게 하면서 아동은 차츰 치료자의 주도와 구조화에 적응해 갔다. 그림 그리기를 열심히 하며 친구 이름들을 말하고 쓰며 "○○는 좋아. ○○는 싫어."라고 표현하기도 했고 친구 얼굴을 그리면서 친구에 대해 간단하게 말하기도 했다.

반복적인 질문과 차에 대한 집착은 거의 사라졌고 새로운 놀이치료실과 유치원에도 비교적 잘 적응하게 되었다. 또한 충동조절 문제는 다른 곳보다 집에서 가장 되지 않았는데 엄마가 자신의 불안으로 인해 아동에게 불필요하게 개입함으로써 아동의 부정적인 행동이 증가된 것이었다. 이를 파악하고 조절하게 되면서 아동의 행동도 많이 조절되고 큰 어려움이 없게 되었다.

### 말기단계 요약과 종료

아동의 기능이 다시 회복되었고 초기의 주 호소 문제가 많이 완화되었으나 또래관계 문제는 아직도 좀 더 해결되어야 할 문제로 남게 되었다. 치료자는 신체접촉 위주의 개입과 구조화를 초점으로 삼는 발달놀이치료 접근을 더욱 강화하였다. 점차 아동의 충동조절 능력이 증가되었고 놀이치료실과 유치원에서 적응하는 데 큰 문제가 없어 종료하게 되었다.

### 치료자 전체 평가와 소감

영훈이는 발달장애를 가진 아동으로 초기에는 아동의 평가와 잠재력의 확인을 위해 아동중심적인 놀이치료(S-U 방식)를 기본으로 했다. 그러면서 아동의 애착관계 형성과 자기감의 확립에 초기 목표를 두었다. 차츰 아동의 강점과 약점이 파악되면서 아동의 사회관계와 상호작용 능력을 증진시키기 위해 신체접촉을 이용한 발달놀이치료 접근을 좀 더 강화하였다. 또한 역할놀이를 통해 치료자 행동 모델링을 하도록 했다. 말기에는 조절과 구조에 대한 적응을 돕기 위해 신체 접촉을 통한 개입과 유치원이나 놀이치료실에 적응하기 위해 구조화를 경험하는 데 초점을 둔 치료놀이를 했다.

아동은 치료자, 엄마와의 애착 형성을 바탕으로 자기감을 획득해 나갔고 불안과 양가감정이 심하던 것이 안정되어 가고 자신감이 증가되었다. 동생에 대해 부정적인 감정을 표현하면서 방어할 수 있게 되었으며 차츰 동생을 긍정적으로 도와주고 형으로서의 자기 위치에 좀 더 자신감을 갖게 되었다. 자기표현 능력이 향상되고 반복적인 말과 행동도 사라져 갔고 유치원과 놀이치료실에 적응하는 것이 쉬워졌다. 충동조절 능력도 향상되어 엄마가 아동과 함께 지내는 데 별 어려움이 없게 되었다. 또래 상호작용 능력은 더 발전되어야 한다고 판단되었다. 또래에 대한 관심, 접촉하려는 욕구의 증가와 접촉 시도는 많이 발전되었다. 그러나 접촉 시도 후 관계를 지속시키고 발전시키는 부분은 아직 더 많이 발전되어야 한다. 이 부분은 집단에서의 적응과 반복 경험을 통해 좀 더 해결되어야 하며 장기적으로 시간이 필요한 것이라고 보고 엄마 상담을 통해 발달 상태와 시기에 맞춰 적절한 방법을 찾도록 도움을 주기로 하였다.

# 산만하고 과잉활동적인 아동을 위한 놀이치료

● ● ● 많은 부모와 교사가 산만하며 과잉활동적인 아동을 이해하기 어려워하고, 혼란스러워하며 이들로 인해 고통을 겪는다. 그러나 이런 아동이 장애를 갖고 있기 때문이란 것을 이해하고 수용하게 되면 문제해결은 훨씬 쉬워진다. 이런 특성은 아주 어린 시기부터 관찰될 때가 많다. 그러나 산만하고 과잉활동적인 모든 유아가 주의력결핍 과잉행동장애는 아니다. 불안이나 우울 등의 정서적 이유로 산만하고 과잉활동을 나타내는 아동도 많다. 주의력결핍 과잉행동장애라는 진단을 내리기 전에 발달력, 부모와 교사의 보고 및 행동관찰을 포함한 철저한 평가를 하고 가능성 있는 다른 원인을 조사하는 것이 중요하다.

## 1. 주의력결핍 과잉행동장애란

### 1) 정의

주의력결핍 과잉행동장애(Attention Deficit with Hyperactivity Disorder: ADHD)에 대한 개념은 현재의 DSM-IV의 정의에 이르기까지 오랫동안 아동정신병리 분야에서 논란의 대상이 되어 왔으며 장애에 대한 명명이나 기술도 변천되어 왔다.

1900년대 초기부터 충동적이고 절제가 되지 않는 과다행동 문제를 가진 아동이 발견되었으며 이런 증상을 과잉활동증상(hyperactive syndrom)이라고 명명했다.

1930~1950년대까지 이 증상의 신경학적 원인론이 연구되면서 1950년대에 뚜렷한 신경학적 손상을 보이지 않는 질환군을 미소대뇌기능장애(MBD)란 이름으로 부르게 되었다.

1960년대에 들어와서는 증상의 이질성이 인식되면서 연구의 초점이 과잉활동에서 인지로 전환되고, 과잉활동은 주의(attention)의 기본적 결함 때문에 발생한다고 여겨지게 되었다. 따라서 DSM-III에서는 과잉활동을 수반하지 않는 주의력결핍과 과잉활동을 수반한 주의력결핍을 나누어 각기 주의력결핍장애(ADD)와 주의력결핍 과잉운동장애(ADHD)로 불렀다.

DSM-III-R에서는 ADHD란 단일명으로 단순화했고 DSM-IV에서는 우세한 증상이 무엇이냐에 따라 주의력결핍 유형, 과잉운동/충동성 유형, 혼재형으로 나누었다(Wenar, 2004).

DSM-IV의 ADHD에 대한 정의와 진단기준을 살펴보면 다음과 같다(APA, 1994).

**▪ ADHD 진단기준 ▪**

1) 아래에 제시된 ① 또는 ② 가운데 한 가지가 해당된다.

① 부주의에 관한 다음 증상 가운데 여섯 가지(또는 그 이상) 증상이 6개월 동안 부적응적이고 발달수준에 맞지 않는 정도로 지속된다.

① 흔히 세부적인 면에 대해 면밀한 주의를 기울이지 못하거나 학업, 작업 또는 다른 활동에서 부주의한 실수를 저지른다.
② 흔히 일을 하거나 놀이를 할 때 지속적으로 주의를 집중할 수 없다.
③ 흔히 사람들이 직접 말을 할 때 경청하지 않는 것으로 보인다.
④ 흔히 지시를 완수하지 못하고 학업, 잡일, 작업장에서의 임무를 수행하지 못한다(반항적 행동이나 지시를 이해하지 못해서가 아님).
⑤ 흔히 과업과 활동을 체계화하지 못한다.
⑥ 흔히 일상적인 활동을 잊어버린다.

② 과잉행동-충동에 관한 다음 증상 가운데 여섯 가지(또는 그 이상) 증상이 6개월 동안

부적응적이고 발달수준에 맞지 않는 정도로 지속된다.

〈과잉행동〉
① 흔히 손발을 가만히 두지 못하거나 의자에 앉아서도 몸을 옴지락거린다.
② 흔히 앉아 있도록 요구되는 교실이나 다른 상황에서 자리를 떠난다.
③ 흔히 부적절한 상황에서 지나치게 뛰어다니거나 기어오른다(청소년 또는 성인에게서는 주관적인 좌불안석으로 제한될 수 있다).
④ 흔히 조용히 여가활동에 참여하거나 놀지 못한다.
⑤ 흔히 끊임없이 활동하거나 마치 자동차(무엇인가)에 쫓기는 것처럼 행동한다.
⑥ 흔히 지나치게 수다스럽게 말을 한다.

〈충동성〉
⑦ 흔히 질문이 채 끝나기 전에 성급하게 대답한다.
⑧ 흔히 차례를 기다리지 못한다.
⑨ 흔히 다른 사람의 활동을 방해하고 간섭한다(예: 대화나 게임에 참견한다).

2) 장애를 일으키는 과잉행동–충동 또는 부주의 증상을 7세 이전에 보인다.

3) 증상으로 인한 장애가 두 가지 또는 그 이상의 장면에서 존재한다(예: 학교 또는 작업장, 가정)

4) 사회적, 학업적, 직업적 기능에 임상적으로 심각한 장애가 초래된다.

5) 증상이 광범위성 발달장애, 정신분열증 또는 기타 정신증적 장애의 경과 중에만 발생하지 않으며 다른 정신장애(예: 기분장애, 불안장애, 해리성 장애 또는 성격장애)에 의해 잘 설명되지 않는다.

## 2) 역학 및 원인

추정자료에 따르면 전체 학생의 약 3~5%가 ADHD로 고통받는 것으로 나타났다. 또 여자에 비해 남자가 3~6배 더 많이 발생한다는 것이 확인되었다(Mash & Wolfe, 2001). 또 첫 번째로 태어난 남아에게서 많이 발견된다고 한다.

현재는 이 장애의 이질성 때문에 한 가지 요인만으로는 설명할 수 없고 많은 환경 요인이 있다고 본다. 신경학적 손상이 원인 중 하나라고 보는데 태생기나 주산기에 사소한 뇌손상을 받았을 것이라는 점이 시사되어 왔다. 미세한 대뇌손상은 학습장애나 ADHD의 발생원인일 수 있으며 그들에게서 가벼운 신경학적 증후가 흔히 발견된다.

신경화학적 요소가 원인론으로 대두되기도 하는데 아드레날린이나 도파민 체계 등의 기능 이상이 작용한다고 한다. 그러나 그 외에도 여러 신경전달물질이 이 장애에 영향을 주고 있는 것으로 보인다(전성일, 2000).

그 외에도 심리사회적 요인이 영향을 미치는데, 정서적 결핍이 지속되거나 심리적 스트레스가 클 경우 정도가 심해질 수 있다. 아동의 기질, 유전적 가계소인 또한 영향을 미치며, 임신 시 약물중독이나 질병, 가족의 역기능, 부적절한 양육 및 교육태도 등에 의해서도 악화될 수 있다.

### 3) 평가

ADHD 아동의 주의산만과 과잉활동은 눈에 잘 띄는 행동임에도 평가는 아주 어렵다. 그 이유는 측정도구에 따라 측정치가 다르게 나타나고 상황에 따라 일관성 없는 행동을 보이기 때문이다. 이들은 교실과 같은 구조화되고 과제지향적인 상황에서는 부산한 행동을 더 많이 보이며 운동장과 같이 비공식적이고 힘을 많이 소모하는 상황에서는 부산한 행동을 더 적게 보인다. 따라서 이 장애를 가진 아동의 경우 집에서는 정말 다루기 힘든 아동이지만 친숙하지 않은 평가 상황에서는 아주 협조를 잘하며 주의력을 잘 유지하고 자기통제를 잘해 과잉행동이나 충동성을 거의 보이지 않을 수도 있다.

이들에 대한 평가는 면담, 신경학적 검사, 심리검사, 평정척도에 의해 이루어질 수 있다.

#### (1) 부모면담과 교사면담

부모면담을 통해 아동의 발달 초기 양육사를 자세히 조사하는 것이 중요하며, 다음과 같은 내용을 조사해야 한다. 다음과 같은 내용에서 '예'에 해당하는 사항이 많다면 ADHD의 가능성을 고려해야 한다.

① 임신 시 태동이 심했나? 어릴 때 부산했나? 출생 후 손발의 움직임이 심했나? 운동 발달이 빠른 편인가?
② 잠을 편히 들지 못하고 잠투정을 많이 했나?
③ 어릴 때 언어발달이 늦었나?
④ 뇌손상을 입을 만한 사건(뇌염, 교통사고 등)이 있었나?
⑤ 읽기, 쓰기, 언어, 협응능력의 장애가 있는가?
⑥ 가족력이 있는가? 특히 부모 중 어릴 때 산만했던 사람이 있었나? 부모가 예민하고 갑자기 화내고 폭발적인가? 생활태도가 충동적인가?

그 외에도 학교에서의 생활이나 학습, 학우관계, 자기 이미지 등을 교사면담을 통해 확인한다. 자신의 문제를 어떻게 다루는가? 형제나 또래, 성인과의 관계는 어떤가? 자유로운 상황에서의 활동이나 구조화된 상황에서의 활동 정도는 어떤가 등을 살펴야 한다.

### (2) 아동관찰 및 놀이관찰

ADHD 아동은 흔히 몸을 가만히 두지 못하고 끊임없이 움직이며 놀이상황에서 집중하지 못하고 산만하며 한 가지 놀이에서 다른 놀이로 단시간에 쉽게 바꾸는 것이 특징이다. 충동적이어서 놀이가 마음대로 되지 않거나 원하는 것이 빨리 이루어지지 않으면 금방 다른 것으로 옮겨 가며 좌절을 견디지 못해 짜증을 많이 낸다. 그러나 처음 한두 회기에서는 이런 것이 발견되지 않고 있다가 회기가 거듭되며 발견되는 경우도 많다. 자신의 움직이고 싶은 욕구, 제어하기 어려운 충동이 놀이에서 항상 흔들리는 집, 늘 사람들이 쿵쾅거리며 뛰어다니는 시끄럽고 요란한 집, 놀이터나 마당에서 활동적으로 움직이며 놀고 싶은 마음 등으로 표현되기도 한다.

### (3) 심리검사

전반적으로 검사 수행시간이 매우 빠르며 생각 없이 즉각적이고 충동적으로 반응하는 경향을 보인다. 자신의 수행에 대해 다시 검토하는 태도를 보이지 않는다.

BGT, HTP, KFD 등의 투사적 그림검사에서도 그림의 크기가 크고, 그리는 속도가 빠르며 세부사항을 잘 그리지 않아 그림의 질이 떨어지기도 한다. 또 그림을 그릴 때 지우개를 잘 쓰지 않는 경향이 있다.

로르샤흐 검사에서는 반응시간이 빠르고 반응 수도 많은 경향이 있다. 인지양상도 조직화가 되지 않으며 충동적이고 즉각적인 양상을 보인다. 자극도형의 부분만 보고 전체를 검토하지 못하는 경우가 많아 작은 반점이나 일부분을 근거로 전체를 판단하는 경향을 보이며 눈에 띄는 자극을 근거로 과잉일반화를 하기도 한다.

지능검사(KEDI-WISC)에서도 집중력이 요구되는 검사에서 수행이 저조하다. 특히 산수, 수, 기호 쓰기의 수행이 저조하며, 빠진 곳 찾기에서도 집중력의 저하로 수행이 저조한 경향을 보인다. 결과를 예측하고 계획하는 능력의 부족으로 차례 맞추기의 수행도 떨어지는 경향을 보인다. 시간을 재는 동작성 검사에서 빠른 시간 안에 수행을 하나 정확성이 떨어져 낮은 점수를 받게 되기도 한다.

#### (4) 신경심리검사: 실행기능검사

실행기능이란 목표지향적인 활동에서 상황의 모든 면을 고려하여 행동 계획을 세우고 과제의 특정 요구에 맞추어 행동을 조절하고 수정할 수 있는 능력을 가리키며 흔히 전두엽 기능과 연관된 것으로 알려져 있다. 전두엽 기능을 평가할 수 있도록 고안된 신경심리검사에는 같은 그림찾기(MFFT), 선로잇기검사 B형(Trail Making Test B), 위스콘신 카드분류검사, 언어유창성 및 범주유창성 검사 등이 있다(채규만, 1999).

#### (5) 주의력 검사

주의력 장애 진단시스템(ADHD Diagnostic System: ADS)은 아동 및 청소년의 주의력 문제를 진단하는 전산화된 시스템이다(홍강의, 신민섭, 조성준, 한국정보공학(주), 1999). 시각적 주의력과 청각적 주의력을 함께 진단할 수 있으며, 일정한

간격으로 자극과 비자극이 혼합되어 제시되고, 피검자는 자극에 대해서만 반응하도록 되어 있다. 각 검사별 수행시간은 5세는 5분, 6세는 10분, 7세 이상은 15분이며 아동의 반응결과는 자동으로 채점되어 주의력과 관련된 네 가지 변수(누락, 오경보, 반응시간 평균, 반응시간 표준편차) 중 하나 이상에서 65점보다 높은 점수를 받으면 주의력 장애라는 결과가 나온다.

#### (6) 평정척도

코너스 부모용 과잉행동 평정척도(Conner's Parent Rating Scale: CPRS)는 부모가 아동의 행동을 평가하는 것이다. 이 척도는 6개의 하위척도로 구성되며 학습문제, 심리 신체적, 충동-과잉행동적, 불안, 과잉행동지표를 제공한다. 0~3점까지 4단계로 평가하며 규준자료는 3~17세 아동까지 있다.

교실에서의 교사의 평가는 과잉활동을 탐지해 내는 데 아주 중요하다. 이런 목적을 위해 교사용 척도가 개발되었으며 공상, 부주의, 과잉행동, 행동문제, 불안-공포, 사회성-협동성의 다섯 가지 요인으로 구성되어 있다. 3~17세 아동까지 규준자료가 제시되어 있다.

이 외에도 아동행동척도(Child Behavior CheckList: CBCL)에서 하위척도로 주의력 문제 척도가 있으며 기타 다양한 평정척도가 있다.

### 4) 장애의 진행과 예후

ADHD 아동의 임상특성과 예후를 구체적으로 살펴보면 다음과 같다.

유아기에는 잠도 덜 자고 많이 우는데 출생 후 1개월간은 조용하거나 늘어져 있는 경우도 있다. 좁은 곳에서 활발하게 움직이고 구조화된 상황에서도 정상아보다 활동의 절제가 부족하다. 기다리지 못하고 모든 것에 반응하고 참견한다. 대개 3~4세에 아동의 과잉행동적-충동적 증상이 가장 먼저 나타나며 초기와 중기 아동기까지 지속된다. 5~7세 사이의 학령기가 되면 아동은 지속적인 주의를 기울이는 데 어려움을 겪게 된다(Hart, Lahey, Loeber, Applegate, & Frick,

1996). 또한 각성의 어려움이 있어 아침에 쉽게 깨지 못하며, 쉽게 흥미를 갖지 못한다. 선택적 집중에 어려움이 있고 관련 없는 자극에도 민감하며 자주 관심을 준다.

이 아이들은 사소한 것에도 쉽게 화가 나 짜증을 내고 감정의 기복이 심하며 정서, 행동에서 예측하기 어려운 면이 많다. 충동적이고 만족의 지연을 참지 못하며 사고를 쉽게 낸다. 성인이 원하는 정도로 행동 등이 성장되지 않아 성인은 아동에 대해 부정적 태도를 갖게 되고 이로 인해 아동은 부정적 자아개념을 갖게 되며, 부모나 외부에 대해 분노와 적대감을 보인다.

ADHD 아동의 50~80%가 다른 장애 기준 또한 만족시킨다(Jensen, Martin, & Cantwell, 1997). 75%는 지속적으로 공격성이나 도전적 태도 등의 행동문제를 보인다. 또한 의사소통, 학습, 산만성, 기억기능의 이상으로 인한 학업성취의 저하로 학교적응이 곤란하다. 이로 인해 반사회적 행동을 하거나 우울해하며, 자기 패배적이고 자기 처벌적인 행동을 보이게 된다. ADHD 아동의 30% 정도가 학습장애를 동반한다. ADHD 아동의 약 25%는 과도한 불안을 경험하며, 15~20%가 우울을 겪는다(Jensen et al., 1997).

또한 사회적 기술이 부족하다. 자기중심성, 행동의 결과에 복종하지 않는 것, 낮은 또래 수용성, 그리고 방해하거나 공격하는 행동 때문에 또래에게 거부당한다. 사회적 단서에 대한 부적절한 인식, 자기인식의 부족 등을 보인다.

12세 전에는 증상이 잘 소멸되지 않고, 보통 12~20세경에 호전이 이루어진다. 그 경우 후유증 없이 만족스러운 대인관계를 가지는 청소년이나 성인이 되는 경우도 있다. 그러나 대부분 특정 부분에 대해서만 호전이 이루어지고 반사회적 성격이나 다른 성격장애나 정서장애는 남아 학습장애가 지속되는 경우가 많다. 과잉행동은 가장 먼저 호전되는 증상이고 부주의는 마지막까지 남아 있는 증상이다. ADHD 아동의 25~50% 정도는 자라면서 문제에서 벗어나거나 효과적 대응법을 배운다. 그러나 이런 현상은 증상이 덜 심각하고 과잉행동적이고 충동적인 증상이 덜하며 다른 수반되는 장애(특히 반항장애나 품행장애)를 겪지 않는 아동일 경우에 나타난다(Hart et al., 1996). ADHD 증상이 청소년기까지 유지되면 행위장애(conduct disorder)의 위험이 높아진다. 15~20%는 성인기까지 ADHD 증상이 유지된다. 이 경우 대개 과잉행동이 호전되나 충동적이고 사고를 내기 쉬운 경향은 남아 있게 된다.

### 5) 치료

ADHD 아동을 위해서는 약물치료, 인지행동치료, 교육적 접근(부모교육, 교사교육), 놀이치료기법이 사용될 수 있다. 그중 어느 한 가지 기법의 적용만으로는 문제해결이 어려울 때가 많으므로 다중치료기법을 동원해야 한다.

#### (1) 약물치료

효과가 가장 좋은 것으로 알려진 약물은 중추신경각성제(CNS stimulants)이다. 3세 이상에서는 데스트로암페타민(destroamphetamine)이 효과적이며 6세 이상이면 메틸페니데이트(methylphenidate)가 효과적이다. 그러나 틱 장애나 심장병, 자폐증이 있는 경우에는 사용에 주의를 요한다. 과잉운동수준이 높거나 주의집중검사에서 점수가 낮을 때, 불안증이 없을 때, 신경발달학적 지연이 없을 때, 가족력이 없을 때 효과가 좋다. 고학년의 경우 페몰린(pemoline)에 대한 효과도 좋은 것으로 알려져 있다.

약물치료가 단기적으로 도움이 될 수 있을지 모르나 장기적으로 ADHD를 치료하지는 못하는 것으로 보인다(Weiss, 1983). 약물치료와 더불어 다양한 중재프로그램을 병행하는 것이 가장 효과적인 것으로 보인다(Barkley, 1990).

#### (2) 행동치료

상과 벌에 관한 예측 가능한 구조를 만들어 줌으로써 불안을 경감시켜 줄 수 있고 이를 위해 행동수정기법을 도입한다.

① 1단계: 목표행동의 수준을 낮게 잡는다. 심하지 않은 부적절한 행동에 대해

무시하기, 긍정적인 행동에 대해 긍정적 강화(보상물, 인정과 격려) 주기를 한다.

② 2단계: 이 방법으로 한계가 있는 행동에 대해서는 이 방법과 동시에 부정적 행동을 했을 때 벌주기, 권리박탈, 타임아웃의 방법을 사용한다.

③ 3단계: 어느 정도 목표행동이 형성되면 점차 목표수준을 높여 간다.

④ 4단계: 획득된 행동에 대해 소멸되지 않도록 가끔 간헐적으로 강화(물질적, 사회적)를 준다.

(3) 인지훈련

[1] 자기지시훈련

자기지시훈련은 Meichenbaum에 의해 개발된 인지 재구성적 자기훈련이다. Luria는 아동의 언어발달단계와 아동행동에 대한 언어적 · 상징적 통제원리에 관해 설명했다. 내면적 언어의 발달은 먼저 타인의 가르침으로 조정되고 차차 본인 스스로의 훈련을 통해 행동통제가 가능하게 되며 이러한 자신의 언어는 자기훈련으로 내면화된다고 하였다. 자기지시훈련은 언어적 통제를 통하여 문제해결 스타일을 체계적으로 바꾸게 해 준다. 즉, 문제상황에 대해 주의 깊게 반응하며 자신의 수행을 조절하기 위해 자기 격려를 사용하도록 도와주는 것이다(채규만, 1999).

① 훈련과정

1단계: 치료자가 먼저 소리 내어 말하면서 과제를 수행하기

- 문제정의 – 내가 해야 할 일이 뭐지?
- 주의집중하고 지시에 반응하기 – "천천히 … 해야지."
- 자기강화 – "잘했어, 좋아."
- 대처기술에 대한 자기평가와 오류수정 – "그래, 비록 실수는 했지만 계속 천천히 하면 될 거야."

2단계: 아동이 치료자의 모델을 따라 하면서 같은 과제를 수행하기

3단계: 아동이 스스로 지시를 소리 내면서 과제를 수행하기
4단계: 아동이 과제를 해 나가면서 스스로에게 지시를 속삭이기
5단계: 아동이 내면적 자기지시를 통해 자기를 안내하면서 과제를 수행하기

이러한 훈련과정을 먼저 여러 번 보여 주고 아동이 따라 하면서 연습하게 한다. 이때 중요한 것은 이러한 과정을 처음에는 소리를 내어 하고 나중에는 내면적으로 하는 것이다.

② 주의집중 훈련의 도입
1단계: 잠깐만, 문제가 뭐지? (stop & think)
2단계: 어떤 계획이 있을까?
3단계: 이러한 계획 중 어느 것이 가장 좋을까?
4단계: 계획을 실행하자.
5단계: 계획이 효과를 거두었는지 평가하기

ADHD 아동에게 '주의집중을 해라' '정신을 똑바로 차려라' 등의 지시는 별로 도움이 되지 않는다. 이런 아동은 주의를 어떻게 해야 하는지 잘 모르므로 주의주기 훈련을 위와 같이 단계적으로 시켜 주어야 한다.

③ 듣기기술의 훈련: 이것 또한 유사한 과정으로 훈련시킬 수 있다.
1단계: 말하고 있는 사람을 쳐다보기
2단계: 조용히 앉아서 끝까지 듣기
3단계: 들은 내용을 생각하고 정리하기
4단계: 이해가 되면 고개를 끄덕이기
5단계: 이해가 되지 않으면 조용히 손들고 질문하기

④ 사회기술의 훈련: 다음 단계를 이용하면 효과적이다.

〈도움을 요청하는 기술〉
1단계: 문제를 나 혼자서 해결할 수 있는지 미리 생각해 보기
2단계: 잘 모르겠으면 손을 들기
3단계: 선생님이 지명할 때까지 손을 들고 있기
4단계: 공손한 태도로 도움을 요청하기

〈지시를 잘 듣는 훈련과 연습〉
1단계: 지시사항을 조심스럽게 듣기
2단계: 잘 모르겠으면 다시 묻기
3단계: 지시내용을 반복해서 확인하기
4단계: 지시문대로 따르기
5단계: 지시한 대로 했는지 다시 검토하기

〈지시사항을 완성하기〉
1단계: 내 과제가 끝났는지 살펴보기
2단계: 지시사항대로 완성했는지 다시 한 번 살펴보기
3단계: 지시사항대로 했으면 선생님께 제출하기
4단계: 일을 잘 수행한 것에 대해 본인 스스로를 칭찬하기

### 2 자기점검

자기점검(self-monitoring)도 아동 스스로 자신의 행동의 특정한 측면을 관찰하고 자신이 한 행동에 대한 관찰을 기록하도록 훈련하는 것이다. 이 방법은 학급에서 아동이 주의를 기울이고 학업과제를 완수하게 하거나 아동의 수행 속도를 개선하고 행동을 통제하기 위한 목적 등으로 사용되어 왔다.

• 평균 45초마다 소리를 내는 녹음기를 학습부진 아동이 있는 교실에 설치한다. 교사가 감독하고 매번 소리가 울릴 때마다 아동은 자기 자신에게 '내가

주의를 기울였나?' 하고 자문하고, 책상 앞에 놓인 자기 기록용지의 '예' 또는 '아니요' 표시란에 자기 자신의 평가를 기록하게 한다. 결과는 긍정적이었다.

- 아동에게 정사각형이 50개 나란히 있는 종이를 주고 아동 자신이 공부를 한다고 느낄 때 '+', 그렇지 않을 때 '−'를 기록하게 한다. 결과는 긍정적이었다.
- **외부자극 주기**: 아동의 어깨에 교사가 손을 얹어 주기, 미리 정한 문장을 교사가 말해 주기 등의 신호를 준다.

많은 연구에서 자신의 행동에 주의를 기울이는 행위와 곧이어 이러한 관찰을 자기가 기록하는 것은 학교에서 주의력의 개선을 가져왔다. 흥미롭게도 기록의 정확성과는 관계없이 과제에 대한 주의가 개선되었다.

### [3] 교육적 접근

① ADHD 아동을 위한 부모교육

- 아동의 행동 중 가정이나 학교에서 가장 문제가 되는 것이 어느 것인지를 찾아서 한꺼번에 바꾸려 하지 말고 한 번에 한두 가지 문제만을 다루도록 한다. 현실적이고 실현 가능한 목표를 설정하고 완벽하기보다는 점진적으로 목표에 접근하도록 한다.
- 부모로 하여금 아동과 함께 의견을 나누도록 한다. 부모는 강의하고 지시하기보다 듣도록 하며 야단치기보다 공감하고 아동의 장애를 인식하고 아동을 이해하려고 노력한다. 좋다, 나쁘다의 도덕적인 기준으로 아동의 행동을 판단하지 않도록 노력한다.
- 비판과 칭찬에 대한 적절한 균형을 유지하고 일관성 있는 태도를 견지하며 아동이 될 수 있으면 일상생활에서 성공하도록 격려한다. 규칙이나 제한은 항상 일관성이 있어야 한다.
- 해야 할 일을 그림이나 글씨로 만들어 주고 잔소리를 줄인다. 계획을 세울

수 있도록 도움을 준다. 이들은 즉각적인 반응은 하되 계획적인 일은 거의 안 한다.

- 아동의 긍정적인 행동에 초점을 맞추어 칭찬하고 칭찬받을 일을 만들어야 한다.
- 아동과 힘겨루기를 하지 말고 아동에게 선택권을 주고 결과에 따르도록 한다.
- 부모는 정서적으로 차분한 수준을 유지해야 한다. 흥분하면 이런 아동을 다룰 수 없다.

② 부모훈련 프로그램 과정(신민섭, 오경자, 홍강의, 1995)

- 1회기: ADHD 원인, 증상, 치료, 예후 등에 대한 포괄적 개념 이해
- 2회기: 자녀에게 관심 보이는 방법
- 3회기: 자녀의 순종행동을 높이기 위해 효과적으로 지시하는 방법
- 4회기: 행동수정방법 – 스티커 제도
- 5회기: 스티커 제도 실시 – 벌 제도 첨가
- 6회기: 아동의 충동적인 문제해결 방식의 변화 – 자기지시훈련
- 7회기: 공공장소에서 행동조절 방법 – 생각을 말로 하기(think aloud) 방법
- 8회기: 종합토의
- 9회기: 1개월 후 추수모임

③ 교사의 학급운영 방법

일반교사의 ADHD 아동을 위한 학급운영 방법은 다음과 같다.

- 수업 중 과제를 바꿀 때 미리 예고를 한다. 이런 아동은 과제를 시작하기도 어렵지만 과제를 바꾸기도 어렵다(예: "이 과제를 끝내는 데는 5분 남았습니다.").
- 학급 내에서 되도록 조용한 곳에 앉히고 가급적 창에서 멀리 떨어지고 앞쪽

에 앉히도록 한다.

- 학급의 규칙을 포스터로 만들어 학생들의 눈높이에 게시한다.
- 가르칠 때 융통성을 두고 특이하고 개방적인 태도를 취한다.
- 질문이나 문제에 대한 반응속도를 강화하지 말고 정확성에 관심을 갖고 칭찬해 준다. 특히, ADHD 아동은 시험지를 제일 먼저 내려고 하는 경향이 있으므로 시험지를 내기 전에 시간이 나면 검토한 후에 제출하도록 계속 강조해 준다.
- 구체적인 규칙을 만들고 게시해 준다.
  - 아동이 지켜야 할 규칙을 만들어 책상 위에 부착해 준다.
  - 아동이 주기적으로 지켜야 할 규칙을 읽게 한다.
  - 아동이 과제를 수행하는 동안 자기지시를 사용하는 것을 강조한다.
  - 아동이 수업시간 전에 지켜야 할 규칙을 서로 옆 사람에게 암송하여 알려준다.
  - 녹음된 테이프, 단서, 신호를 사용한다.
- 보상과 벌금의 사용빈도를 늘린다.
- 숙제결과에 대해 되도록이면 즉각적인 보상이나 벌을 준다.
  - 명령 시 지시는 반복하지 말고 짧게 여러 번 아동이 그 지시를 반복하게 한다.
  - 아동이 말을 듣지 않을 경우 행동을 선택하도록 해 주면서 싸움을 피한다.
- 일의 완성까지 제한시간을 두고 가능하면 타이머를 사용한다.
- 교실에서 아동이 지시사항을 어겼을 경우 처벌규칙을 구체적으로 사전에 명시해 주는 것이 예방에 도움이 된다. 책상에서 고개를 아래로 숙이기, 토큰시스템에서 벌금 사용, 구석에서 타임아웃, 부모에게 연락하거나 되돌려 보내기 등을 이용하되 체벌은 피하도록 한다.
- 부모와 아동의 행동결과를 긴밀하게 상호 연락한다.

수업진행 시 다음과 같은 사항을 참고하도록 한다.

- 되도록이면 중요한 과목은 오전에 가르친다.
- 강의내용을 5~10분 정도 간단하게 요약해 준다. 이는 수업 중 공상하거나 주의집중을 하지 않는 아동에게 도움이 된다.
- 수업시간에 잠깐 움직일 수 있는 시간을 준다. 움직이지 못하게 하는 것보다 잠깐 움직이면서 이완하는 것이 집중력 향상에 도움이 된다.
- 아동과 교사만의 비밀신호(기침소리, 책상 두드리기, 손뼉 치기, 입술에 손대기, 색깔카드의 이용)를 정해서 주의가 산만할 때 경고를 주고 주의 집중할 때는 칭찬해 준다.
- 긴 지시를 하지 말고 긴 지시사항은 가능한 메모지를 이용한다.
- 반복적인 과제물은 줄여 준다. 특히, 반복적인 덧셈 등의 문제는 줄여 주는 것이 좋다.
- 공부를 잘하는 아이와 짝이 되게 한다.
- 아동의 특성을 파악해 1주에 1회 정도는 그 아동이 잘해서 성공할 수 있는 과제를 주고 잘했을 때 특권을 부여한다(심부름, 과제물 분배 등).
- 지시를 줄 때는 꼭 시선을 맞추고 스스로 그 지시를 반복하도록 해 준다.

## 2. ADHD 아동의 놀이치료

### 1) ADHD 아동치료의 목표

ADHD 아동의 치료를 위해서는 다음과 같은 장기 목표와 단기 목표를 설정할 수 있다(Jongsma, Peterson, & McInnis, 2000).

#### (1) 장기목표

① 오랜 시간 동안 꾸준히 주의와 집중을 유지한다.

② 주어진 과제를 하는 행동을 증가시킨다.

③ 충동통제에 뚜렷한 진전을 보인다.

④ 충동성, 과잉행동, 산만성을 줄이기 위해 약을 정기적으로 복용한다.

⑤ 부모와 교사는 성공적으로 보상체제를 이용하고, 계약을 하고, 긍정적인 행동은 강화시키고 부정적인 행동을 줄이기 위해 토큰경제(token economy) 방법을 사용한다.

⑥ 부모는 단호하고 꾸준한 한계를 설정하고 부모자녀 관계의 경계를 적절히 유지한다.

⑦ 자신감을 증진시킨다.

⑧ 또래관계를 지속시킬 수 있도록 긍정적인 사회적 기술을 발달시킨다.

(2) 단기목표

① ADHD 진단을 확인하기 위해 완전한 심리검사를 한다.

② 부적응적인 행동의 기초가 되는 정서적 요인이나 학습곤란을 제거시키기 위해 심리검사를 한다.

③ 의사의 처방대로 약을 먹는다.

④ 숙제, 집안일 등을 끝까지 하는 빈도를 증가시킨다.

⑤ 숙제, 집안일, 기타 잡일을 꾸준히 하게 하기 위해 조직화된 체제를 개발, 이용한다.

⑥ 숙제, 집안일, 기타 잡일 등을 잘 끝내게 하기 위해 규칙적인 계획을 세운다.

⑦ 교사는 집중적인 수업시간과 스트레스를 덜 받는 대안적인 활동의 시간을 분리시켜 계획하고 아동의 흥미와 관심을 계속 유지할 수 있게 한다.

⑧ 숙제나 기타 잡일을 완성할 때까지 오락(농구, 비디오게임 등)을 하지 못하게 한다.

⑨ 교사는 아동이 과제에 집중할 때, 숙제를 완성했을 때, 충동을 잘 통제할 때 강화를 준다.

⑩ 계속 움직이는 행동을 감소시켜 좀 더 오랜 기간 동안 집중할 수 있는 능력을 기른다.

⑪ 부모는 아동의 충동적인 행동을 방지하기 위해 단호한 한계를 설정하고 자연적 · 논리적 결과를 이용하도록 한다.
⑫ 부모는 긍정적인 활동을 증가시키기 위해 효과적인 다양한 강화물을 찾아내고 이용한다.
⑬ 부모는 아동에게 칭찬을 하고 긍정적인 언어화를 증가시킨다.
⑭ 아동과 부모는 함께 보상체제를 계획하고, 계약을 하고, 토큰경제를 실시한다.
⑮ 분노폭발, 행동화, 공격적인 행동의 빈도와 정도를 감소시킨다.
⑯ 언어적 표현을 존중해 주고 건강한 신체활동의 출구를 마련해 주어 분노를 표현하게 한다.
⑰ 잘못된 행동에 대한 책임을 인정할 수 있게 한다.
⑱ 타인을 괴롭히거나 충동적인 행동이 타인에게 얼마나 부정적인 영향을 미치는지 밝혀낸다.
⑲ 효과적인 문제해결 전략을 찾아내고 수행한다.
⑳ 과잉활동과 충동성을 증가시키는 원인이 되는 스트레스나 고통스러운 정서를 찾아낸다.
㉑ 부모와의 긍정적인 상호작용 빈도를 증가시킨다.
㉒ 가족, 권위적인 인물, 또래에게서 관심을 받기 위한 적절한 행동과 부적절한 행동을 인식한다.
㉓ 사회적으로 적절한 형제, 또래활동의 빈도를 증가시킨다.
㉔ 형제와 논쟁하고 신체적으로 싸우는 빈도를 줄인다.
㉕ 긍정적인 자기 말의 빈도를 증가시킨다.
㉖ 과외활동 참여나 긍정적 또래집단 참여를 증가시킨다.
㉗ 타인에 대해 공감해 주고 관심 갖는 것을 늘린다.
㉘ 예술활동, 상호 이야기 꾸미기, 치료게임 등을 통해 감정을 표현한다.

### 2) ADHD 아동을 위한 이상적인 놀이치료자

놀이치료자로서 보편적으로 갖추고 있어야 할 자질에 덧붙여 다음과 같은 측면이 ADHD 아동과의 치료에서 필요하다(Kaduson, 1997).

① 규칙에 대해 굳건하면서도 항상 조용하면서 긍정적이어야 한다.
② 치료전략과 치료도구를 수정하는 능력이 있어야 한다.
③ 아동의 필요에 맞게 치료전략을 계획할 수 있어야 한다.
④ 아동의 기호에 맞춰 관심 있는 과제와 관심이 적은 과제를 섞는다.
⑤ 아동의 좌절수준이 최고에 달할 때 물러날 줄 안다.
⑥ 치료자가 최고도의 좌절을 경험할 때 물러날 줄 안다.
⑦ 간단하고 이해할 수 있는 문장으로 명확히 말한다.
⑧ 아동과 대화할 때 눈을 똑바로 마주친다.
⑨ 놀이치료실을 예측할 수 있고 조직화된 형태로 준비한다.
⑩ 아동행동에 대한 즉각적이고 일관성 있는 피드백을 준다.
⑪ 아동이 부적절하게 행동할 때 아동에게 부드럽게 알리기 위한 개인적인 신호체계를 개발한다.
⑫ 아동을 침범하지 않고 밀접한 신체접촉을 한다.
⑬ 사소한 행동문제는 무시하고, 언제 아동과 문제를 함께 다루어야 하는지를 안다.
⑭ 필요하면 보조 조직자로서 행동하는 데 어려움이 없다. 아동이 숙제를 잘 할 수 있도록 돕고 부모가 놀이치료 과정에 참여할 것인지 등을 조직한다.
⑮ 유머가 풍부해야 한다.

### 3) 놀이치료실 환경구성과 치료 시 유의점

ADHD 아동의 놀이치료는 치료시기에 따라 놀이치료실의 환경구성과 치료방법, 치료 시에 특별히 유의해야 할 점이 있다. 따라서 시기별로 다소 다른 접근을 하는 것이 좋다.

(1) 초기

① 놀이치료에서의 주요 과제는 치료자와 강한 신뢰관계를 맺는 것이다. 치료자와의 신뢰관계 확립을 빨리 하여 아동이 자신의 감정, 사고 등을 편히 드러내게 하는 것이 초기에 노력해야 할 일이다. 특히 이들의 집중력과 조절능력을 키워 주기 위해 인지행동적 놀이치료의 기법을 도입하고 자신의 행동을 고치고자 하는 동기를 유발시키려면 치료자와의 강한 신뢰관계가 필수적으로 전제되어야 한다. 따라서 편하게 자기를 드러내고 행동할 수 있도록 장소가 너무 좁지 않아야 하고 놀잇감이 너무 많이 밖에 진열되어 있지 않도록 한다. 지나치게 구조화되거나 조심성 있는 행동을 요구하게 되는 방 구조나 배치는 피하는 게 좋다. 아동의 조절능력을 벗어나는 조건은 아동으로 하여금 부담감과 긴장감을 느끼게 만들므로 좀 더 행동적으로 자신을 표현할 수 있는 매체인 펀치백, 총, 칼, 뜀틀 등을 갖추도록 한다. 또한 초기에는 정적이고 언어적인 게임보다 좀 더 몸을 사용하는 게임, 돌아다니면서 하는 게임이 좋다(윷놀이, 풍선농구와 배구, 동전튕기기 게임, 하키게임 등).

② 아동이 우울감, 불안, 자신감 결여, 대인관계에서의 갈등 등을 표출하게 하면서 충분히 아동의 감정을 반영해 주고 공감해 줌으로써 좀 더 안정감을 갖게 한다. 또한 자신의 취약한 부분에 대한 두려움 극복을 위해 대장놀이, 슈퍼맨이나 배트맨 등의 영웅놀이를 하면서 이들과 동일시하고 충분히 대장 역할을 해 보게 한다. 이렇게 대장의 느낌을 경험해 보며 대장이 되고 싶고 강해지고자 하는 욕구와 감정을 반영받음으로써 분노와 불안을 조절하고 안정감을 갖게 한다.

③ 자신의 정서, 사고, 행동에 대한 통찰을 갖게 한다. 또한 자신의 문제가 질병으로 인한 것이라는 생각을 갖게 함으로써 죄책감에서 벗어나게 하며 치

료가 가능한 문제이고 아동 자신이 해야 할 역할이 있다는 것을 알린다. 그럼으로써 자신의 행동을 조절하고 변화시키려는 동기를 갖게 만든다.

④ 긍정적인 자기상을 갖도록 한다. 자의식이 부족할 때는 먼저 자기감, 자기개념의 발달을 도와야 한다. 자의식이 형성되면 치료자와의 관계를 바탕으로 하여 자신의 긍정적 측면을 확인하고 자신에 대한 긍정적 자기상을 갖도록 돕는다.

(2) 중기 이후

① 치료자와 강한 유대관계가 맺어지고 아동이 정서적으로 안정감을 갖게 되면 과잉행동이 줄어든다. 이때부터는 증가된 자기 조절능력에 맞춰 이를 유지하도록 하는 데 도움을 주는 좀 더 구조화될 수 있는 매체가 필요하다. 또한 행동화 대신에 언어적으로 표현할 수 있는 언어적 게임이나 보드게임 도구가 필요하다.

② 놀이치료 시 중반 이후로 가면서 인지행동적 게임놀이치료 기법을 도입하는 것이 효과적이다. ADHD 아동의 행동을 조절하는 데 각종 게임이 사용될 수 있다.

③ 긍정적 자기상이 형성되어 불안과 우울에서 벗어나면 자신의 고쳐야 할 행동 측면을 인식할 수 있도록 도와준다. 또 자신의 행동을 조절하기 위해 우선 자기관찰, 자기행동에 대한 기록 등을 자기가 해 보게 할 수 있고(좀 더 연령이 높은 아동), 유아의 경우 엄마와 협조해서 하게 할 수도 있다.

④ 치료가 중반 이후로 가면 집단놀이치료를 실시하는 것도 도움이 된다. 특히, 또래관계에서 새로운 경험을 할 수 있도록 하는 것이 좋다. 개별치료에서 다루었던 내용이 실제상황에서 연습할 기회가 된다. 이때 집단구성은 동질집단으로 하며 인지행동적 집단놀이치료 형식을 취한다. 집단의 규칙을 자기들끼리 의논해 정하게 하는 것이 효과적이다.

⑤ ADHD 아동은 산만함, 과잉행동, 행동조절능력 부족으로 제한을 어기게 되어 치료 시 아동에게 제한을 주어야 할 때가 많다. 가능하면 제한을 주지

않아도 될 수 있게 단순하게 환경을 꾸미고, 제한을 줄 때는 부드러우면서도 단호하게 일관성을 유지하며 대안을 제시할 수 있어야 한다. 또한 잘했을 때 강화를 주는 방법도 필요하다.

### 4) 놀이치료기법

#### (1) 의사소통을 증진시키기 위한 기법

말은 논리적이며 분석적이고 체계적인 사고가 필요한 것으로서 좌반구 중심의 활동이다. 그러나 놀이는 좀 더 환상과 욕구를 잘 드러내는 비언어적이며 심상과 감정이 가득한 우반구 중심의 활동이다. 이런 이유 때문에 ADHD 아동은 놀이에서 그들이 알고는 있으나 표현하기 어려운 생각이나 감정을 나눌 수 있다.

아동의 놀이는 이들의 부적절한 행동 패턴에 원인이 될 수 있는 무의식적 욕구와 갈등을 드러내도록 해 준다. 이와 같은 과정을 돕는 놀이의 예로 다음과 같은 것이 있다(Kaduson, 1997).

**쓰레기 주머니 기법**

① 아동에게 종이 주머니를 주고 거기에 치료자와 같이 그림을 그린다.

② 쓰레기가 무엇인지 어떤 것을 버리는지 묻는다. 오래된 것, 냄새나는 것, 보기 싫은 것, 쓸모없는 것 등에 대해 말한다.

③ 아동이 쓰레기가 무엇인지 안다는 말을 하게 되면 만약 청소부가 파업을 한다면 어떤 일이 일어날지 묻는다. 아무도 청소를 하지 않으면 우리는 집에서, 학교에서 어디를 가든지 쓰레기로 뒤덮일 것이라고 말한다. 쓰레기통은 우리 머릿속에 있는 어떤 것이 될 수도 있다. 그 쓰레기가 다른 데로 가지 않고 우리에게 붙어 있어 우리를 혼란시키고 화나게 하고 힘들게 할 수 있다고 말한다.

④ 아동에게 자신을 괴롭히는 내용을 종이에 써 6개의 주머니 안에 넣게 한다. 다시 말해, 학교와 집에서 일어나는 일 중 아동을 힘들게 하는 감정의 쓰레

기가 어떤 것이 있는지 생각해 보게 한 후 그 쓰레기가 무엇인지 말하게 하고(예: 학교－아이들이 놀리는 것. 집－엄마에게 혼나는 것 등) 그것을 주머니에 적어 넣게 하는 것이다. 치료자도 주머니에 넣는 것을 함께 한다.

⑤ 매주 쓰레기 주머니에서 하나의 감정 쓰레기를 꺼내 아동과 그 주제를 다룬다.

⑥ 그 주제를 다룰 때 역할놀이나 작은 모형 등을 이용해 상황을 설정하게 한 후 어떤 일이 일어나는지 상황을 역할놀이로 하게 한다. 그런 다음 상대가 해 주기를 바라는 행동을 역할놀이로 해 보게 한다. 괴로움을 주는 대상에게 자기가 원하는 것에 대한 편지를 쓰게 할 수도 있다.

### (2) 정서적 조절을 도와주는 기법

#### ◪ 감정 단어 말하기 게임

ADHD를 가진 많은 아동은 감정을 말로 표현하기 어려워하고 감정이나 기분, 느낌에 대해 물으면 모른다고 하기 일쑤다. 이런 아동은 자기감정과 그 강도에 대한 인식이 부족하고 치료자와 그에 대해 의사소통을 하지 못함으로써 정서적 조절을 하지 못한다. 이 게임은 ADHD 아동에게 감정을 표현할 수 있도록 도움을 주어 감정조절을 하도록 해 주는 게임이다.

① 치료자는 아동에게 자기 또래 아동이 나타내는 감정에는 어떤 것이 있는지 묻는다.

② 아동이 감정(행복한, 화나는, 슬픈 등)에 대해 말할 때 치료자는 4×6인치의 종이 8장에 각 단어를 쓰고 아동 앞에 두 줄로 놓는다.

③ 만약 아동이 생각할 수 없으면 치료자가 몇 가지 감정에 대해 말해 준다.

④ 치료자는 “나는 동전이 많이 있는데 이것들은 감정을 나타내는 거야. 내가 어떤 이야기를 말할 것이고 그다음 이 이야기에서 느껴지는 느낌을 나타내는 말이 적힌 카드에 몇 개의 동전을 놓는 거야. 그 느낌이 어느 정도인지 나타내기 위해 동전을 적게 놓을 수도 있고 많이 놓을 수도 있어.”라고 말

한다.

⑤ 치료자는 간단한 이야기(예: "나는 백화점에 갔었는데 물건을 사고 나와 보니 내 차가 없어졌단다. 내가 어떤 기분이었을까?")를 말하고 그때의 자기감정(동전)을 감정이 적힌 종이 위에 올려놓는다. 이때 치료자는 한 가지 감정만이 아니라 여러 가지 감정을 말할 수도 있다.

⑥ 치료자가 아동과 관련된 또 다른 이야기(예: "네가 속한 팀이 축구게임에서 졌다.")를 하고 이번에는 아동에게 감정카드 위에 동전을 올려놓게 한다.

⑦ 차례를 바꾸어 아동이 치료자에게 자기 이야기를 하게 한다. 그런 다음 치료자가 감정카드 위에 적절한 양의 동전을 올려놓는다.

⑧ 아동에게 우리가 한 가지 사건에 대해서 동시에 얼마나 다양한 감정을 느낄 수 있는지 보여 준다.

#### (3) 스트레스를 줄이기 위한 기법

놀이치료는 ADHD 아동에게 스트레스를 줄이는 경험을 하게 한다. 불안과 공포로 고통을 겪는 ADHD 아동은 놀이치료를 통해 축소된 상황에서 무서운 대상을 경험하게 되고 놀이를 통해 그 대상에 대한 극복감, 힘과 통제력을 느낄 수 있게 된다. 또한 놀이를 통해 앞으로 일어날 스트레스 상황에 대처하는 기법을 터득하게 될 수 있다.

#### 비눗방울 게임

긴장이완기법으로 비눗방울을 불게 한다. 숨을 깊게 쉬는 법, 그런 다음 천천히 비눗방울을 불어 숨을 내뱉는 것을 시범 보인다. 천천히 불어 비눗방울이 최대한 커질 수 있게 하며, 이때 크게 분 사람이 이긴다. 집에서 할 과제를 내주는데, 아동이 자주 긴장하게 되는 상황을 골라(예: 숙제하기 전과 잠자리에 가기 전에) 이때 풍선을 불게 한다. 이 과정에서 부모와 게임으로 진행하게 해도 좋다.

#### (4) 관계의 향상을 돕기

치료자와 아동의 밀접한 관계 형성은 아동이 자신에 대해 더 충분한 수용을 하게 하는 데 중요하다. 놀이는 그 자체로 성취보다는 즐겁고 재미있는 긍정적인 관계를 촉진시킨다. 특히 또래나 권위자와 사회적인 문제를 갖고 있는 ADHD 아동은 치료자의 행동이나 가치관을 동일시하는 것이 매우 중요하다. 그런 후 치료자는 적절한 행동을 모델로 보여 주고 아동과 계약을 맺고, 아동이 긍정적인 자기개념을 갖도록 돕는다.

#### (5) 자아의 고양

게임이나 다른 놀이를 통해 ADHD 아동은 자기통제를 배울 수 있다. 게임의 경쟁적인 특성은 집중과 충동조절, 자신감을 요구한다. 게임은 본능보다 자아와 초자아의 과정을 더 많이 자극한다. 노는 것을 배우는 것, 수행능력이 증가되는 것, 결과를 이끌어 내는 과정은 자신감을 증가시키고 ADHD 아동에게 숙달감(mastery feeling)을 갖게 한다.

#### (6) 인지적 문제해결을 돕기 위한 기법

##### 1 과제 집중행동의 증가

시계치기 게임: 과제를 집중해서 하기

어떤 과제(예: 아동이 자주 집중하기 어려워하는 과제—책읽기, 쓰기, 그림에 색칠하기, 만들기 등)를 일정 기간(시계가 칠 때까지) 계속하게 하고 토큰을 10개 준다. 자리를 떠나거나 산만하거나 딴 행동을 하게 되어 10초 안에 그 과제로 다시 돌아오지 못하면 그때마다 차료자에게 동전을 하나씩 빼앗긴다. 끝까지 집중을 잘 했으면 보너스로 5개의 토큰을 더 준다. 끝나면 동전을 선물과 교환할 수 있다. 아동의 능력에 따라 처음에는 집중시간을 적게 하고 차츰 늘려 20분 정도 집중할 수 있을 때까지 한다. 시간이 끝나면 치료자는 아동과 함께 집중하지 못하고 산만했던 때에 대해 이야기를 나누고 집이나 학교에서의 상황과 지금 상황과의 유사점을 토의한다. 산만함을 극복할 수 있는 방법에 대해서도 이야기 나눈다

(Schaefer & Reid, 1986).

#### 그림카드 맞추기, 숨은그림찾기, 미로게임

아동의 과제집중행동을 증가시키기 위해 이용할 수 있다. 처음에는 아동의 수준에 맞게 짧고 쉬운 게임을 할 수 있게 하고, 게임을 실시하면서 집중을 잘하는 것에 대해 격려한다. 차츰 난이도가 높은 게임을 고른다. 게임 시 집중을 하지 못하고 자꾸 주위가 분산되며 다른 것에 관심을 보일 때는 아직 게임할 준비가 되지 않았으니 준비가 되었을 때 다시 할 수 있다고 말하고 게임을 중단한다.

### 2 자기통제력의 증가

아동의 충동성을 감소시키고 자기조절능력을 증가시키는 데 여러 게임이 사용될 수 있다(Schaefer & Reid, 1986).

#### 멈추고 생각하기 게임(Stop & Think Game)

아동이 과제를 완성하거나 문제를 해결할 때 자기지시를 배울 수 있는 방법을 제공해 준다. 교훈적인 가르침, 어려움에 대처하는 모델(coping model)을 통해 아동은 다음과 같이 자기지시적인 말을 단계적으로 배우게 된다.

- 문제가 무엇인가? (과제정의)
- 그 문제에 대해서 내가 할 수 있는 것은 무엇인가? (대안산출)
- 할 수 있는 최상의 것은 무엇인가? (최상의 대안선택)
- 나는 어떻게 했는가? (평가)

먼저 아동으로 하여금 자기 말로 각 단계를 말하도록 격려한다. 말하고 나면 아동의 자기 말 내용을 노트카드에 적는다. 이것은 나중에 과제를 수행할 때 참고로 이용하기 위한 것이다.

치료자가 먼저 모델역할을 한다. 과제를 수행하는 동안 자기 지시를 사용하며 각 단계를 해결하기 위해 '생각을 말로 하기(think aloud)'로 언어화한다. 그 후 아동도 카드에 썼던 자기 말을 이용해 같은 과제를 수행한다. 아동이 이 4단계를 말로 크게 잘할 수 있게 되면 치료자는 다음에는 같은 과정의 자기 말을 속삭이면서 한다. 그리고 아동이 다음 과제를 해결하는 동안에는 자기 자신에게 속삭이도록 교육한다. 여기에 성공하면 아동은 언어화하지 않고 속으로 이 4단계를 생각하면서 과제를 해결하도록 한다.

이 게임을 할 때 초기에는 개인적인 감정과 관계없는 일반적인 과제(같은 그림 찾기, 연필로 미로 찾기, 퍼즐 맞추기, 막대 뽑기)를 이용하고 잘할 수 있게 되면 점차 좀 더 개인적이며 대인관계를 다루는 과제(친구문제 등)를 이용하는 것이 좋다.

토큰은 한 번에 2개까지 받을 수 있는데 자기 말을 적절하게 잘 사용하면 1개를 받고 주어진 문제를 바르게 해결하면 1개를 더 받는다.

**예** 미로찾기

치료자: 자, 내가 먼저 시작할게. 문제가 뭐지? 아, 이 사람이 여기서 나가 저기로 가게 하는 거지. 어떻게 해야 할까? 이쪽으로 갈 수 있겠네. 아냐, 여긴 막힌 곳이네. 이쪽으로 갈 수도 있네. 가장 좋은 방법은 뭐지? 이쪽으로 가야겠다(선을 긋는다). 내가 어떻게 했지? 그래 맞게 했네. 잘했어. 자 이제 네 차례야.

아　동: 아동이 잘하지 못하면 치료자가 아동에게 멈추고 생각하기를 먼저 했는지 각 단계를 점검하고 다시 하게 한다.

이런 방법 외에도 아동의 수준에 따라 각종 전략게임(체커, 트러블 게임, 쏘리게임 등) 시 인지적 훈련을 도입한다. 우선 멈추고 생각하기 기법의 사용, 생각을 말로하기를 통한 자기지시방법을 치료자의 시범을 통해 자연스럽게 배우도록 한다. 자기조절, 자아가 약한 아동의 치료에 효과적이다.

### 소근육 게임의 이용

시중에서 판매되고 있는 소근육 게임을 이용하여 과잉행동을 줄이고 충동을 조절하기 위한 개입을 할 수 있다. 막대 뽑기(pick-up sticks), 오퍼레이션 게임(operation game), 토플(topple), 점핑 몽키(jumping monkey) 게임, 텁잇(tip it), 젠가 등을 활용할 수 있다. 소근육 게임을 사용할 때 다음과 같은 다양한 장점이 있다(Schaefer & Reid, 1986).

- 쉽게 아동을 치료에 참여시키고 방어를 감소시키며 치료적 상호작용의 긴장을 감소시켜 치료관계를 강화시킨다.
- 아동의 수행을 관찰하기 쉬우며 많은 가치 있는 진단적 정보를 제공해 준다.
- 치료자는 능동적인 참여자, 역할모델, 교육자로서의 행동을 통해 치료적 성장을 촉진시킨다.
- 충동적인 행동을 억제할 수 있는 방법을 배워 나갈 수 있다.
- 분노와 적개심을 방출하게 하므로 아동이 적절하게 감정을 드러내고 발산하는 것을 가능하게 한다.
- 지나치게 마음을 사로잡는 것이 아니므로 치료적 주제에 대한 논의를 가능하게 한다.
- 주의집중시간을 증가시키고 좌절 인내력을 증가시킬 수 있다.
- 게임을 하는 데 5～15분 정도가 소요되어 한 치료 회기 동안 시행착오를 통한 학습 기회를 여러 번 갖게 된다.

## 3 적응능력 향상게임

### 말하고 행동하고 느끼기 게임(talking, doing, feeling game)

치료자와 아동이 함께 하는 보드게임으로 주사위를 굴려 숫자가 나온 만큼 칸을 가며 특수한 칸에 가면 다양한 내용(감정에 관해 말하기, 행동하기, 이야기하기)이 적힌 카드를 읽고 대답하는 게임이다. 토큰강화를 이용한 것으로 카드에 반응하면 동전을 얻고 도착점에 먼저 도착하면 5개의 동전을 얻는다. 동전 수로 승패를 결정한다.

어떤 문제에 대한 생각이나 의견을 말하게 하는 이야기카드, 정서를 다루는 감정카드, 행동을 다루는 행동카드가 있다. 이야기카드를 통해 문제를 해결해 가는 방식을 배우게 된다. 감정카드를 통해서는 적절히 감정을 표현함으로써 곤란을 줄여 가는 도움을 받는다. 또한 행동카드는 신체적으로 활동하게 하는 카드로 심리적 의미가 적으며 가장 저항을 덜 받는 카드다. 치료적 개입을 위한 출발점으로 이 카드를 이용한다.

불안수준이 낮은 내용의 카드(아동을 계속적으로 참여시키기 위한 것)와 높은 불안을 유발하는 카드(중요한 문제와 관련된 것)를 섞어 넣는다. 또 아동의 문제와 관련된 카드를 치료자가 써서 끼워 넣고 게임을 할 수도 있다.

치료자가 이 게임에서 자신에 관한 정보를 드러내지 않을 때 아동이 자유롭게 연상하게 하는 이점이 있으나 치료관계에서 인간성을 감소시키고 아동으로 하여금 타인에 대한 비현실적인 생각을 갖게 할 수도 있다. 따라서 치료자는 각 질문에 솔직하게 대답해야 하나 무분별해서는 안 된다. 아동의 문제와 관련되어 있는 것으로서 치료자 자신이나 가족의 사생활을 손상시키지 않는 한도에서 반응한다. "내가 …세였을 때" 등의 경험을 관련지어 말하는 것이 좋다(Schaefer & Reid, 1986).

**예 1** 충동성이 심한 아동

이야기카드에서 치료자 차례가 되었을 때 치료자는 충동조절에 도움이 되는 반응을 해 준다.

◆ **치료자 카드내용과 치료자 반응**

〈만일 파리가 하루 종일 너를 쫓아다니고 나서 너에 대해서 말한다면 그 파리는 뭐라고 말할까?〉

"선생님은 어떤 것을 행동하기 전에 반드시 생각부터 한다. 자기행동의 결과가 어떨지 미리 생각부터 해 본다. 이렇게 해서 선생님은 많은 문제가 일어나는 것을 방지하고 행복하게 보낸다."

〈사람이 할 수 있는 가장 멋진 일 중 하나는?〉

"가장 멋진 일은 자기의 행동의 결과에 대해 미리 생각하는 것이다. 미리 생각하는 사람은 다른 사람에게나 자기 자신을 곤란하게 만드는 일을 할 가능성이 적다."

**예 2** 자기주변 관리, 규칙적인 일에 대한 습관 형성이 잘 안 되어 있는 아동

◆ **치료자 카드내용과 치료자 반응**

〈모든 사람은 한 가지 또는 몇 가지 나쁜 습관을 가지고 있다. 너의 그런 습관을 몇 가지 나열해 보라.〉

"나의 고쳐야 할 습관 중 하나는 나의 물건을 잘 관리하지 못하고 잃어버린다는 것이다. 잃어버리지 않도록 미리 신경을 잘 쓰지 않는다. 그래서 나중에 후회하고 물건을 또다시 사는 수고를 하고 돈도 많이 쓴다. 그리고 나 자신에 대해서도 실망하게 된다."

### 이웃 사귀기 게임(Neighborhood Game)

3학년 이상의 읽기가 가능한 아동을 대상으로 하며, 사회적 기술부족을 단계적으로 훈련하는 보드게임이면서 토큰경제를 이용한 카드게임이다. 위의 게임처럼 주사위를 던져 말을 놓아 가면서 아동과 치료자가 번갈아 하는 게임이며 한 회기당 90분씩 8회기 동안에 실시하는 집단게임이다. 그러나 개별치료에서도 치료자와 둘이서 할 수 있다. 카드에 대한 반응을 상대가 평가하고 그 적절한 정도에 따라 가짜 돈을 받게 되며 나중에는 물건으로 교환할 수 있다. 이 게임의 구체적인 목표는 타인의 입장이나 감정에 대한 민감성(공감) 기르기, 현재의 정서상태의 인식과 표현능력(통찰과 자기노출) 기르기, 자기 자신이나 타인의 편에서 새로운 행동을 요청하거나 제안하는 능력(문제해결)을 기르기다(Broad, 1987).

게임의 구성은 다음과 같다.

1회기

- 게임소개: 동물카드에 반응하기, 게임을 위한 준비단계
- 소개/초대: 초대하고 초대에 응하는 방법, 적절한 눈 맞춤, 이름을 이용하기, 인사말 나누기

2회기: 사회적 지각

- 여섯 가지 주요 정서에 관한 표정 단서를 찾아내기
- 여섯 가지 정서를 비언어적으로 표현하기
- 얼굴표정 그림에 주요 정서를 이름 붙이기
- 특정 상황에서 경험하게 되는 정서를 분류하기

3회기: 대화기술

- 대화를 시작하기, 적절한 대화주제를 발견하기 위해 환경을 이용하기
- 개방적 질문과 폐쇄적 질문을 구별하고 개방적 질문을 좀 더 많이 사용하기
- 다른 사람의 말을 잘 듣고 의미 있고 상호 만족되는 양방향 대화하기

4회기: 자기주장 1

- 비합리적인 요청을 받았을 때 '아니요' 라고 하거나 '왜' 냐고 묻기
- 긍정적, 부정적인 감정을 언어적, 비언어적으로 표현하기
- 요청을 하고 호의를 받아들이기
- 칭찬을 하고 칭찬을 잘 받아들이기
- 사과를 하고 후회를 표현하기
- 자기주장에 따르는 비언어적인 반응요소(적절한 자세, 목소리 톤, 눈 맞춤)를 보이기
- 자기주장적 반응과 수동적이거나 공격적인 반응을 구별하도록 이해하기

5회기: 자기주장 2

- 자기주장 시 3단계를(나는 어떻게 느끼나? 상대방은 어떻게 느끼나? 내가 원하는 것은 무엇인가?) 기억하고 연습하기

6회기: 분노 다루기(기억하기, 말하기, 실천하기)

- 비효과적인 분노반응의 원인을 찾기
- 분노반응을 하지 않기 위해 분노를 일으키는 여러 단계에 적절한 자기 말을 배우기
- 가상 상황에 비공격적으로 그러나 적절히 단호한 태도로 반응하기

7, 8회기: 앞의 단계를 복습하기

## 3. ADHD 아동의 놀이치료 실제: 성호 사례

### 1) 아동 인적사항

성호는 접수 당시 만 7년 4개월 된 초등학교 3학년 남아로 급하고 충동적으로 보이며 치료자를 잘 쳐다보지 않고 양미간에 주름이 잡혀 불만과 짜증이 많은 표정이었다.

### 2) 주 호소내용

① 4세 때부터 말을 잘 듣지 않고 불러도 대답을 하지 않는다. 그전에는 거의 야단을 치지 않고 많이 예뻐해 주었는데, 유치원에 다니면서부터 말썽을 많이 피워 야단을 많이 쳤다.

② 친구들에게 따돌림을 받는 것 같다. 유치원 때부터 따돌림을 받았는데, 행동이 늦고 과격해서인 것 같다.

③ 부산하며 집중력이 없다. 숙제, 밥 먹을 때, 공부할 때 그런 행동이 더 많이 나타난다. 지금은 숙제는 스스로 하려고 한다. 1학년 때는 숙제에 대한 강박관념이 있었다가 2학년 때는 나아졌다.

④ 대변을 참는다.

### 3) 발달 및 생육사

#### (1) 임신과 출산

임신과 출산 시 특이사항은 없고 모유를 1개월 먹고 우유를 20개월까지 먹었다. 식습관은 산만해서 밥을 한자리에 앉아서 먹지 못했다.

#### (2) 발달사

① 신체발달은 걷기가 8~9개월에 시작되어 다른 아동에 비해 빨랐다.

② **언어 및 인지:** 옹알이가 많았고 5~6개월 때 '엄마'란 말을 했다. 현재 언어 이해력은 보통 정도이고 표현언어는 부족하다. 인지상태는 보통이라고 엄마가 보고했다.

③ **사회 및 정서발달:** 눈맞춤도 잘하고 낯가림이 없었고 엄마 없이도 잘 놀았다.

④ **대소변 훈련:** 대변은 17개월, 소변은 19개월에 가렸다. 가끔 대소변을 참는다.

⑤ **수면 및 활동:** 보채지 않고 잠버릇은 양호했다. 현재 부모와 같이 잘 때도 있고 혼자 잘 때도 있다. 활동량은 과다하고 돌 때까지 순하면서도 손발을 많이 움직이는 등 활발했다.

⑥ **병력:** 4세 때부터 감기가 잦았다.

⑦ **성격:** 잘 싸우고, 욕심이 많고, 고집이 세고, 피해의식이 있다.

⑧ **부모자녀 관계:** 말을 잘 듣지 않는다. 특히 아빠의 말을 조금 더 잘 듣고 엄마와 더 친하고 싶어 한다.

⑨ **형제관계:** 동생을 예뻐하나 행동이 과격해 잘 울리고 함께 싸운다. 아동이 동생을 먼저 건드리거나 동생에게 양보하지 않는다.

⑩ **또래관계:** 친한 친구는 3명 정도이다. 잘 싸우고 양보나 용서를 할 줄 모른다. 학교에서 친구를 잘 집적거리고 아동은 친구가 먼저 자신을 건드렸다고 한다.

#### (3) 양육과정

① 0~1세: 엄마가 예뻐하며 돌봤다.

② 1~3세: 두 돌 이후에 이사했고 엄마가 아파 아이를 잘 돌볼 수 없어 놀이치료실에 1주일 맡겼으나 아동은 가지 않으려고 하며 울어대어 그만두었다. 어릴 때부터 남달리 부산하고 위험한 행동을 많이 했다. 그러나 거의 야단을 치지 않고 많이 예뻐해 주었다.

③ 4~6세: 유치원에 다니면서 말썽을 많이 피워 야단을 종종 맞았고, 벌을 서고 매도 자주 맞았다. 5세 때 동생이 태어났는데 아동은 동생의 입 주위를 빨며 해코지했다.

④ 7세: 이사를 했는데 이사하자마자 학교에 들어가 어려움을 겪고 적응하는 데 힘들어했다. 엄마는 아동 입학 후부터 아동 때문에 우울증이 생겼고 아동이 집에 와야 안심이 되었다. 3학년 초에 다시 현재의 집으로 이사했다.

(4) 교육사

유치원을 2년 다니며 좋아했으나 친구와 다툼이 많았다. 학습지를 시켰으나 잘 하지 않으려 했고 글씨는 6세 때 깨쳤다. 초등학교에서는 성적이 전 과목 보통 정도다.

### 4) 가족관계

가족은 아빠, 엄마, 남동생으로 구성되어 있다. 아빠는 가게를 운영하고 있으며 밤에 일하고 아침에 귀가한다.

### 5) 심리평가 결과

BGT 검사결과 두뇌의 기능장애가 있는 것으로 나타났다.

(1) 지능: KEDI-WISC 검사

전체 IQ는 130으로 상위 수준에 속했으나 주의집중과 관련된 검사에서 모두 점수가 낮아 ADHD의 가능성을 보였다.

(2) 정서 및 성격

자신의 감정을 인식하고 표현하는 데 미숙하며 불만이나 화 같은 부정적 감정은 많으나 해소하지 못하고 있다. 특히 자신이 존중가 배려를 받기보다는 위협받고 강제적인 규제를 당한다는 느낌을 많이 가지며 피해의식이 있고 충동이나 감정의 조절에서 어려움이 있다.

(3) CBCL 척도를 엄마를 통해 실시한 결과

사회적 미성숙, 주의집중 문제, 공격성이 98퍼센타일로 임상수준을 초과했으며 다음으로 우울/불안이 93퍼센타일에 속했다.

### 6) 문제의 원인

아동은 현재 ADHD의 증상을 보이고 있다. 주의력 부족과 충동성 때문에 아동은 야단맞는 경험을 많이 하게 되었고, 아동의 양육과정상 초기에 엄마의 건강이 나빠 충분히 돌봄을 받지 못함으로써 우울하고 불안하며 내면에 애정에 대한 상실감과 분노가 많다. 또래관계 경험의 결핍과 충동성, 또래관계 기술부족으로 또래에게서도 따돌림을 당하게 되면서 아동은 대인관계에서 피해의식을 갖게 되었으며 이것이 가끔씩 폭발해 또래와 충돌했다. 그로 인해 아동은 부모에게 많이 혼나게 되고 부모자녀 관계도 불안정해졌다. 이는 아동을 더 불안하고 더 충동적이고 산만하게 만드는 악순환을 겪게 만들면서 배변문제까지 결국 생기게 했다.

엄마는 지나치게 걱정하고 불안해하며 아동을 격려하지 못했다. 아동의 상태에 대한 인식 부족으로 아동의 수준을 넘어서는 요구를 했고 또 에너지 부족으로 아동에게 일관성 있는 애정과 도움을 주기에는 어려움이 있었다. 아빠는 직장시간이 일정하지 않아 일관성 있게 아동양육에 영향을 미치지 못하고 있다. 이런 이유로 아동의 불안하고 산만하며 충동적인 양상이 더 심화된 것으로 보인다.

### 7) 상담목표 및 치료전략

#### (1) 충동적이며 산만한 태도를 줄여 간다

- 비지시적 놀이치료를 기본으로 치료자와의 안정적인 관계 형성을 통해 정서적 안정감을 갖게 한다. 특히 아동과의 눈 맞춤을 적극적으로 시도한다.
- 사고나 행동의 충동성을 줄여 가기 위해 게임을 통한 인지행동적 놀이치료 기법을 적용한다.
- 아동이 충동을 잘 조절할 때 강화를 준다. 게임치료 방법을 이용해 정해진 규칙을 따르고 받아들일 수 있는 능력을 기른다.
- 과제에 대한 집중력을 증가시킨다.
- 충동성과 산만성을 줄이기 위해 필요할 경우 약물을 복용한다.

#### (2) 아동의 증상 저변에 있는 우울감, 불안감, 적대감과 분노를 인식하게 하고 해소시킨다

- 아동의 부정적 정서에 영향을 미치는 여러 가지 경험을 놀이를 통해 표출하고 해결하게 한다.
- 여러 가지 대화게임을 이용해 아동의 감정을 표현하게 하고 이런 감정을 일으키게 되는 상황을 찾아내고 문제에 대한 해결책을 찾는다.

#### (3) 자신감을 증가시키고 긍정적인 자기인식을 갖게 한다

- 비지시적 놀이치료로 스스로의 결정권을 증가시키고 자기 힘에 대한 긍정적인 인식을 하게 한다.
- 긍정적인 자기말의 빈도를 늘린다.

#### (4) 또래와의 관계를 개선시킨다

- 또래관계에서 분노폭발과 행동화하는 경향을 줄여 간다.
- 자기표현을 가능한 한 언어화하도록 한다.

- 또래집단의 참여를 증가시킨다.
- 대인관계에서 공감능력을 기르며 피해의식을 줄여 간다.
- 게임치료기법을 이용해 또래관계에서 적절한 문제해결 능력을 기른다.

### 8) 상담과정(아동 놀이치료 58회, 엄마 상담 10회)

#### (1) 접수상담

치료자와 눈을 마주치지 않으며 오자마자 텐트로 들어간다. "좋은 습관은 거짓말을 하지 않는 것이며 고쳐야 할 것은 싸우는 것, 아니 동생 집적이는 것이다."라고 한다. 이것저것 부산하게 놀잇감에 관심을 보였고 총을 보고 좋아하며 쏴 보기도 한다. HTP(집, 나무, 사람) 검사를 실시했다.

① 집: 나의 집이다. [누가 사나?] 나, 엄마, 동생, 아빠 [이 집에 들어가면 어떤 기분?] 좋을 것 같다.

② 나무: [나이?] 5세. [돌봐 주는 사람은?] 우리 엄마. [좋아하는 것은?] 물, 안아 주는 것. [싫어하는 것은?] 나무에다 돌 던지는 거. [계절?] 여름. [걱정?] 주인이 없어질까 봐. [원하는 것?] 사람이 되는 것, 다리가 있으면 뛰어다닐 수 있으니까.

③ 사람 1: 여자부터 그림. [나이] 9세. 산을 보고 있다. 나도 언제쯤 저런 데 가 볼까. [좋아하는 것] 아이스크림, 과자. [싫어하는 것] 공부하는 것, 수학. [걱정] 엄마가 직장에서 빨리 오는 것.

④ 사람 2: 5세. 남자. 나무에 기대고 있다. [좋은 것?] 허리띠 바지, 멋있어서. [싫은 것?] 공부, 노래. [희망?] 대통령. [걱정?] 없다. 키가 작아 빨리 쑥쑥 컸으면.

나무 그림이 제일 빈약했으며 가지가 발달되지 못했고 분화되지 않은 양상이다. 감정발달이나 대인관계에서 민감성이 결여되어 있음을 가정할 수 있다. 여자를 먼저 그린 것으로 보아 남성으로서의 성 정체감 발달이 부족함을 알 수 있다. 질문에 대한 대답에서 엄마와의 애착관계가 안정적이지 않다는 것을 짐작할 수 있다.

(2) 초기단계: 1~5회기

① 1회기

자기가 가고 싶은 방을 정하면 안 되는지 물어 오늘은 이미 정해져 있으니 다음에 결정할 기회를 주겠다고 하자 수용한다. ["이곳이 뭐하는 곳이라고 생각해?"] 모른다고 한다. 자신의 좋은 습관은 거짓말을 하지 않는 것이고, 고쳐야 할 점은 예전에는 싸우는 거였으나 요즘에는 싸우지 않고 잘 참으며, 이제는 준비물을 빨리 챙기지 못하고 꾸물거리는 것이 문제라고 한다. ["너도 그렇게 생각하니?"] "네." ["친구관계는?"] "동네친구가 5명 있어요. 친구랑 같이 노는 거 별로 재미없어요. 뻥 잘 치고 거짓말 치고 도망가요. 먹을 것 줄게 나랑 놀자고 하면 먹을 것만 먹고 튀어요. 1명만 그렇게 지내고 나머지 4명과는 잘 지내요. 친구관계에서는 어려운 것이 없어요."라고 한다.

반죽으로 머리카락 만들기 놀이를 하며 즐거워했고 행동이 급하고 충동적인 부분이 있으나 창의적으로 잘 논다.

---

**엄마 보고** 아이에게 지나치게 도덕적인 기준을 강요했다. 둘째 애를 키우면서 이 아이에게 내가 심했다는 것을 알았다. 친구가 때리면 무조건 참으라고 가르쳤다.

---

② 2회기

놀이치료실 결정 시 어느 곳을 할까 결정하기 어려워하다가 결정한다. 아빠는 원하는 걸 잘 들어주나 엄마는 잘 사 주는 것도 있지만 아닐 때도 있다고 한다.

["지난 주 기분은?"] 좋았다고 한다. 뱀을 보더니 "여자 애들 있으면 손에 놓을 텐데."라고 하고 뱀을 목에 걸쳐 보더니 밖의 엄마에게 가지고 나가 보여 주고 안 놀라니까 재미없다고 한다. 펀치백 치기를 하며 "일부러 내 발을 밟은 애

를 때려 주고 싶어요. 나는 아무 잘못도 하지 않았는데 내 얼굴을 밟았어요." ["정말 속상하고 화났겠다. 그래서 너는 어떻게 했니?"] "내가 힘이 덜 세서 가만히 있었어요. 내 얼굴도 밟았어요." 계속 놀잇감을 조금씩 건드리기만 하고 놀이를 자주 바꾸며 안정을 하지 못한다.

**엄마 보고** 대변을 지리는 적도 있다. 혼자서 자지 못하고 공포감이 많다. 남(가족)이 먹던 것은 먹지 않으며 지나치게 깔끔하다.

### [3] 3~4회기

씩씩하게 인사하며 들어와 자발적으로 말을 많이 한다. "오늘 누가 결투하자고 했어요. 이유 없이 그랬어요. 엄마가 싸우지 말라고 해서 싸우지 않으려고 했는데 그 애가 먼저 꼬집었어요. 그래서 나도 꼬집었어요. 예전의 나를 보는 것 같아요." 모래놀이를 할 수 있는 놀이치료실을 원했고 승낙했다. 각각의 모형에 대해 일일이 질문했고 마른 모래가 손에 묻지 않아 좋다며 마른 모래를 선택했다. 힘센 용사들을 잔뜩 넣고 배치하는 데 오랜 시간이 걸린다. 괴물 팀과 군인 팀으로 편을 가르고 투쟁을 벌인다. 괴물이 군인을 죽여 묻고 자기 동족을 죽였다고 군인이 복수해 괴물도 죽는다. 원시인도 죽어 땅에 묻히고 여자도 괴물이 숨을 쉬지 못하게 하며 눌러 죽인다. 배트맨 영화에서 여자가 뽀뽀하면 상대방이 죽는다. ["여자는 대단한 힘이 있구나."] 하나씩 죽여서 묻는다. 거인과 괴물의 대결에서 거인이 괴물의 입을 공격하고, 목을 자르고, 배를 자르고 해서 죽었으나 또 다른 괴물이 있어 또 대결한다. 계속 괴물과 거인이 엎치락뒤치락 싸우고 원래 자기 것이었던 새를 빼앗아가 되찾기 위해 싸움을 벌이는 것이라고 한다.

### [4] 5회기

아동과 고치고 싶은 점에 대해 함께 얘기했다. "고쳐야 할 점은 학교 갈 때 꾸물거리는 거예요. 지각을 많이 해요. 학교 가는 게 재미가 없어요. 친한 친구가 거의 없어요." ["왜 없다고 생각하니?"] 무응답. ["친한 친구 사귀고 싶은 마음은 있니?"] "조금 있어요." ["그러면 앞으로 이 방에서 선생님과 이야기도 하고 놀기도 하면서 좋은 방법을 찾아본다면 어떻겠니?"] "좋아요."

모래상자 꾸미기를 하려 했으나 거의 놀잇감을 조작만 해 보다 시간이 다 갔고 아쉬워한다.

⑤ 6~8회기

다른 놀이치료실으로 가겠다며 아주 충동적으로 그곳으로 간다. 아동은 생각과 동시에 행동한다. 치료자가 제지하자 수용했고 모래놀이를 시작했다. 지나치게 꼼꼼하게 배열하다 시간이 많이 간다. 죽음의 위기에 처한 우리에 갇힌 원숭이를 나쁜 편 군인이 죽이려 해 착한 편이 구출하는 주제다. 좋은 편은 원숭이를 풀어 주어 구출하고, 원숭이는 올 때 타고 온 제트기를 타고 도망간다. 이는 심리적으로 치유되고 도움을 받는 것에 대한 감정이라고 볼 수 있다.

---

**엄마 보고** 요즘에는 큰 문제가 없고 엄마와 덜 부딪힌다. 내가 편하다. 태권도도 보내고. 나랑 같이 있으면 내가 아이를 닥달한다. 성호는 자기가 정한 틀에 딱 맞아야지 아니면 신경질을 많이 낸다.

다음 회기에서는 지난주에 학교에서 오줌을 쌌다고 한다. 공부시간에 화장실을 가지 못하게 해서 그랬다고 한다. 애들에게 망신당하고 옷을 갈아입고 다시 갔다. 중단했던 산만한 행동치료를 위한 약물복용을 계속하도록 엄마에게 권했다.

---

### 초기단계 요약

아동은 치료 초기 동안 내내 계속 놀잇감에 대해 뭐냐고 물어보고 확인하는 행동이 많았다. 의존적이며 강박적인 불안이 많은 것으로 보였다. ADHD 아동에게는 불안, 우울과 같은 다른 증상이 흔하게 동반된다. 또 대기실에서 기다리는 시간을 참기 어려워하며 상담시간이 끝나면 엄마에게 다급하게 뭐 사 달라고(주로 먹는 것) 조르는 행동이 심했다.

마른 모래놀이에서 초기에는 투쟁을 소리 내며 격렬하게 했고 양편이 모두 다 죽으나 점차 살아남는 편도 생긴다. 주로 착한 편이 나쁜 편에게 부당하게 당하다가 착한 편이 나쁜 편에게 처절하게 복수하거나 적에게 빼앗긴 것을 다시 찾기 위해 투쟁하는 내용이다. 자기 내부의 두 가지 갈등하는 힘의 존재를 보여 준다.

(3) 중기단계: 10~39회기

[1] 10~15회기

이때부터 전에는 손에 묻는다고 싫어하던 젖은 모래를 선택했으며 점차 물이 담긴 모래로 이동해 가면서 좀 더 무의식적인 내용을 표현해 갔다.

성호는 스파이더맨의 투쟁과정의 주제를 계속해서 발전시켜 나갔다. 스파이더맨과 전갈, 스파이더맨과 쌍두공룡의 투쟁, 착한(진짜) 스파이더맨과 나쁜(가짜) 스파이더맨의 투쟁과정을 보여 주었고 격렬하게 싸웠다.

10회기에서는 착한 스파이더맨이 전갈을 물리쳤고, 12회에서는 스파이더맨을 착한(진짜) 스파이더맨과 나쁜(가짜) 스파이더맨으로 분화시켜 둘이 싸우게 했다. 착한 스파이더맨이 죽었다가 부활해 피라미드로 나쁜 스파이더맨을 깔아 죽인다. 그러나 착한 스파이더맨은 나쁜 놈들이 쳐들어올까 봐 땅속에 들어가 숨어서 잔다.

11회기에서는 자신의 좋은 점 찾기 숙제를 내주었는데 모르겠다고 한다. 치료자가 아동에게 머리가 좋고 마음먹은 것에 집중할 수 있는 힘이 있고 공부를 잘할 수 있는 힘이 있는 것 같다고 말했다. 스티커 붙이는 놀이를 선택했으며 강아지를 놀리는 새와 화가 난 강아지를 꾸민다. [“너도 이 강아지처럼 놀림받은 적 있니?”] “내 짝이 날 ○○라고 놀려요. 그런데 태권도 품띠라 때릴 수도 없어요.”라고 한다.

13회기에서는 물속에서 쌍두공룡과 악어, 뱀이 스파이더맨을 먼저 공격해 스파이더맨이 친구(힘센 레슬러)에게 도움을 청했고 친구가 공룡과 악어, 뱀 등을 물리치고 스파이더맨에게 에너지를 주어 구출한다. 그러나 친구가 가자 다시 적들이 공격해 스파이더맨은 에너지가 바닥났다. 이는 아직 자아의 힘이 본능을 조절할 정도로 충분히 강화되지 못하고 있음을 보여 준다.

14회기에서는 모래상자를 양분해 왼쪽은 물로, 오른쪽은 육지로 꾸미고 물속에는 용암을 만든 후 그 가운데 쌍두공룡을 두었다. 물속에 있던 쌍두공룡은 육지로 옮겨 와 집으로 들어가고 집 옆에는 병아리가 갇혀 있다. 스파이더맨은 그 병아리를 구하기 위해 쌍두공룡과 치열한 싸움을 벌인다. 그러나 쌍두공룡은 끈질지게 죽지 않아 스파이더맨은 쌍두공룡을 땅에 묻어 죽이고 병아리를 구출한다. 너무 힘든 싸움이었고 스파이더맨은 쉬고 있다. 그러나 "아직 공룡이 죽지 않은 것으로 할래요. 다음번에 와서 또 할 거예요."라고 한다. 이 놀이에서 아동은 병아리를 구하기 위해서 전력을 다해 싸웠고 싸우고 나서 매우 흡족해했다. 이 놀이는 아동의 집과 관련한 부정적 감정을 충분히 표현하고 해소한 기회가 된 것으로 보인다. 또한 약한 자아를 강화시키기 위한 노력이 진행되었고 자신의 공격적이고 파괴적인 충동에 대항해 자아가 아주 힘겹게 승리를 거둔 회기이기도 했다.

15회기에서는 마른 모래와 젖은 모래의 두 상자를 통합해 이용했다. 스파이더맨은 쌍두공룡이 지배해 온 모래 속으로 빨려 들어갈 뻔하다가 사람 친구(레슬러)의 도움으로 살아난다. 둘은 서로 도와주면서 모래를 헤치고 나와 쌍두공룡과 싸워 이긴다. 이는 자아의 힘이 상당히 강화된 모습을 보여 주는 것이다. 아동은 스파이더맨의 투쟁과정에서 공격적인 에너지를 충분히 발산했고 매우 흡족해했다. 무의식의 영웅 원형이 활성화되고 있고 그것의 도움으로 자아를 강화해 가고 있는 모습을 보여 준다.

요즘은 엄마에게 야단을 덜 맞고 화내는 것이 덜하다고 한다. 예전에는 엄마와 같이 공부할 때 잘하지 못하면 엄마가 때려서 힘들었는데 지금은 다른 선생님이랑 해서 좋다고 한다.

**엄마 보고** 10, 11회기 때는 엄마가 아동이 강박적인 특성을 많이 보인다고 한다. 숟가락에 뭔가가 묻는 것과 옷의 무늬에 지나치게 신경을 쓰며 오줌 싸는 실수를 해 아이들이 자신을 따돌린다고 속상해한다고 하고 대변을 보고 엄마에게 엉덩이 검사를 해 달란다고 한다. 아동은 4~5세 때부터 엄마가 자기를 사랑하는지 확인을 자주 하고 현재도 계속한다. 1학년 때까지 엄마가 아이에게 밥을 떠 먹여주었다.

15회기에서는 아동이 확인하는 행동이 줄었고 오랫동안 꾸물대는 것도 줄었다고 하며 현재 오줌은 싸지 않고, 대소변을 참다가 급히 누는 것도 줄었다고 한다. 또한 야단을 치면 멍하게 있는 행동도 사라졌다고 엄마가 보고한다.

---

② 16회기

검은 스파이더맨을 흰 천으로 감아 미라를 만들고 관 속에 넣어 땅에 묻고 피라미드 안에 넣는다. 착한 편이며 힘이 없다고 한다. 붉은 스파이더맨은 원래 착했는데 쌍두공룡의 마법에 걸려 나쁜 편이 되어 사람들을 괴롭힌다고 한다. 힘센 용사들이 오아시스 물을 먹고 힘을 내 쌍두공룡이 지키고 있는 피라미드에 가서 쌍두공룡이 낸 문제 5개를 알아맞히고 그 안으로 들어가 그 안의 관 속에 있던 검은 스파이더맨에게 커다란 주먹을 끼워 준다. 한편 피라미드의 글씨를 읽게 되어 괴물의 마법에서 풀려난 붉은 스파이더맨은 괴물을 죽이고, 힘을 제일 약했던 검은 스파이더맨은 관에 있던 주먹을 끼고 살아나면서 제일 힘이 세져 자기를 관에 넣고 나오지 못하게 한 수호신들을 관 속에 가둔다. 그 위에 검은 피라미드를 올려놓고 '악'이라고 한다. 그 옆의 노란 피라미드는 '선'이라고 한다. 각각의 수호신이 싸워 검은 피라미드에 있던 나쁜 수호신은 없어졌고 검은 피라미드는 착해졌다([그림 2-1] 참조).

선과 악이 등장하고 죽었던 선이 부활해 악을 물리치는 이야기로 자기 내부의 긍정적인 자기 원형이 활성화되어 이의 도움으로 새로운 자기가 등장하고 죽음과 부활을 보여 주는 주제다. 자신의 과거의 자아가 죽고 새로운 힘 있는 자아가 출현하는 과정으로 볼 수 있다. 대극의 통합을 향한 시도가 성공적으로 진행되고 있다. 16회기 말쯤에는 두드러지게 조용해지고 차분해진 모습을 보였다. 모

[그림 2-1] 선과 악의 투쟁

래놀이가 가진 차분해지고 명상적으로 이끄는 치유적 힘이 이 아동에게 주효했던 것으로 보인다.

---

**엄마 보고** 성호가 자기 마음속에 악마와 천사 둘이 있는데 악마는 엄마를 원수로 생각하라 하고 천사는 아니라고 한다고 얘기한다. 대기실에서 잘 기다리면 먹을 것을 사준다고 엄마가 얘기했는데 엄마가 사 주지 않을 것 같다며 불신을 표현한다.

---

③ 17회기

["개학해서 힘든 점은?"] 아침에 일찍 일어나야 하는 것이라고 한다. 갑자기 차분해지고 대기실에서도 잘 기다리고 놀이를 나름대로 계획한다. 계획하고 조직화하는 힘이 증가했다. 20분간 모래놀이를 하고 10분은 게임을 하겠다고 하며 창에 친 블라인드를 엄마가 보게 올리도록 요청한다.

**엄마 보고** 성호가 갑자기 자기가 오늘부터 달라질 거라고 숙제도 해 놓고 일찍 일어나고 존댓말도 쓰고 하지 않던 행동을 한다고 한다. 기다리는 동안에도 아주 차분히 잘 앉아 있다. 집에서 행동수정을 실시하기로 했다. 아침에 제시간에 가기, 신발정리, 설거지를 도와주면 스티커를 받아 원하는 게임기를 사기로 했다.

4 18회기

햄버거 게임을 30분간 집중하고 잘한다. 치료자가 집중을 잘한 것을 격려했다. 게임에서 패하자 오래해도 이겼으면 좋았는데 지게 되어서 속상하다고 말한다. 다트 던지기를 권해 속상한 마음을 풀게 했다. 게임을 하면서 치료자는 게임이 잘 풀리지 않을 때, 지고 있을 때, 잘했을 때를 이용해 좌절을 견디고 아동이 긍정적 자기상을 갖도록 하기 위해 긍정적인 자기 말(positive self statement) ("지금은 되지 않고 있지만 곧 상황이 나아질 거야. 잘하기만 할 수는 없지. 짜증났었는데 내가 정말 잘 조절했네.")을 시범 보였다.

**엄마 보고** 요즘 태권도를 하면서 전에 자기가 참았던 애들에게 함부로 대하지 못하게 하겠다고 한다. 애에게 자신감이 생긴 것 같다. 치료자는 엄마에게 또래관계에서 무조건 참으라고 하지 말고 말로 싸우는 연습을 시키도록 했다.

5 19~21회기

아동의 과잉행동과 분노감, 충동성이 많이 완화되었다고 보아 이제부터는 좀 더 언어적으로 자기표현을 하게 하고 가족관계에 대한 표현과 인식을 돕고 문제를 해결하기 위해 대화게임인 '집 안에서 일어난 일 게임(family happenings game)'을 소개했다.

**게임 카드에 대한 아동의 반응**

- **유쾌하다:** 부모와 TV를 보고 나서 같이 잘 때 ["좀 더 자세히 말해 줄래?"] ("난 혼자 자지 못하거든요. 귀신이 창문에 나타나 내가 도망치면 못 가게 할까 봐.")
- **슬프다:** 부모가 싸울 때 ["너는 어떻게 하니?"]("자요. 내가 자면 부모도 자니까.") 엄마가 혼낼 때("혼자 잘 때 무섭다. 귀신이 날 잡아갈 것 같다. 그러나 엄마랑 자면 날 지켜 줄 것 같다."), 아빠가 화났을 때 ["너는 어떻게 하니?"]("아빠를 기쁘게 해드리려고 한다. 내가 공부를 열심히 하면 기분 좋아하신다.")
- **상처받다:** TV 보는데 엄마가 나에게 공부를 못한다며 욕할 때, 빨리 하지 않고 오래 생각한다며 시간이 없다고 할 때
- **밉다:** 엄마가 공부 많이 하라고 할 때("저녁때 애들이 놀자고 할 때 꼭 공부하라고 한다.")
- **가장 행복할 때:** 엄마랑 같이 잘 때.
- 세상 사람들이여! 내가 목사가 되는 것을 도와주세요. 이유는 목사가 되면 천국에 가니까.
- **겁난다:** 엄마가 혼자 자라고 할 때

---

**엄마 보고** 아침에 학교 갈 때 애들과 4 : 1로 싸웠다고 했다. 나중에 그 애들이 도망갔고 성호가 오늘부터 반장이 되었다.

---

**⑥ 22~26회기: 모래에서의 포켓몬 놀이**

아동은 초기가 지난 후 놀이치료실에 오면 계속 새로운 것이 없냐고 묻고 새로운 것만 찾는다. 아동에게 그런 자기 모습을 반영해 주고 그런 행동에 대해 이야기했다. 아동은 심심해서라고 한다. 또 어떤 때 심심하냐고 하니까 학교 공부시간에도 그렇다고 한다. 심심해지면 TV 본 것이 생각나는데 주로 웃기는 코미디가 생각난다고 한다. 학교에 다니게 되면서부터 그런 생각이 나기 시작했다고 한다. ["그런 생각 때문에 생활에 불편한 점은 없니?"] 아동은 없다고 하다가 치료

자의 계속적인 질문에 숙제 내주는 것 등을 잘 기억하지 못해 엄마에게 혼난다고 한다.

연두색 모래를 선택했으며 포켓몬의 진화에 관한 이야기를 꾸몄다. 포켓몬이 사는 곳이다. 사냥꾼과 배트맨은 포켓몬들을 잡아 훈련을 시키고 있다. 피카츄와 이상해씨를 잡아 친구처럼 같이 살려고 했다. 피카츄와 이상해씨는 서로 주인을 돕고 집도 지킨다. 둘이 결투도 하고 주인은 포켓몬들을 훈련시키고 키워 주기도 하고 진화시킨다. 또 숨바꼭질 놀이도 한다. 그러다가 주인은 둘을 다른 모래상자에 넣어 둘은 헤어졌다. ["그때의 느낌은?"] 슬펐다. 그 후 할아버지가 되어 550년 후에 만났다. 그리고 남은 인생을 같이 살았다.

모래놀이 선반의 모자상(아기가 엄마 젖을 먹고 있는)을 보고 살을 뜯어먹는 것 같다고 표현한다. 엄마에게 혼난 경험에 대해 이야기하고 오락실은 나쁘다고 한다. 엄마가 귀를 파 주지 않아서 귀가 잘 들리지 않으며 엄마가 파 줄 때는 잘 들렸다고 한다.

### [7] 27회기

아빠와 함께 왔다. 엄마보다 아빠랑 오는 게 더 좋다고 한다. 포켓몬들이 집이 없는 뮤츠에게 제일 좋은 집을 마련해 주고 같이 노는 장면을 꾸민다([그림 2-2] 참조). 거북왕은 힘이 제일 세고 친구(뮤츠)를 위해 집을 지켜 준다. 이는 자기(self)가 중심에 자리 잡아 가는 모습으로 보인다. 뮤츠, 피카츄, 삐삐가 함께 놀다가 죽었고 천국에서 만나서 오랫동안 살았다고 한다.

---

**아빠 보고** 부산하고 설치고 잠시도 가만히 있지 못해 일일이 지적해야 하던 것이 나아지고 차분해졌다고 한다.

---

### [8] 28회기

연두색 모래를 선택했다. 거북왕과 리자몽이 둘이 놀다가 모래 속에 묻혔다가

[그림 2-2] 포켓몬들의 집

무덤에서 부활해 둘(물과 불)이 친구가 되었다. 리자몽은 불에 들어가 에너지를 받고, 거북왕은 호수에 들어가 에너지를 받는다. 갑자기 어느 날 거북왕이 화가 나 리자몽을 공격해 리자몽의 에너지가 바닥나 죽었다. 거북왕은 불을 껐다. 둘은 친구가 될 수 없는 관계이고 거북왕은 친구를 죽여 속상해 먼 길을 떠났다. 자기인격의 갈등을 일으키는 대극적 측면의 통합을 시도하나 그 과정이 쉽지 않음을 보여 준다.

**엄마 보고** 교사가 아동이 밝아지고 차분해졌다고 한다. 엄마가 보기에도 과잉행동이 별로 없다. 아동은 요즘 집에서 엄마에게 불평불만이 많다.

⑨ 30~35회기

이때 아동은 사회성 증진을 위한 집단 프로그램에 동시에 참여했다. 이때부터 친구 사귀는 기술을 배우는 '이웃 사귀기 게임'을 지속적으로 했다. 동물흉내카드에서 반응을 잘 했고 음식을 선물로 샀으며 밖의 동생이 달라고 할까 봐 놀이치료실에서 먹고 가겠다고 한다. 아동은 음식에 집착하는 편이라 보상물에 음식도 넣었다. 이웃 이름 말하기 카드에서 "아는 이름이 없다. 엄마가 어린애들과는 놀지 말라고 했다. 애들이 자꾸 울고 그러면 나만 욕먹는다."라고 한다. 충동적으로 생각 없이 급하게 반응한다.

집단치료자의 말을 들으니 집단치료에서 나타나는 아동의 행동이 개별치료에서보다 훨씬 흥분된 상태로 충동적으로 보였다. ADHD 아동이 개별치료에서 잘 적응해도 집단에 들어갔을 때는 좀 더 충동적이 되는 경우가 많다. 또한 아동의 피해의식도 영향을 미친 것 같다. 이후의 치료목표를 충동조절에 두고 이를 위해 여러 가지 게임치료를 도입하기로 하였다.

⑩ 36회기

이웃 사귀기 게임을 선택했고 선물은 먹는 것으로 준비했다. 게임내용 중 '친구 병문안 갔을 때 해야 할 행동 해 보기'에서 자기중심적으로 행동하는 모습을 보인다. 치료자 차례에서 올바른 행동을 보여 주었고 다시 자기 차례가 되었을 때 잘하지 못할 것 같다고 자신 없어 하더니 치료자 격려로 다시 하면서 전보다 많이 나아졌다.

말하고 행동하고 느끼기 게임(talking, doing, feeling game)을 했고 카드에 대한 치료자와 아동의 반응은 다음과 같다.

① 치료자카드

- **행복할 때:** ("선생님은 그런 때 행동이 빨라지고 해야 할 일을 미루지 않고 하게 된다. 반대로 슬프거나 마음이 힘들 때는 누워 있고 싶거나 할 일도 안 한다.")
- **놀랄 때:** ("어떤 애들은 지옥에 악마가 있다고 생각해 놀란다. 그러나 선생님은 그런 건 없다고 생각한다.")

② 아동카드

- **슬플 때**: 엄마랑 함께 어디 가야 해서 애들과 재미있는 게임을 못할 때("오늘 여기 올 때 그랬다. 그러나 여기 오면 또 놀 수 있어서 좋은 점도 있다. 난 슬플 때 집에서 어슬렁거리거나 내 방에 들어가 가만히 있는다." ["그때 엄마가 네 맘을 알 것 같니?"] "알 것 같다.")
- **화난 상황**: 살 게 있는데 못 샀을 때(아동은 안절부절못하며 왔다 갔다 하는 행동을 보인다)

⑪ 37회기

"오늘 친구랑 싸우고 선생님에게 혼났다."라고 치료자에게 말한다. ["왜 그랬니?"] "그 애가 내가 산 것을 달라고 해 싫다고 했는데 뺏아가 구겨 놓았어요. 다시 펴지긴 했어요." ["그래서 어떻게 되었니?"] "처음에는 가만히 있다 나중에는 화가 나서 그 애와 싸웠어요." ["그 애가 네 것을 빼앗아 갔으니 너도 화가 났겠다."] "그런데 선생님이 나에게 만날 내가 애들과 싸워서 애들이 날 싫어한대요." ["너는 어떻게 생각하니?"] "난 다섯 번 정도 싸웠어요." ["그 정도는 다른 애들과 비교했을 때 어느 정도라고 생각하니?"] "다른 애들도 그 정도는 싸워요." ["그럼 왜 네가 많이 싸운다고 하셨을까?"] "한번 싸우면 크게 싸우거든요." ["아, 그럴 수도 있겠다. 여러 번 싸우진 않지만 한 번 싸워도 크게 싸우면 금방 알려질 테니까 너를 싸움만 하는 아이라고 인식할 수도 있겠다. 그렇다면 어떤 방법이 좋을까?"] "무시하면 돼요." ["그래도 되는 상황이면 그렇게 하면 되겠다. 그러나 그냥 무시하면 너를 괴롭히고 네가 무시할 수 없는 상황이 될 땐?"] "모르겠어요." ["말로 네 주장을 확실히 해라. 화를 많이 내거나 지나치게 공격적이지 않게 그러나 확실히 표현해라."]

⑫ 38~39회기

그동안의 변화, 사회성 그룹에 대한 느낌 등을 질문했다. 처음에 올 때보다 친구 사이가 많이 좋아졌다고 한다. "그런데 내가 여기 다닌다는 거 애들에게 말하면 안 돼요? 나는 애들에게 자랑하고 싶은데 엄만 안 된대요. 어제는 친구 집에서 자고 오늘도 같이 놀았어요. 사회성 그룹에 참여하는 것을 처음에는 걱정했지만 지금은 아니에요."라고 한다. 오델로 게임이라는 전략게임을 골랐고 치료자는 게임을 하면서 우선 멈추고 생각하기, 생각한 것 말하기 방법을 시범 보였다. 아동은 점차 침착하게 게임을 하게 되었다. 기다리는 동안 동생의 과자를 먹으려 하고 엄마가 제한하고 기다리라고 하자 수용한다. 전보다 제한을 수용하는 태도가 많이 호전되었다.

---

**엄마 보고** 애들과 어울리는 데 자신감이 생긴 것 같다. 자기표현 하기와 충동조절을 위해 '생각을 말로 하기'와 '우선 멈추고 생각하기' 가르치는 방법을 엄마에게 지도했다. 4학년이 되어서 처음 며칠은 지각하면 찍혀서 안 된다며 열심히 빨리 하려 한다. 지금은 지각을 안 한다. 엄마가 아예 일찍 깨운다.

상대방 아이가 집적거려 싸움이 일어나게 되는 것 같다. 처음에는 엄마가 학교에 와서 신경 써 주는 것을 좋아했는데 요즘에는 엄마가 학교 중간에서 기다렸더니 애들이 마마보이라고 하니 창피하다며 오지 말라고 한다고 한다.

일기에 감정적인 것은 절대로 적지 않았었는데 이제는 자기감정에 대해 풍부하게 잘 적는 점이 달라졌다.

---

## 중기단계 요약

모래놀이를 주로 했고 아동은 매우 만족스러워했다. 점차 과잉행동과 산만함이 줄어들고 차분해졌다. 아동은 모래놀이를 아주 좋아하고 충분히 즐겼다. 처음부터 투쟁이 진행되었는데, 초반에는 격렬하고 잔인하게 나쁜 편을 일방적으로 죽이는 놀이가 주였다. 자기 집에도 모래를 준비할 수 없는지 여러 번 물었다. 아동의 특성상 모래가 치료에 많은 도움을 주었다고 생각된다. 특히 성호는 강박적인 특성이 있었는데 이런 특성이 모래놀이를 통해 많이 완화되었다. 처음에 아동은 마른 모래에서 시작해 점차 젖은 모래로, 그 후 물이 담긴 모래로 놀이 영역을 이동해 갔다. 내면의 분노가 많이 완화되고 자아가 강화되고 자기원형이 활성화되고 대극이 통합되면서 강박적인 불안도 줄어들었다. 게임에서는 치료자의 모델링을 이용해 충동성을 조절하는 방법을 배울 수 있도록 했다.

#### (4) 말기단계: 40~53회기

1 40~44회기

이웃 사귀기 게임 선물의 가격이 비싸자 그 돈을 언제 모으냐고 하지 않겠다고 한다. 목표나 성취를 위해 기다리고 노력을 많이 해야 하는 일은 쉽게 포기하고 좌절하는 경향을 보인다. 그러나 나중에는 참고 끝까지 해내어 치료자가 격려해 주었다. 또 게임을 자기에게 유리한 방식(선물을 빨리 받을 수 있는 방식)으로 바꾸기를 원해 치료자가 제한을 했더니 2~3회 청하다 받아들인다.

기부금 내기 칸에 오면 아주 싫어하며 그 칸을 빼자고 한다(집단치료에서도 기부금 내는 것을 제일 싫어하고 왜 기부금을 의무적으로 내야 하느냐고 치료자에게 크게 반론을 제기했다고 한다). 빼앗기는 느낌, 박탈감을 견디기 힘들어하는 것을 알 수 있다. 다음 회기에서는 치료자에게 게임에서 기억해야 할 내용을 잊지 않게 요점을 적어 달라고 한다. 친구 사귀기 기술을 적극적으로 열심히 배우려는 모습을 보인다.

이때부터 성호의 충동조절을 돕기 위해 치료자는 인지행동적 게임치료를 도입했다. 경쟁적 보드게임을 할 때 먼저 토큰을 10개 주고 자기 차례를 잘 지키지 못하거나 반칙을 할 때 1개씩 빼앗기는 것으로 했다. 처음에는 10개 중 7개만 남아 있으면 끝났을 때 선물을 받는 것으로 했다. 그러다가 차츰 목표 개수를 늘려 갔다. 아동은 처음에는 빼앗길 때 짜증을 좀 내었으나 차츰 적응해 가며 10개 중 하나도 빼앗기지 않을 수 있는 수준까지 게임 시 충동조절을 할 수 있게 되었고 치료자는 그에 대해 격려했다.

**엄마 보고** 아동이 학교 친구들을 집으로 데려와 잘 놀았다. 엄마에게 치료사에게 배운 것을 써먹었다고 한다. 치료에서 익힌 것을 이용하려는 시도도 하고 친구 사귀기에 자신감이 많이 생긴 것 같다. 학교에서 과제를 해 오란 것에 대해 혼자 하지 못하고 엄마에게 도와달라고 한다. 지금은 엄마와 함께 잔다. 심리적으로 아직 엄마와 분리되기 어려운 것 같다. 4학년에 들어와서는 별 문제가 없다. 아이들과 다투거나 문제를 일으키지 않으나 여전히 꾸물거리는 문제는 남아 있다.

### ② 45~48회기

말하고 행동하고 느끼기 게임을 치료자 제안으로 했고 여기서 엄마, 아빠, 같은 반의 여자친구에 대해 긍정적 감정을 표현했다. 또 자기 능력에 대한 자신감도 표현한다.

게임카드의 질문내용과 아동의 반응, 치료자와의 대화는 다음과 같다.

- 가장 멋진 일은?: "자상하고 친절하게 대하는 거요." ["네가 아는 사람 중 누가 그렇게 하니?"] "아빠요."
- 친구 생일에 초대받지 못한 여아가 있다. 왜일까?: "애들을 괴롭혀서. 왕따당해서. 선생님에게 혼나면 다른 애들을 괴롭혀서요."
- 누군가 너를 괴롭혔을 때 어떤 느낌이니?: "싫고 화가 나요. 왜 때리냐고 물어봐요."
- 슬펐던 일에 대해 말해 보세요: "학교에서 하는 아침 자습공부를 해 오지 않으면 엄마가 막 때려요."
- 사랑하는 누군가의 나쁜 점에 대해 말해 보세요: "엄마의 나쁜 점이요. 엄마가 컴퓨터 쓰느라고 내가 게임을 하지 못하게 해서. 친구가 왔을 때 어지르면 가라고 해서. 오늘도 여기 올 때 친구랑 놀다 데려오고 싶었는데 엄마가 안 된다고 했어요." ["왜 안 된다고 하시는 것 같니?"] "아마 친구들이 놀잇감 갖고 논다고 놀릴까 봐서요." ["너는 여기서 놀잇감 갖고 노는 것에 대해

어떻게 생각하는데? 너도 그렇게 생각되니?"] "그렇기도 해요." ["선생님은 그건 놀림받을 일이 아니라고 생각하는데. 더 큰 형들도 그렇게 하고 성인 놀잇감도 있단다. 그건 부끄러운 일이 아니며 다른 아이들이 원해도 하지 못하는 것을 네가 하는 거야."]

- 누군가 너에게 한 말 중 가장 나쁜 말은?: "내가 오줌 쌌다는 말이요. 부끄러웠어요." ["언제 그런 적 있니?"] "학기 초에요." ["전에 실수한 것을 들춰내서 속상했겠다. 남의 실수를 자꾸 들추면서 자주 얘기하는 사람들은 나쁘다고 생각해. 사람이 정말 다급해질 땐 실수하기도 하는 거지. 실수를 하지 않고 사는 사람이 있다고 생각하니?"] "없어요." ["아이들이 그럴 때 너는 어떻게 대하니?"] "막 화내요." ["그러면 아이들의 반응은? 놀리지 않고 달라지니?"] "계속해요." ["그 방법이 도움이 되지 않는구나. 다른 방법은 없을까?"] "모르겠어요." ["아이들이 너에게 왜 그런 말을 계속한다고 생각해? 혹시 너를 자꾸 화나게 해 골려 주려고 하는 건 아닐까?"] "그런 것 같아요." ["그렇다면 무시해 버리고 대꾸하지 않는다면 어떨까? 한두 번으로는 잘 안될 거야. 계속적으로 5회 이상 무시해 보는 것을 해 볼 수 있겠니?"] "해 볼게요." 대화 중 2세 때 엄마가 자기를 유모차에 태워 옆집 애랑 같이 목마를 태워 준 적이 있다고 말한다. 엄마가 안아 줘서 기분이 좋았다고 한다.

**엄마 보고** 아동이 엄마에 대한 신뢰감이 많이 생긴 것 같다. 전에는 엄마가 어디 갈까 봐 걱정이 많았는데 요즘에는 걱정하지 않는다. 밤에도 엄마와 따로 자는 것이 가능하다. 그런데 얼굴 양미간을 찌푸리고 다니면 자꾸 잔소리하게 되고 속상하다.

### 3 50회기

얼굴에 상처가 나 있어 질문하니까 "친구랑 싸웠다. 친구가 다른 애 스티커를 빼앗아 내가 돌려주라고 했는데 돌려주지 않아서 내가 대신 돌려주었더니 그 애가 화가 나 내 자전거를 부숴서 나도 그 애 자전거를 부쉈다." 아동이 그 애가 나쁘다고 생각한 것을 공감해 주었다. ["그래서 네가 도와주고 싶었구나. 그런데 그 아이는 왜 화가 났을까?"] "몰라요." 이때 자기 일과 남의 일을 구별하도록 얘기해 주었다.

④ 51~53회기

이웃 사귀기 게임의 선물이 준비가 되지 않아 없다고 하자 담담히 받아들인다. 축구게임을 골라 하며 승부에 집착하고 불리해지면 계속 규칙을 바꾸려 한다. 보상물에 대한 집착이 많아 다음부터는 선물 받는 게임을 줄여 가기로 했다.

게임을 침착하게 잘하며 부당해 보일 때는 치료자에게 침착하게 질문하는 모습을 보인다. 치료자가 하는 행동에 대해 피해의식을 느끼는 말을 할 때 치료자가 개입해 아동의 감정과 생각을 반영하고 친구 사이에서도 그런 걸 느낄 때가 있는지 물었다. 아동은 잘 모르겠다고 한다.

**엄마 보고** 학교 보이스카우트에서 주최하는 태백산 기차여행을 엄마와 갔다. 6시간 30분을 걸었는데 잘 갔고 아이들과도 잘 지내고 불평불만이 없어 엄마가 기특해했다.

## 말기단계 요약

말기목표는 친구관계 개선과 행동을 꾸물거리지 않고 빨리 하는 것에 두었다.

말기과정에서는 모래놀이는 거의 하지 않았고 게임이 주로 이용되었다. 사회성을 기르기 위해 이웃 사귀기 게임을 순서대로 계속해서 했고 아동은 보상받는 것에 신경을 많이 썼다. 아동은 처음에는 보상 때문에 했으나 나중에는 친구를 잘 사귀어 보겠다는 생각을 가지고 열심히 하려 하며 요점을 적어 달라고도 했다. 또 아동이 싫어하는 것이라도 끝까지 하는 태도를 길러 주기 위해 정해진 게임을 끝까지 하면 보상을 받는 것을 실시했다. 또한 충동조절을 위해 경쟁게임 시 미리 토큰을 10개 주고 반칙을 할 때마다 1개씩 빼앗기는 방식으로 해 게임이 끝났을 때 토큰 수에 따라 보상을 받게 했다. 아동은 이 게임에서 수행을 잘해 보상을 받았다. 아동은 이런 방법에 협조적이었고 열심히 하면서 집중하는 태도와 충동을 조절하는 능력도 발전되어 갔다. 또 양미간의 짜증 주름도 거의 없어져 얼굴이 환해졌다.

(5) 종료단계: 54~58회기

요즘의 기분이 어떤지 감정이 나타난 얼굴표정(feeling face) 그림을 제시하고 표정을 고르게 했다. 아동은 흥미롭다, 신난다, 자신감이 생긴다, 편안하다에 표시를 하며 긍정적인 감정을 주로 표현하였다. 상담시작 전과 현재의 자신의 변화에 대해 질문하자 아동은 친구와 잘 놀 수 있게 된 점이라고 한다. 어느 정도 발전했는지 물으니 80% 정도 만족하며 아직 100%는 아니라고 한다.

모래놀이에서는 몬스터들이 각각 애완동물을 하나씩 갖게 되었고 애완동물끼리 시합을 한다. 삼촌과 조카의 시합에서 조카가 이긴다. 치료종료를 제안하자 아쉬워했고 치료자의 가족과 종교에 대해 질문한다. 옛날에는 교회에 가는 것이 힘들었는데 지금은 좋다고 한다. 마지막 회기에서 치료자가 모래를 꾸며 보도록 요청했고 아동은 흔쾌히 응했다. 아동은 왼쪽에는 큰 산과 강, 오른쪽에는 마을을 꾸미고 그 사이에 다리를 놓았다. 마을에는 사람들이 집 앞의 길을 청소하는 장면, 가족이 함께 산책하는 장면을 꾸민다. 그 위쪽의 작은 불은 놀러가서 음식 만들 때 쓰는 불이라고 한다. 강에는 자유의 여신상이 서 있고 배들이 떠다닌다. 농구공을 든 사람들이 위쪽을 향해 다리를 건너가고 있다. 이는 처음으로 현실적이며 일상적인 장면을 꾸민 것으로 자연과 인간 세상의 조화를 시도한 상당히 적응된 형태의 그림이다([그림 2-3] 참조).

## 치료자 전체 평가와 소감

성호의 놀이치료는 초기에는 비지시적 입장을 기본으로 하면서 모래놀이치료, 게임놀이치료 기법을 이용하였다. 초기에는 폭발할 것 같은 아동 내부의 적

[그림 2-3] 현실적 장면

대감과 공격성, 분노, 과부하되어 있는 심리적 에너지를 발산하고 정화시키며 안정감을 주고 차분해지게 하는 데 모래놀이치료가 많은 도움을 주었다.

중기 이후에는 전략게임과 대화게임, 문제해결중심 게임이 동원되었고 대화도 많이 했다. 그중 친구 사귀기를 돕는 게임이 가장 많이 이용되었다. 또한 개별놀이치료뿐만 아니라 집단놀이치료의 경험도 또래 사귀기에 많은 도움을 준 것으로 보인다.

초기에 호소한 내용은 호전이 많이 되었으나 아쉽게도 꾸물대는 행동은 앞으로 엄마와 아동이 더 노력해야 할 과제로 남게 되었다. 1년 반에 걸친 긴 치료과정에서 성호와 치료자는 많은 것을 서로 나눌 수 있었다. 중간에 치료 진전이 더딜 때는 안타까움도 많았으나 성호 부모의 치료자에 대한 믿음과 인내가 성호에게도 큰 힘이 되었다. 또한 무엇보다 성호의 잠재력이 발전을 가능하게 했다. 성호는 몇 가지 어려움을 갖고 있기는 하나 그보다는 성장 가능성과 잠재력이 더 많은 아이였다.

# 반항적이고 공격적인 아동을 위한 놀이치료

●●● 성인의 말을 듣지 않고 화를 잘 내며 다루기 힘든 특성을 보이는 아동이 아동상담기관에 흔히 의뢰된다. 이들은 흔히 반항성 장애로 진단된다. 반항성 장애는 공격적이고 반사회적인 품행장애(Conduct Disorder)와 함께 나타나는 경우도 흔해 품행장애를 반항성 장애의 한 변형으로 보는 입장이 있다. 둘 간의 유사성과 차이점에 대해서는 아직도 충분한 일치가 이루어지고 있지 않다.

## 1. 반항성 장애란

### 1) 정의 및 특성

반항성 장애라고 진단이 내려지기 위해서는 나이가 비슷하고 동일한 발달수준에 이른 다른 사람에게서 전형적으로 관찰되는 것보다 그런 행동이 더 빈번해야 하고 그런 행동이 사회적, 학업적, 직업적 기능에 심각한 장애를 초래해야 한다.

이 장애의 표현은 대부분 집에서 나타나는데 학교나 지역사회에서는 나타나지 않을 수 있다. 전형적으로 잘 알고 있는 성인이나 친구관계에서 더 잘 나타나고 따라서 임상적 관찰 중에는 분명히 나타나지 않을 수 있다.

DSM-IV의 반항성 장애(Oppositional-Defiant Disorder: ODD)에 대한 진단기준은 다음과 같다(APA, 1994).

**■ 반항성 장애 진단기준 ■**

필수증상은 권위인물에 대해 반복되는 거부적, 도전적, 불복종적, 적대적 행동이 적어도 6개월 이상 지속되고, 다음 행동 가운데 적어도 네 가지 항목 이상이 빈번하게 발생되는 것이 특징이다.

① 화 내기
② 어른과 논쟁하기
③ 적극적으로 어른의 요구나 규칙을 무시하거나 거절하기
④ 고의적으로 타인을 귀찮게 하기
⑤ 자신의 실수나 잘못된 행동을 남의 탓으로 돌리기
⑥ 타인에 의해 기분이 상하거나 쉽게 신경질 내기
⑦ 화내고 원망하기
⑧ 악의에 차 있거나 앙심을 품고 있기

## 2) 원인

반항성 장애와 유사한 행위장애의 원인으로 다음과 같은 것들이 있다(Wenar, 2004).

### (1) 개인 내의 문제

이런 아동은 내적 충동에 대한 통제력이 결여된 특성을 갖고 있다. 각성된 상태를 조절하는 능력이 부족하고 작은 좌절에도 강하고 파괴적인 정서반응을 일으킨다. 불안감이나 죄책감 같은 감정도 참기 어려워한다. 이들은 좌절을 참지

못하고 충동을 억제하지 못하며 인지 과제에 더 빨리, 더 충동적으로 반응하며 사회적 상황에서는 타인을 훨씬 적대적으로 해석하는 과잉귀인(overattribution)의 경향이 있다.

이들은 또한 환경적 유혹을 이기지 못한다. 비행에 대한 유혹을 극복하기 힘들어하며 관련 장면을 보기만 해도 행동으로 옮기게 된다. 환경적 유혹 중에서도 흥분을 가장 참기 어려워한다. 흥분에 쉽게 전염되고 작은 흥분에도 통제력을 잃는다.

이들은 과거의 경험을 잘 기억하지 못하기도 한다. 과거의 기억을 참고로 현재의 잘못된 행동을 바꾸기가 어렵고 이들 간의 관련성을 잘 깨닫지 못한다. 특히, 즐거웠던 경험을 잘 기억하지 못한다. 기억과 재인 능력이 부족하며 동시에 미래에 대한 예측 능력도 뒤떨어진다. 따라서 경험을 통해 배우는 것이 힘들다.

그리고 이들은 사회적 조망수용 능력이 부족하다. 타인의 감정이나 동기를 생각하기 위해 또는 다른 사람이 어떻게 반응할까를 생각하기 위해 잠시라도 행동을 중단하는 일이 없다. 집단의 규율이나 사회적으로 적절한 행동에 대한 규준에 대해서도 무감각하다. 이들의 사회적 조망수용 능력의 부족은 인지적 자기중심성과 관련이 있다. 인지적 자기중심성이란 자신의 생각과 감정을 타인에게 귀인하는 경향을 내포한다. 따라서 이런 경향은 귀인이론의 관점으로 설명할 수도 있다. 공격적인 아동은 상황이 명백하지 않고 모호할 때는 타인에게 공격적 의도를 귀인시키는 경향이 있다. 또한 사회적 불안과 위협이 존재하는 상황에서는 적대적인 의도가 과장되게 귀인되기도 한다는 보고도 있다.

타인에 대한 조망수용 능력뿐만 아니라 자신에 대한 조망수용 능력도 부족하다. Redl은 이를 "인과관계의 사슬에서 자신과 관계되는 연결고리가 증발"하는 것으로 기술했다(Redl & Wineman, 1951). 이들은 아주 짧은 시간이 지난 뒤에도 싸움이나 난동이 일어나는 데 자신이 어떤 기여를 했는지를 기억하지 못한다.

이들은 반성적인(reflective) 능력이 결여되어 있으며 자기관찰 능력이 부족하다. 정신분석학자가 말하는 자신의 생각과 행동에 대해 구경꾼의 위치에 설 수 있는 능력인 '관찰 자아(observing ego)'가 발달되지 못했다.

새로운 도전을 찾고 새로운 경험을 통해 자신의 세계를 넓게 확장시키는 능력, 목표지향적인 행동이 어렵다. 특히, 건설적인 활동이나 대안을 마련하는 데 무능하다. 혼자 있을 때, 할 일이 없을 때 건설적인 일을 생각해 낼 수가 없고 좌절을 경험하게 되면 분노를 발산하는 방법밖에 알지 못한다(Redl & Wineman, 1951).

#### (2) 부모 및 가족의 문제

부모가 범죄행위와 정신병리적인 행동을 보일 경우 아동이 이와 유사한 행동을 보일 가능성이 높다. 아빠가 알코올 중독이나 반사회적 특성을 가질 경우 아들이 유사한 행동을 할 가능성이 매우 높다. 더욱이 비슷한 배우자와의 결합, 반사회적 성향을 가진 사람끼리 서로 매력을 느끼는 경향에 의해 위험부담은 가중된다.

가족의 불화는 특히 소년들에게 반사회적 행동으로 표출하게 하는 좋은 조건이 된다. 이혼이나 죽음으로 인한 가족의 파탄보다는 분열을 둘러싼 혼란이 반사회적으로 행동할 가능성을 더욱 증가시킨다. 가정파탄 자체보다는 부모가 그들의 갈등을 어떻게 잘 해결하는가가 더 중요하다.

부모의 훈육방법도 영향을 미친다. 부모 모두나 그중 한 사람이라도 너무 느슨한 훈육과 엄격한 훈육을 일관성 없이 행사하는 것은 반사회적인 행동을 일으키게 할 수 있다. 느슨한 훈육은 감독 소홀, 아동의 소재에 대한 부모의 무관심, 아동이 출입할 수 있는 곳과 사귀어도 좋은 사람에 대한 규율 부재 등 여러 방식으로 나타난다.

#### (3) 정신분석학적 관점

**1 본능이론**(id theory)

처음에는 공격적인 본능이 너무 강해 감당할 수 없게 되면 불가피하게 공격적인 행동이 폭발하게 된다는 이론이었으나 최근에 와서는 '기질 가설(constitutional hypothesis)'로 설명하고 있다. 즉, 원래 타고나기를 정상 수준보다 높은 수준의 공격성을 가지고 태어난다는 것이다. 또 하나의 가설은 어린 시절 좌절이 많고 공감적인 보살핌이 부족해 많은 분노감이 생긴다는 가설이다(강경미, 1996).

### 2 자아이론(ego theory)

첫째, '공포에 대처하기 위한 방어 가설'이 있다. 어려서 불안을 매우 불쾌한 것으로 학습한 아동은 이런 불안(처벌에 대한 두려움, 어쩌면 무의식적으로는 거세에 대한 두려움)의 감정에서 벗어나기 위해 위험을 동반하는 행동을 취할 수 있는데 이것이 다른 요인과 결합하여 행동장애로 나타날 수 있다는 가설이다.

둘째, '수동적 역할에서 적극적 역할로의 전환 가설'이 있다. 힘이 없는 어린 시절은 수동적으로 받아들일 수밖에 없는 상황이 많기 때문에 이때 성인에게서 부당한 대우를 받은 아동은 커 가면서 이런 무기력한 상황에서 벗어나기 위해, 그리고 자신이 더 강하다는 것을 확인하기 위해 남의 권리를 침해하는 방향으로 행동할 수 있다는 가설이다.

셋째, '공격자 동일시 가설'이 있다. '수동적 역할에서 능동적 역할로의 전환'과 비슷하나 다른 점은 어떤 특정인과의 관계에서 받은 충격을 회복하기 위한 방법이라는 것이다. 예를 들면, 아빠에게 맞고 자란 아동이 성인이 되어 자신의 자식에게 매를 드는 행위이다.

그 외에도 '외향화', '투사' 등의 방어기제가 행동장애를 만드는 데 영향을 미칠 수 있다.

### 3 초자아 기제(superego mechanism)

부모의 무의식적인 충동적이고 공격적인 소망이 미묘하고 간접적인 방식으로 자녀에게 전달되고, 아동은 이런 비밀스러운 메시지가 주는 역할을 받아들이고 이행함으로써 부모에게 순종하게 된다는 '초자아 결함(superego lacunae) 가설'이 있다. 다른 가설로는 '죄책감으로 인한 범죄(criminal from a sense of guilt)' 가설이 있는데, 이는 Freud에 의해 처음 서술된 역설적인 기제다(강경미, 1996).

이와 같은 원인 이외에도 부모 아동 간의 강압적 상호작용유형, 학교의 환경, 즉 교사의 학급관리 능력이나 물리적 환경, 대중매체의 폭력성, 유전적 소인 등이 관련이 있다.

### 3) 평가

#### (1) 심리검사

심리검사 시 검사자의 지시에 순응하지 않고 검사자나 검사 과제에 비협조적이다.

투사적 그림 검사에서 그리기를 거부하거나 그림을 완성시키려 하지 않으며 그리는 순서도 아래에서부터 위로 거꾸로 그려 가기도 하고 제시된 검사용지를 회전시켜 그리기도 한다. 필압이 높고 그림이 진하고 크기가 대담하게 큰 경향도 보인다. 사람 그림에서도 어깨를 강조하거나 주먹을 불끈 쥐고 있는 사람을 그리며 화가 나거나 공격적인 인물을 표현하기도 한다. 때로는 그려 놓은 그림 위에 연필로 심하게 덧칠을 하는 등으로 자신의 적대감을 드러내기도 한다.

로르샤흐 검사에서는 반응시간이 빠르고 즉각적이며 특히 색채 카드에서 통제되지 않은 색채 반응을 보이는 경향이 있다. 피가 튀는 것, 화산의 폭발, 로켓 발사와 같은 즉각적이고 충동적인 반응이 많다. 또 공감 능력의 부족으로 순수 인간반응이나 인간운동반응이 드물다. 전반적으로 동물반응을 많이 하는데 이는 본능적 충동의 우세를 보여 주기도 하는 것이다.

지능검사에서는 자신의 행위나 사고를 내면화하고 내성하는 능력의 부족으로 사고를 먼저 요구하는 언어성 검사에서 낮은 점수를 받으며 행동화하는 경향의 우세로 동작성 검사에서 높은 점수를 나타내는 경향이 있다. 또한 상식이나 사회적 상황에 대한 이해 능력이 부족하여 이와 관련된 문제에서 수행이 저조하기도 하다. 사회적 상황에 대한 이해와 관련된 검사 중에서도 차례 맞추기보다는 관습적이고 도덕적인 판단 능력을 재는 이해 문제에서 수행이 저조한 경향이 있다.

#### (2) 행동평정척도

아동의 부모를 대상으로 CBCL의 하위척도 중 공격성 척도, 비행척도를 이용해 반항성 장애아동을 평가하기도 한다.

파탄적 행동장애 평정척도(부모용, 교사용)가 있으며 이런 아동을 위한 가정상황 질문지, 학교상황 질문지도 있다(Barkley, 1997).

### 4) 치료

#### (1) 부모교육

조급하게 제시되는 간섭적인 지시는 반항을 유발하는 가장 확실한 길이다. 따라서 이런 아동에게 '곧 놀고 있는 놀잇감을 치워야 한다'와 같이 조금 뒤에 어떤 변화가 일어날 것인지를 미리 알려 주어야 한다. 지시를 내리기 전에 아동의 주의를 끌도록 기다려야 하고 지시를 내리고 난 다음에는 아동이 지시를 따를 수 있는 시간 여유를 주어야 한다. 아동에게 권위적으로 지시하거나, 아동이 싫어하는 일을 강요하지 않고 대신 아동의 이야기나 요구를 먼저 들어주고 그 후 객관적이고 상식적인 수준에서 부적절한 행동에 대해 단호하게 제지하도록 한다. 그럼으로써 서로를 자극하는 기회를 줄여야 한다.

아동의 자긍심을 키우도록 해야 한다. 아이가 쉽게 성취할 수 있는 과제(간단한 심부름이나 자기 방 정리 등)를 준 후 성공적인 결과에 대해 칭찬과 보상을 준다. 자긍심 회복은 자기를 억제하는 힘을 키우고, 권위체계에 대한 도전과 반항을 포기하게 한다.

모호하고 간섭적인 베타명령을 구체적인 알파명령으로 바꾸도록 한다. 아동의 불복종 행동에 대해 벌을 주기보다 복종행동에 대해 칭찬이나 인정을 해 주고 불복종 행동을 보인 후에는 짧은 시간 동안 타임아웃 방법을 사용한다.

#### (2) 심리치료와 놀이치료

반사회적 행동의 정신적인 바탕이 되는 갈등과 심리적 과정에 초점을 맞추어 치료가 이루어진다. 치료자와의 새로운 대인관계를 경험하면서 자신의 행동에 대한 통찰을 얻게 되고 새로운 양식을 탐색함으로써 올바른 감정적 경험을 하게 된다.

심리역동적 접근을 통해 가족구성원에 대한 아동의 의식, 무의식적 감정을 탐구하고 문제를 해결한다. 책임회피 성향이 강한 비행청소년의 경우 현실치료기법이나, Adler 학파의 치료기법을 사용한다. 일단 반항적 기질이 가라앉으면 Rogers의 내담자 중심치료나 비지시적 치료를 하기도 한다. 그 외에도 게슈탈트 요법의 '빈 의자기법'을 이용해 부모의 모습에 대해 갖고 있는 마음속의 감정을 드러내고 해결하는 데 도움을 줄 수 있다. 그러나 어떤 치료든 다른 기법(인지행동치료 등)과 함께 이용해야 도움이 될 수 있다.

### (3) 인지행동치료

인지행동치료는 환자의 자기조절 및 문제해결 능력에 대한 인지적 훈련을 동시에 시행하는 것이다. 인지행동기법은 분노조절, 충동조절 및 의사소통 능력 증진에 효과적이며 어느 정도 나이가 들고 지능이 높은 경우에 사용될 수 있다.

문제해결 기술훈련(problem solving skills training)은 아동이나 청소년이 문제를 명확히 정의하고 다양한 해결책을 찾아내고 각 해결책의 결과를 예상하여 스트레스 상황을 처리하는 가장 적절한 방법을 발견하도록 도와주는 방법이다. 상황에 접근하는 방법에 대해 강조하고 그 결과로 나타나는 행동보다는 사고과정에 초점을 맞춘다.

대인관계에서 생기는 문제를 해결하기 위해 한 걸음 한 걸음 단계적으로 다가가도록 가르친다. 문제나 과제의 효과적인 해결에 이르는 방법에 직접적인 주의를 기울이도록 도와준다.

게임이나 학습활동, 이야기 등 조직화된 과제를 사용한다. 그리고 치료과정에서 배운 문제-해결기술이 점차 일상생활에 적용되게 한다. 치료자가 적극적인 역할을 해야 한다. 인지과정을 배우게 하고 그 결과를 특수한 문제에 적용시키게 해야 한다. 또한 배운 기술의 이용을 촉진하도록 단서를 제공하고 피드백을 해 주며, 칭찬을 적극적으로 해 주는 것이 필요하다. 연습, 역할극, 모델링, 재강화와 약한 정도의 처벌과 같은 여러 가지 방법을 동시에 실시한다. 인지행동적 접근(모델링, 리허설, 역할수행 등)을 통해 아동의 인지적 결함(대화기술, 문제해결 능력, 충동조절, 분노감 다루는 법 등)을 수정한다.

### (4) 집단 정신치료

비슷한 문제를 가진 아동–청소년 집단을 대상으로 시행된다. 동료에 의한 격려와 안심, 피드백이 주어지고, 리더십과 집단응집력을 경험하며, 자신 이외의 다른 사람의 느낌과 경험을 알 수 있는 기회를 갖는 등의 집단에서 생기는 고유한 심리사회적 경험을 중요하게 생각하는 치료방법이다. 동병상련의 관점에서 서로 간에 긍정적인 나눔을 촉진하고 사회적 기술을 증진시키는 데 효과적이다.

### (5) 가족치료

가족치료를 통해 가족의 역기능을 줄이고 가족구성원 사이에 상호작용과 의사소통을 변화시키는 시도를 함으로써 아동의 반항 문제가 감소되게 한다. 반항장애나 품행장애 아동의 가족은 가족구성원끼리 서로 지지적이지 못하고 희생양이 생기거나 한 구성원이 고립되는 경우가 많다. 다른 가족과 비교해 서로 간의 의사소통이 방어적인 경우가 많고 주로 처벌을 사용하며 부정적이고 상호 간의 지지가 부족하다. 따라서 치료의 주목표는 가족 상호 간의 긍정적인 재강화를 촉진시키고 명쾌한 의사소통을 확립하고 가족 사이에 서로 원하는 행동을 언어화하도록 돕고, 문제발생 시 서로 간에 건설적으로 타협하도록 도와주는 것이다.

### (6) 행동치료기법

가장 흔히 이용되며 효과적이라고 볼 수 있는 치료기법이다. 치료 세팅에서뿐만 아니라 가정에서 부모에게도 적용한다(Barkley, 1997).

#### 1 무시하기

아동은 부모의 무관심보다는 어떠한 형태의 관심이라도 받을 수 있기를 무의식적으로 바라게 되어 잘못된 행동양식이 버릇처럼 형성된다. 이런 경우 아동이 문제행동으로 인해 받았던 모든 관심을 일시에 중단해야 한다.

주의할 점은 문제행동이 줄어들기 직전에 일시적으로 문제행동이 오히려 증가하는 경향이 있으므로 좀 더 여유를 가지고 무시하면서 지켜보아야 한다. 다른 사람이나 이웃의 협조를 구하면 모두 일관성 있게 보지 못한 척할 수 있을 뿐 아니라 무시하기를 하는 사람의 관심을 다른 곳으로 돌리기도 수월하여 아동의 문제행동에만 신경을 곤두세우고 있지 않게 되므로 성공적으로 무시를 하게 된다.

### ② 타임아웃(고립)

아동이 바람직하지 못한 행동을 하는 것이 관심을 끌려고 하는 것이 아니라면 '무시하기'는 효과가 없다. 또한 남을 때리거나 자기 머리를 벽에 찧는 등의 신체적 위험이 있을 경우에는 문제행동을 그저 무시해서는 안 되고 하지 못하게 해야 한다. 이런 경우 순한 벌의 형태인 타임아웃을 사용한다. 실시 전에 문제가 되는 몇 가지 행동을 구체적으로 정하여 놓고 어떤 행동에 대해서, 어떠한 절차로 실시할 것인지에 대해 아동과 이야기해야 한다.

타임아웃은 방의 한구석에 의자를 놓고 하는 것이 바람직하다. 만일 아동이 앉아 있으려 하지 않을 경우 처음에는 경고를, 그다음 위반 시에는 조용하게 혼자 두어도 위험이 없는 방을 사용한다. 보상받을 수 있는 기회의 박탈이 목적이므로 공포심을 유발하는 어둡고 무서운 곳을 타임아웃 지역으로 사용해서는 안 되며 현재 아동이 있었던 상황에서 보상받을 수 없는 재미없는 곳으로 고립 지역을 선정한다.

실시 시간은 1세당 1~2분으로 제한해야 하며 5세인 경우 10분을 넘기지 않아야 한다. 이 시간 동안에는 아무도 말을 걸어서는 안 되며 타임아웃이 끝난 다음에 왜 타임아웃을 실시했는지에 대해 아동에게 간단히 설명해 준다.

### ③ 권리박탈

아동에게 미리 혹은 현재 누리고 있는 권리나 기회 중에서 문제행동이 일어났을 때 그 권리를 빼앗는 방법이다. 친구 집에 놀러 가지 못하게 하거나 아동이 좋아하는 텔레비전 방송을 보지 못하게 하는 것, 전자오락 게임을 하지 못하게 하는 것, 용돈을 지급하지 않는 것 등이 예가 될 수 있다. 먼저 문제가 되는 행동을 미리 구체적으로 정해 놓아야 하고 아동이 크다면 어떤 행동에 대해서 권리박탈을 실시할 것인지에 대해 함께 결정하여도 좋다.

④ 차별강화

고치려고 하는 문제행동 이외에 다른 바람직한 행동을 집중적으로 칭찬하거나 보상해 주고 문제행동은 무시하면 문제행동의 감소뿐 아니라 바람직한 행동을 가르쳐 주는 효과가 있다. 예를 들면, 아동이 욕할 때는 보지 못한 척하다가 친구들과 싸우지 않고 잘 놀거나 심부름 등을 잘하면 이때를 놓치지 않고 칭찬을 해 준다.

⑤ 토큰강화법

일상생활에서 토큰을 얻을 수 있는 행동과 토큰을 잃게 되는 행동을 결정한다. 아동이 모은 토큰을 나중에 보상품과 바꾸어 준다. 보상품의 선정은 토큰강화법의 성공 여부를 결정하므로 일상적으로 얻을 수 있는 것이 아닌 특별한 것이어야 하며 이를 위해 아동이 좋아하는 것에 대한 철저한 조사가 필요하다. 또한 보상품의 효과를 높이기 위해서는 보상품을 철저하게 통제하여 보상으로 사용되는 물건이나 음식이 노력 없이 그냥 얻어지지 않게 해야 한다.

(7) 약물치료

이들 아동이 보이는 증상은 조금씩 다를 수 있으며 증상에 따라 다른 약물을 사용한다. 할로페리돌(haloperidol), 프로프란돌(proprandol), 리튬(lithium) 등이 사용된다.

## 5) 심리치료의 목표와 개입전략

반항성 장애 및 이와 유사한 문제를 가진 아동의 치료를 위해 다음과 같은 장단기 목표가 설정될 수 있다(Jongsma, Peterson, & Mclnnis, 2000).

### (1) 장기목표

① 성인에 대한 적대적이고 반항적인 행동의 강도와 빈도를 현저히 줄인다.

② 분노폭발을 끝내고 성인의 지시에 조용히 존중하는 태도로 따른다.

③ 상호 존중하는 태도로 성인과 꾸준히 상호작용한다.

④ 적대적이고 도전적인 행동을 사회적으로 수용될 만한 기준 내의 행동으로 바꾼다.

⑤ 분노, 적대감, 도전의 밑에 깔려 있는 갈등을 해결한다.

⑥ 긴장 수준을 감소시키고 만족을 증가시키고 가족과 다른 권위적 인물과의 의사소통을 증가시킨다.

### (2) 단기목표 및 치료전략

① 규칙과 권위인물에 대한 자신의 행동과 감정을 지각하게 한다.

- 규칙과 권위인물에 대한 반항 패턴을 자기가 탐색하게 한다.

② 놀이치료 회기에 참여한다.

- 놀이치료의 ACT 모델(Landreth, 1991)을 적용한다. 감정을 인정(acknowledge)하고, 제한을 전달(communicate)하고 친사회적 행동 형성을 목표(target)로 이를 강화한다.
- 아동이 갈등을 해결하고 더 많은 친사회적 행동을 하도록 돕기 위해 정신분석적 놀이치료 접근을 한다(무의식적 갈등과 반항의 원인에 대해 탐색하고 원인을 이해한다. 저항과 전이 또는 돌봐 주는 것에 대한 불안을 해석한다).
- 놀이치료에서 표현된 감정을 해석하고 그 감정과 아동의 일상생활에서 일어나는 문제와 갈등을 연관시킨다.

③ 조화를 만들어 내기 위해 필요한 변화에 초점을 맞춘 가족치료에 참여한다.

- 가족의 문제와 관련된 책을 읽게 하고 가족치료 회기에서 이를 활용한다.
- 존중, 협력, 갈등해결이 주제가 되고 그에 대한 해결책을 찾고 행동하도록 하는 가족치료 회기를 갖는다.

④ 부모나 성인과 적대적이고 부정적이며 도전적인 상호작용의 빈도와 강도

를 줄인다.

- 개인치료 회기에서 개방적이며 수용적이고 이해하는 태도로 아동이 부정적이고 적대적인 감정을 언어화하도록 격려한다.
- 아동의 부정적이고 적대적이며 도전적인 행동을 찾아내도록 돕고, 그 행동에 대해 역설적인 해석을 하거나 재구성한다(예: 만약 아동과 부모가 다툰다면 다툴 주제를 골라 다툴 시간을 정한다. 또는 다투는 것을 아동이 부모에게 말하게 하는 수단으로 재구성한다).

⑤ 상처받고 화난 감정을 인식하고 건설적인 방식으로 언어화한다.

- 치료적 게임(말하고 행동하고 느끼기 게임, 언게임 등)을 이용해 아동이 자신의 감정을 정중히 표현하는 능력을 키운다.
- 아동이 자신의 욕구와 감정을 인식하고 그것을 건설적이며 정중하게 표현할 수 있도록 돕는다.
- 부모에게 워크북을 이용한 과제를 내주어 아동의 행동을 다루는 새로운 방식을 찾아서 시도해 보도록 돕는다.

⑥ 감정과 행동 간의 관계를 언어화한다.

- 회기에서 아동이 자신의 행동에 대한 통찰을 얻도록 관련된 책을 함께 읽고 다룬다.
- 아동이 감정과 행동을 연결시키도록 돕는다.
- 도미노 게임을 이용해 아동이 내적 통제감을 얻고 그것의 결과를 인식할 수 있도록 돕는다. 미리 정해진 규칙에 따라 아동과 도미노 놀이를 한다. 아동과 도미노 경주를 하며 도미노를 세우고 연계 반응을 시작하게 한다. 사건의 행동적 연계를 강조하며 감정이 어떻게 행동적 사건의 연계를 이끌어 내는지를 설명한다.

⑦ 부모와 다른 성인에게 무엇을 요구할 것인지를 찾아내어 언어화한다.

- 아동이 불평을 긍정적인 변화를 위한 요구로 재구성할 수 있도록 아동에게 '불평수첩'을 만드는 숙제를 내준다.

⑧ 화난 감정의 대상과 원인을 찾아낸다.

- 아동에게 아동을 화나게 하는 사람에 관한 목록을 만들고 그 이유를 쓰도록 한다.

⑨ 부모는 아동의 잘못된 행동에 영향을 주는 자신들의 갈등을 인식한다.

- 가족 회기에서 아동의 행동의 원인이 되는 부모갈등을 노출시킨다. 갈등을 해결하도록 아동과의 공동 회기를 갖는다.
- 개별 회기에서 가족체계접근법을 이용해 아동이 가족을 다른 관점에서 볼 수 있고 역기능에서 벗어나는 방향으로 움직이도록 도움을 준다.

⑩ 부모는 명백한 규칙과 경계선, 기대되는 행동을 언어화하고 타임아웃과 기타의 행동수정기법을 사용한다.

- 부모에게 수용할 수 있는 행동과 그렇지 않은 행동을 정하게 하고 제한을 강화하기 위한 타임아웃 방법을 사용하도록 돕는다.
- 부모가 아동과 행동계약을 하는 것을 돕는다. 적절한 행동에 대해서는 돈이나 특혜(특별한 행사에 참여, 가족외출 등)가 주어지도록 하며 부적절한 행동에 대해서는 벌칙(돈이나 특혜를 빼기는 것)을 받게 한다.
- 부모가 행동수정을 하는 것을 점검하고 피드백을 주고 지지와 칭찬을 한다.

⑪ 부모는 적대적인 아동의 행동통제 기법을 적용한다.

- 부모에게 『말 안 듣는 아이』(Barkely, 1997)를 읽게 하고 가장 효과적으로 개입하는 방법에 관한 이해와 적절한 개입을 하도록 돕는다. 실천한 것을 격려하고 효과를 점검한다.

⑫ 가족구성원 간의 좋아하는 관계패턴을 찾아낸다.

- Satir의 가족조각기법을 이용하는 가족치료 회기를 갖는다. 그 경험을 가족끼리 나누어 보고 원하는 대로 조각해 본다.
- 가족체계와 그것의 상호작용이 분석되는 가족치료 회기를 갖는다. 전략적/구조적/경험적 개입을 한다.

⑬ 규칙을 지키면서 협력해 노는 능력을 기른다.

- 처음에는 아동이 규칙을 정하고 나중에는 치료자가 정한 규칙에 따르게 하면서 체커놀이를 한다. 그 경험을 함께 나누고 아동에게 정해진 규칙을 따

른 것에 대해 긍정적인 언어적 칭찬을 한다.

- '종이 찢기' 기법을 이용한다. 치료자가 몇 개의 전화번호부를 준비해 가족 집단의 가운데 놓고 가족에게 그것을 작게 찢어 공중에 날리도록 한다. 이때 두 가지 조건이 있다. 하나는 종이를 아무 데나 던지지 않고 공중으로 던지는 것이고, 둘째는 끝에 치우는 시간을 갖는 것이다. 치우는 시간 동안에 치료자는 치우는 것에 대해 격려하고 에너지를 이런 식으로 방출하고 갈등 없이 어떤 것을 함께 하는 것에 대한 느낌을 같이 나눈다.

## 2. 반항성 장애아동의 놀이치료

이런 아동을 위한 치료는 쉽지 않으며 특별히 효과적이었다고 보고한 치료 프로그램은 많지 않다. 그 이유는 가족의 역기능, 가족의 반사회적 행동, 부모의 알코올 중독, 유아기의 유기경험, 사회적 환경 등이 아동의 마음에 도망갈 수 없는 심리사회적 사슬을 만들기 때문인 것으로 보인다.

전통적인 치료기법이 많이 사용되어 왔으나 이들에게 특별히 도움이 되지는 않았다. 개인심리치료, 특히 반사회적 행동에 대한 내적인 접근에 초점을 맞춘 치료는 성공률이 낮다. 여기서는 다른 접근처럼 치료자와 아동의 관계가 매우 중요하다. 치료자만이 아동에게 유일하고 가장 중요한 변화의 수단이다. 개인치료자들은 통찰을 이용해 적절하고 사회적으로 효과적인 상호작용을 안내하기도 하는데 불행하게도 반항성 장애나 행위장애 아동에게는 통찰의 효과가 크지 않다. 역할놀이 기법, 토론, 이야기 치료, 공감 등은 다른 치료적 개입을 병행하지 않고는 이런 아동에게는 그렇게 효과적이지 않다(Cabe, 1997).

### 1) 놀이치료의 필요성

정상아동은 행동이 인지에 의해 매개되며 인지는 깊은 정서로부터 방출된다.

아동의 경우 인지과정이 대부분 부족하다. 특히, 안전하고 양육적이고 적절한 자극을 주는 환경이 부족한 아동 및 청소년에게는 사회적 규준에 대한 인지과정이 결여되어 있으며 이런 아동은 행동화를 통해 자기 삶의 규준을 드러낸다. 분리, 혼돈, 두려움, 분노, 폭력, 울음은 이런 아동이 너무 고통스러워서 견디기 어려운 깊은 감정에서 자신을 분리시키기 위해 필요하다. 즉, 이런 아동에게 정서는 직접 행동으로 나타나며 행동화된다(Cabe, 1997).

적절한 놀이환경 속에서 아동은 애착 형성과 안전한 관계 형성을 통해 처음에는 치료자에게, 나중에는 다른 사람에게 전이시키고 일반화시킴으로써 안전하고 양육적인 환경을 실험한다. 놀이는 에너지와 깊이 갇혀 있던 정서를 방출할 기회를 주고 감각과 정서를 인식할 기회를 주며 해체되어 있던 정서와 인지과정, 사건을 내적으로 조직할 기회를 준다.

아동은 창의적으로 문제해결을 하게 되며 정서에는 언어적인 이름이 있다는 것을 알게 된다. 그리고 그것은 정서뿐만 아니라 성격을 적절히 통합하게 할 수도 있다.

이런 장애를 가진 아동을 치료하는 데 가장 공헌하는 놀이과정의 확실한 힘은 애착을 형성하는 것이다. 애착은 타인에 대해서만이 아니라 자기와 환경 속에 있는 자기에게도 형성된다. 이런 연결이 적절히 이루어지면 자기인식, 긍정적인 자기 상, 사회적 틀에 대한 이해와 그 속에서의 문제해결, 관계 개선이 가능하게 된다.

놀이치료 환경은 저항을 극복하게 해 주고 의사소통을 가능하게 하며 의사소통기술을 가르친다. 또한 자기 확신을 갖게 하며 능력을 창조한다. 위협적이지 않은 방법으로 은유적으로 가르치며 긍정적 감정을 경험하고 표현하게 한다. 이런 측면이 반항 문제나 행위장애를 가진 아동과 청소년을 위한 치료적인 접근의 기초를 제공한다.

따라서 관계는 어떤 치료든 이들의 치료에서 가장 최초의, 가장 중요한 목표란 점은 아무리 강조해도 지나치지 않다. 치료자는 아동에게 긍정적인 존중을 보여 주어야 하고 빠르게 긍정적인 상호작용을 형성해야 하며 그런 관계는 놀이과정이 진행되면서 발전해야 한다. 긍정적인 치료자와 아동 간의 관계가 없이는 아무것도 이루어질 수 없다.

### 2) 반항과 공격적인 아동을 위한 놀이치료

이런 아동은 공격성과 분노를 쉽게 표현한다. 그러나 이들은 분노를 제대로 표현했다기보다 공격행동을 통해 오히려 진정한 분노감정을 회피해 버리는 경우가 많다. 이런 아동은 깊은 분노감정과 버림받은 느낌, 상처받고 자신에 대해 혼란스러운 감정을 갖고 있다. 자기 자신에 대해 잘 알지 못하며 자신이 느끼는 감정을 표현하는 것을 두려워한다. 만약 자신의 감정을 표현한다면 더 이상 공격행동을 할 수 없게 되기 때문이다. 이런 아동은 자신이 살아남기 위해 공격적인 행동을 해야 한다고 생각하는데, 이들은 자기를 화나고 공포스럽게 느끼게 하는 외부의 도발에 대해 적절하게 대처하는 능력이 부족하다. 즉, 자기에게 호의적이지 않은 환경으로 인해 생긴 분노를 어떻게 처리해야 할지 모른다 (Oaklander, 1988).

대개의 공격적인 아동은 갑자기 그렇게 된 것은 아니며 오랜 좌절과 학습의 결과로 인한 것이다. 처음에는 자기의 욕구를 조용히 표현하지만 성인이 그것을 무시하게 되면 마침내는 극단적인 방법으로 자기의 욕구를 표현하는데, 비로소 성인이 주의를 기울임을 깨닫게 되면서 공격적인 행동을 보이는 것이다. 성인이 반사회적이라고 부르는 이런 행동은 아동이 사회적으로 다시 연결되기 위한 시도로, 자기의 감정을 외부에 알리기 위해 지금 자기가 하고 있는 방식 이외의 다른 방식을 알지 못하는 것이다.

이런 아동이 처음에 상담실에 올 때는 대개 처음부터 공격적인 행동을 하지는 않는다. 치료자를 신뢰하기 시작하면서부터 놀이나 이야기, 그림이나 모래놀이, 반죽놀이, 게임 등에서 서서히 공격성이 나타나기 시작한다. 그때 아동의 분노감정에 대해 공감적 반영을 하기 시작하면서 차츰 공격성과 분노가 치료의 초점이 될 수 있도록 한다. 처음에는 분노가 제일 먼저 표면에 떠오른다. 그러다가 점차 분노와 함께 분노감정 밑에 있는 상처가 드러나게 된다. 이런 상처가 잘 수용되고 공감되고 보듬어지면 아동은 점차 상처가 치유되면서 공격적 행동을 하지 않게 된다.

처음부터 화를 내고 공격성을 보이는 아동은 오히려 자기의 문제가 무엇인지를 쉽게 드러내므로 더 쉽게 아동과 문제에 접근할 수 있다. "네가 마음속에 화나는 일이 많은가 보다. 선생님은 아이들이 무조건 그냥 화를 내는 건 아니라고 생각해. 화가 날 만한 이유가 있는 거지. 너는 어떨 때 화가 나니? 그 이유를 알 때도 있고 모를 때도 있어. 우리 함께 맘을 열고 언제 화가 나는지 알고, 좀 더 행복한 마음이 되도록 놀이도 하면서 시간을 가져 보자."라고 말하면 대개의 경우는 적극적이지는 않더라도 공감적 수용을 받는다고 느끼고는 치료적 관계를 형성하는 데 긍정적인 태도를 보인다.

Oaklander(1988)는 분노가 심한 아동과 치료를 할 때 다음과 같은 4단계로 나누어 치료한다.

① 아동이 자기 자신의 분노감정을 표현할 실제적인 방법을 가르쳐 준다.
② 아동이 간직하고 있는 분노감정에 접촉해서 표현하도록 격려한다.
③ 자기의 분노감정을 상대방에게 솔직한 말로 표현하도록 도와준다.
④ 아동과 함께 분노에 대해서 대화한다. 분노를 정의하고, 언제 분노를 느끼는지, 분노를 표현하는지, 분노를 느낄 때 무엇을 하는지 등에 대해 이야기를 나눈다.

### 3) 치료동맹 형성을 돕는 방법

이들은 치료동맹의 형성이 다른 아동보다 어려울 때가 많다. 따라서 이들과 치료동맹을 잘 형성하기 위해서는 다음과 같은 것을 염두에 두고 노력해야 한다.

이들은 평가절하당한 경험이 오랫동안 반복되어 왔기 때문에 치료를 의심하므로 존중과 민감성, 따뜻한 돌봄을 제공해야 한다. Hardy(2003)는 공격적인 아동치료의 초기단계에서 특별히 중요한 세 가지를 다음과 같이 강조한다.

(1) 눈에 보이는 상처와 보이지 않는 상처 함께하기

성인은 눈에 보이는 상처에는 민감하지만 눈에 보이지 않는 상처에는 둔감하다. 성인에게는 이들 아동이 단지 혼나야 하는 공격적인 아동일 뿐이다.

아동의 눈에 보이지 않는 고통에 함께 들어가려면 아동이 치료자가 눈에 보이는 고통을 돌봐 준다는 것을 알게 해야 한다. 이 아동의 신체적인 호소(만성적인 고통, 두통, 수면장애, 악몽, 밤잠을 자지 못해 낮 동안 졸린 것, 소화불량, 피부질환, 호흡 문제, 강박행동 등)는 모두 눈에 보이지 않는 마음의 상처와 관련이 있다. 이런 호소에 주의를 잘 기울여 주는 것은 아동이 빨리 치료적 동맹을 맺는 데 도움을 준다. 아동은 대부분 정서적 고통보다 신체적 걱정을 말로 더 표현한다.

(2) 긍정적 존중 전달하기

이런 아동에게는 존중과 존엄성에 대한 욕구를 민감하게 잘 알고 있다는 것을 보여 주는 말을 해야 한다. 자기의 존엄성을 반복적으로 공격당한 고통을 받고 있는 이런 아동은 치료자에 의해 존중되고 있다는 느낌을 가져야 한다. 아동에게는 존중이 다음과 같이 전달될 수 있다.

존중이 단지 말로만이 아니라 느껴져야 한다. 그러기 위해서 치료자는 아동의 일상생활을 많이 알고 있어야 한다. 만약 생활을 관찰할 수 없다면 부모, 교사, 다른 돌보는 사람들을 면담해서 아동의 강점과 극복해야 할 것을 확인하는 데 초점을 맞추어야 한다.

청소년이나 청소년기에 가까워 가는 아동에게는 치료자가 제한설정을 한 후 다음과 같이 말하기도 한다. “자, 나는 너를 존중해 주었다. 나는 나도 존중되기를 바란다. 만약 내가 네가 경멸할 만한 어떤 행동을 한다면 나에게 즉시 말해 줘. 그러면 나는 진심으로 사과할 거야. 왜냐하면 나는 결코 너를 일부러 경멸하지는 않기 때문이야. 나는 너도 똑같이 나에게 그렇게 해 주었으면 한다.”

#### (3) 강점에 초점 맞추기

이들이 가지고 있는 부정적인 자기개념이 바뀌어져야 한다. 이 과정을 돕기 위해 치료자는 각 아동의 강점, 재능, 개인적인 특징을 '능력'으로 부각시켜야 한다. 자기의 장점에 대해 질문을 받으면 이런 아동은 없다고 하거나 아주 간단히 말한다. 그래서 치료자는 초기만남 뒤에 장점을 더 덧붙일 수 있다. "내가 너를 더 많이 알게 되면 장점목록이 더 많아질 거야. 절대로 더 줄어들지는 않을 거야." 나는 다음과 같이 시작할 때 아동이 더 빨리 치료동맹을 형성하는 것을 경험했다. "너에게 분명히 장점이 있을 거야. 선생님은 아주 나쁜 일을 한 사람들까지도 반드시 한 가지 이상의 장점이 있다고 생각해. 아직 너의 장점을 잘 발견하지 못한 것 같다. 앞으로 네 장점을 더 많이 알게 되고 찾아가게 될 거야."

#### (4) 치료동맹 형성에 도움이 되는 놀이

##### [1] 우주전화기 놀이

두 개의 종이컵 사이를 실로 연결해 만든 전화기 놀이와 비슷한 놀이다. 종이컵 대신에 플라스틱 깔대기 모양의 전화기를 이용하며 두 개의 전화기 사이를 연결하는 작은 용수철 모양의 줄이 있다. 이 용수철 줄을 건드리면 신비하고 재미있는 소리가 울려 퍼진다. 이 소리는 공명이 잘되고 아동을 끌어들이는 매력이 있으며 치료공간을 특별한 곳으로 만드는 데 도움을 준다. 이 소리를 다양하게 함께 즐기면서 라포를 형성할 수 있다.

##### [2] Hoberman의 구(Sphere) 놀이

뭉치면 작아지고 공중에 던지면 확대되는 공 모양의 놀잇감으로 서로 던지고 받기를 하면서 즐거움을 느끼고 라포 관계를 형성할 수 있다. 아동이 머리나 몸 둘레를 감싸 자기만의 공간을 만들거나 원하는 사람과 원하는 만큼만의 상호작용을 할 수 있게 해 주는 놀이다. 아동으로 하여금 머리를 그 속에 넣거나 뺄 수 있음을 알게 하여 머릿속에 있는 생각도 꺼낼 수 있다고 아동이 느끼게 해 줄 수 있다. 그러면서 서로 대화를 쉽게 시작할 수 있다.

### 4) 적절한 제한 설정과 대안 찾기

이런 아동을 위한 놀이치료의 목표는 그런 행동을 멈추게 하는 것이 아니라 그런 행동을 하는 아동을 이해하고 이들이 표현하지 못한 감정, 원하는 것과 욕구를 표현할 적절한 수단을 제공해 주는 것이다. 많은 놀이치료자가 공격적인 행동에 적절히 반응하는 것이 어렵다고 느낀다. 왜냐하면 놀이치료실에서의 그런 행동이 치료자를 향한 행동인 경우가 많기 때문이다. 그런 경우에 치료자는 공격을 개인적인 것으로 받아들여 정서적 반응을 일으키며 문제해결의 초점을 전이에 대한 주제로 이동시키게 된다.

놀이치료는 아동이 공격적인 감정을 효과적으로 방출하게 도와주며 그 과정에서 놀이치료실 밖에서의 아동의 태도나 행동이 개선된다. 아동의 공격적 행동 뒤에 감춰진 감정과 욕구가 수용되고 표현되도록 허락되면 아동은 좀 더 긍정적인 행동을 탐색하기 시작한다. 따라서 아동에게 내재해 있는 분노감정을 수용하고 분노감정의 방출을 적극적으로 돕게 해 준다. 그러나 이때 주의할 점은 부정적인 감정을 현실적인 한계 내에서 허용될 수 있는 형태로 표현하도록 도와야 한다는 것이다. 이를 위해 치료자는 여러 가지 대안을 준비할 수 있어야 한다.

화가 날 때 깨지는 물건을 던지거나 허용될 수 없는 파괴적 행동을 하는 아동을 위해 제한을 하면서 동시에 대안을 제시할 수 있어야 한다. 대안으로는 펀치백이나 버퍼를 사용하게 하게 하는 것이 효과적이다. 또 다트 총 쏘기(나는 ○○을 싫어한다고 외치며 다트 총을 다트 판에 쏘는 놀이), 다트 던지기, 풍선이나 공치기 놀이, 스펀지 공으로 던지기, 플라스틱이나 스펀지 방망이로 치기, 두더지 치기 , 풍선 터뜨리기 등이 도움이 된다.

아동이 치료자를 때리거나 물건을 파괴하는 등 수용될 수 없는 공격적이고 파괴적인 행동을 할 때 이를 금지시키는 대신 감정을 인정해 주면서 팬터마임으로 하게 할 수도 있다.

아동이 치료에서 제한을 어기고 공격성을 치료자에게 보이거나 수용할 수 없는 파괴적 행동을 할 때는 다음과 같은 과정으로 한계설정을 하고 대안을 탐색하게 한다. 제한설정 시 치료자는 다음과 같이 ACT의 과정을 기억해야 한다.

#### (1) 치료적 제한설정 과정의 단계

치료적 제한설정 과정에는 여러 가지 구체적 단계가 있다. 아동의 동기를 이해하고 수용할 수 있다는 것을 전달하는 과정을 촉진시키고, 제한을 분명히 하고, 수용 가능한 대안행동을 제시하기 위해 이 단계들을 실시하는 것이다(Landreath, 1991).

**1 1단계: 아동의 감정, 바람, 소망을 인정하기**

아동의 감정이나 소망에 대한 이해를 언어화하는 것은 아동의 동기를 수용하고 있음을 전하는 것이다. 이것은 중요한 단계인데 왜냐하면 아동이(놀이활동으로 표현된) 감정을 가지고 있으며, 이 감정은 수용 가능하다는 사실을 인식하는 것이기 때문이다. 감정에 대한 인정 없이 단순히 제한을 설정하는 것은 도움이 되지 않는다. 감정에 대한 공감적 이해를 말로 표현하는 것(언어화하는 것)은 감정의 강도를 약하게 만든다. 특히 화가 났을 경우에 화난 감정을 공감해 주는 것이 우선적으로 중요한 것이다. 감정은 감정이 일어난 즉시 반영되어야 한다. 일단 방 저쪽으로 나무 블록을 던져 버리고 나면 감정의 수용은 더 이상 억제 역할을 하지 못한다.

**2 2단계: 제한을 전달하기**

제한은 구체적이어야 하며 정확히 무엇을 제한하는지를 분명히 설명해야 한다. 무엇이 적절하고 적절하지 않은지, 또는 무엇이 수용 가능하고 수용 불가능한지에 대해 아동의 마음속에 의심이 전혀 없어야 한다. 모호하거나 불분명한 제한은 아동이 책임을 받아들이고 책임지는 능력을 방해한다. 따라서 "물을 많이 퍼내면 안 돼."라고 치료자가 말하는 것은 부적절하다. 그런 설명은 분명하지 않으며, 특히 자기가 '조금' 하고 있다고 생각하는 아동에게는 더욱 그렇다.

치료자는 이 단계들을 항상 순서대로 지킬 수는 없다. 아동이 망치를 창문에 던지려 하는 긴박한 상황에서는 우선 "창문에 망치를 던져서는 안 돼."라고 말하고 나서 "망치를 창문에 던지고 싶어 하는구나."라고 반영한다. 이 예에서는 감정이 분명하지 않으므로 아동의 바람을 반영하였다.

#### [3] 3단계: 수용 가능한 대안을 목표로 삼기

아동은 자신의 느낌을 표현할 다른 방법이 있다는 것을 알지 못할 수 있다. 그 순간에 아동은 자기를 표현할 단 한 가지 방법만을 생각하게 된다. 이 단계의 제한설정 과정에서 치료자는 아동이 하려는 원래 행동을 대신할 수 있는 대안을 여러 가지 제시한다. 표현을 위해 좀 더 튼튼하고 적절한 도구가 필요하다. "인형집은 밟고 올라가는 곳이 아니야. 의자나 탁자 위에는 올라갈 수 있어." 그림을 그릴 다른 곳이 필요할 수도 있다. "벽은 그림 그리는 곳이 아니야. 이젤 위에 있는 종이나 나무 블록 위에다 그릴 수는 있어." 공격적 행동을 치료자에게 보일 때 치료자를 대신할 수 있는 대체물을 선택할 수도 있다. "철이야, 나를 때릴 수는 없어. 대신 저 인형은 때릴 수 있어." 다른 대체물을 말로 알려 주면서 그 대체물을 손가락으로 가리키는 비언어적 단서도 원래의 관심 대상에서 아동의 주의를 분산시키고 선택하는 과정을 촉진시킨다. 아동의 주의를 끌기 위해 아동의 이름을 부르는 것도 좋은 방법이다.

제한설정이 필요해서 치료자가 단계를 밟아나갈 때 ACT를 꼭 기억해야 한다.

- A(acknowledge): 아동의 감정, 바람, 소망을 인정하라.
- C(communicate): 제한을 전달하라.
- T(target behavior): 수용 가능한 대안을 찾아 주라.

### (2) 다양한 제한설정 방법

반항적이고 공격적인 아동과 놀이치료를 할 때는 한 가지 방법으로만 제한설정을 하는 것은 충분치 않아 다양한 방식으로 제한설정을 해야 하는 경우가 많다. 제한은 기본적으로는 언어를 매개로 하는 것이다. 그러나 모든 제한이 언어적일 필요는 없다. 많은 제한은 소리 없이 조용히 행사될 수도 있다(Crenshaw & Mordock, 2005).

규칙깨기와 제한설정은 공격적인 아동의 삶의 방식이며 놀이치료실에서의 행동도 예외가 아니다. 이런 아동은 그냥 활동을 놀이활동보다 좋아한다. 그들은 밖에 나가 잡기놀이나 농구, 산보를 하자고 한다. 특히 잠복기 아동은 자기가 놀잇감을 가지고 놀기에는 너무 나이가 많으며 나이에 걸맞은 활동에 참여할 때가 더 좋다고 말할 것이다. 많은 치료자가 이런 요구에 응하는데, 이런 치료자는 그런 활동이 발달적으로 정체된 아동을 위한 적절한 치료활동이 아니라는 인식을 하지 못하고 있는 것이다. 이런 아동은 활동에서부터 놀이활동으로, 그리고 나중에는 환상활동으로 움직여 가는 것이 필요하다. 아동이 밖에 대해서 말할 때 그들은 일상생활과 연관되며 대개는 불평불만을 표현한다. 치료자에 대한 자신의 기대가 회기를 지배한다.

핑거페인트를 다 섞거나 모래상자가 흥건해지도록 물을 계속 붓는 것을 금지시켜야 하는 아동들이 있다. 이들은 좀 더 표현을 잘하도록 핑거페인트나 모래상자가 필요한 억제되고 위축된 아동이 아니다. 그들은 페인트를 섞거나 젖은 모래상자 놀이를 하면 똥을 생각하며 퇴행된 놀이로 가게 된다. 그들은 종이 얻는 것을 종이에 그리는 것보다 더 중요하게 생각하기 때문에 계속 더 많은 종이를 요구한다. 이런 아동에게 다음과 같이 제한설정을 할 수 있다.

> 치료자: 내가 너를 볼 때마다 너는 나에게 명령을 하고 놀잇감을 부수려 하고, 나를 화나게 하고 싶어 해. 너에게 화나는 생각을 그려 보거나 소품으로 네 감정을 표현해 보라고 하면 너는 웃으며 놀이치료실을 뛰어다니지. 그렇지만 너는 너의 걱정에 대한 도움을 받기 위해 치료에 온 것이고 너는 놀거나, 너를 괴롭히는 것에 대해 나에게 말하는 게 필요해. 만약 네가 계속 대장처럼 굴고 규칙을 깨려 한다면 나는 네가 놀이를 하거나 너의 화난 감정에 대해 말할 때까지 그렇게 하지 못하도록 할 거야.

제한설정의 주목적은 비생산적인 상호작용을 막는 것이다. 심하게 발달이 정체된 아동에게 치료는 교정적 정서 경험이다. 아동에게 지금-여기에서 이전의 경험과 다른 반응이 제공되어야 한다. 대부분의 아동에게 반영, 명료화, 오류의 교정은 그들이 어디서나 경험하는 강의, 설교, 꾸중과는 다른 환경을 만들어 내는 것이다. 그러나 공격적인 아동의 목표는 친밀감을 만드는 것이다. 관계는 엷게 가려진 분노로 시도될 것이다.

훈련시키는 과정은 아동의 공격적인 행동을 막는 것부터 시작된다. 또한 행동이 제한될 때 아동이 느끼는 것을 언어화해 주어야 한다.

> 치료자: 나는 네가 네 자신을 조절하도록 돕고 싶어. 너는 네 마음대로 어떤 것을 하지 못하게 되면 네가 힘이 없고 약한 아이라는 느낌을 갖는구나.

자기 조절을 하려는 시도는 어떤 것이든 인정받고 격려를 받아야 한다. 아동의 현실검증력을 개선시키기 위해 치료자는 아동의 위험하고 무분별한 행동 뒤에 무슨 일이 일어나는지 꾸준히 언어화해야 한다.

> 치료자: 너는 얼마나 센지를 나에게 보여 주려고 그 장 위로 기어 올라가려고 하는구나. 하지만 장은 안전하지 않아. 나는 네가 틀림없이 다칠 걸 알면서 내버려 두진 않아.

또한 현실과 환상 간의 차이를 언어화하는 것도 필요하다. "소망은 그렇게 되진 않아." 제한을 하면 처음에는 아동의 공격적 행동이 더욱 증가한다. 만약 치료자가 아동의 공격에 위축되면 아동은 새로운 공격 시도를 다시 한다. 그것은 다시 치료자를 위축시킨다. 아동은 치료자의 위축을 관심이 없는 것이거나 도덕적인 비난으로 해석한다. 이를 예상하지 못한 치료자는 제정신을 잃고 아동에게 분노를 투사하고 어려움을 겪는다. 또한 역전이를 평가하지 못하는 치료자나 치료자의 감정을 아동에게 투사하는 것도 치료과정을 방해한다.

치료자는 자기통제력을 유지하기 위해서 자신의 감정을 꾸준히 언어화해야 한다.

치료자: 만약 네가 그렇게 하면 나는 화가 날 거야, 나는 아직은 화나지 않았고 그저 좀 방해가 돼. 그러나 네가 그걸 멈출 필요가 있어.
아 동: 그러면 어떻게 할 건데요?
치료자: 그걸 너에게서 빼앗아야 할 거야. (인형다리를 찢으며 방을 뛰어다닌다) 보세요. 날 못 잡을 걸요!
치료자: 다음번에 나는 그걸 방에서 뺄 거야. 네가 그걸 알맞게 사용할 거라고 너를 믿을 수 있을 때까지.

(3) 조용한 제한

항상 네 가지 제한설정의 단계를 사용한다면 아동은 마치 제한 폭탄을 맞는 것 같을 것이다. 더 자주 아동은 조용한 행동으로 제한을 받게 된다. 종이를 찢을 때 나머지 종이파일을 슬쩍 제거하고 아동의 손에 손인형을 쥐어 준다. 핑거페인트놀이를 하는 데 제한을 해도 모두 섞는다면 물감을 조용히 모아 치우고 크레용을 준다. 모래상자에 물을 너무 많이 부으면 물병은 닫히고 물병을 돌려놓는다. 대신 반죽이 쥐어진다. 아무 말도 할 필요가 없다.

(4) 유머러스한 제한

모든 제한을 항상 단호하고 심각한 어조로 할 필요는 없다. 제한은 때로는 유머러스한 태도로 할 수 있다. 예를 들면, 센터에서 종종 분노폭발을 하며 엄마에게 전화해 달라고 소리치는 아동이 있었는데 그 아동의 엄마는 치료자를 올가미로 묶어 쓰러뜨릴 정도로 체격이 큰 매질을 하는 엄마였다. 그 아동이 실제로 엄마를 불렀다면 엄마는 아마 그 아동을 때려눕혔을 것이다. 치료자는 아동이 현실을 직면할 준비가 되어 있지 않다고 느꼈다. 그 아동은 여전히 자기를 방치하는 엄마가 자기를 구하러 올 거란 희망을 가지고 있었고 이 소설 같은 비현실을 맞이할 준비가 되어 있지 않았다. 그 아동이 학교에서 말썽을 일으키면 엄마가 학교에 와서 아동의 목덜미를 거칠게 잡고 발로 차며 차에 태워 집으로 데리고 갔다. 그 아동은 집에서 며칠을 보낸 후에는 더 화가 나서 학교로 돌아오곤 했는데, 이러한 악순환이 반복되었다. 보통 이럴 경우 치료자는 아동에게 놀잇감 전화를 건네주며 "네 엄마에게 전화해서 말하는 것처럼 해 보자."라고 말한다. 그러나 치료자는 놀이치료실 아래층에 있는 유료전화기로 전화할 수 있다고 했다. 아동은 순간 놀라며 돈이 없다고 했다. 치료자도 동시에 주머니가 비었다는 걸 보여 주었다. 아동은 낄낄 웃으며 "그러면 전화를 걸 수 없겠네요!"라고 말했다. 이런 제한방식은 제한 시험행동이 반복될 때 둘 간의 정신건강을 유지하는 데 도움을 준다.

### (5) 통제하려는 행동의 제한

욕구충족이 안 된 아동은 치료자에게 계속 물건을 달라고 요구한다. 이런 아동은 결핍이 되었을 때 전형적으로 물건을 요구하거나 가져가기도 한다(그들은 항상 가게에서 원하는 물건을 슬쩍 훔치는 데 능숙하다). 물건을 원해서가 아니라 치료자를 통제하고 싶어 하기 때문에 이런 행동을 한다(나중엔 그들은 치료자에게 애착된 느낌을 갖기 위해 물건을 가져갈 수도 있다). 다른 사람에게 무언가를 얻는 것은 힘과 전능감의 환상(무력감과 절망감을 보상하는)을 채우는 것이다. 어떤 아동은 물건을 요구한 후 거절당하게 되는데 그렇게 되면 친절한 성인을 거절하는 성인으로 만들어 성인에 대한 자기의 공격적인 행동을 정당화할 수 있게 되기 때문에 물건을 요구하기도 한다.

아 동: 이 차 나 줄래요?

치료자: 놀잇감은 모두 놀이치료실에서만 사용하는 거야.

아 동: 하지만 딱 하나만이요.

치료자: 여기서는 모든 놀잇감이 놀이치료실 안에 있어야 해.

치료자가 아동에게 열심히 이유를 설명하는 동안 아동은 열심히 설명을 부인한다. 따라서 아동의 행동을 명확히 제한하고, 규칙을 어겨도 된다는 느낌을 주지 않아야 한다. 단지 '놀잇감은 가져가는 것이 아니다.'가 가장 명확한 메시지다. 그 후 아동의 실망, 분노, 조작하려는 시도를 반영해야 한다.

치료자: 너는 내 사무실에 있는 모든 것을 나에게 달라고 하는구나. 그리고 이제는 방바닥에서 발견한 나에게 정말로 별로 필요하지 않은 종이 집게를 달라고 하고 있네. 너는 내가 이 요구 또한 안 된다고 거절할 것이기 때문에 나를 정말 비열한 사람처럼 보이게 만들려고 애쓰고 있구나.

아 동: 하지만 그건 종이 클립이에요. 선생님은 전혀 그게 필요하지 않다고요.

치료자: 나도 알아. 마치 "당신은 나에게 하찮은 종이 클립 하나라도 주지 않을 정도로 나를 좋아하지 않아."라고 말하는 것 같아.

아 동: 네, 그래요. 주세요.

치료자: 네가 너 자신에 대해 좋지 않은 기분을 느낄 때마다 너는 무언가를 달라고 하네. 그게 무엇이든 종류는 상관이 없지. 네가 그걸 얻지 못하면 너는 너의 나쁜 감정을 인색한 나에 대한 분노로 바꿀 수가 있지.

아 동: 차를 빌려 갔다가 다시 갖다놓을 거예요. 나를 믿을 수 없나요?

치료자: 놀이치료실에 있는 놀잇감은 여기 있어야 해. 여전히 달라고 하네. 너는 내가 물건을 너보다 더 가치 있는 것으로 보는지 알고 싶은 거구나. 그리고 너는 내가 너보다 물건들을 더 사랑하기 때문에 너에게 주지 않는다고 생각하는 거지.

아동은 통제욕구 또는 구강기적 갈망 때문에, 또한 불안을 해결하기 위한 구체적인 돌봄의 신호로 음식을 요구하기도 한다. 그러나 그런 요구를 구체적으로 만족시키는 것이 치료자의 일은 아니다. 아동은 치료자가 하는 일이 아동의 정서적 욕구를 좀 더 성숙한 방식으로 만족시키는 법을 배우게 하는 사람이란 점을 알아야 한다.

아동은 치료자를 통제하기 위해 침묵을 이용하거나 치료자와 교류하지 않을 수도 있다. 특히 치료자가 어떤 방식으로든지 아동에게 반응해야 할 것 같은 느낌을 갖게 된다면 더욱 이런 시도는 심해진다. 이 경우 제한설정이 순서대로 이루어져야 하지만 그 과정은 좀 더 어렵다.

치료자가 치료는 놀이를 하거나 말을 하는 것이라고 하며 그렇게 하지 않을 때 일어날 결과를 설명하는 것으로는 충분하지 않다. Bonovitz는 아동에게 "너의 통제와 지배에 굴복했다."라고 말하면서 아동의 테스트를 통과하는 데 필요하다고 느낀 것, 즉 아동의 모든 행동을 반사하는(mirroring) 전략을 사용한다(Weis & the Mount Zion Psychotherapy Research Group, 1986).

아동중심 놀이치료자는 행동을 반영하는 대신 교류하는 것에 대한 아동의 두려움이나 통제하려는 시도를 반영할 수도 있다.

치료자: 오늘 너는 여기 있고 싶지 않은가 보다. 네가 여기서 논다면 오랫동안 여기에 있어야 할 것 같아 놀기가 두려운 것 같다. 하지만 엄마가 밖에서 기다리고 있다가 큰 시계바늘이 3에 올 때 너를 데려갈 거야.

#### (6) 신체적인 다툼의 제한

어떤 아동은 상처입고 공격받고 싶은 소망을 실현시켜 주기 때문에 치료자가 그들을 신체적으로 제지하기를 원한다. 그런 아동에게는 회기를 끝내는 것이 필요할 수도 있다. 제지는 행동에 대한 제한을 따른 것이다. 놀잇감을 파괴하려고 해 아동에게서 빼앗아야 할 때 아동은 파괴적이 되는데 조용해질 때까지 치료자가 붙들고 있는 것이 필요하다. 치료자가 붙들 때 그들은 이런 말로 반응한다.

아 동: 나는 당신이 두렵지 않아요. 봐요, 당신이 나를 치고 있어요.
치료자: 네가 조용해지고 놀잇감을 부수지 않을 때까지 너를 잡고 있을 거야.

좀 더 경험 있는 치료자는 다음과 같이 반응하기도 한다.

아 동: 놔요. 나는 조용해요. 더 이상 놀잇감을 부수지 않을 거예요. 당신은 나를 믿지 않아요.

치료자: 사실이야. 나는 너를 믿을 수가 없어. 너는 여러 번 내 믿음을 저버렸어. 바로 지난주에도 너는 내가 너를 놓아준다면 부수지 않을 거라고 했지. 그래서 풀어 주었는데 너는 어쨌든 부쉈지. 안 돼. 나는 네가 힘을 풀 때까지 너를 붙들고 있을 거야.

다음과 같은 반응을 할 수도 있다.

치료자: 나는 네가 잘못할 때 경찰관이 되어 너를 붙들지 않을 거야. 그렇게 하는 것은 상처입고 공격당하고 싶은 너의 오랜 소망을 만족시켜 주는 것이기 때문이야. 오늘은 치료를 끝내야 해. 나를 공격하고 싶으면 다음 회기에서 놀이로 하거나 말로 할 수 있어.

### 5) 거리두기와 대치: 놀이다운 활동을 통한 방법

대부분의 공격적인 아동은 자신의 공격성을 적절히 표현하는 방법을 잘 습득하지 못했다. 공격성을 직접적으로, 상징적으로, 언어적으로 적절히 표현하도록 촉진하는 적절한 방법에는 다음과 같은 것이 있다.

가상놀이(make-believe play)를 할 수 없는 아동은 갇힌 분노를 표현하기 위해 처음에는 진흙을 이용하는 게임이나, 쉽게 대치될 수 있는 재료, 우스꽝스럽거나 재미난 행동, 종이 블록, 매직마커, 쓰레기통, 풍선을 이용할 수 있다. 미술기법으로는 화산 그림, 폭풍우 그림, 불 뿜는 용, 분노 온도계 등의 방법이 있다.

이런 방법은 ADHD 아동에게도 도움이 된다.

#### (1) 찰흙

놀이활동이나 그림으로 감정을 표현할 수 없는 아동은 초기에는 활동놀이를 통해 안내받을 수 있다. 찰흙은 이 기술을 발달시키기 위한 좋은 매개물이다. 많은 정신분석가는 공격적인 아동이 심리성적 발달단계 중 항문가학적 단계(analsadistic stage of psychosexual development)에 머물러 있다고 한다. 이 단계의 아동에게 찰흙은 좋은 분노 표현도구다. 아동은 아주 안전하게 나무망치로 두들겨 찰흙으로 환상의 인물을 만들기도 한다. 원하면 반복해서 치기도 하고 분노를 환기시킬 새로운 인물을 만들어 낼 수 있다.

#### 찰흙 폭탄

아동은 화를 나게 한 새로운 인물의 그림을 실제 크기로 그려(가끔은 치료자가 그 대상이 되기도 함) 바닥에 놓고 찰흙 폭탄을 던진다. 아동이 미운 사람에게 무언가를 외치거나 말한다면 도움이 된다. ("김 선생, 날 여기서 나가지 못하게 하다니 나빠!")

차츰 치료 후반에 자기를 정말로 화나게 한 사람에 대한 분노를 표현하도록 격려할 수도 있다. "당신이 나에게 한 짓을 증오해!" "지옥에나 떨어져." 치료자도 함께 소리치는 것도 좋다. "당신이 ○○에게 한 짓은 정말 나빴어!" "○○는 정말 좋은 아이야. 그렇게 취급할 정도의 아이가 아니란 말이야!"

### (2) 해롭지 않은 파괴

치료자가 타이머를 몇 초간 맞춰 놓고 아동에게 그 시간 동안 신문지를 찢게 하는 방법이다. 가끔 아동은 치료자를 참여시키기도 하는데 함께 신문을 찢어 바닥을 난장판으로 만들 수도 있다. 찢는 동안 분노를 언어화할 수 있도록 하고 그 활동이 끝난 후 반영해 준다. 끝난 후 두 사람이 함께 청소를 할 수도 있는데 오래 걸리지 않는다.

신문지를 구겨 공으로 만들어 쓰레기통에 던지는 방법도 있는데 이 방법은 분노를 협동적인 놀이로 전환시키는 것이다.

### (3) 분노의 벽을 쓰러뜨리기

스펀지 블록을 차는 것으로 분노의 신체적 증상을 알아차리고 적절한 순간에 적절한 방식으로 분노를 발산시켜 버리는 방법을 배우는 놀이다. 치료자는 화가 났을 때 신체 중 제일 처음으로 뭔가를 느낄 수 있는 장소가 어디인가 묻는다. 아동의 대답을 듣고 그 내용을 다음과 같은 순서로 정리해 주면서 아동으로 하여금 이 과정을 따라 생각하고 느끼고 말하면서 분노의 증상을 경험하고 그에 대처하는 행동을 하도록 지도한다. 즉, 긴장으로 배(위)가 굳어지고 → 심장(맥박)이 빨라지고 → 숨이 가빠지고 → 머리꼭대기까지 그걸 느낄 수 있게 되어 터져 버릴 것 같은 느낌이 들게 되면 그때 쌓아 둔 블록 더미를 힘껏 차 버린다는 것이다. 이 과정을 인형을 향해 하게 할 수도 있다.

### (4) 화난 풍선 게임

시각적으로 화를 보여 주는 기법으로서, 화가 나 있을 때의 모습과 폭발할 때의 불안을 느끼게 하며, 결국 사람이나 물건이 다치지 않고 안전하게 화를 표현하는 방법을 알려 주기 위한 인지행동수정 기법 중 하나다.

풍선에 화난 얼굴을 그린 후 발로 차고 터뜨림으로써 화를 분출시킬 수도 있으나 긍정적인 경험이나 느낌을 하나씩 이야기하면서 화가 줄어드는 것을 보여 줄 수도 있다. 분노와 공격성이 높은 아동, 충동성과 공격성의 문제를 가진 ADHD 아동, 감정조절이 어려운 아동, 그리고 분노 표현에 어려움을 갖는 위축된 아동에게 유용하다.

### (5) 분노의 휴지통 기법

먼저 종이 휴지통과 백지, 그리고 사인펜이나 크레파스를 사용해 휴지통을 예쁘게 꾸민 다음, 종이 카드에 자신의 버리고 싶은 감정을 적어서 휴지통에 버리게 한다. 그리고 난 후 매주 그 휴지통에서 감정을 하나씩 꺼내어 그 감정에 대한 작업을 한다. 감정에 대해 이야기하면서 그것을 말로 표현해 보거나 방출시켜 버릴 수도 있고, 인지적으로 이해하거나 재평가함으로써 약화 · 소멸되어 가는 것을 경험할 수도 있게 된다. 이런 활동은 치료자가 아동이 분노를 좀 더 건설적이고 조절된 형태로 표현할 수 있도록 가르치고 안내하고 아동의 노력을 강화시킬 수 있는 방법이다.

#### (6) 화산 그림 그리기

놀잇감으로 가상놀이를 할 수 없는 아동에게는 상상의 그림을 통해 분노를 담아 두거나 표현하도록 할 수 있다. 상상은 대처기술을 개선시키기도 한다. 한 가지 예로 화산 그림을 이용할 수 있다.

화산 그림은 다양한 수준의 분노와 화를 상징적으로 표현할 수 있는 은유이며 승화를 돕는 방법이다. 또한 분노와 싸우는 아동에게는 아동의 심리적 투쟁의 정도를 읽을 수 있는 척도이기도 하다. 화산 그림은 치료과정 중 1회 또는 여러 회기 동안 시리즈로 그려서 아동의 분노상태를 파악하는 데도 이용될 수 있다. 분노의 정도는 그림에 정확히 드러난다. 화산에 색칠을 하도록 해서 정서 표현을 상징적으로 하도록 하기도 한다.

이러한 방법은 문제해결을 위한 은유로서 사용될 수도 있다. 각기 다른 폭발 단계에 있는 그림을 그리도록 한 다음 각 단계에서 분노를 어떻게 처리하고 대처해야 하는지에 대한 해결책을 함께 토의할 수 있다.

#### (7) 폭풍우 그림

또 다른 자연의 은유를 이용하는 방법으로 강도와 위험도가 다양한 폭풍우 그림을 이용하는 것이다. 아동은 번개를 동반한 폭풍우 또는 해일을 동반한 폭풍우 그림을 선택할 수도 있고 정말로 화가 난다면 사이클론이나 토네이도로 자신이 느낀 분노의 정도를 나타낼 수 있다. 그림을 선택한 후 함께 다음과 같은 과정을 진행할 수 있다.

치료자: 만약 폭풍우가 말할 수 있다면 자기가 화가 난 것에 대해 뭐라고 말할 수 있을까?

아 동: "나는 너무 화가 나 온 세상을 다 파괴해 버리고 싶어."라고 해요.
치료자: 폭풍우를 가라앉힐 다른 방법이 있을까?
아 동: 잠깐 동안만이요. 하지만 전보다 더 강해져 되돌아올 거예요.

8세 된 아동은 화난 폭풍우 그림을 이용한 대화에서 일회용 반창고가 일시적으로 도움을 줄 수 있다고 했다. 그러나 폭풍우를 만들어 내는 조건이 밝혀질 때까지 폭풍우는 가라앉거나 사라지지 않을 것이다. 그림에 대해 질문할 때 치료자는 아무것도 모르는 사람이 점점 더 복잡한 것을 이해하려고 애쓰는 것처럼 질문함으로써 아동은 결국 자신을 새로운 관점에서 보게 될 수 있다.

이런 상징적인 방법을 사용할 수 없는 아동도 많다. 많은 공격적인 아동은 무서운 경험을 다루기 위해 상징을 사용하는 방법을 발달시키지 못했다. 그들은 환상놀이 대신에 행동으로 무서운 경험에 반응하는, 언어 이전 단계에서 상당한 트라우마를 경험한 아동이다. 이런 아동이 언어 이전 단계의 왜곡된 개념에 도달하고 자기의 기억을 구조화하도록 돕기 위해서는 놀이를 가르쳐야 한다.

### (8) 창조적 인물 만들기

가공의 창조적 인물을 만들어 내어 이를 치료에 이용하는 기법이다. 대치(displacement), 은유(metaphor)를 이용하는 것으로 자신의 문제에 직접 직면하는 것을 두려워하는 아동에게 효과적으로 이용될 수 있다. 잠복기 아동의 치료에 적절하며 아동이 갈등하고 있는 주된 정서적 문제를 골라 그런 갈등을 반영하는 상황을 겪는 인물(흔히 동물이나 만화인물)을 고안해 낸다. 치료회기가 진행되면서 이야기를 발전시켜 만들어 나가며 녹음기와 그림 그리기가 함께 이용되기도 한다.

치료자는 아동을 위해 들려줄 이야기를 시작한다. 이야기는 미리 녹음기에 녹음된 것이거나 회기 동안 녹음한 것을 이용하면 된다. 아동은 그 이야기에 대해 자기의 생각을 말하거나, 그림으로 그리거나, 손인형으로 이야기를 만들어 낼 수도 있다.

**대치(displacement)**

아동, 치료자, 조정자를 대표할 수 있는 인물을 설정한다. 이 이야기에서 아동의 실제 생활의 문제를 해결하는 데 필요한 기술을 일반화할 수 있어야 한다. 치료자는 그 인물들이 처한 상황과 아동의 상황 간의 공통성을 알게 해 주어야 한다.

**예 분노를 폭발시키는 7세의 부영**

반죽으로 화산을 만들어 안에서 용암이 흘러나오게 해 화산 이름을 부석이라고 짓는다. 부석은 사람들이 자기를 밟을 때나, 나무에 매달린 열매를 가져갈 때마다 폭발하며 화가 나면 용암을 뱉어 낸다. 이 행동은 주위 사람을 힘들게 했다. '안전'이란 이름을 가진 의사(화산전문가, 부석이 화산을 공감하는 사람)를 도입한다. '안전' 의사는 부석이 가끔 외로움을 느끼며 어느 누구도 그를 짓밟거나 아프게 해서는 안 된다고 말한다. 그리고 허락받은 몇 명만 부석 화산에 앉을 수 있다고 한다. 그다음 조정자(아나운서)가 나타나 부석이와 도시 사람들의 문제에 관해 보도한다. 여러 회기를 그 이야기에 몰입했던 부영은 문제해결책을 만들었다. 처음에 부영은 부석 화산이 다시는 절대 용암을 뱉어 내지 않을 것이라고 말했으나 안전 의사는 부석이 화산 기슭에 있는 동안에는 계속 용암을 뿜어낼 것이라고 말해 분노에 다시 초점을 맞추었다. 부영은 다른 해결책을 이야기해 가면서 점차 현실적인 해결책을 찾아가게 되었고 치료자는 부석 화산과 학교에서의 부영의 행동 간의 유사점을 이끌어 내기 시작했다. 그 결과 부영은 자기의 분노에 대해, 또 그로 인한 부적절한 행동에 대해 말하는 것이 편해졌다. 또 분노를 조절하고 자기분노에 대해 더 잘 이해하게 되었다.

### 6) 성숙한 방어 만들기- 차분하게 하는 전략

상상놀이가 부족한 아동은 불안에 대처하는 성숙한 방어도 부족하다. 이런 아동을 위해서 적절한 방어를 형성시켜 주는 방법이 필요하다(Ekstein, 1966).

#### (1) 승화와 반동 형성의 격려

충동을 통제하고 수용할 수 없는 충동을 수용할 수 있는 것으로 바꾸는 것을 배우도록 해야 한다. 치료자는 잠복기 아동에게 언어적 치료를 사용하도록 시도한다. 그러나 자신의 상상놀이를 발전시키지 못한 잠복기 아동은 놀이치료에서 이익을 얻을 수 있다. 충동을 억제하지 못하고 해체되고 혼란스럽게 표현하는 대신에 질서를 갖도록 격려해야 한다. 잠복기에 있는 정상아동은 소장품—우표, 동전, 야구카드 등—을 조직하고 재조직화하는 수집가다. 강박적 행동이나 반동 형성은 아동이 파괴적인 충동을 겪고 행동화하는 것을 막는다.

게임 또한 억제기제를 발달시키는 데 이용될 수 있다. 게임은 갠디랜드, 사다리와 미끄럼, 가끔은 체커처럼 단순하고 반복적인 것이 좋다. 게임은 즐거운 방식으로 조직화와 조절을 발달시키는 것을 돕는다(Sarnoff, 1987).

#### (2) 차분하게 하는 전략

폭력적이지 않은 심상(心像)을 찾고 꾸미는 과정은 아동을 차분하게 만든다(Crenshaw & Mordock, 2005). 주로 아동이 주 양육자와 보낸 긍정적인 시간이 이에 해당한다. 이러한 방법은 자신에 대해 긍정적인 감정을 강화하고 아동을 흥분시킨 폭력적인 심상에서 아동을 차단시키는 데 도움을 준다.

화난 아동을 가라앉히는 전략 가운데에는 아동이 화났을 때 즐거웠던 순간이나 활동을 회상해 보라고 하는 것이 있다. 어떤 아동에게는 친척과 공놀이를 하는 것이고 어떤 아동에게는 그림을 그리고 색칠하는 것이 될 수 있다. 아동이 각자 기분을 바꾸는 자신만의 방법을 찾도록 도와야 한다. 아동에 따라 심상이 도움이 되기도 하고, 행동이 도움이 되기도 한다. 행동에 치우치는 아동은 행동 대신 상징적인 것을 찾도록 도와야 한다. 먹는 것으로만 차분해지는 아동에게는 음식을 그리고 색칠하게 한다. '자아 지지적인 그림 그리기(ego supportive drawing)' (Garritt & Crenshaw, 1997)를 '차분하게 하는 장면 그림'이라고 한다.

아동은 다음과 같은 지시를 받게 된다.

"눈을 감고 네가 가 본 곳이나 상상한 곳 중 가장 차분하고 평화로운 곳을 생각해 보자. 네가 그곳에서 아주 평화롭게 있는 너를 생각할 수 있게 되면 눈을 뜨고 그것을 그림으로 그려 보자." (예: 할아버지네 농장 장면 그리기)

#### (3) 성숙한 방어를 격려하기

아동이 좀 더 성숙한 방어를 사용하기 시작하면 치료자는 아동의 발전에 대해 적극적으로 언급해야 한다. (예: 아동이 전에는 회피하지 않았는데 처음 회피하는 행동을 보였다면→"나를 치지 않고 방을 나갔네. 네가 더 컸구나." 치료자를 치려던 애가 인형을 쳤다면→"나를 치지 않고 인형을 쳤네. 더 어른스러워졌구나."와 같은 칭찬을 해야 한다.)

### 7) 친사회적 행동을 가르치고 모델링하기: 게임놀이치료의 이용

많은 인지행동 프로그램이 사회적 기술을 발달시키기 위해 고안되었다. 그런 프로그램은 게임의 형태로 제시될 때 아동에게 훨씬 쉽게 이용될 수 있다. 인지행동적 모델에 기초한 게임으로 이웃 사귀기 게임(neighborhood game-2장 참조), 분노조절 게임 등이 있다. 분노조절 게임은 공격적인 아동의 분노를 조절하는 데 도움이 되는 게임이다.

#### (1) 분노조절 게임(anger control game)

공격적인 아동은 자신의 분노를 다루는 데 어려움이 있다. 이러한 어려움의 기저에는 인지행동적 결함이 있다. 이 게임은 분노를 효과적으로 조절하는 데 필요한 인지 기술을 가르치기 위한 것이다. 개인이나 소집단의 아동을 대상으로 게임을 할 수 있으며 치료자는 게임을 하면서 좋은 모델링을 보여 준다. 또 치료자는 아동이 적절하게 반응하면 토큰을 주어 그 행동을 강화시키며 게임에 계속해서 참여하고 대화하도록 격려한다. 공격적인 아동에 관해 밝혀진 여섯 가지의 인지행동적 결함은 이 게임에서 다루게 될 초점이다. 이 게임은 적어도 초등학교 3～4학년 이상의 아동에게 적절하다.

**1 피해자의 느낌을 공감하는 능력**

공격적인 아동은 타인의 입장에서 조망하는 능력이 또래보다 떨어진다. 특히, 공격적인 행동에 대한 상대방의 느낌을 잘 예측하지 못한다. 이를 위해 공감 능력 I, II의 두 종류의 카드를 이용한다. 공감능력 I 카드는 공격당했을 때 피해자가 보이는 언어나 행동 반응을 나타낸다. 아동에게 느낌을 나타내는 세 가지 보기 단어 중 피해자의 느낌을 가장 잘 반영하는 단어를 고르도록 한다. 공감능력 II 카드는 보기 카드를 주지 않고 스스로 생각해서 말하게 하는 것이다. 좀 더 연령이 많은 아동이나 청소년에게 사용한다.

**2 공격적인 행동과 공격적이지 않은 행동을 구별하는 능력**

공격적인 아동은 모호한 사회적 상황인 경우 그 상황을 적대적인 의도로 해석하는 경향이 있다. 정확한 구별을 위해 행동구별 I ,II 카드로 연습한다. I 카드는 기본적으로 적대적인 의도가 없는 상황이 쓰여 있는 카드이고 목표는 그런 행동에 대한 언어적, 행동적 단서를 인식할 수 있게 하는 것이다. II 카드는 적대적인 의도가 있는 내용으로 구성된다. 그런 행동에 대한 단서를 규명하는 것이 이 카드의 목적이다.

**3 분노를 발산시키는 자기 말을 사용할 수 있는 능력**

공격적이지 않은 아동은 자기 자신에게 말을 함으로써 화난 감정을 더 잘 조절한다. "나는 냉정해야 돼. 나에게 무슨 짓을 하지는 않을 거야."와 같은 것은 분노를 발산시키는 자기 말의 예다. 이런 능력을 기르기 위해 I, II, III단계의 카드를 이용한다. I단계는 분노를 조절하는 자기 말이 쓰여 있는 카드를 반복해서 해 보거나 아동이 스스로 분노를 조절하는 말을 만들어 보는 것이다. II단계는 더욱 분노를 느끼게 하는 자기 말이 쓰인 부정적 모델의 카드를 이용해 평소의 자기 말을 생각해 보고 자각하게 하기 위한 것이다. Ⅲ단계는 역할놀이로 누군가가 자기를 화나게 했다고 가정하고 그때 생각한 것, 말한 것, 행동한 것을 시연해 보게 한다.

④ 공격행동의 대안을 만들고 평가할 수 있는 능력

공격적인 아동은 공격행동 대신에 해야 할 행동이 무엇인지 잘 모르며 그 결과를 평가할 수 있는 능력이 부족하다. 공격적인 아동은 신체적인 힘을 너무 자주 사용한다.

Ⅰ, Ⅱ, Ⅲ단계가 있으며 Ⅰ단계는 갈등상황이 제시되고 세 가지 대안 중 가장 최선의 해결책을 고르도록 하고 그 이유를 말하게 하는 것이다. Ⅱ단계는 갈등상황이 제시되고 개방식 질문에 답을 하도록 되어 있다. Ⅲ단계는 가장 어려운 단계로 갈등상황에 대해 언어적, 비언어적인 해결책을 제시해야 한다. 치료자는 아동에게 최적의 자극을 주고 아동의 수행에 대해 언어적, 비언어적으로 피드백을 준다.

⑤ 분노 밑에 있는 감정을 인식하는 능력

분노감정이 너무 커서 분노감 밑에 있는 거절, 상처, 불안, 당황과 같은 감정은 때때로 인식이 안 된다. 이런 감정을 인식하게 되면 좀 더 효과적인 문제해결이 가능해진다.

Ⅰ단계에서 아동은 언어, 행동, 상황 단서 밑에 있는 기본 감정을 인식할 수 있어야 하며 4개의 제시된 답 중 선택을 하는 것이다. Ⅱ단계는 아동이 단서 밑에 있는 또 다른 감정에 대해 자유롭게 말하는 것이다.

⑥ 다른 사람이 공격성을 어떻게 생각하는지 아는 능력

공격적인 아동은 그의 행동이 타인에게 미치는 영향력에 대해 때때로 비현실적인 생각을 한다. 다른 사람은 그의 행동을 무례하고 잔인하다고 보는 반면 그 자신은 자기 행동이 냉정하고 강하다고 생각한다.

공격성 평가 I 단계에서는 아동이 공격적인 행동을 하고 주위 사람이 동조해 줄 것이라고 기대되는 상황이 제시된다. 그러나 주위 사람은 주인공의 행동에 대해 부정적인 관점을 보여 준다. 이 경우 아동은 주위 사람이 했을 만한 또 다른 부정적인 관점을 생각해 내야 한다. II단계는 주인공이 한 공격적 행동에 대해 주위 사람이 하는 정서반응과 태도를 보고 주위 사람이 왜 그렇게 했는지 생각해 내는 카드다. 모든 카드는 단계별로 하도록 되어 있다.

(2) 기타 게임놀이

규칙을 지키지 못하고 자기 마음대로 행동하는 문제를 해결하기 위해 각종 규칙이 있는 경쟁게임이 이용된다. 체커, 윷놀이, 원카드 게임 등을 이용할 수 있다. 이 가운데 윷놀이는 특히 공격적인 아동에게 효과적이다. 규칙을 지켜야 하면서도 동시에 윷을 던지며 소리 지르는 과정을 통해 아동은 쌓였던 부정적이며 적대적 감정과 공격성을 허용될 수 있는 방식으로 표현할 기회를 갖게 된다. 게임과정 동안 치료자의 적절한 표현방식을 모델링해 배울 수 있는 기회를 갖게 된다. 스매시 축구게임(게임판 위에서 공을 쳐 골인시키는 배터리 게임)도 이런 아동을 위해 신체적 에너지를 소모하게 하면서 감정을 방출시키고 해소시키는 데 도움이 된다. 소근육 게임 또한 치료에 많은 도움이 된다(2장 참조).

## 8) 정서에 대한 인식과 언어화

공격적인 아동은 다른 아동에 비해 자신의 감정이나 정서를 인식하는 능력이 부족하며 자신의 감정과 행동의 관련성을 파악하는 데 어려움을 겪는다. 이런 점은 ADHD 아동과 유사하다. 따라서 치료는 이들이 다양한 감정을 이해하고 파악하며 감정과 행동의 관련성을 깨달을 수 있도록 감정을 정확히 반영하고 명료화하도록 한다(Crenshaw & Mordock, 2005).

치료자는 아동의 분노감정, 불안, 우울감을 적절히 공감해 주어야 한다. 그리고 자신의 분노를 행동화로서가 아니라 바람직한 형태로 표출하게 함으로써 외적으로 현실적인 적응행동을 증가시켜 가야 한다. 이때 언어를 통한 감정표현이 원활히 이루어지도록 돕는다면 아동은 행동화하지 않고 자신의 감정이나 생각, 요구를 언어로 표현해 갈 수 있다. 이를 위해 감정단어 말하기(3장에 제시), 감정빙고 게임, 기분놀이나 감정온도계의 사용(4장에 제시) 등이 이용된다.

#### (1) 기분놀이

어떤 사건에 대한 여러 가지 감정을 인식하게 하기 위해 아동의 가슴을 그린 후 다양한 색깔의 크레용이나 플러스 펜으로 그려 넣게 한다. 예를 들면, 빨강은 공포, 보라는 분노, 파랑은 슬픔, 노랑은 행복 등이다. 다음에 치료자는 종이에 그려진 가슴 안에 그 사건에 대한 감정의 정도를 색으로 채워 넣게 한다. 이 방법은 아동에게 감정에 대한 다양한 어휘를 익히게 해 그 후 회기에서 놀잇감이 느끼는 감정을 표현하게 하는 데 이용될 수 있다(Vanfleet, Lilly, & Kaduson. 1999).

#### (2) 감정빙고 게임

감정과 관련된 단어와 얼굴표정을 이용해 빙고게임을 하면서 자신의 감정에 대해 표현하고 이해하며 치료자와 함께 감정을 나누는 형태로 진행될 수 있다. 감정을 그림과 언어를 이용해 게임으로 접근하므로 편안하고 재미있게 느끼면서 감정에 접근하고 치료적 개입도 할 수 있다.

### 9) 모래놀이치료

모래놀이는 불안이나 우울 등 내면화 증상을 가진 아동의 치료에 효과적이며 산만하거나 반항적인 행동 등 외향화 문제를 가진 아동에게도 효과적이다.

산만하고 과잉활동적이며 내면에 분노가 가득 찬 아동에게 모래는 좋은 표현매체이면서 아동을 침착하고 안정되게 해 주며 진정시키는 역할을 한다. 모래놀이를 통해 과잉 활동적이고 히스테리한 내담자는 차분해지고 조용해진다. 모래놀이는 거칠고 지나치게 활동적인 아동에게 신체적 · 심리적 에너지, 강한 충동을 방출시키게 해 주며 그로 인해 카타르시스가 되는 효과를 준다. 또한 좀 더 내적이며 심리적이고 정신적인 차원으로 들어갈 수 있는 길을 열어 준다. 내적인 상에 민감하게 해 주며 내부 세계와 관계를 맺게 해 준다.

모래놀이의 안전하고 보호된 공간은 안전하고 봉인된 그릇과 같은 역할을 한다. 그 안에서 억압된 공격적 욕구를 표현하고 놀이를 할 수 있도록 함으로써 내담자의 파괴적인 에너지는 변형된다. 모래상자는 초점화된 주의력을 발휘할 수 있게 해 주며 중심화를 가능하게 한다. 모래상자의 물리적 경계, 둘러싸인 공간은 주의분산을 막아 준다. 또한 고요하게 집중시키는 효과로 마음의 깊은 차원으로 뚫고 들어가는 것을 촉진한다(Weinrib, 1983).

### 10) 도미노 놀이 기법

반항장애나 행위장애 아동은 자기행동의 결과를 인식하는 능력이 크게 결핍되어 있다. 행동연계에서 한 가지 행동이 원하지 않은 결과를 초래한다는 사실을 인식하지 못한다. 아동은 한 행동의 과정을 끊을 수 있게 될 때 결과가 바뀔 수 있다는 것을 배우게 된다.

이런 아동의 치료에서 중요한 점은 통제인데, 이들은 대부분 자기의 삶이 조절될 수 없다고 느끼며 자기의 행동 또한 그렇다고 느낀다. 그들은 행동을 외적으로 통제(external locus of control)하므로 치료과정의 목표는 아동이 내적 통제(internal locus of control)를 할 수 있도록 돕는 것이다. 내적 통제는 자신의 행동의 통제력을 증가시키고 자기 유능감을 증가시키며 도전적인 행동을 완화시킨다. 이와 같은 내적 통제를 증가시킬 수 있는 한 가지 방법이 도미노 놀이다.

도미노 놀이에서는 규칙이 강조되어야 한다. 도미노를 탁자 위나 바닥에 복잡한 패턴으로 세워 놓고 쓰러뜨린다. 충분히 즐긴 다음 도미노 한 줄을 세운 후 "각각의 도미노 조각이 부정적인 결과를 가져오게 하는 행동연계 속의 한 가지 행동이라고 하자."라고 한다. 그다음 부정적인 결과를 피하기 위해 행동연계 속의 어떤 행동이 변화되거나 제거될 수 있는지 토의한다.

예를 들면, 1번 도미노는 학교에 가는 것을 나타낸다. 2번은 교실 아래에서 싸우는 소리를 듣는 것이고, 3번은 싸움을 보러 가고 있는 것이다. 4번은 거기에 머물고 있는 것이고, 5번은 교사가 개입했는데도 흩어지지 않는 것이다. 6번은 교사가 이 아동에게 직접 말했는데도 그곳을 떠나지 않는 것이다. 7번은 교사를 무시하는 태도를 보인 것이다. 8번은 교무실로 가고 있고 9번은 정학을 당하는 것이다.

아동은 정학을 당하지 않기 위해 여러 가지 다양한 방법을 쉽게 찾아낼 수 있다. 이 경우에 3~7번까지의 도미노 중 어느 하나를 빼거나 바꿈으로써 부정적인 결과를 중립적인 것으로 바꿀 수 있게 된다.

아마 아동은 처음에는 자기가 집의 침대에 있었어야 했다고 말할 것이다. 이때에도 치료적인 개입이 될 수 있다. 아동은 어떤 도미노가 어떤 행동을 나타내는지 치료자보다 더 정확히 기억한다. 치료자는 아동과 함께 도미노의 연계와 과정에 주목하면서 검토하는 것이 중요하다. 이런 과정에 대한 학습을 통해 아동은 자기 자신에 대한 내적 통제가 가능하다는 것을 느끼기 시작할 것이며 이것은 치료과정을 도와준다(Cabe, 1997).

### 11) 접지(接地)되는 놀이치료

반항장애와 행위장애 아동이 자기 자신과 연결되고 타인과 연결되며 사회 속에서의 자기 자리와 연결되게 하기 위해 필요한 개입을 Cabe(1997)는 접지되는 놀이치료(grounded playtherapy processing approach)라고 불렀다.

Cabe(1997)는 GPT에서 Lusebrink의 표현치료와 치유 차원을 기초로 반항아동 놀이치료의 단계적 과정을 기술했다.

Lusebrink(1990)는 표현치료와 치료의 차원을 제시했다. 그는 가장 저항적인 것부터 가장 저항이 적은 매체(2차원, 3차원 매체)를 단계적으로 제시하고 각 매체의 기능 수준, 관련된 치료 차원을 함께 기술했다. 기능 수준은 운동, 감각, 지각, 정서, 인지, 상징 수준이다.

운동수준에서는 동작운동과 탐색이 에너지를 방출시키고 아동이 바르게 지각하게 하며 정서를 더 잘 깨닫게 한다. 촉감의 탐색과 내적 감각의 인식을 다루는 감각 수준에서는 내적 감각에 대한 인식과 느린 리듬을 표현하게 한다. 이것은 정서를 발견하도록 도와주고 아동이 내적 상을 표현하고 경험하도록 돕는다. 형태, 구체적 상, 형태적 요소에 대해 강조하는 지각 수준에서는 자극의 조직화와 건강한 지각 형태의 형성을 통해 언어를 분류하게 하고 자기학습에 대한 능력을 증가시킨다. 정서적 수준에서는 색에 강조를 둔 감정과 분위기의 표현을 통해 적절한 정서를 인식하게 하고 감정을 언어화하고 상을 내면화하게 한다. 인지적 수준에서는 개념 형성, 추상, 언어적 자기 지시에 강조점이 주어지는데 구체적 경험을 일반화시키고 언어적 상호작용을 이용한 문제해결을 하게 한다. 마지막으로 직관적이고 자기지향적인 상징 수준에서는 아동은 개념형성과 추상화를 배우고 개인적 의미를 통해 상징을 해결하는 것과 구체적인 개인적 경험을 일반화하는 것을 배우게 된다. 이것은 통찰로 이끌고 새로운 자기의 부분을 발견하게 한다.

Lusebrink(1990)는 표현치료의 각 수준과 각 수준의 치료적 차원, 놀이매체가 통합적으로 치료와 관련된다고 말한다. 2차원 매체와 3차원 매체는 각기 가장 단단한(저항적인) 것에서부터 시작해 가장 덜 저항적인 것까지로 구체화되는 속성을 갖는다. 미술치료 도구 같은 2차원 매체는 연필 같은 가장 단단한(저항적인) 매체에서부터 시작해 핑거페인팅 같은 가장 덜 저항적인(유동적인) 매체로 움직여 간다.

2차원 연속선상의 가장 끝에 3차원으로 넘어가는 곳에 식염료로 색을 낸 푸딩 형태의 핑거페인팅이 있다. 재료의 유동성은 연필, 매직마커, 분필, 포스터컬러 물감, 수채화 물감, 표준 핑거페인팅, 푸딩형 핑거페인팅 순으로 증가된다.

치료과정의 초기에는 연필과 볼펜이 더 적절하다. 마커가 이용될 수도 있지만 좀 더 단단한(저항적인) 매체가 아동을 위해 가장 편리하다. 예를 들면, 치료 초기의 집-나무-사람 그림은 연필로 가장 잘 그려질 수 있다. 그 후에 포스터 페인트 물감이 이용될 수 있다. 치료자는 아동이 적절한 매체를 선택하도록 도와야 하지만 아동이 스스로 선택하기 전에 유동적인 매체를 강요하는 것은 위험하다.

3차원 미디어에도 같은 방식으로 가장 단단한(저항적인) 매체부터 가장 유동적인 매체까지 적용된다. 돌이나 나무가 가장 저항적이며 그다음으로 모래, 유성찰흙, 수성찰흙, 플레이도, 글룹(gloop) 순서로 저항성이 감소된다.

Lusebrink(1990)의 작업에 기초해 Piaget, Maslow, Moustakas(1992)는 접지하는 놀이치료의 과정을 아동이 치유, 통합, 충분한 기능화를 이루기 위해 움직여 가는 방법이라고 기술한다. 〈표 3-1〉은 이들이 기술한 과정을 보여 준다.

〈표 3-1〉 연구자별 치료과정

| Lusebrink | Maslow | Piaget | Moustakas |
|---|---|---|---|
| 상징적 | 자기실현욕구 | 형식적 조작 | 유지 |
| 인지적 | 존중욕구 | 구체적 조작 | 양가감정 |
| 정서적 | 소속욕구 | 전조작 | 특정한 적대감과 공포 |
| 지각적 | 안전욕구 | 감각동작 | 일반적 불안과 공포 |
| 감각운동적 | 생리적 욕구 | | 모호하고 광범위한 불안과 공포 |

GPT는 환자가 치료와 통합되고, 충분한 기능을 하도록 돕기 위해 어떻게 진행해 가야 하는가를 기술한다. 치료에 오는 아동은 각자 어떤 형태의 항상성(homeostasis)을 가지고 있다. 반항성 장애와 행위장애 아동의 항상성은 반사회적 행동, 경찰과의 접촉, 무단결석, 파괴된 가족, 부모와의 격리, 가족의 약물남용, 거칠고 비일관적인 양육 등과 단련되어 있다.

치료 초기에 항상성에 대한 철저한 평가를 한다. 그에 따라 가장 덜 위협적이고 이들 아동에게 가장 매력적인 과정인 활성화(animation)가 놀이에 도입된다. 여기서 아동은 자신의 신체적 과정을 이해하고 인식하게 되며 치료자와의 관계를 통해 신체적 인식을 발달시키고 이는 다른 것으로 일반화된다. 많은 촉감활동을 통해 지각과 인식 능력이 신장되고 극대화된다. 만화경, 확대경, 망원경, 사진, 기타 시각적 활동이 도움이 된다. 리듬활동, 퍼즐, 전화기, 벨과 소리 내는 것, 분필 그림, 잡기 게임, 반죽놀이, 기타 촉각적으로 에너지를 방출시키는 다양한 방법이 적절하다.

다음으로 아동의 안전감, 자기 확신, 은신처의 느낌을 만들어 내기 위해 신뢰 형성 활동이 이용된다. 여기서 운동 활동에 반대되는 감각 및 지각 활동이 놀이에 도입되기 시작한다. 놀이환경에 대한 신뢰, 아동과 치료자 간의 신뢰가 형성됨에 따라 둥지 틀기 과정(vesting)이 시작된다. 아동이 자신을 알고 자기 자신의 지각을 좀 더 믿고 놀이환경을 더 잘 조정하고 조절할 수 있게 된다. 그리고 아동은 놀이치료 과정뿐만 아니라 자기 자신에게 좀 더 둥지를 틀게 된다. 여기서는 정서적이고 인지적인 활동이 놀이과정에서 좀 더 많은 부분을 차지하게 될 것이다.

아동이 좀 더 안전감을 갖고 자기감에 연결되고, 자신의 삶에서 다른 사람과 연결됨에 따라 자기 자신의 떠오르는 정서를 좀 더 잘 다룰 수 있게 되며 힘(potency)을 갖게 된다. 즉, 아동은 환경과 효율적인 상호작용이 가능하다는 것을 알게 되기 시작한다. 이때 아동과 그를 둘러싼 사람들에게 아동의 행동변화가 더욱 분명해지게 될 것이다. 에너지 수준이 적절한 방식으로 증가할 것이고 과잉활동이 줄어들고 집중이 쉬워지며 반항행동이 감소되기 시작할 것이다. 그리고 마침내 놀이치료 과정에서 배우고 뿌리내린 연습, 교훈이 아동의 환경에서 유지되고 일반화될 것이다. 접지하는 놀이치료의 과정은 다음과 같은 단계를 거친다.

〈표 3-2〉 접지되는 놀이치료의 과정

| | |
|---|---|
| 상징적, 창의적 | 유지: 아동의 적절한 행동의 유지<br>힘 부여하기: 환경과 효과적인 상호작용－에너지 |
| 정서적, 인지적 | 둥지 틀기: 자기 안에 집을 짓는 느낌－거주 |
| 감각적, 지각적 | 신뢰: 성스러운 느낌－확신, 안정감 |
| 운동적 | 활성화: 의식화－지각<br>항상성: 균형 유지 |

(1) 항상성(homeostasis)

초기 몇 회기에 걸쳐 철저한 임상적 평가가 이루어져야 한다. 가계도, 반항성 장애에 적절한 행동 체크리스트, 우울 및 불안의 측정, 성적 관심, 성적/신체적 학대 평가척도, 해리행동 체크리스트, 자살에 관한 면담 등을 실시한다. 그 외에도 적절한 교도관, 교사, 가족, 일상생활 속에 있는 사람들과 접촉하는 것이 도움이 된다.

(2) 활성화(animation)

이 단계에서 중요한 생활사건이 드러나기 시작한다. 이것을 촉진시키고 통합적 과정으로 돕는 놀이활동을 제공하는 것이 중요하다. 아동에게 자신의 행동, 숨겨진 정서, 충격적 사건을 위한 상징을 제공한다. 이는 아동이 자신의 행동, 정서 또는 사건을 외향화하도록 하고 그것을 다시 숙달하도록 한다. 이 과정을 돕기 위해 부분을 전체로 통합하게 하는 퍼즐이 도움이 된다. 비지시적 놀이치료는 아동이 놀이환경에 대한 숙달감을 얻게 하며 생활에 대한 조절은 다른 영역에 대한 조절로 옮겨진다. 이 단계에서는 놀이환경 안팎 모두에서 안전에 관한 관심사가 소개되어야 하고 아동은 규칙을 연습하고, 규칙의 한계를 시험하게 될 것이다. 일관성과 공정성이 아주 중요하다. 전화기 같은 놀잇감(아름다운 반향음과 신비로운 소리를 내는)은 재미가 있으며 아동과의 연결과 의사소통을 강조하게 된다. 마커와 분필, 색깔찰흙이나 손장난 풀, 헝겊 방망이와 공 등을 이용해 아동의 다루기 어려운 행동과 분리시키면서 대화를 촉진시킨다.

아동의 분노를 해소시키기 위해 부딪칠 수 있게 만든 차(더미 카)와 커다란 베개, 부드러운 인형이 이용될 수도 있다. 나이에 맞는 놀잇감 군인과 공룡은 재연(reenact)과 재건을 촉진시키며 손인형은 힘든 생활사건에서 아동을 분리시키면서 그것을 숙달하게 하는 데 이용될 수 있다.

(3) 신뢰(trust)

신뢰는 행위장애 아동에게 아주 중요한 것이다. 놀이환경의 규칙을 연습하고 일관성 있게 적용하는 것은 아동의 삶에 울타리를 치는 것이다. 그럼으로써 아동을 현실에 연결시키고 아동에게 세상을 좀 더 안전한 곳으로 만든다. 아동이 자기 치료자에 대한 믿음을 좀 더 갖게 되면 더 깊은 자기 공개를 하고 자기 점검이 가능해진다. 아주 중요한 기법으로 '장미 그리기 기법'(Oaklander, 1988)이 있다. 아동은 장미를 상상하고 자기 마음대로 그린 후 스스로 그 장미가 되어 본다. 좀 더 깊은 자기 탐색을 위해서 아동은 호수를 상상할 수도 있는데 그것을 건넌 후 스스로 호수가 되어 본다. 호수의 깊이는 마술적으로 아동의 가장 깊은 생각이 된다.

자기 자신의 신체공간에 대한 울타리와 통제를 강화하는 몇 가지 연습도 신뢰 단계에 효과적이다. 가능하면 가족과 함께하는 치료회기도 갖고 부모훈련도 한다. 드럼 같은 리듬활동도 재미가 있을 뿐 아니라 치료적이다.

### (4) 둥지 틀기(vesting)

이 단계에서 아동은 치료과정뿐만 아니라 자기 자신과 환경 속에 있는 자신을 좀 더 수용하게 된다. 여기서 가장 저항이 적은 매체로 이동하는데 아동과 치료자는 끈적끈적한 반죽을 만들 수도 있다. 포스터물감도 적절하다. 색과 모양만을 이용하는 기분 그림, 손가락 그림을 시작하는 것, 감정도표도 적절하다. 이러한 것은 설명과 탐색을 할 수 있게 한다. 이 시기의 예술작업은 인지적 재구조화에 도움이 될 수 있다. 가능하다면 내담아동의 아동기 사진을 활용한다. 이는 기억을 되살리게 할 뿐만 아니라 성장과 변화, 환경 속의 자신을 아는 데 도움이 된다.

이 시점에서 치료자는 아동에게 모든 사람은 보통 자신의 정서에 대해 인식을 하며 그 인식이 행동으로 이끈다는 사실을 설명해도 좋다. 정서가 인식되지 않고 직접 행동으로 표현될 때 '행동화'라고 하며 그런 행동은 이해되고, 조절되고, 사회적으로 수용될 수 있는 다른 적절한 방식으로 표현될 필요가 있다고 설명해도 좋다. 모든 행위장애 아동은 행동이 어떤 결과를 가져온다는 사실뿐만 아니라 이 개념을 이해하는 데 심각한 어려움이 있다. 도미노 현상을 보여 주는 것은 아동에게 자기행동이 어떤 결과를 일으킨다는 기억할 만한 상징을 제공하는 것이다. 그리고 대부분의 경우 결과가 나타나기 전에 미리 생각하는 것은 초래될 결과를 극적으로 변화시킨다는 것을 알린다.

(5) 힘 부여하기(potency)

이런 아동은 자신이 자기 환경에 영향을 미칠 만큼 충분히 힘이 있다는 믿음이 부족하다. 힘을 부여하는 과정은 이 개념을 강화한다. 단순히 자기의 강점과 약점에 대한 목록을 아동과 함께 만드는 것만으로도 아동의 긍정적인 특성을 강조시킬 수 있다. '이야기하고 행동하고 느끼기 게임' 이나 '이야기 꾸미기 게임' 등은 이 시기에 유용한 게임이다. 여기서 아동이 선택한 활동을 다시 고치도록 하는 것은 힘들었거나 충격적이었던 사건을 재연하고 재구성하게 하며 근본적인 정화에 도움이 될 수 있다. 재구성이란 아동의 현재의 증상 목록을 만들고, 그것을 찢어 휴지통으로 세게 집어던지는 정도로 간단한 것이다.

분노관리도 대부분의 행위장애 아동을 위한 과정이다. 태권도와 같은 동작으로 판을 부수는 것도 좋은 방법이다. 실제로 해가 없는 실제 크기의 인형, 우레탄 블록과 공도 좋고, 못 쓰게 된 전화번호부를 잘게 찢거나 휘갈기는 것 등을 통해 분노를 해소시키는 방법도 효과적이다.

(6) 유지(preservation)

앞에서 얻은 효과가 일상생활에서 유지되어야 한다. 따라서 아동에게 규칙적으로 중간대상을 제공해 준다. 그것은 치료에서 얻은 효과를 다른 환경으로 일반화시키며 학습된 개념을 유지시킨다.

감정도표, 강약점 도표, 집에서 만드는 밀가루 반죽, 끈적끈적한 반죽(silly putty)과 그림들은 아동을 규칙적으로 자신의 생활환경으로 돌아가게 한다. 종료 시에 아동에게 이것들을 치료자 도장이 찍힌 봉투에 넣어 명함과 함께 주는데 이것이 치료자 및 치료환경과의 연결을 유지시켜 준다.

## 3. 반항성 장애아동의 놀이치료 실제: 준형 사례

### 1) 아동 인적사항

준형이는 접수상담 당시 만 9세의 초등학교 4학년 남아로 통통한 얼굴이 귀여워 보이는 인상이었으나 태도는 반항적이고 화를 많이 냈다.

### 2) 주 호소내용

① 성격이 난폭하다: 특히 동생을 때리는 게 심하다.
② 주의가 산만하며 정리정돈을 전혀 하지 못한다: 7세 때 속셈학원을 다니면서부터 두드러지게 나타났다.
③ 유분증: 3~4세부터 계속되었다.
④ 도벽이 있고 주로 집에 있는 돈을 가져가 오락에 사용한다.
⑤ 전자오락 게임에 몰두하며 밤을 새워 한다.

### 3) 발달 및 생육사

#### (1) 임신 및 출산

원하는 임신이었으나 심리상태는 남편과의 성격 차이로 갈등이 많았다. 제왕절개로 건강하게 출산했다. 엄마가 직장을 다녀 출생 후 1년간 우유 수유를 했고, 수면과 섭식에 문제는 없었다.

#### (2) 발달 및 양육사

① 12개월에 걸었고 대소변 가린 시기는 모른다. 첫 단어는 11개월에 말했고 건강상태는 양호했다.

② 출생 후 23개월까지 이모가 주 양육자였고 그 후 동네 집에 맡기고 1개월에 2회 집에 데려왔다. 이때 부모와 떨어지기 힘들어했고 그 후 집으로 데려와 앞집 아줌마가 1년을 돌봐 주었다.

③ 4세 말~5세: 부부가 같이 사업을 시작했으며 이때 엄마에게 간다고 집을 나간 후 길을 잃어 경찰서에서 하룻밤을 보냈으나 울지 않고 잘 놀았다.

④ 7세까지: 친할머니 집 옆으로 이사해 파출부가 오갔고 초등학교 1년부터 현재까지는 아이 보는 할머니가 집으로 온다.

⑤ 현재는 1년간 돌보는 사람이 없이 아이들끼리만 있다. 그동안 양육자가 9회 바뀌었으며 아이들이 아줌마가 마음에 들지 않으면 가라고 한다.

### 4) 가족관계

가족은 아빠, 엄마, 남동생(초등학교 2학년)으로 구성되어 있다.

### 5) 문제의 원인

아동은 충동조절이 어려우며 이로 인해 학교적응이 안 되고 또래친구도 없는 상태로 적응에서 심각한 어려움을 보이고 있다.

아동의 현재의 어려움은 아동 자신의 특성이기도 하지만 양육과정에서 형성된 측면이 더 많은 것으로 보인다. 준형이는 출생 초기에 엄마가 주 양육자가 아니었고 또한 양육자가 자주 바뀌면서 엄마나 주 양육자와 편안한 애착을 맺지 못했다. 또한 엄마가 자신의 심리적 갈등과 부부관계에서의 갈등으로 아동을 편안한 마음으로 대하지 못했다. 엄마는 성격상 대인관계에서 불안이 많고 완벽주의적이고 강박적인 특성이 있어 아동을 따뜻이 대하고 심리적으로 편안하게 수용하기에 어려움이 있었다. 아빠는 아이들에게 관심이 많고 잘 기르려 노력한다. 그러나 아빠 자신이 충동조절이 어려우며 이로 인해 아이들을 지배적이며 강압적으로 키우며 부인과의 사이에도 갈등이 많다.

이러한 부모의 특성과 필요한 도움을 적절하게 받을 수 없는 양육환경 때문에 아동은 애착 형성에 어려움을 겪고 우울감과 좌절감을 분노로 표현하며 유분증 및 ADHD 증상을 갖게 된 것으로 보인다.

### 6) 상담목표와 치료전략

① 상처받고 화난 감정을 인식하고 건설적인 방식으로 표현한다.

- 자신의 욕구와 감정을 인식한다.
- 치료적 게임(말하고 행동하고 느끼기 게임, 언게임 등)을 이용해 아동이 화난 감정의 대상과 그 원인을 찾는다.
- 자신의 감정을 건설적으로 적절히 표현하는 능력을 키운다.

② 부모나 성인에게 적대적이고 부정적이며 도전적인 상호작용의 빈도와 강도를 줄인다.

- 놀이치료 회기에서 개방적이며 수용적이고 이해하는 태도로 아동이 치료자 및 부모와 신뢰관계를 맺도록 돕는다.
- 규칙과 권위적 인물에 대한 자신의 감정과 반항적 행동을 지각하게 한다.
- 아동의 부정적이고 적대적인 감정을 표출할 적절한 대안을 찾고 언어화하도록 격려한다.
- 놀이치료에서 ACT 모델(Landreth, 1991)을 적용한다. 감정을 인정(acknowledge)하고, 제한을 전달(communicate)하고 친사회적 행동형성을 목표(target)로 이를 강화한다.

③ 부모에게 아동의 잘못된 행동에 영향을 주는 자신들의 갈등과 양육방식을 인식하도록 한다.

- 부모상담, 부부상담을 통해 아동에게 부정적 영향을 미치는 양육태도와 자신들의 갈등이 무엇인지 찾고 가족이 역기능에서 벗어나도록 도움을 준다.

④ 부모는 명백한 규칙과 경계선을 설정하고, 기대되는 행동을 언어화하고 필요하면 행동수정 방법을 사용한다.

• 부모에게 수용할 수 있는 행동과 그렇지 않은 행동을 정하게 하고 각 행동에 대해 격려와 무시하는 방법을 사용한다.

• 격려와 무시만으로 충분하지 않을 때 부모가 아동과 행동계약을 하는 것을 돕는다. 적절한 행동에 대해서는 보상이 주어지도록 하며 부적절한 행동에 대해서는 타임아웃이나 벌칙을 받게 한다.

⑤ 학교적응과 또래 사귀는 기술을 습득한다.

• 학교생활 적응을 위해 보상을 이용한 행동수정 방식을 적용한다.

• 또래관계에서의 적응력을 증가시키기 위해 이웃사귀기 게임을 이용한다.

### 7) 상담과정(아동 놀이치료 총 50회, 아빠 상담 5회, 엄마 상담 3회)

#### (1) 초기단계: 1~8회기

1 1회기

늦게 왔고 아빠가 위압적으로 "인사 안 해!" 하며 시킨다. 아동은 마지못해 인사한다. 치료자가 ["원래 네가 노는 시간은 40분인데 늦게 와서 다 놀지 못하겠구나."]라고 하니까 퉁명스럽게 "괜찮아요. 빨리 가면 만화 볼 수 있어요."라고 한다.

모래상자를 보더니 장난을 치기 시작한다. 모래를 과격하게 손으로 밀어붙이다가 밖으로 뿌려대어서 이를 제한하자 중단하며 머뭇거린다. 치료자가 HTP 그림을 요구하자 집 그림은 거부했고 나무 그림은 그렸다. 다음 차례인 사람 그림은 거부하며 사람을 그리기 싫다고 한다. 공룡 이름은 다 안다며 의자 돌리기를 하며 투덜대다 그리기 시작한다. 나무 그림에서 자꾸 가지를 여러 번 지우고 또 그리는 등 시간을 지체하다가 나와서 컴퓨터를 제멋대로 만지며 소란을 피운다. 사람 그리기를 어려워하고 나뭇가지를 그리는 데 오랜 시간이 걸리는 것을 볼 때 대인관계에서 어려움이 있는 것을 짐작할 수 있다.

**아빠 보고** 학교, 학원에서 모든 일에 자기중심적이고 자기 마음대로 하며 산만하고 순서가 없다. 아동이 기다리기 힘들어해 아빠 상담을 따로 하기로 하였다. 별도의 아빠 상담에서 아빠가 아동을 강압적으로 양육하며 자주 때린다는 것을 알게 되었고 엄마의 대인기피증으로 아빠가 아동을 상담센터에 데리고 온다는 것을 알게 되었다.

---

2 2~4회기

햄버거 게임이라고 하는 먹는 것과 관련된 게임을 선택했다. 자기가 조금만 불리하면 우기고 규칙을 위반한다. ["네가 지게 되면 속상하지. 그래서 네 맘대로 하고 싶은 건 알아. 그러나 이건 게임이니까 네 마음대로 할 수는 없어. 계속 규칙을 위반하게 되면 이 게임은 중단할 수밖에 없어."] 그러나 아동은 계속 규칙을 어겨 치료자가 중단시켰다. 다른 게임(농구 등)을 했으나 역시 조절이 되지 않아 중단했다. ["네가 아직은 규칙을 지키기가 어려운 것 같다. 다음에 규칙을 지킬 준비가 되었을 때 다시 할 수 있어. 네가 하고 싶은 다른 놀이를 하자."] 아동은 모래놀이를 선택했으며 군인들이 집 안을 점거하고 그 안에서 서로 싸우는 장면을 꾸민다. 모래장난을 하다 나와 아빠와의 상담내용을 엿들으려 하며 아빠 때문에 텔레비전을 보지 못한다고 심하게 화를 내며 발로 벽을 차댔다.

---

**아빠 보고** 아빠가 요즘 때리지 않으려 하고 감정통제를 하려 한다. 애가 조금 나아지는 것 같다. 아동은 엄마가 신발 끈을 잘 매지 못했다고 트집 잡아 20~30분간 분노폭발을 했다. 또 옆 사람을 슬쩍 만지는 걸 좋아하나 엄마는 질색이다. 동생이 자면 귀를 만지고 자신의 아랫입술을 뺀다. 아빠는 밖에서 계속 집에 전화해 아동의 행동을 확인하고 지시하며 일단 집에 가면 경고부터 한다고 한다. 우선 부모자녀 관계가 안정되는 것이 필요하므로 치료자는 하루 일과를 감독하고 경고하는 행동은 하지 않도록 당부했다.

---

3 5회기

동생과 함께 왔고 오면서부터 부가 공을 사 주지 않는다고 짜증을 내 어쩔 줄 몰라 하고 심한 분노폭발을 했다. 놀이치료실에 들어오지 않겠다고 한다. 치료자는 ["화가 많이 나서 들어오기 싫구나. 이 시간은 네 시간이니 선생님은 들어가 기다리고 있을게. 네가 들어오고 싶은 마음이 들 때 들어와. 그러나 밖으로 나갈 수는 없어."]라고 하고 들어가 기다렸다. 아동은 10분 후에 들어왔고 치료자가 속상한 마음을 펀치백 치기, 망치치기로 풀도록 유도하자 잠시 한다. 그 후 그림카드 맞추기 게임을 함께 했다. 규칙을 어기는 행동은 약간 줄었다.

④ 6회기

졸린다고 짜증을 내고 대기실 의자에 벌렁 누웠다가 아빠가 들어오자 벌떡 일어나 놀이치료실에 들어와 엎드려 있다. 졸린다고 하기에 쉴 수도 있다고 하자 모래를 몇 번 뒤적이다가 햄버거 게임을 꺼냈고 아동이 이길 수 있도록 해 주었다. 치료자가 그림을 잘 그리더라고 하자 얼른 치료자에게 다가와 귀에 대고 "전에 오락했어요. 아빠에게 말하면 안 돼요."라고 한다. 준형이는 치료자가 자기 말을 얼마나 따라 주는지 테스트하고 싶은 것 같다. 또한 아빠와 치료자가 자신의 이야기를 하는 것에 대해 신경을 쓰고 있다는 것을 알 수 있다. ["선생님과 아빠가 너에 대해 말하는 것이 어떠니?"] "싫어요." ["그래 싫을 수도 있지. 그러나 선생님은 네 부모님이 너를 이해할 수 있도록 도와드리고 있어. 선생님은 네 마음을 어느 정도 이해할 수 있거든."]

⑤ 7회기

짜증을 내며 들어와 다니지 않겠다고 투정한다. 이유를 물으니 대답을 하지 않는다. 춥다며 난로 앞에 서서 놀이치료실에 들어가지 않는다. 아빠가 어이없어 하며 웃자 "왜 웃어?" 하며 아빠에게 대든다. 아동은 집에서는 아빠에게 이런 모습을 별로 보이지 않으나 놀이치료실에 오기만 하면 아빠에게 이런 행동을 한다고 아빠가 이해할 수 없다고 한다. 치료자에 대한 신뢰를 바탕으로 평소에 아빠에 대한 불만을 여기 와서 터뜨리는 것으로 보인다. 계속 들어오지 않고 있어 치료자가 혼자 놀이치료실로 들어가며 말했다.

치료자: 이 시간은 너의 시간이니 30분까지는 놀이치료실 안에서 기다릴 거야. 네가 선생님에게 할 말이 있으면 들어와서 하자.

준 형: (계속 난로 앞에서 서 있다가 화장실에 다녀온다)

치료자: 방 안에서 문을 열어 놓고 앉아 있다가 제한시간을 10분 남기고 나와 10분 동안 더 기다릴 수 있다고 다시 확인시켰다.

준 형: 나가서 차에 있을 거야.

치료자: 네가 놀이치료실에 들어오지 않는다 해도 이곳을 떠날 수는 없어. 대기실에서 기다리든가 놀이치료실로 들어오든가 네가 결정할 수 있어. (대기실 의자에 앉아서 만화를 본다)

제한시간 30분이 다 되어 아동에게 시간이 끝났음을 알리고 아빠가 들어와 상담하게 하자 자기가 들어와 놀겠다고 한다. 치료자는 오늘은 너와의 놀이시간은 이미 끝났고 지금은 아빠와 얘기하는 시간이라고 말하고 아빠와 상담을 했다. 이때 아동은 뱀을 들고 나와 치료자에게 들이대고 놀렸으며 얘기하는 두 사람 사이에 끼며 참견하려 한다. 계속 치료자를 시험하며 두 사람이 말하는 것에 무척 신경을 쓰고 엿들으려 한다.

**아빠 보고** 차에서 자다 오면 꼭 심술을 부리며 요즘에는 부쩍 매 순간마다 신경질을 내 아빠가 자신의 감정을 다스리는 것이 너무 힘들다고 호소한다.

### ⑥ 8회기

치료자에게 친근감을 보이며 친해 보려는 제스처를 취하기도 한다. 향기가 나는 야구공을 가져와 향기가 난다고 맡아 보라고 코에 댄다. 조금 있다가 또 나가 있겠다고 투정을 부리며 밀가루 반죽을 그냥 덩어리째 가져가겠다고 해 제한을 준 다음 [“네가 여기서 만든 것은 가져갈 수 있단다.”]라고 하자 얼른 아무렇게나 만들어 가져간다.

### 초기단계 요약

놀이치료실에 들어가지 않으려 하면서 심한 분노폭발을 하고 규칙을 어기며 저항을 보였다. 사무실의 물건을 집적거리고 놀이치료실에 들어가는 경우에도 조금 후에 나와서 화내며 소란을 피웠다. 가끔씩 관심을 보이는 놀이도 오래 지속하지 못하고 금방 다른 것으로 바꾼다. 게임규칙도 전혀 지키지 않으며 일방적으로 자기 멋대로 해 게임이 초기에 중단되는 경우가 대부분이었다.

(2) 중기단계: 9～23회기

1 11회기

유니세트(여러 가지 배경그림에 스티커를 이용해 어떤 장면을 꾸미는 놀이) 놀이를 골랐다. 집과 공사장 장면을 골랐다. 집 장면에서는 요람에서 우유병 빠는 아기를 꾸몄고, 공사장 그림에서는 지붕 위에서 잠자는 인부를 꾸민다. 준형이의 아기가 되고 싶은 욕구와 반항적인 마음이 표현된 것으로 보인다.

2 12회기

이웃 사귀기 게임을 골라 함께 했다. 동물 표현을 잘했고 즐겁게 열심히 했다.

---

**아빠 보고** 동생과 싸움이 많이 완화되었고 아동이 많이 참는 편이라고 한다. 그러나 아직 남 앞에서 엄마가 점심을 주지 않아서 굶었다는 등 부모를 당황시키는 행동을 한다. 옮긴 속셈학원에서 3～4시간씩 공부를 하고 온다.

---

3 13회기

엄마 상담을 했다. 엄마는 치료자의 요청에 어렵게 상담실에 왔다. 어제는 엄마에게 기대 오고 엄마를 만졌다고 하며 엄마에 대해 조금 편안해하는 것 같다고 한다.

④ 14~16회기

집 안에서 일어난 일 게임, 공룡 유니세트 놀이, 체스게임, 모래놀이 등을 했다. 집 안에서 일어난 일이라는 치료게임에서 아동은 카드의 질문에 솔직한 자기감정을 많이 드러냈다. 게임 카드에 대한 아동 반응은 다음과 같다.

① 샘나다: 다른 친구가 내가 좋아하는 친구를 자기 친구로 만들 때: 대처방법은 때린다. ("네가 좋아하는 친구를 다른 친구에게 뺏긴 것 같아 속상했겠다."라고 공감해 주자 가만히 듣고 있다.)
② 엄마에게 보내는 편지글: 엄마 나는 동생이 미워요. 학교 선생님께 사랑받지 못한다. ("선생님에게 사랑받고 싶은데 잘 되지 않아 속상했구나."라고 했으나 듣지 못한 척하고 얼른 다른 게임을 꺼낸다.)
③ 좋아하는 것: 공룡. 뿔이 3개나 있고 적을 쫓을 수 있어서, 꼬리로 들이받을 수 있어서, 이빨이 강해 큰 게 작은 것을 다 잡아먹어 먹을 것이 없어서 다 죽었다. ("센 것들을 좋아하나 보다. 너도 그렇게 세지면 좋겠지?"라는 치료자 말에 반응이 없다.)

모래놀이 사진을 달라고 치료자에게 졸라 종료 시에 주겠다고 하자 수긍한다. 이때부터 모래놀이를 본격적으로 많이 했다.

장면 1: 마른 모래([그림 3-1] 참조)

가운데에 둥근 호수를 만들고 거기서 타조가 알에서 깨어나려 하고 있고 그 알을 뱀이 둘러싸고 있다. "타조 알이 뱀에게 먹힐 뻔했는데 엄마 타조가 발로 차 못 먹었고 아빠 타조는 먹혔다. 아빠 타조는 심술쟁이다."라고 한다.

장면 2: 젖은 모래([그림 3-2] 참조)

인디애나 존스 대 한국군의 투쟁이며 한국군이 한 명 남아 이겼다고 한다. 투쟁과정에서 화염방사기로 불타 버린 나무가 쓰러져 있다. 동생을 데리고 왔는데

[그림 3-1] 알에서 깨어나는 타조

[그림 3-2] 투쟁

동생이 자기 놀이치료실에 들어가도 소리 지르지 않고 달래서 데리고 나온다. 전과 달라진 모습이다. 반죽놀이에서는 대포를 만들겠다고 한다. 길게 뺀 반죽을 보고 치료자가 똥 같다고 하자 당황했는지 급하게 "내 얘기 들었죠? 나도 빨리 입원해 고치고 싶어요. 그런데 왜 선생님이 내 일에 참견해요?"라고 한다. ["선생님은 사랑하는 준형이가 변 지리는 것 때문에 친구들에게 놀림받는 것 보면 안타까워. 선생님은 네가 원하는 것을 이루도록 도와주는 사람이야."]라고 하자 반응 없이 듣고만 있다.

⑤ 18회기: 엄마 상담

엄마에게 학습에 대한 부담을 주지 않도록 했다. 아침에 일어나 화내지 않고 학교 가기를 엄마 관리하에 행동수정으로 실시해 보상을 주기로 했다.

⑥ 19~23회기

치료자와 함께 모래놀이를 했으며 손등으로 토닥거려 두꺼비집처럼 만들고 선사 주거지라고 한다. 선사 주거지에 대한 경험을 물으니 거기에 부모와 함께 갔었다고 한다.

**모래놀이**([그림 3-3] 참조)

중심에 울타리가 쳐진 목장을 꾸몄다. 가축이 우리 안에 가족단위로 등장하고 있고 소나 양이 엄마 젖을 먹고 있다. 그러나 울타리 밖에는 전투기, 탱크 등이 놓여 있다. 중심(내부)과 외부가 연결됨이 없이 전혀 다른 두 개의 분리된 세계다. 중심에서는 어미 젖을 먹고 있는 새끼의 표현을 통해 정서적으로 양육을 받는 느낌이 일어나는 것을 알 수 있다. 그러나 외부는 전혀 다른 공격성을 표출하고 있다.

---

**아빠 보고** 화내지 않고 학교 가기를 3주째 잘하고 있어 계속 보상을 받고 있다. 상담소 갈 때 동생을 데려가자고 하는 요즘 또래와도 놀기 시작했다. 그러나 집에서 부모

말을 잘 듣다가도 가끔씩 갑자기 생떼를 쓰며 부모에게 도전하여 부모가 매를 들게 만들고 부모는 거기에 끌려 들어가고 있다. 적극적으로 즐거운 시간 갖기를 부모에게 권유했다. 치료자에게도 가끔 시험을 하거나 조종하기 위해 떼 부리는 행동을 한다.

[그림 3-3] 양육과 투쟁

## 중기단계 요약

자신의 감정 표현을 조금씩 하면서 화내지 않고 규칙을 지키려 하는 때와 다시 화내고 치료자를 조종하려는 때가 번갈아 나타난다. 그러나 전반적으로 점차 규칙을 지키며 제멋대로 하는 행동이 감소되어 갔고 부모 모두에게 사랑받지 못하는 점, 엄마에 대한 양가감정, 부정적 전이감정을 치료자에게 나타냈다. 모래놀이, 치료적 대화게임, 반죽으로 만들기를 했다. 갈등이 많은 자기 마음을 표현하면서도 좋은 아이가 되려는 의욕도 보인다. 경쟁게임 시 처음에는 치료자가 져 주면서 아동의 능력에 대해서 인정해 주고 점차 균등한 게임이 되도록 해 갔다. 또한 발로 벽 차기 등 분노폭발을 심하게 할 때 망치치기나 펀치백 치기, 풍선 터뜨리기 등으로 대안을 제시함으로써 허용될 수 있는 방식으로 분노를 표출하는 것을 경험하게 했다.

(3) 말기단계: 24～45회기

1 24～28회기

모래놀이([그림 3-4] 참조)

집이 있는 마을에 말을 탄 로빈 후드와 적이 나타나 서로 마주 서 있다. 하늘에는 평화의 메신저인 비둘기가 날고 있다. 아동은 이 비둘기가 중요하므로 꼭 잘 나오도록 사진을 찍어 달라고 부탁한다. 아동의 공격성이 순화되고 있는 상당히 적응적인 형태의 표현임을 알 수 있고 투쟁의 단계가 끝나 가고 있음을 알 수 있다.

[그림 3-4] 평화

---

**아빠 전화 보고** 아이들과 융화를 잘하는 편이고 제멋대로 굴지 않는다. 동생과도 잘 지낸다. 유분증은 사라졌다.

---

### 2 30~31회기

**모래놀이**

마을과 사람들을 꾸몄다. 사람들이 모두 오른쪽에 있는 집을 향하고 있다.

준형이가 놀이치료를 끝내고 치료자와 아빠가 10분간 상담하는 것에 대한 불만을 계속 갖고 있는 것 같아 치료자가 다시 질문하자 치료자가 아빠와 같이 얘기하는 것이 싫다고 한다. 너를 잘 이해하고 돕기 위한 것이라고 했으나 그래도 싫다고 해 아동의 의견을 받아들여 치료자가 아빠와 상담을 하지 않고 전화로 하거나 따로 만나기로 했다.

### 3 32회기

엄마와 그동안의 상담과정을 정리했고 주 호소 문제의 해결 정도를 평가하도록 부탁했다.

① 유분증, 도벽: 100% 해결
② 난폭한 성격: 80% 해결
③ 주의산만: 50% 해결
④ 전자오락 몰두: 70% 해결
⑤ 아침에 일어나 학교 가기는 잘 수행하여 행동수정을 중단했다.
⑥ 욕구충족의 지연이 가능하다.
⑦ 엄마와 서로 피부 접촉을 잘한다.
⑧ 엄마와의 관계, 정리정돈, 학원 갈 시간 잘 지키기는 좀 더 발전되어야 할 과제로 보였다.

④ 33~37회기

자발적으로 치료자에게 인사를 잘하고 아빠가 이를 적극 인정해 준다. 치료자에게 장난치며 의자 뒤에 숨었다 웃으며 나타나는 놀이를 많이 한다. 치료자와 친근한 관계를 좀 더 갖기 원하는 것을 알 수 있다. '집 안에서 일어난 일 게임'을 함께 했고 기뻤을 때는 이모부에게 향수를 사 주었을 때라고 한다. 이유는 칭찬을 받아서다. ["네가 이모부를 기쁘게 해드리려고 그런 생각을 다 했구나."]라고 격려했다. 또래 사귀는 기술을 배우기 위한 이웃 사귀기 게임 시 돈을 저축했다가 다음 회기에 와 선물을 사는 등 만족의 지연이 가능하다.

**엄마 보고** 엄마가 학교에 갔더니 선생님이 요즘 아동이 너무 많이 변했다며 숙제도 잘해 오고 지시를 잘 따른다고 좋아하신다. 시키면 주변정리도 한다. 엄마와의 관계는 아직 완전하지 않다.

⑤ 38회기: 엄마 상담

부부 문제를 다루었다. 아이가 남편과 똑같이 닮았기 때문에 남편에 대한 싫은 감정이 아이에게도 영향을 미친다고 한다. 힘들 때는 아이들에게 감정폭발을 하며 고함지르며 극도의 신경질을 부리게 된다고 한다. 성생활에서의 문제도 호소해 부부 문제의 해결이 종료 후 아동의 새로운 변화 유지에 중요하다고 보고 부부 상담기관에 의뢰했다.

⑥ 39~45회기

모래놀이에서 '예수탄생과 이를 축하하러 온 동방박사들' ([그림 3-5] 참조)을 꾸민다. 한가운데에 아기 예수가 구유에서 태어났고 그곳을 둘러싼 네 구석에 가축들이 각각의 울타리에 들어가 있다. 여기에서 새로운 자기(self)의 탄생을 엿볼 수 있다. 치료게임에서도 자기의 어려움에 대해 말로 표현하고 동전을 많이 모아 보상물도 받아 간다. 친구가 많이 생겼다고 자랑도 한다. 엄마와의 관계

[그림 3-5] 아기예수의 탄생

가 많이 좋아져 반발하거나 경계하지 않는다.

### 말기단계 요약

집 주제가 등장하고 게임 시 이기려고 무척 애를 쓴다. 가끔 속임수를 쓰나 제한을 쉽게 받아들이고 자신에게 만족을 줄 수 있는 다른 대안을 찾아낸다. 자기 마음대로 안 되면 화내고 짜증 내고 해서 끝까지 게임을 하지 못했었는데 끝까지 할 수 있게 되었다. 짜증 내고 화내는 것은 가끔씩 나타난다. 치료자는 아동에게 음식을 준다거나 껴안아 주기 등의 접촉도 시도했다. 아동은 처음에는 거부하는 제스처를 보였으나 나중에는 받아들인다.

전략게임을 하다가 자기가 질 경우 분해하다가 다음번에는 얼른 우연 게임을 가져와 자기가 이긴다. 자신의 욕구를 합리적이고 건설적으로 충족하는 능력이 생겼다.

모래놀이에서는 자기가 자리 잡고 좀 더 현실적인 집이 출현하고 군인이나 싸움꾼이 아닌 평범한 사람이 등장한다. 균형 잡힌 투쟁을 하며 종료단계를 예고하고 있다.

(4) 종료단계: 46~50회기

아동과 얘기해 4회를 더 진행한 후 종료하기로 했는데, 47회기부터 화내기가 다시 시작되고 게임 시 규칙을 위반하는 모습을 보였다. 그러나 밖에서는 친구관계를 비교적 잘하고 있고 화내는 정도가 약해 종료를 앞둔 일시적 퇴행으로 보고 지켜보기로 했다. 48회에서는 퇴행이 많이 완화되어 거의 회복이 된 것으로 보였다. 종료파티 후 선물교환을 하고 마쳤다.

부부간 갈등해결을 위해 부부치료 프로그램을 소개했고 아동의 학습부진을 해결하기 위해 얼마 지난 후 학습치료기관으로 가도록 소개했다. 약 1년 후 부가 전화해 학습도 어느 정도 따라가고 있다고 전해 왔다.

## 치료자 전체 평가와 소감

준형이를 상담할 때 가장 큰 어려움은 놀이치료실에 들어오지 않으려 하고 제한을 어기고 치료에 대한 저항을 보이는 것이었다. 상당 기간 이런 행동은 계속되었으며 누그러졌다가도 다시 살아나 치료자를 괴롭혔다. 순응적인 부분이 매우 부족했고 사소한 것에도 화를 내고 짜증을 부리며 어쩔 줄 몰라 하는 모습을 보일 때는 치료자도 감당하기 어려울 때가 많았다.

그러나 치료자는 아동의 그런 태도에서 정말로 사랑받기 원하나 그것이 빈번히 좌절되면서 생긴 상처와 그런 상처로 인한 분노, 무력감, 그것을 보상하기 위한 방어로 도전적인 태도를 취하는 것을 읽을 수 있었다. 또 발달 초기의 과제인 신뢰감 형성의 결여로 치료자를 믿을 수 없어 계속 치료자를 시험하고 애먹이는 행동을 보이고 다시 상처받지 않기 위해 다가오지 못하는 아동의 마음도 알 수 있었다. 치료자는 준형이의 치료에서 따뜻함과 인간적 신뢰, 예측할 수 있는 일관성, 단단하고 확실한 제한과 대안 찾기가 매우 중요한 요소라고 보았다. 치료자를 시험하는 여러 가지 행동에 흔들리지 않고 적절한 한계설정과 대안제시를 통해 아동이 자기분노를 행동화하지 않고 적절히 표현하고 해결하도록 길을 열어 주면서 굳건히 대처했다. 치료자는 이런 것이 아동을 변화시킬 수 있으리란 확실한 믿음을 가졌고 그것을 부모에게 설득하려 애썼으며 부모가 그것을 받아들였다. 이것은 부모에게도 안정감을 주고 될 수 있다는 희망을 심어 준 것으로 보인다.

준형이의 저항 때문에 부모상담을 다른 시간에 따로 하게 되면서 치료자도 부모도 힘이 더 들 수밖에 없었으나 이런 노력이 준형이와의 관계를 안정시키는 데 중요한 역할을 했다고 본다. 치료자와 신뢰관계를 쌓아 감으로써 준형이의 내부에서 변화가 일어나고 분리되었던 것들이 통합되고 또 그것이 마침내 외부의 적응행동의 변화로 이어지게 되었다.

부모의 성격, 부부갈등도 준형이의 치료에서 중요하게 영향을 미치는 요인이었다. 그러나 무엇보다 바쁘고 힘든 와중에도 자식을 위해 상담센터의 문을 두드린 부모의 열의와 노고는 정말로 컸다. 또 발달 초기에 따뜻하고 안정된 양육을 받지 못했음에도 그 어려움을 잘 이겨 내고 다시 자기의 길을 갈 수 있게 된 준형이의 잠재된 힘이 성공적인 치료의 가장 결정적인 요소였다고 본다.

# 불안한 아동을 위한 놀이치료

● ● ● 아동을 치료하는 임상 장면에서 가장 흔하게 접하게 되는 증상은 불안이다. 그만큼 아동과 청소년기에 있어서 불안장애는 매우 흔한 질병이며 전반적인 유병률은 미국에서 8~10%에 이른다. 최근에 아동기와 청소년기의 불안장애에 대한 관심이 증가하고 있는데, 그 이유는 부분적으로 성인에서의 불안장애와 연속선상에 있다는 점 때문이다. DSM-Ⅳ부터 성인의 불안장애의 진단을 아동에게도 내리는 것을 허용하고 있으나, 성인과 아동의 장애 구분은 아직까지도 불분명하다.

## 1. 불안장애란

### 1) 정의와 발달학적 견해

불안(anxiety)이란 명확히 정의하기 어려우나 막연히 예상되는 위험에 대한 정서적으로 불편한(uneasiness) 느낌으로 광범위하게 정의된다. 또 두려움(fear)이란 객관적이고 명확한 위험에 대한 정서적인 반응으로 정의된다. 불안이란 스트레스를 주는 일상적인 여러 사건에 대한 일반적인 반응이며, 그 양상은 정신병리적인 상태며, 발달학적으로 중요한 역할을 한다. 비록 현재의 범주형 진단기준에서 불안에 대하여 여러 가지 진단기준을 제시하고 있지만, 이들은 아동의 발달에서 나타나는 여러 가지의 불안의 형태를 잘 설명해 주지 못한다.

아동의 불안이 병적이냐 아니냐를 판단할 수 있는 경계는 아직까지 불분명하다. 다만 병적인 불안을 판단하는 데에는 다음의 기준이 도움을 줄 수 있을 것이다. 첫째, 아동이 불안에서 스스로 회복할 능력이 있으며, 자극을 주는 상황이 아니면 불안이 없는가 하는 것이다. 둘째, 아동이 나이에 적절한 사회활동이나 학습활동을 할 수 있는가 하는 것이다. 셋째, 불안이 나타나는 연령이 중요하다. 예를 들면, 어린 아동에게서 엄마와 떨어진 후에 나타나는 중등도의 불안은 정상적인 것이지만 이 증상이 청소년에게서 나타나면 병적인 것이다.

불안이나 두려움은 인간의 발달과정에서 흔히 나타나는 것이다. 많은 이론가는 불안이 두려움에서 나온다고 하였으며, 포유류에서 나타나는 가장 기본적이고 공통된 감정이라고 하였다. Marks(1987)는 불안에 대한 행동 표현은 포유류에서 관찰되는 두려움에 대한 네 가지 반응(철수, 움직이지 않음, 공격, 복종)과 관련이 있다고 하였다.

Bowlby(1988)는 두려움이란 종마다 특이한 것이며, 자연적인 적응적 행동으로서 생존을 위해 유전자에 프로그램된 것이라고 주장하였다. 그에 따르면 내재된 두려움은 큰 소리, 빠르게 접근하는 물체, 높이, 어둠, 지지대가 없음, 낯선 것, 혼자 있음 등이라고 하였고 이 중에서 낯선 것이나 혼자 있는 것에 대한 두려움은 인식과정이 필요하기 때문에 갓난아이에게는 나타나지 않는다고 하였다.

Marks(1987)는 두려움에 대한 연구에 대하여 광범위한 고찰을 하였다. 그에 다르면 영아의 두려움은 출생 시부터 3개월 사이에 나타나며, 부끄러움은 3~9개월 사이에 나타난다. 분리불안은 3개월에 나타나서 3세까지 관찰이 되며, 8개월경에 대상이 엄마로 좁아지게 된다. 높은 곳에 대한 두려움은 아동이 스스로 능력이 생기는 6~9개월 사이에 나타난다. 낯선 것에 대한 두려움은 6개월에 나타나서 1세경에 최고조에 달했다가 2세경에 사라진다.

학령전기 아동에서의 두려움은 동물, 어두움, 강도, 귀신이나 도깨비 같은 상상 속의 물체에 대한 것이 대부분이다. 7세경에는 악몽이나 잠자리에서의 두려움을 흔히 호소하고, 초등학교에 입학해서는 사회적인 능력이나 신체적으로 다치는 것에 대한 두려움 등 좀 더 현실적인 두려움을 호소하게 된다. 청소년기가 되면 학업의 성취, 사회적인 능력, 자신의 외모, 자신의 성격 문제 등에 대한 불안을 호소한다. 이상에서 보면 불안은 대략 두 가지 형태로 요약할 수 있다. 먼저 자신과 다른 사람과의 관계에서 오는 불안으로서 이는 애착이 형성되면서부터 생기며 여러 가지의 형태를 띠고 나타나게 된다. 두 번째로는 자신의 보전(integrity)에 대한 불안으로서 여기에는 낯선 것에 대한 불안, 다치는 것에 대한 불안, 병에 대한 불안 등이 포함된다. 이러한 불안의 형태는 사람의 인식이 발달함에 따라서 변하지만 자신의 보전에 대한 불안은 평생 지속된다(이정섭, 1996).

### 2) 유형

소아에게서 흔히 발생하는 불안장애로는 분리불안장애, 사회불안장애, 과잉불안장애, 공포장애가 있다. 소아불안장애의 공존 질환으로는 우울장애의 출현율이 높고 ADHD, 품행장애도 있다.

#### (1) 분리불안장애(Seperation Anxiety Disorder)

##### ① 정의 및 임상양상

부모나 사랑하는 사람과 분리될 것에 대한 예상되는 불편감에서부터 공포반응까지의 불안증상으로 특징지어진다. 대개 전문가에게 올 때는 첫째, 학교를 거부하거나, 둘째, 신체증상이 있을 때, 셋째, 사랑하는 사람에게 해로운 일이 일어날 것이라는 비현실적이고 빈번한 걱정, 넷째, 주 애착대상이 곁에 있지 않으면 자지 않으려고 하는 것, 다섯째, 분리되는 것에 관한 악몽, 여섯째, 분리를 예상할 때 지나치게 힘들어하는 것, 일곱째, 집으로 가려고 하거나 부모를 만나려고 하는 욕구 등이 나타나는 경우다.

이러한 분리불안장애를 DSM-IV에서는 다음과 같이 정의하고 있다(APA, 1994).

**■ 분리불안장애 진단기준 ■**

(1) 집 또는 애착대상과의 분리에 대한 불안이 발달 수준에 부적절하게 지나칠 정도로 나타나며 다음 세 가지(또는 그 이상) 상황에서 드러난다.

① 집 또는 주된 애착대상과 분리되거나 분리가 예상될 때 반복적으로 심한 불안을 느낀다.
② 주된 애착대상을 잃거나 그에게 해로운 일이 일어날 것이라고 계속적으로 심하게 걱정한다.
③ 운 나쁜 사고가 생겨 주된 애착대상과 분리될 것이라는 비현실적이고 지속적인 걱정을 한다.
④ 분리에 대한 불안 때문에 학교나 그 외의 장소에 지속적으로 가기 싫어하거나 거부한다.
⑤ 혼자 있거나 주된 애착대상이 없이 지내는 데 대해 지속적이고 과도하게 두려움을 느끼거나 거부한다.
⑥ 주된 애착 대상이 가까이 있지 않은 상황이나 집을 떠나는 상황에서는 잠자기를 지속적으로 싫어하거나 거부한다.
⑦ 분리의 주제와 관련된 반복적인 악몽을 꾼다.
⑧ 주된 애착대상과의 분리가 예상될 때 반복적인 신체증상을 호소한다(예: 두통, 복통, 오심, 구토).

(2) 장애 기간이 4주 이상 지속되어야 한다.

(3) 만 18세 이전에 발병한다.

(4) 사회적, 학업적 또는 다른 중요한 기능영역에서 임상적으로 심각한 고통이나 장애를 일으켜야 한다.

(5) PDD, 기타 정신병적 장애의 경과에 국한된 것이 아니어야 한다.

### 2 발달적 특징과 역학

후기 유아기에서는 정상적인 현상으로 보며 커다란 장애를 유발하지 않는 가벼운 정도의 불안은 유치원 초기나 초등학교 1학년에서 흔히 볼 수 있다. 매달리는 행동이나 가벼운 곤란은 아동기 동안 스트레스를 주는 사건이 있을 때 적응하기 위한 반응으로 흔히 일어날 수 있다. 분리불안은 증상이 매우 심하거나, 통상적인 정도를 넘어서 심한 곤란을 겪거나 이로 인해 아동이 기능적으로 손상을 입게 되는 경우에만 임상적으로 의미가 있다.

남녀비는 분명하지 않으나 여아에게서 약간 많고 11세 전후에 정점을 이룬다. 분리불안이 어린 나이에 시작되고, 증상이 가벼운 경우는 비교적 만족스럽게 해결된다. 더 늦게 시작되고 증상의 정도가 심할수록 예후가 나쁘다. 또한 지능이 좀 더 높은 아동이 치료예후가 더 나쁘다. 이런 아동의 50% 정도가 만성적 불안과 지속적으로 학교에 가기 어려운 문제를 갖는다. 드물지만 광장공포증(agoraphobia)으로 발전하는 경우도 있다.

### 3 원인

분리불안의 원인은 기질적 요인과 환경적 요인 두 가지로 크게 나눌 수 있다.

① 기질적 요인

어릴 때부터 성격이 예민했거나 낯가림이 심한 경우, 강박적이거나 미숙하고 의존적인 경향이 강할 때 아동이 불안을 가질 수 있으며 이런 경우는 다음에 설명될 환경적 요인과 맞물릴 때 불안이 증폭된다.

② 환경적 요인

- **부모의 불안 및 성격:** 부모의 성격이 불안한 경우 자녀는 당연히 불안을 느낀다. 아동이 또래와 놀거나 자신의 일을 해낼 능력이 있음에도 부모가 아동을 지나치게 걱정하고 불안해하여 아동을 떼어 내지 못하고 부모 곁에 두거나 과잉보호하게 된다. 자연히 아동은 또래 경험, 놀이 경험이 결핍되어 또래관계의 능력이 부족하게 되며 이로 인해 또래관계를 회피하거나 성취에 대한 불안을 느껴 무능력해지는 악순환을 되풀이하게 된다.
- **부모자녀 관계 및 양육태도:** 0～2세 사이에 아동이 엄마와 안정적이고 친밀한 애착관계를 형성하지 못할 때 아동은 안정감이 부족하며 새로운 세계에 대해 호기심을 갖고 자신 있게 나아가지 못하게 된다. 발달 초기에 자주 엄마와 분리되어 있어서 엄마의 보호나 사랑을 안정적으로 받지 못한 경우,

또는 엄마와 분리되지는 않았어도 엄마의 우울증 등의 심리적 곤란으로 정서적으로 방치되었던 경우, 아이 양육에 대한 지식이 부족해 아이를 부적절하게 대한 경우에 아이가 엄마에게 안정된 애착을 형성하지 못하게 된다. 안정된 애착관계가 형성된 후에는 엄마가 아이를 적절히 떼어 놓고 자율권을 주어야 한다. 그러나 이때 지나치게 아이를 과잉보호하고 엄마 품에서 떼어 놓지 못할 때 아동은 독립적으로 자라지 못하고 무능력해지며 새로운 환경에 가는 것을 두려워하고 엄마와 떨어지지 않으려 한다. 부모가 자신의 감정을 잘 조절하지 못하며 양육태도에 일관성이 없을 때 아동은 부모를 예측할 수 없어 불안을 느끼며 부모가 자녀에게 지나친 기대를 가질 때도 아동은 수용받지 못하여 불안하게 된다. 때로는 부모가 양육에 대한 확신 없이 아동의 요구에 무조건 끌려다니는 경우에도 아동은 자기를 제어할 울타리가 없어지면서 불안을 느끼기도 한다. 이렇게 형성된 불안은 분리불안으로 발전되는 경우가 많다. 아동이 불안을 나타낼 때 부모도 아동이 겪는 어려움을 해결할 수 있는 방법을 몰라 부모 자신도 아동의 정서적 고통에 스트레스와 불안을 느끼고, 이런 부모의 불안으로 인해 아동이 더 불안해진다. 이 과정에서 아동의 불안이 점점 심해지면서 새로운 증상이 생기고, 학교를 가지 않으려고 하거나 혼자 자지 않으려고 하고, 또는 신체 증상이 생기는 등 가족 내에서 이런 투쟁이 반복된다.

- **집안의 사건 및 가족갈등:** 최근에 아동 자신이나 가족의 심한 질병이 있었거나 죽음 경험이 있을 때, 부모의 별거나 이혼, 이사 등의 갑작스러운 가정의 변화가 있을 때, 학교에서 갑작스러운 부정적인 사건이나 환경변화가 있었을 경우에도 분리불안이 심해질 수 있다.

### 4 치료

부모교육이 필수적이다. 이 장애의 특성을 부모와 아동에게 설명해 주고 불안이 가족 내에서 전염된 것이라는 점을 알린다. 불안과 공포가 근거 없는 것이라는 것을 알고, 지나친 스트레스 없이 혼자 정기적으로 학교에 가거나 혼자 자는 것이 습관화될 때까지 분리를 경험하게 한다는 것이 해결의 열쇠가 된다는 것을 말해 준다. 이후 자연스럽게 분리시키고 체계적 둔감법(desensitisation)을 이용해 점진적으로 분리할 수 있도록 한다. 또한 행동수정 방법을 이용해 분리를 잘할 때, 아동이 부모와 분리되어 학교생활을 잘하거나 잠을 혼자 잘 때 보상을 준다.

증상이 심할 때는 약물치료를 하기도 하는데 이미프라민(imipramine)을 많이 쓰며 약물에도 효과가 없을 경우에는 수 주일간 입원치료를 하기도 한다.

놀이치료를 통해 불안을 줄여 감으로써 분리를 도울 수 있다. 아동중심놀이치료는 분리불안아동, 과잉불안아동 등 불안장애아동을 치료하는 데 많은 도움이 된다. 필요할 경우 부부치료와 가족치료를 한다.

### (2) 과잉불안장애(Overanxious Disorder)

#### 1 정의와 임상양상

현재의 사회적, 학업적, 운동능력에 대한 걱정, 과거행동의 적절성, 미래에 대한 지나치거나 비현실적인 걱정을 나타낸다. 지나친 자의식, 확인받기를 지나치게 원하며 긴장을 완화하지 못하고 신체적 이유 없이 두동이나 복통을 호소한다.

DSM-III-R에서는 이에 대한 진단기준을 다음과 같이 제시한다(APA, 1987).

**■ 과잉불안장애 진단기준 ■**

증상이 6개월 이상 지속되며 다음의 일곱 가지 증상 중 네 가지가 만족되어야 한다.

① 미래에 대한 비현실적 걱정
② 자신의 과거행동의 적절성에 대한 지나친 집착
③ 공부, 체육(운동능력), 사회성, 능력에 대한 지나친 걱정
④ 자기의 여러 가지 걱정에 대해 누군가가 안심시켜 주기를 바람
⑤ 신체증상: 두통, 복통
⑥ 당황을 잘 하고 창피를 잘 느낌
⑦ 긴장감을 완화시키기 힘듦

DSM-Ⅲ-R에서는 드물지만 18세 이상인 경우에도 범불안장애(generalized anxiety disorder) 기준에 맞지 않으면 진단을 내릴 수 있다. 그러나 DSM-Ⅳ에서는 범불안장애(Generalized Anxiety Disorder) 안에 소아기 과잉불안장애를 포함시키고 있다. 범불안장애의 기준과 유사하나 과잉불안장애는 자율신경계의 지나친 활동, 근육긴장, 경계성을 강조한다. CBCL에서는 분열성척도(schizoid scale), 불안척도(anxious scale)가 높다.

### ② 발달적 양상

초등학교 고학년(later latency)에서 나타나는 정상적인 발달학적 관심(또래와 성취와 자신의 위치에 대한 비교, 경쟁, 자기상의 공고화, 초자아의 출현) 중 어떤 것도 일시적인 정상적 불안의 근원이 될 수 있다. 보통은 소아(4~7세)에게서, 간혹 청소년에게서, 전지전능에 대한 욕구와 통제의 문제가 미해결된 발달적 상황에서 일어날 수 있다.

### ③ 역학 및 경과

모집단의 약 2~4%에서 발견된다. 맏이, 외동이, 상류층의 성취지향적 가정에서 많이 나타나는 경향이 있다. 아동기에 시작하나 진행과 관련된 증거는 일치하지 않는다. 청소년기까지는 남녀 간의 차이가 없다가 그 후에는 여성에게 더 우세하게 나타난다. 과잉불안장애를 가진 아동의 약 1/2이 적어도 하나의 다른 장애를 가지는데 대부분 다른 불안장애나 기분장애를 가진다.

### ④ 원인

병인에 관한 자료는 모순된다. 생물학적 원인은 잘 알려져 있지 않다. 많은 연구들은 부모의 정신병리와 관련이 있을 것으로 보는데 이는 부모의 다양한 불안, 기분, 알코올 장애가 관련되어 있기 때문이다. 그러나 어떤 연구도 부모의 불안장애와 아동의 과잉불안장애 간의 구체적 관계를 입증하지는 못했다. 종단적 연구에 따르면 기분장애, 회피장애, 파괴성 장애는 모두 과잉불안장애에 선행한다.

스포츠, 학업 등에서 가족의 기대가 높은 경우, 부모나 양육자가 아동의 요구를 계속 굴복시킬 때, 아동의 폭군적 행동이 상승될 뿐 아니라 공포와 불안이 생기게 된다.

5 치료

부모교육, 심리치료와 놀이치료, 긴장이완 훈련, 인지치료, 집단치료, 가족치료, 약물치료를 이용한다.

부모의 지나친 기대가 불안과 스트레스의 원인이라면 이 문제를 부모에게 충고하고 타협하고 지지를 통해 직접적으로 다루어 주어야 한다. 아동이 너무 많은 힘을 행사하며 폭군적인 행동을 하는 것은 아동을 불안하게 만든다. 부모가 다시 통제력을 행사해 아동의 폭군적 행동을 통제해 이런 행동을 줄여 주면 두려움과 불안이 감소된다. 아동의 심리역동이 확실하지 않을 때는 아동과 가족의 상황적, 발달적, 인지적 요소의 범위를 고려한 복합적 치료를 한다.

아동의 지속적인 갈등을 다루어 주고 정상적인 대처기제의 발달을 돕기 위해 심리치료나 놀이치료를 한다. 아동의 일반화된 긴장을 줄이기 위해 긴장이완 훈련을 한다. 또 불안을 유발하는 사고를 합리적이고 불안을 덜 일으키는 사고로 대치시키는 인지치료를 할 수도 있다.

아동의 사회적 상황에서의 불안과 곤란을 줄이기 위해 또래와 집단치료를 한다. 개인의 문제가 명확하게 있더라도 불안을 일으키는 가족의 상호작용패턴(예: 역할의 불명확성, 갈등해결에 계속 실패하는 것)을 평가해 가족체제 내에서 불안의 근원을 찾고 불안을 일으키는 행동이나 상호작용을 조정한다. 디아제팜(diazepam) 등의 약물치료가 효과적인 경우도 있다(홍성도, 1996).

### (3) 공포장애(Phobias)

1 정의 및 임상양상

단순공포증(simple phobia)은 비교적 해가 없는 대상이나 사건에 대해 비현실적 공포를 갖는 것을 말하며 이런 공포로 인해 기능상, 사회적으로 손상을 갖게 되는 경우다. 사회공포(social phobia)란 불안을 일으키는 자극이 사회적 상황이거나, 창피하고 당황하게 하는 것에 대한 두려움일 때를 말한다.

DSM-Ⅲ-R에서는 공황장애(panic disorder), 광장공포증(agoraphobia), 분리불안장애(SAD), 섭식장애(eating disorder), 강박장애(OCD), 외상 후 스트레스 장애(PTSD)에 의한 공포일 때는 이 진단에서 제외시킨다.

사회공포(social phobia)는 남성에게서 더 많이 발견되며 단순공포증(simple phobia)은 여성에게서 더 많이 발견된다.

#### [2] 경과

불안이나 공포가 수행능력을 손상시키고 이로 인해 다시 불안이 일어나는 만성적이고 악순환적인 경과를 밟게 되며 사회적 활동과 직업적 기능의 저하를 유발한다. 심할 경우에는 학교를 다닐 수 없게 되기도 한다. 생후 초반기에 나타난 사회적 공포는 대부분 없어지며 지속될 경우 다른 정신과적 장애가 동반되는 경우가 많다.

#### [3] 치료

다른 불안장애의 치료와 유사하다. 개인심리치료 및 놀이치료, 가족치료, 지지적 집단치료를 하며 행동치료(behavior therapy)도 효과적이다. 행동치료는 체계적 둔감법(systemic desensitization), 포화(flooding), 모델링(modeling), 자기통제(self-management) 방법 등을 이용한다.

아동의 불안장애는 발달과정에서 나타나는 정상적인 과정이기 때문에 모호한 경우에는 진단 내리기가 쉽지 않다. 그러나 불안이 집요하게 나타나는 경우에는 병적인 것으로 진단한다.

## 3) 평가

### (1) 심리검사

불안의 원인과 유형이 다양한 만큼 불안한 아동이 심리검사에서 보이는 반응

또한 매우 다양하다. 그러나 일반적으로 나타내는 경향을 살펴보면 다음과 같다.

먼저 투사적 그림검사에서 그림의 크기가 작으며 선이 약하고 불안정하다. 가늘고 스케치하듯이 짧은 선으로 그리며 지우개를 자주 사용하기도 하고, 특히 자신의 불안과 관련이 있는 부분을 그릴 때 좀 더 지우개를 많이 사용하기도 한다. 그러나 때로는 지나친 긴장으로 아주 진한 선을 그리기도 한다. 그림을 한쪽 구석에 치우쳐 조그맣게 그리기도 하고 인물의 자세가 불안정하거나 불균형하게 그리기도 한다. 종이 밑 선을 기저선으로 사용하거나 나무나 집 등의 그림 밑에 기저선을 그리기도 한다. 불안이 심할 때는 나무, 집, 사람 몸에 진하게 음영을 그리는 경향도 있다. 불안한 아동은 처음에는 좀 더 경직되고 긴장해 그림의 질이 떨어지나 시간이 지나면서 안정되어 가면 그림의 질이 향상되는 경향도 있다. 강박적 성향이 있는 아동은 그림을 지나치게 세부적으로 그리면서 많은 시간을 소요하기도 한다.

BGT 검사에서 도형을 모사할 때 순서나 위치가 일관성이 없고 형태가 전반적으로 단편화되면서 모사가 부정확한 경우가 많다. 또 자신의 갈등과 관련된 도형에서 좀 더 어려움을 보인다.

로르샤흐 검사(Rorschach test)의 경우 도형마다 반응시간이 일관성이 없고 반응수가 적다. 지각 자체가 모호한 경우가 많으며 운동이나 색채반응보다 단순한 형태반응의 비율이 높으며 유채색보다 무채색반응, 음영반응이 증가하는 경향이 있다. 강박적 성향이 있는 아동은 전체 반응이 드물고 소부분 반응이 주로 많으며 과도하게 정확한 것에 집착하거나 세세한 부분까지 세밀하게 반응한다. 반응내용을 살펴보면 주로 피, 해부반응, X-ray 반응, 불이나 연기, 귀신, 도깨비, 쫓기는 대상, 공격당하는 대상 등의 불안을 유발하는 대상이나 상황을 연상하는 경우가 많다.

한국 웩슬러 유아지능검사(KEDI-WISC)에서는 주의집중 요인과 관련된 소검사(산수, 수, 기호쓰기)에서 수행이 저조하다. 일반적으로 주의력결핍 과잉행동장애 아동에게서 나타나는 충동성, 과잉활동, 산만성 등을 보이지 않으면서도 이들 소검사에서 수행이 저조할 때 불안이 있는 것으로 추정할 수 있다. 과도한 긴장으로 인한 지각운동 측면의 경직성 때문에 일반적으로 동작성 과제의 수행이 저하될 수가 있으며 이로 인해 언어성 지능보다 동작성 지능지수가 낮게 나올 수 있다. 그러나 대인불안이 심한 경우는 반대로 언어표현의 억제나 유창성 저하로 동작성보다 언어성 지능이 더 낮게 나타날 수도 있다. 강박적인 아동의 경우는 빠진 곳 찾기가 상승하는 경향이 있기도 하다.

#### (2) 놀이평가

불안한 아동은 놀이치료실에 처음 들어왔을 때 엄마에게서 떨어지지 못하거나 지나치게 긴장하고 걱정하여 놀이치료실에서 안절부절못하며 긴장을 풀 수 없다. 지나치게 위축되어 꼼짝하지 않고 있거나 자발적으로 놀이를 편하게 주도하기가 어렵다.

이것저것 조금씩 만지기만 하면서 어쩔 줄 몰라 하고 놀이에 편안히 집중하지 못한다. 화장실에 가고 싶어도 몸을 비꼬며 참고 있는 경우도 많고, 지나치게 자주 화장실에 갔다 오겠다고 하며 치료자의 눈치를 살피거나 치료자가 원하는 방식에 맞추고 잘 보이려 시도하기도 한다.

이런 긴장과 경직 때문에 놀이에서 능력 발휘가 잘 안 되어 놀이수준이 낮아 보이며 여러 가지에 고른 관심을 보이지 못하고 관심을 두는 놀잇감이나 놀이 영역이 한정되어 있는 것을 알 수 있다. 놀이가 끝날 시간을 기다리거나 자꾸 시계를 보며 끝날 시간을 보는 행동도 나타난다.

### 4) 심리치료 목표와 개입전략

#### (1) 불안장애아동의 심리치료 목표와 개입전략

불안장애아동의 심리치료를 위해 다음과 같은 장단기 목표와 전략을 계획할 수 있다.

1 장기목표

① 전반적인 불안반응에 대한 강도를 줄여서 일상생활을 정상화시킨다.

② 일상적으로 기능하는 능력을 증가시켜서 불안수준을 안정시킨다.

③ 불안이나 공포의 근원이 되는 주요 문제를 해결한다.

④ 지나친 공포, 걱정, 불안 없이 세상과 상호작용한다.

2 단기목표와 치료전략

① 불안한 감정과 생각을 치료자와 공개적으로 나누어 가진다.

- 꾸준한 눈 맞춤, 적극적 경청, 무조건적인 긍정적 존중, 따뜻한 수용을 통해서 아동과 적극적인 신뢰관계를 쌓고 아동이 자기의 불안한 감정을 찾아내고 표현하는 능력을 기르도록 돕는다.
- 치료게임(말하고 행동하고 느끼기 게임, 언게임)을 이용해서 아동의 감정, 자기와 타인에 대한 인식을 확대시킨다.

② 특정한 공포, 걱정, 불안을 언어적으로 구분해 낸다.

- 아동의 불안, 걱정, 공포 등이 탐색되고 표현되고 해결되도록 놀이치료 회기를 갖는다.

③ 불안한 감정과 그 원인에 대한 증가된 이해를 언어화한다.

- 난화게임(squiggle wiggle game: winnicott이 사용한 기법)을 이용해 아동의 내면에서 무엇이 진행되고 있는지를 찾아낸다.
- 아동에게 흔히 불안을 일으키는 두세 가지 상황을 설정해 그에 대한 그림을 그리게 한다.
- 아동이 자기의 불안의 근원이 되는 문제를 해결하는 것을 돕도록 정신분석적 놀이치료 회기(무의식적 갈등, 고착의 원인탐색과 이해, 저항과 핵심적 불안의 해석)를 갖는다.
- 아동중심적 놀이치료 회기를 이용해 아동이 불안한 감정을 이겨 낼 수 있는 힘을 기른다.

④ 불안을 줄이거나 제거하기 위해 긍정적인 자기 말(self statement)을 한다.

- 불안반응을 유발하는 데 영향을 미치는 왜곡된 인지적 메시지를 탐색한다.
- 아동이 공포와 불안을 극복할 자신감을 증가시키도록 현실적이고 긍정적인 인지 메시지를 발달시키도록 돕는다.

⑤ 불안수준을 감소시키기 위해서 적절한 이완활동과 인지확산적 활동을 찾아내서 수행한다.

- 점진적 이완법이나 명상안내기법(guided imagery technique)을 훈련시켜서 불안의 강도와 빈도를 줄이고 평온함을 갖게 한다.

⑥ 불안을 심화시키는 갈등 영역을 찾아낸다.

- 손인형이나 모래상자를 이용해서 아동에게 불안을 일으키는 상황을 시연하게 한다. 아동에게 불안을 일으키는 상황에 대한 이야기를 만들게 하고 그 상황에 대한 긍정적인 인지적 반응을 모델링하게 한다.
- '나의 집과 동네(my home & my places)' 라는 치료게임을 함으로써 아동을 불안하게 만드는 것(이혼, 또래, 알코올 중독, 기타 상황)을 찾아내고 말하도록 돕는다.
- 아동의 불안한 감정을 반영하는 노래를 하도록 하거나 악기를 연주하게 한다. 그 후 그런 불안을 느끼는 때에 대해 함께 이야기한다.
- 아동에게 가족과 또래관계에서 경험한 과거와 현재의 주요 갈등에 대한 목록을 찾아내게 한다.
- 아동이 현재와 과거의 주요 갈등을 해결하도록 돕는다. 문제해결 전략, 자기주장 훈련, 수용, 인지적 재구조화 등의 방법을 이용한다.

⑦ 잠재되어 있으면서 전에는 표현된 적이 없는 욕구 및 생각과 불안의 관련성에 대해 말한다.

- 해석적 면접기법을 이용하여 치료자가 아동이 자신의 동기와 감정을 표현하는 것을 돕는다. 그리고 아동으로 하여금 표현되지 않거나 수용될 수 없는 욕구나 나쁜 생각과 자신의 불안이나 공포를 연결시키게 돕는다.

⑧ 불안감소를 위한 전략을 찾아내고 이용한다.

- 이야기 접근법(narrative approach)을 이용하여 아동이 자신의 불안이나 공

포에 대한 이야기를 쓰게 하고 그 문제를 외현화시키기 위해 치료자와 함께 그 이야기를 행동으로 연출한다. 그리고 불안을 해결하고, 불안과 공포를 극복할 효과적인 방법을 찾아내기 위하여 작업한다.

- '나의 사고와 감정'이란 워크북을 완성하게 한다. 치료자와 함께 각 경험에 대해서 이야기한다.
- 이야기 꾸미기, 그림 그리기, 사진 보기와 같은 기법을 이용해서 아동이 불안에 대해서 말하게 하고 불안의 수준을 낮추도록 한다.
- 상호 이야기 꾸미기 방법(Gardner가 소개한 기법)을 이용해서 아동이 불안을 느끼는 주인공에 대해 말하게 한다. 그런 후 치료자는 그 이야기의 숨겨진 의미를 해석하고 아동의 이야기를 불안이나 공포에 좀 더 건강한 방식으로 적응하고, 갈등을 해결하는 쪽으로 재구성한다.

⑨ 불안한 감정을 감소시키기 위해 신체활동을 증가시킨다.
⑩ 자신감을 키우는 캠프에 참여시킨다.
⑪ 부모가 아동의 불안과 공포를 이해한다는 점을 언어화한다.
⑫ 가족구성원 간의 갈등을 찾아내고 해결하는 가족치료 회기를 계획한다.
⑬ 부모가 아동을 통제하려는 시도를 줄인다.
⑭ 불안은 극복될 수 있다는 자신감과 희망을 갖게 한다.

### (2) 분리불안 장애아동의 심리치료 목표와 개입전략

불안장애 중에서도 유아기에 흔한 분리불안 장애아동의 심리치료를 위해 다음과 같은 장단기 목표와 전략을 설정할 수 있다.

#### 1 장기목표

① 분리가 예상되거나 분리될 때 불안과 공포를 줄인다.
② 애착대상과의 분리 시 지나친 정서적 곤란, 퇴행행동, 애원, 분노폭발을 하지 않고 분리를 참아낸다.
③ 분리와 관련된 신체증상을 없앤다.

④ 밤의 공포를 효과적으로 다루어서 밤에 애착대상의 방에 가지 않고도 자기의 침대에서 자고 평온을 유지할 수 있다.

⑤ 분리불안이 나타나는 데 영향을 끼치는 핵심적 갈등이나 충격적 경험을 해소한다.

⑥ 학교 외 활동이나 또래집단 활동에 참여시키고 규칙적이고 꾸준히 독립적인 놀이를 할 수 있도록 한다.

⑦ 적절한 부모-자녀관계의 한계를 정해 적용하고, 아동이 분리 시 분노폭발을 하거나 부모를 조종하려는 행동을 할 때 엄격하고 일관성 있는 제한을 한다.

**2 단기목표와 치료전략**

① 공포와 공포를 악화시키는 상황을 기술한다.

- 아동과 적극적으로 신뢰관계를 맺어 아동이 자신의 감정을 구분하고 표현하게 돕는다.
- 아동의 두려움의 근원, 촉발요인과 그 결과에 대해 탐색한다.
- 불안이나 공포를 일으키는 비합리적인 인지 메시지를 탐색한다.

② 공포가 얼마나 비합리적이고 비현실적인지 언어적으로 인식한다.

- 불안이나 공포를 극복할 자신감을 증가시키기 위해 현실에 기반을 둔 인지적 메시지를 개발하는 것을 돕는다.
- 아동에게 위험, 상처, 다른 두려운 결과가 일어날 가능성이 낮다는 것을 객관적으로 경험하도록 도와 자신의 불안이 비현실적이고 비합리적이라는 것을 알게 한다.

③ 비합리적인 불안과 공포를 줄이고 제거시키기 위한 행동적, 인지적 전략을 개발한다.

- 불안을 줄이기 위해 긴장이완기법이나 명상안내기법(guided imagery technique)을 훈련시킨다.
- 분리에 관련된 불안을 해결하기 위한 수단으로 긍정적인 자기 진술법 개발

을 할 수 있도록 돕는다.

④ 애착대상과 분리될 때 울고 매달리고 분노폭발을 하는 정도를 감소시키고 공포를 언어화하게 한다.

- 부모와 상담을 통해 아동이 지나치게 매달리거나 분노폭발을 할 때 단호하고 일관성 있는 제한을 하도록 한다.

⑤ 아동이 지나치게 매달리고 애걸하고 분노폭발을 할 때 한계를 그어 준다.

- 아동이 지나친 불안반응을 보이지 않고 부모와 떨어질 때 보상을 주는 보상체계를 계획한다.
- 부모와 함께 가족구성원 간의 적절한 경계와 적절한 공간 보장, 사생활의 필요성에 대해 상담한다.
- 부모의 과보호와 부모가 아동과 지나치게 밀착되어 있는 것이 어떻게 아동의 의존적이고 비합리적인 두려움을 강화시키는지를 확인시킨다.

⑥ 분리 시 울고 분노폭발을 하는 빈도를 줄여 간다.

⑦ 주 애착대상과 떨어져 독립적으로 노는 시간의 빈도와 양을 증가시킨다.

- 혼자 노는 시간이나 친구와 같이 노는 시간을 점차 증가시킨다.

⑧ 집에서 멀리 떨어진 곳에서 또래집단 활동이나 학교 밖의 활동을 증가시킨다.

- 사회적 기술을 가르치고 사회불안을 감소시키기 위해 또래 상호작용 방법을 행동적으로 연습하게 하거나 역할놀이를 하게 한다.
- 아동이 밤새 친구와 함께 지내도록 친구를 초대하거나 친구 집을 방문하게 한다.

⑨ 애착대상에서 떨어져 있는 빈도와 시간을 증가시킨다.

- 아동이 근처의 이웃을 탐색해 보고 자율성을 길러 주기 위해 '세상을 탐색해 보세요' 라는 게임을 한다.
- 부모로 하여금 아동 없이 주말 외출을 하도록 한다. 처음에는 30분 정도로 시작해 점차 시간을 늘려 간다.
- 부모가 없을 때 아동이 불안 없이 잘 견딜 수 있도록 효과적인 대처전략(이

완훈련, 깊은 숨쉬기, 친구에게 전화하기, 친구와 놀기 등)을 가르친다.

⑩ 신체적 불평에서 얻는 이차적 이득을 이해하고 언어적으로 인식한다.

⑪ 무단결석의 빈도를 줄여 학교 출석률을 증가시킨다.

⑫ 밤의 공포를 효과적으로 다루어 밤에 애착대상의 방을 방문하는 빈도를 줄인다.

- 밤에 부모 방을 가지 않거나 지나친 어려움 없이 자기 침대로 갈 수 있도록 하기 위해 아동과 행동수정 계약을 한다.
- 아동이 두려움을 이겨 내고 자율성을 기르도록 밤에 규칙적으로 하는 일(애완용 인형이나 동물완구를 침대에 넣거나 부모와 책 읽기, 방에 악몽을 쫓는 도구를 두기)을 하도록 한다.

⑬ 아동이 보고하는 악몽의 빈도를 줄여 간다.

⑭ 부모가 아동의 자율적인 행동을 강화하고 지나치게 의존적인 행동은 제한한다.

⑮ 아동과 지나치게 융합되어 있거나 과보호를 하는 부모는 자신들이 어떻게 아동의 비합리적인 공포와 의존적인 행동을 강화시키고 있는지를 확인한다.

- Satir의 가족조각기법을 이용해 아동이 각 가족구성원의 역할과 행동을 정하게 한다.
- 역설적 개입방법(아동과 부모에게 매일 일정 시간 서로를 2미터 정도의 끈으로 묶고 다니는 방법)을 이용해 가족의 저항을 감소시키고 아동이 과보호하는 부모에게서 떨어지게 한다.

⑯ 아동의 생활에 참여하지 않는 부모는 부모-아동 간의 놀이나 학교활동, 아동과 하는 활동에 보내는 시간을 증가시킨다.

⑰ 부모들끼리 친밀감과 의사소통을 증가시킨다.

⑱ 현재의 불안과 공포가 어떻게 과거의 분리, 상실, 학대, 충격적 경험과 연결되는지를 알게 한다.

- 아동이 분리, 상실, 충격적 경험 또는 현실적인 위험과 관련 있는 감정을 표현하고 명확하게 하기 위해 격려와 지지를 한다.

- 과거의 분리, 상실, 충격, 위험에 대한 느낌을 표현하게 하도록 아동에게 편지를 쓰게 하고 치료자와 함께 다룬다.
- 정신분석적 놀이치료 방법(아동의 무의식적 갈등, 고착, 억제의 원인을 아동이 탐색하고 이해하도록 하고, 저항과 전이, 핵심적 불안을 해석한다)을 이용해 분리불안에 관련된 문제를 해결하도록 돕는다.

⑲ 과거의 분리, 상실, 학대, 충격적 경험과 관련된 감정을 확인하고 표현한다.

⑳ 놀이치료, 상호 이야기 꾸미기, 미술활동 등을 통해 감정과 공포를 표현한다.

- 편지쓰기를 해 보도록 한다.
- 아동에게 과거의 분리, 상실, 충격적 경험이 없어지는 것을 상징적으로 경험해 보도록 한다.
- 손인형, 인형, 봉제완구를 이용해 아동과 부모에게 두려움이 감소되는 이야기를 차례로 만들게 한다. 밀접한 부모-자녀관계를 위해 처음에는 부모가 참여하는 놀이치료 회기에서 경험한 후 집에서 하게 한다.
- 아동에게 부모와 떨어질 때 일어나리라고 느끼는 두려운 일에 관해 그림을 그리게 하거나 반죽으로 조각하게 한다.

㉑ 긍정적인 자기 말 빈도를 증가시킨다.

- 아동중심놀이치료를 이용해 아동이 자기에 관한 인식을 갖게 하고 분리에 대한 두려움을 이겨 내려는 동기를 증가시킨다.

㉒ 스트레스나 갈등, 책임감을 좀 더 효과적이고, 직접적으로 다루기 위해 자기주장적인 행동을 증가시킨다.

- 자기주장 훈련기술을 습득하기 위해 이웃 사귀기 게임에서 자기주장 연습을 한다.
- 아동이 사회불안을 이겨 내고 긍정적인 사회적 기술을 습득하기 위해 집단놀이치료를 한다(Jongsma, Peterson, & McInnis, 2000).

# 2. 불안장애아동의 놀이치료

## 1) 불안한 아동과 놀이치료

### (1) 아동중심놀이치료

각종 불안증상을 보이는 아동의 치료에 놀이치료가 도움이 되며 이 중 아동중심놀이치료는 불안한 아동의 치료에 효과적이다. 아동중심놀이치료는 아동의 건강한 면을 끌어내는 데 중점을 두기 때문에 치료대상의 범위가 전통적인 정신분석적 놀이치료보다 더 광범위하다.

Landreath(1991)는 아동중심놀이치료의 목표를 자기실현을 향한 내적인 자발적 노력이라고 본다. 치료자의 존재하에 아동이 내적인 힘을 발견할 수 있도록 아동에게 긍정적인 성장 경험을 제공하는 것이 가장 우선적인 목표라고 하였다.

아동중심놀이치료의 목표를 구체적으로 살펴보면 다음과 같다.

- 더욱 긍정적인 자아개념을 발달시킨다.
- 더욱 자발적이 되도록 한다.
- 자기책임감을 증가시킨다.
- 더욱 자기수용적이 되도록 한다.
- 자존감을 높이도록 한다.
- 스스로 자기결정을 하도록 한다.
- 조절감을 경험하게 한다.
- 평가의 내적 기준을 발달시키도록 한다.
- 자기 자신을 더욱 신뢰하게 한다.
- 대처과정에 민감해지도록 한다.

아동중심치료의 입장에 따라 치료를 하게 될 때 많은 아동의 문제가 감소되며 아동은 성장을 하게 된다. 치료자가 미리 계획한 전략이 없고 비지시적이며, 아동중심놀이치료에서 아동은 자신의 욕구를 만족시킬 수 있고 그 과정에서 자연적으로 자기의 어려움을 극복하는 능력을 발휘해 가게 된다. 특히 불안이나 위축, 우울 등의 내면화 증상을 나타내는 아동에게는 위와 같은 목표를 지향하는 아동중심놀이치료가 효과적인 치료방법이 될 수 있다. 이런 문제가 특히 아동의 발달과정에서 불안정한 애착 형성으로 인한 것일 때가 많은데 아동중심치료는 특히 치료자와 신뢰할 수 있는 관계 형성을 촉진시켜 주는 역할을 해 주어 안정된 애착 형성에 많은 도움을 준다. 관계의 중요성과 아동에 대한 신뢰에 중점을 둔 아동중심놀이치료는 불안하고 두려워하는 아동을 위한 효과적인 치료방식이다. 자기만의 고유한 방식으로 놀이치료실에 있도록 하는 온전한 수용은 아동을 자유롭게 하며 아동 자신이 발견한 삶의 위협적인 부분들을 표현하고 탐색해 나가도록 촉진한다(Alexander, 1964).

#### (2) 이완치료(release therapy)

가장 훌륭한 치료자는 접근방법에서 융통성이 있으며 특정한 이론적 접근이나 특정한 기법에 매달리기보다 아동의 특별한 필요에 맞는 기법을 활용할 수 있는 사람이다. 놀이치료 회기는 목표에 따라 직접적이거나 간접적이 될 수 있다. 놀이는 치료자에 의해 소개될 수도 있고 아동에 의해 시도될 수도 있다. 아동과 치료자는 함께 놀이에 참여할 수도 있고 치료자가 아동의 놀이행동을 관찰하고 아동에게 해석을 할 수도 있다(Lyness, 1997).

불안한 아동을 위한 치료는 비지시적 입장의 놀이치료를 할 수도 있고 지시적인 입장의 놀이치료를 이용할 수도 있다.

Levy는 특정 외상을 경험한 아동을 치료하기 위해 이완치료기법을 발전시켰다(O'Connor, 1991). Levy는 놀이를 통해 외상을 준 사건을 다시 만들어 내는 데 도움을 주려는 목적에서 자료와 놀잇감을 제공했다. 아동에게 일정한 놀이 패턴을 강요하는 것이 아니라 아동의 외상경험을 정화하는 데 가장 잘 이용될 수 있다고 생각하는 놀잇감을 제공했다. 이런 치료형태는 S. Freud의 반복강박에서 유래된 것이다. 안전함과 지지, 올바른 자료가 주어진다면 아동은 외상을 준 사건을 계속해서 재연하게 되어 마침내 그 사건과 관련된 부정적인 사고와 감정을 동화시킬 수 있게 된다는 것이다.

Hambridge(1955)는 Levy가 한 것과 아주 똑같은 방법으로 놀이회기를 만들었지만 훨씬 더 지시적으로 놀이에서 구체적인 상황을 설정하였다. Levy는 외상을 준 사건의 재연을 돕도록 자료를 이용했지만 Hambridge는 아동의 감정소산(abreaction)을 돕기 위해 놀이 속에서 외상적 사건이나 불안을 일으키는 상황을 직접적으로 다시 만들어 내었다. 이 기법은 따로 소개되는 것이 아니고 아동과 치료관계가 이미 확립된 중간단계에 소개되었다. 이런 치료를 도입하는 적절한 시기가 중요하며 아동이 그런 직접적이고 개입하는 과정을 다룰 수 있을 정도로 충분한 자아의 자원이 있다고 확신할 수 있을 때 소개되었다. 아동이 충격적 상황을 놀이한 뒤에는 회복할 시간을 주기 위해서 안전한 놀이치료실을 떠나기 전에 아동이 자유롭게 놀게 하였다.

### (3) 불안한 아동을 치료하는 놀이의 다양한 힘

놀이치료는 두려운 아동의 치료에 특히 잘 맞는다. 놀이는 공포의 치료를 위해 귀중한 수단이 되는 특별한 속성을 갖고 있다. Schaefer(1993)는 임상적 아동치료의 과정을 촉진시키는 놀이의 독특한 치료적 힘을 열네 가지로 말하고 있는데 그 가운데 발달적 공포의 극복에 대해 말하고 있다.

Schaefer(1993), Erikson(1950), Waelder(1933)는 모두 놀이의 핵심 역할로서 아동의 발달적 공포를 극복하도록 도와주는 점을 말하고 있다. 아동이 발달적 공포를 이겨 내기 위해 자발적으로 놀이를 이용하기 때문에 놀이는 두려운 아동의 치료에 이용될 수 있다.

치료의 가장 초기에 치료자는 초기 저항을 이겨 내고 새로운 상황에 대한 아동의 정상적 불안을 감소시키기 위해 놀이를 소개할 수 있다. Erikson(1964)은 아동은 놀 기회가 있을 때는 놀이에 참가하려는 유혹을 뿌리칠 수 없다고 한다. 놀이치료실에 있는 놀잇감은 아동이 아무리 현재 불안을 가지고 있다고 해도 놀고 싶은 욕구를 일으킨다. Schaefer(1993)는 놀이의 고유한 힘은 저항을 이겨 내게 하는 것이라고 하였다. 놀이가 그 자체로서 순수하게 즐거움을 주기 때문이다. 아동은 활동 그 자체에서 즐거움을 이끌어 낸다. 놀이는 다른 감정을 기쁨과 같은 긍정적 감정으로 바꾼다(Aborn, 1993).

불안하고 두려운 아동은 새로운 상황이나 치료자를 보고 놀란다. 두려운 아동은 특히 환경과 치료자에게 주목하게 된다. 놀이치료를 소개하는 첫 시간에 놀잇감을 소개하는 것은 저항을 줄이게 해 준다. 치료자는 다음과 같은 말을 할 수 있다(Lyness, 1997).

**예** "놀이치료실을 둘러볼래? 여기에는 네가 갖고 놀고 싶은 놀잇감이 많단다. 나는 걱정이 있거나 두려운 것이 있는 아이들을 도와주는 사람이야. 많은 아이들이 걱정하는 것이 있거나 두려워하는 것이 있기 때문에 여기에 오지. 함께 놀면서 나는 아이들이 두려움을 이겨 낼 수 있도록 도와준단다. 네가 두려움을 이겨 내는 방법을 배우도록 나를 도와줄 수 있겠니?"

치료자는 다음과 같이 말한다. "여기는 놀잇감이 많이 있지? 네가 원하는 대로 재미있게 놀 수 있는 곳이야. 하지만 아이들은 가끔 낯선 곳에 처음 오게 되면 이 곳이 어떤 곳인지, 선생님이 어떤 사람인지 알 수 없고 걱정이 되기도 해. 처음이라 낯설고 무얼 갖고 놀지 정하기가 어렵기도 할 수 있어. 하지만 점점 안심하고 네가 원하는 놀이를 찾을 수 있게 될 거야. 선생님은 네가 여기서 원하는 대로 놀 수 있도록 돕는 사람이란다."

### 1 초기 회기에서 저항을 줄이기 위해 이용하는 손인형 놀이

첫 회기에서 불안한 아동에게 치료자가 놀잇감을 소개하고 접근해도 치료자를 의심스럽게 쳐다보고 지나치게 경계하며 불안해할 때 치료자는 다음과 같은 식으로 강아지 손인형을 이용해 그 손인형이 치료자와 이야기하는 장면을 연출할 수도 있다.

예 "선생님, 영수(아동 이름)는 왜 우리랑 같이 놀고 싶어 하지 않는다고 생각해요?" 강아지 손인형이 치료자에게 말한다.

"내 생각에는 아마 영수가 좀 두려운가 봐. 영수는 아직 우릴 잘 모르거든. 그리고 요새 새로운 사람들을 많이 만났거든. 그건 쉬운 일이 아니야." 치료자가 손인형에게 말한다.

"나도 알아요. 나도 새로운 곳에 가면 항상 조금은 두려워요. 특히 왜 내가 거기 있는지, 거기 있는 사람들이 누구인지 모를 때는 더 두려워요. 내가 영수에게 가서 내 이름을 말해 볼까요? "내 귀를 톡톡 치고 발바닥을 흔들까요?" 손인형이 치료자에게 말한다.

"그래도 된다면 영수에게 얘기해 보렴." 치료자가 손인형에게 말한다.

"영수야 내가 너에게 가도 되겠니?" 손인형이 아동에게 말한다. 아동이 허락하면 치료자는 천천히 의자 위에 앉아 있는 아동 옆에 가 앉는다.

손인형은 아동에게 발을 올려놓고 말한다. "내 이름은 복실이야. 나는 여기서 선생님과 같이 일해. 우리는 걱정과 두려움이 많은 아이들을 도와주는 일을 해. 여기는 안전한 곳이고 어떤 나쁜 일도 일어나지 않아. 우리는 너를 잘 보호해 줄 거야."

치료자를 향해 손인형이 묻는다. "어땠어요?" 치료자가 손인형에게 말한다. "멋졌어. 고마워. 너는 영수가 편안하도록 도와주고 있어."

"선생님은 영수가 내 귀를 긁어 주고 싶어 할 거라고 생각해요? 그렇게 하면 난 항상 기분이 좋아져요. 영수야 그렇게 하고 싶니?" 손인형이 아동에게 말한다.

아동은 천천히 손인형에게 접근하고 치료자에 대해 점차 친근감을 느끼고 안심하면서 조금씩 놀이를 시작하게 된다. 또한 초기의 이런 시도는 이후의 놀이회기에서 아동이 직접 치료자에게 전달하기 어려운 내용을 치료자에게 전달할 때 손인형이나 인형을 사용하도록 촉진한다.

### 2 인형을 사용해 치료자에게 말하기 어려운 것 표현하기

인형을 이용한 역할놀이를 통해 아동 혼자서 자신에게 일어난 두려운 상황을 표현하게 할 수도 있고 치료자가 상대 역할을 맡음으로써 말로 하기 어려운 자신의 비밀이나 불안의 근원을 풀어 놓게 할 수 있다. 이때 치료자가 어떤 편을 할 것인가는 아동에게 질문해 결정하는 것이 좋다.

Freud는 아동이 놀이를 하는 것은 단지 즐겁기 때문만은 아니라고 한다. 그는 아동은 놀이에서 실제로 즐거움이 없는 상황을 재연하기도 한다고 한다.

Waelder(1933)도 아동의 치과놀이에 대해 말하면서 아동이 경험한 불쾌한 상황이 놀이의 출발점이나 재료가 된다고 한다. 아동은 잠시 동안 놀고 점차 그것을 포기하게 된다고 한다. 그는 아동에게 너무나 압도적이었던 경험 그 자체가 점차 놀이에 동화된다고 한다. 따라서 놀이는 그것과 연관된 불안을 동화하기 위해 자기의 경험을 재작업하는 수단이라고 볼 수 있다.

### 3 충격적 주제의 반복

Freud(1922)는 모든 반복적 시도는 아동이 그것을 극복하고자 하는 것을 강화시킨다고 하면서 놀이는 아동이 그 경험을 극복하기 위한 적극적 시도라고 했다. Waelder(1933)도 놀이에서 반복의 중요성을 말했는데 아동은 특정 상황을 극복하거나 만족을 얻기 위해서 같은 상황을 재차 반복해서 만들어 낸다고 한다. 놀이 반복을 통해 아동은 불안을 유발한 사건의 결과를 바꿀 자유를 더불어 갖게 된다. 두려운 아동은 자주 놀이에서 반복을 하고 원래 사건의 결과를 1회 이상 바꿔 보게 된다. Schaefer(1993)는 놀이가 정화를 도와주는 치료적 힘이 있다고 보았다.

자동문과 엘리베이터에 대한 공포를 갖고 있던 한 아동은 놀이에서 잘 열리는 문과 잘 열리지 않는 문 놀이를 수차례 반복했다. 그 후 놀이에서 거울에 나타나던 귀신은 사라졌다.

### 4 수동적 입장에서 적극적 입장으로의 전환

무서운 귀신 꿈을 꾸기 때문에 잠들기 어려운 한 아동에게 무서운 꿈을 그려보라고 했을 때 귀신을 그리고는 무서워하며 보기 싫어했다. 치료자는 그 그림에 대해 함께 이야기한 후 그것을 책상서랍에 넣어 두는 것을 제안했다. 그러면 아동의 꿈에 나타나지 못할 거라고 하자 아동도 동의하고 잠깐 동안은 효과가 있어 꿈에 나타나지 않았다. 그러나 곧이어 악몽이 나타났고 치료자는 아동에게 어떻게 하면 꿈에서 귀신을 몰아낼 수 있을까 질문했는데 아동은 귀신 잡는 줄을 만들겠다고 했다. "줄넘기를 문틀에 연결해 놓고 귀신이 들어오려 할 때 걸려 넘어지게 할 거예요. 엄마 아빠가 그 소리를 들으면 달려와 귀신을 밖으로 차 버리면 되죠." 그 후 그런 상황을 그림으로 그렸다.

놀이에서 아동은 수동적인 희생자였던 상황에서 적극적인 역할을 가상적으로 할 수 있다. 이런 적극적인 상황은 아동에게 두려운 대상을 통제하고 극복하게 하는 방법이 될 수 있다. 놀이에서 아동은 두려운 대상을 지배하고 길들이거나 그 대상 자체가 되기도 한다.

치료자는 아동이 두려운 경험을 놀이로 재연하고 결말이 달라지게 도울 수 있다. 또는 아동에게 다른 역할을 하게 해 아동이 그 경험을 새롭게 동화시키도록 도울 수 있다. 놀이의 이 같은 가상적인 특징은 일반적으로 아동에게 금지되는 역할을 할 수 있게 허용한다.

### 5 불안한 아동과 모래놀이치료

모래놀이는 불안한 아동을 치료하는 데 효과적이다. Kalff(2003)는 불안증상을 보이는 9세 아동의 모래놀이치료 사례를 제시해 모래놀이치료의 효과를 보여주었다. 가와이 하야오(河合集雄, 1983)도 모래놀이치료를 이용해 공포증과 야뇨증이 있는 아동을 효과적으로 치료한 사례를 보고했다.

모래놀이치료는 모래와 상자, 소품을 이용한 비언어적이며 독특한 치료방법이다. 모래놀이치료에서는 내담자와 치료자의 깊은 관계를 토대로 내담자가 자기치유의 힘을 충분히 발휘하도록 하여 보호된 상황에서의 상징체험에 의해 자연스럽게 치유가 이루어진다. 모래놀이치료란 모래상자와 여러 가지 상징물을 이용해 내담자의 마음속에서 떠오르는 내적인 이미지를 구체적 형상으로 만들어 가면서 창의적으로 놀이를 하는 것이다. 모래놀이치료에서는 아동의 의식적,

무의식적인 다양한 이미지가 표현된다. 자신의 상상(imagination)과 달리 의사소통될 수 없는 깊게 느낀 개인적인 상징이 표현될 기회를 주며 자신의 사고를 이미지나 상징으로 접촉할 기회를 준다. 모래놀이치료에서 안전한 치료환경이 제공된다면 정신은 자발적인 자기치유의 잠재력으로 자기발달을 향해 나아간다. 치료자와 내담자가 안전한 치료적 관계를 이루게 되면 내담자는 의식적 마음의 한계를 넘어서 좀 더 풍부하고 창의적인 삶으로 가는 통로에 접근하게 된다. 모래놀이의 경험을 신뢰할 수 있는 훈련된 치료자와 함께 나눔으로써 그 자신의 감정과 삶의 패턴을 더욱 잘 이해하게 되고 치유가 일어나는 것이다(Dundas, 1990).

모래놀이는 마음의 깊은 수준까지 도달하게 하는 비언어적이며 정서적인 치료형식으로 치유를 가능하게 하는 창의적인 퇴행을 격려한다. 모래놀이치료의 기본 가정은 인간의 무의식 깊은 곳에는 적절한 조건이 주어진다면 정신이 스스로를 치유해 가는 자율적인 경향성이 있다는 것이다. 모래놀이는 조직화되지 않은 무의식적인 내용을 3차원적인 명확한 형태로 표현할 수 있게 한다. 모래놀이에서 표현된 것은 내면세계와 외부세계를 나타내며 모래놀이의 경험은 이 두 세계를 중재하고 연결한다. 모래놀이치료는 손상된 모성상이 치유될 수 있게 하는 자궁과 같은 부화기간을 제공한다. 그럼으로써 자기(self)가 배열되고 활성화되게 하며 상처받은 자아(ego)가 치유되고 심리적 재탄생을 돕는 내면아이(inner-child)가 회복되게 한다(Weinrib, 1983).

모래놀이 과정에는 개인의 독특한 이야기가 나타나 있다. 치료자의 이야기가 아니라 내담자의 이야기를 존중해야 한다. 내담자의 이야기는 심리경험적으로 이해될 수 있으며 내담자의 전체적인 성장과 발달을 촉진한다. 개인의 내적이며 외적인 경험세계에서 각 개인이 존재하고 성장해 가는 방식을 결정하는 독특한 개인의 법칙을 나타내며 이를 변형시킨다. 또한 과거, 현재, 미래에 대한 경험을 교정하게 한다(De Domenico, 1988).

모래놀이는 정화를 돕고 명상적 성질이 있으며 이러한 특성은 불안한 아동을 이완시키는 데 도움을 준다. 단순히 모래상자를 만드는 것만으로도 좋은 효과가 있다. 특히 매우 내향적이고 긴장된 내담자의 이완을 돕는다. 모래와 보호적인 상자, 소품을 이용해 언어를 매개로 하지 않고도 자신의 불안의 내용을 표현하기 쉽고 모래상자를 만드는 과정에서 상처를 회복하고 문제를 스스로 해결해 가게 될 수 있다. 또 치료자의 개입에 의해 불안을 유발하는 문제를 직면하고 해결해 가도록 도울 수도 있는 매우 효과적인 치료방법이다.

### 2) 분리불안 장애아동의 놀이치료 과정

놀이를 하기 위해서는 보호자와 편안하게 분리를 해 놀이치료실로 들어갈 수 있어야 한다. 그러나 이런 아동은 처음부터 분리하는 것이 어려운 과제다. 따라서 치료자는 아동이 점진적으로 자연스럽게 분리되도록 도우면서 아동중심놀이치료를 활용하는 것이 도움이 된다.

#### (1) 놀이치료 초기

분리불안이 있는 아동은 초기에 엄마에게서 떨어지지 못하고 분노폭발을 하거나 계속 확인하는 행동을 한다. 또 지나치게 긴장되고 경직되어 있으며 조심스럽고 어두운 표정이며 눈 맞춤을 잘하지 못한다. 지나치게 의존적이고 놀잇감 선택이나 놀이방법에 대해 결정하지 못하고 얼어붙어 있거나 치료자를 지나치게 의식하고 눈치를 본다. 목소리도 작고 속으로 중얼거리거나 질문에 대답이 어렵고 자발적 언어표현이 미약하다. 심한 불안으로 자기문제를 놀이에 투사하기 어려우나 일단 표현되면 피해의식이나 적대적 내용이 주가 된다.

치료자가 겪게 되는 첫 번째 문제는 아동이 엄마와 분리되어 편안하게 놀이를 할 수 있도록 돕는 것이다. 따라서 치료자는 놀이치료실에서 다음과 같은 과정을 통해 아동이 엄마와 점진적으로 분리되도록 돕는다.

① 처음에 엄마 무릎을 떠나지 못할 때는 엄마 무릎에 앉아 있다가 차츰 바닥에 앉게 한다.

② 그다음은 엄마와 같은 방에 있기는 하나 엄마와 떨어져 따로 놀도록 한다.
③ 다음 단계는 문을 열어 놓고 엄마는 문 밖 보이는 곳에 앉아 있도록 한다.
④ 마지막으로 놀이치료실 문을 약간 열어 놓다가 아주 닫는다.

엄마와 분리되어 놀이치료실 문을 닫고 놀 수 있게 되어도 중간에 엄마를 확인하기 원할 때는 나가서 엄마를 확인하게 해 준다. 때로는 화장실을 가겠다거나 물을 먹고 싶다는 식으로 밖에 나가 엄마를 확인하기도 한다. 이때 치료자는 엄마와 떨어져 불안한 마음을 충분히 공감해 주고 반영해 줌으로써 치료자와 놀이치료실에 대해 편안해질 수 있게 해야 한다.

지나치게 의존적이며 불안해하고 치료자의 눈치를 보는 등 놀이를 진행할 수 없을 때는 치료자가 아동이 편하게 접근할 수 있도록 좋아할 수 있는 놀이를 제안할 수 있고 지켜보기보다 함께 놀이를 하도록 해 편안히 놀이에 접근할 수 있게 한다.

(2) 놀이치료 중기

점차 놀이에 익숙해지고 스스로 자기표현을 해 갈 수 있게 되면 치료자는 아동이 놀이를 이끌도록 한다. 치료자는 단지 도와주거나 관찰자의 역할을 주로 하면서 아동의 놀이에 대한 공감과 반영을 한다. 아동은 초기에 제한적인 놀이만 하던 것에서 벗어나 점차 놀이가 확장되고 다양해진다.

이렇게 치료자의 무조건적 존중과 수용, 따뜻한 공감적 반영을 통해 아동이 치료자와 신뢰 있는 관계를 맺고 다양한 놀이를 통해 자기의 욕구와 감정, 생각을 충분히 드러내고 표현하게 한다. 이런 과정을 거쳐 치료 중반에 접어들면 아동은 치료자에게 강한 부정적 전이를 일으켜 분노폭발을 하거나 공격적 태도를 보이기도 하고 치료자를 놀리는 등의 부정적 표현을 한다. 이런 과정을 충분히 거치면서 아동은 자기의 갈등의 근원을 인식하고 자기 문제를 스스로 해결해 가게 된다.

(3) 놀이치료 말기

말기에 이르면 아동은 공격적인 놀이가 줄어들고 자기 나이나 성에 맞는 일반적인 놀이로 바뀌어 간다. 또 좀 더 자아의 힘이 강해져 안정적이 되어 가면서 생활에 더 잘 적응하게 되고 처음에 호소했던 문제도 해결되게 된다.

분리불안이 있는 아동은 놀이에서도 아기와 바로 그 옆에 엄마가 붙어 있는 상황을 연출하거나 한방에 많은 사람이 함께 있는 장면을 연출하기도 한다. 그러나 치료 말기에 들어가면 주 애착대상과 분리된 좀 더 성숙하고 독립적인 모습을 표현하게 된다. 또 스스로 친구랑 노는 게 더 재미있어 이제는 놀이치료실에 오지 않겠다고 하기도 한다.

### 3) 긴장과 공포를 보이는 아동의 심리치료기법

(1) 게슈탈트치료기법

Oaklander(1988)는 불안하고 두려워하는 아동의 심리에 대해 다음과 같이 말한다. 아동은 우리가 상상하는 것보다 훨씬 두려움이 많다. 아동이 실제로 표현하는 두려움보다 말하지 않고 혼자만 간직하는 것이 훨씬 더 많다. 그러나 우리 사회에서는 두려움을 겁쟁이와 쉽게 연관 지어 부모는 아동의 공포감정을 인정하고 수용하기보다는 두려움을 느낄 필요가 없다고 설득하는 데 많은 에너지를 소모한다. 아동은 부모를 기쁘게 해 주기 위해, 혹은 부모가 놀라지 않도록 하기 위해 자신의 공포를 깊숙이 억누르는 것을 배우게 된다.

아동의 두려움은 잘못된 지식 때문이거나, 실제 처해 있는 상황 때문에 나타난다. 아동에 대한 부당한 대우 때문인 경우도 있다. 어떤 경우든 두려움은 인정받고, 수용되고, 존중되어야 한다. 아동의 두려움이 있는 그대로 공개적으로 인정받고 관심받을 수 있을 때 비로소 아동은 험난한 실제 삶을 이겨 나갈 힘을 얻게 된다. 어떤 아동의 두려움은 심해서 공포증으로 발전되기도 하는데 공포의 대상을 피하기 위해 들이는 노력이 일상생활을 방해할 정도가 되기도 한다.

Oaklander(1988)는 그림이나 모래놀이, 역할놀이기법 등을 매개로 게슈탈트 치료기법을 적용해 치료한 사례를 제시하였다. 그녀는 심리치료의 첫 단계에서 특정공포와 관련된 표현되지 않은 감정과 접촉하는 것으로 시작한다. 그녀는 매우 직접적이고 직면적으로 작업한다. 초기에 주어진 증상을 토대로 작업을 하는데 바로 아동에게 공포를 그리라고 요구하거나 인형이나 연극기법을 사용해서 아동으로 하여금 공포를 체험할 수 있는 상황을 연출하도록 요구한다. 그리고 공포의 원인이 확인되면 극복하기 위한 실험과 연습을 한다. 몇 가지 사례를 요약해 제시하면 다음과 같다.

고소공포증을 가진 10세 남아는 높은 곳에 대한 두려움이 아주 심하여 2층 이상 올라가지 못했으며, 등산은 상상도 하지 못했다. 먼저 아동에게 뭐든지 자기가 하고 싶은 것을 골라 보라고 했다, 아동은 모래상자에 거리와 집, 나무들을 만들었고, 모래 한가운데 레고 블록으로 열심히 고층건물을 하나 만들어 세웠다.

치료자는 아동에게 고층건물 옥상에 인형을 하나 올려놓고 그 인형이 되어 보라고 한 후 그때 기분이 어떤지 물었다. 아동은 그대로 해 보더니 불안해하며 마치 균형을 잃고 아래로 떨어질 것 같다고 말했다. 몸은 경직되어 딱딱해졌고 호흡은 답답해졌다. 신체와 호흡은 공포반응에 대한 좋은 단서를 제공해 준다. 공포는 신체반응을 통해 매우 명확하게 드러난다.

치료자는 이 아동이 갖고 있는 공포의 한 원인은 통제력 상실과 관련 있다는 것을 발견했다. 그 아동은 가장자리로 다가가면 떨어질지도 모른다는 막연한 공포가 있었다.

치료자와 아동은 함께 조그만 사다리를 오르내리거나 밧줄타기 혹은 판자 위를 걷는 등 신체 통제와 신체 균형을 연습하는 시간을 가졌다. 조금 자신이 생기자 아동은 좀 더 높은 곳에 올라가는 실험을 계속했다. 연습하는 동안 예전 습관 때문에 다시 공포를 느낄 수 있지만, 그럼에도 자기가 원하는 실험을 계속할 수 있을 것이라고 말해 주었다.

연습을 하면서 아동은 치료자에게 직접적으로 공포증과 연관 없어 보이는 자신의 많은 감정을 표현했다. 자신의 감정과 숨겨진 생각을 통제하지 않고 말해 버림으로써 아동의 공포는 차츰 줄어들기 시작했다. 어떤 것이든 통제를 하거나 붙들고 있으며, 그것은 결국 우리의 삶에 많은 영향을 미치게 된다. 우리가 좀 더 많은 것을 놓아 버릴수록 우리는 더 많은 통제감과 균형감을 느끼게 된다.

물에 대한 심한 공포가 있던 여아에게는 환상유도를 통해 공포의 근원을 찾아낼 수 있었다. 환상유도를 통해 여아는 어렸을 때 오빠가 갑자기 자기를 물에 빠뜨리고는 물속으로 끌어내렸던 경험이 생각났고 그때 정말 죽을 것 같았던 공포가 떠올랐다. 엄마에게 물어보니 이 기억이 사실로 드러났다. 그리고 이것에 대해 많은 작업을 했다. 오빠에 대한 분노작업과 신체연습, 그리고 단계적으로 물을 조금씩 접촉해 보는 숙제 등을 했다. 물에 대한 공포를 완전히 없애지는 않았지만, 통제를 많이 느슨하게 하는 데까지 성공했다.

강도나 도둑에 대한 공포는 아동에게 매우 일반적이다. 9세인 한 소녀는 밤중에 강도가 창문을 통해 자기 방으로 들어올지 모른다는 생각 때문에 잠을 자지 못했다. 그 아동에게 강도가 들어오는 그림을 그려 보라고 하자 아동은 집과 창문, 그리고 창문 옆에 강도가 타고 올라올 거라고 믿는 큰 나무 한 그루를 그렸다. 아동은 상상 속의 장면을 강도의 소지품까지 포함해서 아주 자세히 그렸다.

그 아동의 공포를 구체적으로 탐색한 결과 아동이 두려워하는 것은 신체 손상보다도 낯선 사람이 자기 방에 들어와 자신의 물건을 손댈 수 있다는 사실 자체였다. 아동은 창가의 나뭇가지에다 종을 달아 놓으면 강도가 부딪혀 소리가 나게 되고, 그러면 자기가 깨어 강도를 쫓을 수 있을 거라고 말하기도 했다.

10세의 앤드류는 항상 두려움을 느낀다. 막연한 공포를 느끼는 그는 밤에 늘 불을 켜 놓고, 엄마가 잘 자는지 확인해야 하고, 혼자 학교 가는 것을 무서워했으며, 사고를 목격했거나 혹은 텔레비전에서 무서운 장면을 봤을 때는 며칠씩 연달아 악몽을 꾸었다. 치료자와 아동은 몇 개의 구체적 대상에 대한 작업을 했지만 몇 가지 공포를 없애도 다른 것이 끊임없이 나타났다. 어느 날 '그림 카드로 이야기 만들기(make a picture story cards)' 놀이를 했는데, 앤드류는 아주 무서운 이야기를 몇 개 지어냈다. 묘지에서 한 남자가 유령과 괴물을 피하기 위해 나무 뒤에 숨어 있는 장면, 한 남자가 동굴에서 피를 흘리고 있는데 아무도 도와줄 사람이 없는 이야기를 만들었다. 또 다른 이야기에서는 망망대해에서 부상당한 남자 한 명과 노파, 소녀 한 명이 뗏목을 타고 떠도는데 아무도 도와줄 사람이 없었다. 치료자와의 대화에서 앤드류는 자기가 평소에 늘 약하고 힘없는 느낌이라고 했다. 마지막으로 그는 거리장면 카드를 사용해서 다음과 같은 이야기를 지어냈다.

예 차 한 대가 내리막길을 내려오고 있는데, 하수구에서 거대한 뱀 한 마리가 나왔다. 길에는 다리를 다친 한 남자가 이 광경을 보고 고함을 지르며 도움을 요청했다. 경찰이 출동하여 뱀을 향해 총을 쏴댔으나 뱀은 죽지 않았다. 그때 한 소년이 길에 나타났다. 차에 타고 있던 남자는 소년의 아버지였는데, 소년을 태워 집으로 데려가고 싶었으나 뱀이 너무 무서워 밖으로 나오지 못했다. 소년은 슈퍼맨을 불렀고, 슈퍼맨이 나타나 뱀을 죽였다.

치료자는 앤드류에게 자신은 이 이야기 속의 누구냐고 물었다. 그는 소년이 자신이라고 말했다. 하지만 자신은 슈퍼맨이 되어 모든 어려운 일을 다 해결하고 싶다고 했다. 치료자는 그에게 어떤 어려운 일을 해결하고 싶은지 물었다. 아동은 처음엔 오토바이를 갖고 싶고, 책을 더 잘 읽고, 학교에 가지 않으면 좋겠다고 했다. 치료자가 또 어떤 다른 일을 해결하고 싶은지 묻자 엄마를 보살펴 주고 싶다고 하며 엄마는 항상 돈이나 자식을 걱정한다고 하였다.

앤드류의 부모는 그가 5세였을 때 이혼했다. 엄마는 앤드류가 부모의 이혼 뒤 잘 적응한 편이었으며, 아빠를 정기적으로 만나고 관계도 좋았다고 했다. 치료자는 앤드류에게 이야기 속의 소년이 되어 각 인물에게 말해 보라고 했다. 그는 아버지에게 "아빠는 뱀을 잡아 없앴어야 했어! 슈퍼맨은 우리가 필요할 때 항상 올 수가 없단 말이야!" 라고 말했다. 앤드류의 공포의 원인이 드러나기 시작했다. 앤드류가 자신이 엄마를 보살펴야 한다는 두려움, 부모의 이혼에 대한 원망 등을 표현하기 시작하면, 그가 세상을 헤쳐 나가는 데 필요한 힘을 얻도록 도와줄 수 있을 것이다.

캔디는 10세 소녀인데 남의 집에 가면 잠을 자지 못하는 것 때문에 치료를 받으러 왔다. 어릴 때는 문제가 되지 않았지만 크면서 가끔 친구 집에서 자고 올 일이 생겼고 그때부터 문제가 되기 시작했다. 이 때문에 그녀는 많은 즐거움을 놓쳐야 했다. 부모의 격려로 여러 번 시도해 봤지만 매번 실패했고 밤이 되면 부모가 데리러 가야만 했었다. 부모도 이제 지쳐서 포기한 상태였다. 캔디는 남의 집에서 자는 것이 왜 그렇게 두려운지 이유를 알지 못했다. 치료자는 캔디에게 친구네 집에서 자는 것에 대한 그림을 그려 보라고 했다. 그녀는 친구네 가족은 텔레비전을 보고 있고, 친구는 자기 방 침대에 누워 있는 그림을 그렸다.

치료자: 너는 어디에 있니?
캔　디: 나는 여기에 없어요. 나는 화장실에 있어요.
치료자: 거기서 뭘 하고 있니?
캔　디: 울고 있어요. 집에 가고 싶어요.
치료자: 그렇구나. 그런 일이 있었구나.
캔　디: 네.
치료자: 음. 그럼 화장실에 있는 네 자신을 상상해 보자. 네가 어떤 기분인지 말해 보자.
캔　디: (우는 시늉을 하며) 집에 가고 싶어. 엄마랑 아빠랑 뭐하고 있을까? 동생들은 뭘 하고 있을까?
치료자: 그래서 어떻게 됐니?
캔　디: 친구 아빠가 집으로 데려다 줬어요. 식구 모두가 집에 있었어요.
치료자: 식구 모두 집에 없을 줄 알았니?
캔　디: 모르겠어요. 내가 집에 없을 때 무슨 일이 일어나는지 모르는 게 싫어요.
치료자: 그렇구나. 그럼, 이제 친구 집에서 울지 않고 있는 네 모습을 한번 그려 보자.

캔디는 친구의 방에서 둘이 함께 침낭에서 자고 있는 모습을 그렸다. 치료자는 다시 캔디에게 자기 자신이 되어서 한번 말해 보라고 했다.

캔　디: 나는 친구의 방에서 침낭 속에서 자고 있어요.

치료자: 너는 그 속에 있는 것이 좋니?

캔　디: 네, 재미있어요. 친구와 함께 이야기도 하고 웃고 떠들고 있어요.

치료자: 다른 방에서는 무엇을 하고 있니?

캔　디: 친구 부모님은 텔레비전을 보고 있어요.

치료자: 집에서는 다들 뭐하고 있을까?

캔　디: 동생들은 자고 있어요. 부모님은 텔레비전을 보고 있을 것 같아요. 아니면 보모가 와 있고, 부모님은 영화 보러 갔을 수도 있어요.

치료자: 네가 집에 있다면 뭘 하고 있을까 생각해 봐.

캔　디: 늦었으니까 아마 자고 있겠죠.

치료자: 침낭 속에 있는 네 자신에게 무서운지 한번 물어볼래?

캔　디: 캔디야, 너 무섭니?

캔　디: (침낭 속에서) 아니! 내가 왜 겁나야 하니? 재미있어. 내일 아침에는 우리가 아침을 준비를 할 거야. 팬케이크로 말이야.

치료자: 캔디에게 물어봐. 집에 있는 식구 때문에 걱정이 되는지?

캔　디: 알았어요. 아니라는데요.

캔디는 이런 식으로 자기 자신과 몇 차례 더 대화를 했고 무척 재미있어했다. 캔디는 이번에는 친구 집에서 자고 오겠다고 했다. 치료자는 캔디에게 그동안 두려워하는 데 익숙해 있기 때문에 아마도 다시 조금 두려울지 모르며 그런데도 자고 오는 쪽으로 결심할 수 있을 거라고 말해 줬다. 3회의 치료 후 캔디는 친구 집에서 자고 왔다.

### (2) 행동치료기법

#### 1 점진적 긴장이완

만약 아동이 불안유발 자극에 대한 반응에서 이완하는 것을 배울 수 있다면 자극에 대한 반응으로서 긴장이완이 점차 불안을 대신하게 될 것이다.

먼저 아동은 편안한 장소에 앉아 눈을 감고 약간 이완하는 숨을 쉴 수 있도록 한다. 편안히 숨을 들이쉬고 내쉬고 하면서 치료자는 아동이 하나씩 근육을 긴장했다 이완시키는 것을 가르친다. 자주 긍정적 피드백을 주고 각 근육이 긴장되고 이완된 후 잘했다고 격려한다. 치료자는 아동이 숨을 쉴 때마다 좀 더 편안해질 거라고 말하고 아동이 숨을 내뿜을 때 모든 긴장과 걱정을 내뿜어 편안해질 거라고 암시한다.

치료자는 긴장이완 과정을 격려하기 위한 목소리와 억양으로 말한다. "너는 계속 숨을 들이쉬고 내쉬고 할 수 있어. 기분이 좋아지지. 숨을 들이쉬면 좀 더 편안해지고 숨을 내쉬면 걱정과 긴장을 내다 버릴 수 있게 되지… 좋아, 자 이제 손의 근육을 네가 할 수 있는 한 세게 꽉 주먹을 쥐어 봐. 더 세게. 좋아. 이제는 꽉 쥔 주먹을 펴 봐. 하나, 둘, 셋… 자, 이제 손을 그냥 편히 펴 봐. 좋아. 축 늘어진 헝겊 인형 손처럼 편히 늘어뜨려 봐. 좋아."

### 2 명상안내기법

우선 아동에게 아동이 가본 적이 있는 아주 편안하고 이완될 수 있는 곳이나 가고 싶은 곳에 대해 생각해 보라고 한다. 그런 다음 아동에게 그곳에 대해 치료자에게 자세히 묘사해 보게 한다. 치료자는 그곳이 어떤 곳인지(침대에 푹 들어갈 때, 구름에 떠 갈 때, 큰 안락 의자에 앉아 있는 것, 따뜻한 햇살 아래 잔디에 눕는 것 등) 묻는다. 아동이 그곳에 있을 때 무엇을 보는지, 그리고 감정, 촉감, 냄새, 소리 같은 다른 감각적 세부 사항에 대해 질문할 수 있다. 치료자는 이런 이미지를 이용해 아동이 눈을 감는 동안 자신이 상상하는 그곳에 가도록 안내할 수 있다. "너는 눈을 감고, 숨을 몇 번 들이쉬고 내쉬고, 네가 원하면 너의 그 특별한 장소에 갈 수 있어. 거기서는 네가 좋아하는 그런 편안하고 이완되고 포근한 것처럼 느낄 수 있지. 그리고 편안하고 즐거워지고 싶을 때는 언제나 이 특별한 장소를 가질 수 있어. 그러면 모든 것이 좋아지게 돼. 너의 큰 의자 위에 있는 베개는 부드럽고 너는 그것을 요람처럼 편안하게 쓸 수 있어. 네 옆에 있는 고양이 소리를 들을 수 있고 그 고양이의 따뜻하고 부드러운 털을 느낄 수도 있지. 부엌에서 나는 맛있는 냄새를 맡을 수 있고. 너는 너만을 위한 특별한 곳에 있는 것이 좋고 안전하다고 느끼게 된단다."

### 3 체계적 둔감법

공포나 두려움의 치료를 위해 점진적 긴장이완(progressive relaxation)이나 명상안내(guided imagery)의 기법을 체계적 둔감법과 함께 사용할 수 있다. 체계적 둔감법은 아동의 공포를 감소시키고 소거시키기 위해 고안된 방법이다. 아동이 두려워하는 대상에 점진적으로 노출시킴으로써 두려움을 제거하는 것이다. 두려운 대상에 노출될 때 좀 더 즐겁거나 안전한 자극(긴장완화)과 함께 이루어진다. 체계적 감감에서 아동에게 공포와 관련된 상황의 목록을 찾아내도록 요청한다. 이런 상황을 불안이 가장 적은 것부터 가장 불안하고 싫은 것까지 순서적으로 나열한다. 아동은 이완훈련을 받는다(Schowalter, 1994).

아동이 이완되어 있는 동안 한 번에 하나씩 이 불안유발 장면을 가장 불안이 약한 장면부터 가장 심한 장면까지 시각적으로 떠올리게 한다. 아동이 불안을 느끼지 않고 가능한 한 목록의 꼭대기에 있는 것까지 가 보도록 한다. 아동이 불안을 느낄 때 치료자에게 미리 정해진 사인(예: 손가락 하나를 드는 것 등)을 보내도록 한다. 아동이 더 이상 불안을 견딜 수 없다고 신호할 때 치료자는 아동이 다시 긴장이완이 되도록 목록의 좀 더 낮은 단계에 있는 덜 불안한 장면으로 돌아간다. 얼마 후에 아동은 기존의 자극에 직면할 때 불안 대신 긴장이완을 느낄 것이다. 이 과정은 두려움의 원인이 된 상황을 실제로 연습하는 행동적 연습에 의해 진행된다.

행동적 접근 안에서 치료자는 아동이 자기가 정한 목표를 이루도록 하거나 자기가 스스로 목표를 정하도록 돕는다. 스티커나 차트 같은 것을 이용해 목표성취를 위한 아동의 노력에 대한 긍정적 강화를 주는 것이 효과적이다.

Thompson과 Rudolph(1983)는 아동이 만약 자신이 유능하다고 느낀다면 상황에 대해 덜 불안해한다고 한다. 그들에 따르면 분리불안, 학교에 대한 두려움, 기타 불안행동은 일반적으로 걱정으로 꽉 차 있고 꾸준히 확인을 받아야 하며,

그것과 관련된 것을 극복하기 위한 유능감이 부족한 아동에게 일어나는 현상이라고 한다. 단지 긴장 이완하는 법을 배움으로써 아동은 성공감과 유능감을 느끼기 시작하게 된다. 그리고 상황을 다루는 방법을 토의하고 계획하면서 아동은 성취감이 증가되고 불안을 줄여 간다.

Watchel(1994)은 두려워하는 아동에게 효과적인 문제해결 기술을 가르치는 것이 중요하다고 한다. 그녀에 따르면 부모는 두려워하는 아동에게 확신을 주거나 해결책을 가르쳐 주는 경향이 있는데 그런 아동의 경우 이런 제안을 이용하기가 어렵다고 한다. 더욱이 두려움과 공포를 가진 아동은 부정적이거나 비판적인 자기 말(self talk)을 하거나 다른 부적응적인 신념을 갖는 경향이 있다. 이런 요소는 아동이 자신의 부정적 경험을 지나치게 일반화하게 만들고 더욱 곤란을 겪게 만든다. Watchel은 치료자가 아동에게 걱정이 덜 되도록 자기 자신에게 말하도록 하라고 제안한다. 이런 기법은 아동이 긍정적인 자기 말의 레퍼토리를 개발하게 한다. 또 아동이 스스로 해결책을 찾도록 아동에게 힘을 주면서 불안을 다루는 책임을 부모에게서 아동에게로 돌리게 한다. 그런 문제해결 기술은 긴장 이완 훈련, 체계적 둔감, 고전적 강화(contingent reinforcement) 등의 행동적 개입과 병행해 집단세팅에서 가르칠 수 있다.

Schowalter(1994)는 신뢰하는 성인의 안심시키기와 보호가 이런 아동에게 필요하다고 한다. 부모와 치료자는 두려운 대상에 안전하게 접근하는 모델이 될 수 있다.

Turecki(1994)는 사고의 대치(thought substitution)방법을 이용할 수도 있고 긍정적 마술적 사고를 이용할 수 있다고 한다. 마술괴물 스프레이(괴물이 나타나면 스프레이 뿌리는 것)나 맹수 봉제인형을 가지고 있음으로써 그들이 자신을 용감하다고 느끼게 해 줄 수 있다.

Doft(1992)는 두려워하는 아동이 일기, 그림, 손인형, 그 외의 표현적인 놀이와 같은 심리역동적 기법과 행동적 접근법을 함께 사용하는 것이 효과적이라고 한다. 심리역동적 기법은 아동의 잠재된 걱정과 불안의 원인을 밝히는 데 도움이 된다.

두려워하는 아동은 각기 다른 치료적 필요를 갖게 되고 서로 다른 이론적 모델에서 빌려 온 기법이 각 아동의 필요를 만족시키기 위해 이용될 수 있다. 예를 들면, 불안을 감소시키기 위한 목표는 점진적 긴장이완이란 행동적 기법을 통해 이룰 수 있다. 또 두려운 아동이 자신에 대한 신념이 부족한 것을 수정해 주기 위해서는 긍정적인 자기 말과 같은 인지적 기법이 이용될 수 있다. 또 치료자는 많은 실패와 역경을 경험한 아동에게 수용과 긍정적 존중을 전달하기 위해 지지적인 아동중심기법을 사용할 수도 있다. 자아기술(ego skill)을 발달시키고 불안을 다루고 자신의 소망과 걱정이 표현되고 역동적 갈등이 드러나고 다루어지도록 하기 위해서 심리역동적 접근도 사용할 수 있다. 아동이 실제 생활 장면에 직면하게 하기 위해 필요한 능력을 개발시키도록 심리교육적 접근이나 대처기술을 가르치는 방법도 이용될 수 있다(Lyness, 1997).

### (3) 이야기 꾸미기 기법: 정신분석적 놀이치료

이야기 꾸미기 기법을 이용해 불안의 내용에 접근하고 불안과 어려움을 극복할 수 있는 효과적인 치료개입을 할 수 있다.

#### 1 상호 이야기 꾸미기 기법

아동의 심리치료에서 치료의 과정은 놀이, 그림, 언어 등을 통해 이루어진다. 놀이치료의 경우에도 치료자와 아동 간 언어적 상호교환을 하게 되며, 이는 다른 방법에 비해 문제를 직접적으로 의식 차원에서 다루는 방법이다. 그러나 이러한 방법을 적용할 때 아동의 제한된 언어적 의사소통 능력과 의뢰된 아동의 심리적 문제, 저항 때문에 어려움이 있다. 아동과 치료자의 상호 이야기 꾸미기 기법은 치료상의 이런 어려움을 줄여 주고 아동의 저항을 최소화하면서 아동이 좀 더 심층적인 자신의 심리상태를 표현하게 할 수 있고, 치료자의 이야기를 통해서 더욱 건강한 문제해결 방법에 대한 통찰을 얻게 하는 데 효과적이다.

이야기 꾸미기 기법은 환상이 많은 아동에게 도움이 된다. 아동의 이야기에서 치료자는 아동의 내적인 삶의 다양한 측면, 갈등, 좌절, 방어에 대한 중요한 통찰을 얻을 수 있다. 아동의 이야기는 꿈, 자유연상, 기타 성인의 다른 자료에 비해 분석하기 쉽고 아동의 현재의 곤란점이 치료자에게 모호함이나 왜곡 없이 명백히 드러난다. 아동 치료자의 핵심적인 과제는 치료자의 통찰을 어떻게 치료적으로 사용할 것인가 하는 점이다. 상호 이야기 꾸미기의 방법은 Gardner가 이야기 꾸미기의 방법을 한 단계 더 나아간 형태로 발전시킨 아동을 위한 심리치료 기법으로 다양한 심리적 장애를 가진 아동의 치료에 적용되어 왔다(Gardner, 1983). 이 기법은 정신분석적 놀이치료에서 고안된 기법이다.

우선 아동이 먼저 이야기를 꾸민다. 그다음 교훈이나 배울 점, 제목(너무 어린 아동의 경우)을 말하게 한다. 치료자는 그 이야기의 심리역동적 의미를 요약한 후 치료자 자신의 이야기를 말한다. 마지막으로 치료자의 교훈을 말한다. 여기서 치료자의 해석은 의식을 통해서가 아니라 직접 무의식에 의해 받아들여지게 된다. 따라서 아동은 생소한 정신분석적 해석으로 부담스러워지지 않고, 직접적이며 불안을 일으키는 직면을 피할 수 있게 된다. 또한 유머와 드라마가 소개됨으로써 아동의 관심을 끌게 되고 기쁨을 주게 되어 아동이 받아들이기 쉽게 된다. 그다음 그림이나 인형, 기타 놀잇감이 이야기 꾸미기에 이용되지만 그들은 아동의 이야기를 제한하게 하거나 특정한 방향으로 몰고 가게 한다. 대신 자극을 분산시키거나 오염시키지 않게 하기 위해 테이프 레코더가 이용된다. 이것은 꿈을 끄집어내는 것과 같은 것이다. 아동에게 재미있는 게임을 소개하겠다고 말한다. 테이프에 아동의 이름을 쓰고 우리가 하는 게임을 테이프에 기록할 것이라고 한다. 아나운서처럼 게임을 소개한다.

**예** "○○○의 이야기 만들기 텔레비전(라디오) 프로그램에 오신 걸 환영합니다. 이야기에 모험이 많고 재미가 있을수록 텔레비전(라디오)를 보는 사람들은 재미있을 것입니다. 영화나 텔레비전에서 본 이야기나 책에서 읽은 이야기, 당신에게 정말로 일어난 이야기, 아는 사람에 대한 이야기가 아니라 당신이 만들어 낸 이야기여야 합니다.

이야기는 시작, 중간, 끝이 있어야 합니다. 이야기를 다 만든 후에는 그 이야기의 교훈을 말하세요. 훌륭한 이야기는 교훈이 있다는 것을 알고 있지요. 당신의 이야기가 끝나면 ○○○ 선생님이 재미있고 색다른 이야기를 만들고 교훈을 말하게 됩니다. 자, 오늘 첫 번째 손님으로 ○○○를 소개합니다. (불안을 덜어 주기 위해 이름과 나이, 학교 등 간단한 신상명세를 말하게 한다.) 어떤 아동은 처음 이 프로에 참여할 때 이야기를 생각해 내는 것이 어려울 수도 있습니다. 그러나 조금만 도움을 받으면 할 수 있습니다. 많은 아동은 자기 머릿속에 자기들이 모르는 많은 이야기가 있다는 걸 모릅니다. 나는 아동의 머릿속에 있는 이야기를 끄집어내는 방법을 압니다. 자, 내가 먼저 이야기를 시작한 후 손가락으로 당신을 가리킬 때 마음속에 떠오르는 걸 말하세요. 옛날 아주 먼 옛날, 아주 먼 곳에 (손가락으로 아동을 가리키며) ○○○(아동이 시작하도록)가 살았습니다."

이 정도 도움으로도 어려워할 때 비판적이 아닌 태도로 "오늘은 네가 이야기 꾸미기에 좋은 날이 아닌 것 같다. 내일 또는 다음에 다시 하자."라고 한다. 이야기를 말하는 동안 치료자는 기록을 한다. 이는 아동의 이야기를 분석하기 위해서, 또 치료자가 이야기를 만들기 위한 기초자료가 되기 때문이다. 아동의 이야기와 교훈이 끝나면 이야기의 특정 부분에 대해 질문할 수 있다. 교훈이나 배울 점을 말하기 주저하거나 혹은 없다고 하면 모든 훌륭한 이야기는 교훈이나 배울 점이 있다고 말하고 다시 말할 기회를 준다. 이렇게 해서 이끌려 나오는 교훈은 그 이야기의 기본적 심리역동의 중요한 점을 드러낸다. 아동의 이야기가 끝나면 훌륭한(드문, 재미있는) 이야기였다고 말한다. 다음에는 테이프를 끄고 치료자가 이야기를 만든다.

① 아동의 이야기를 분석하기 위한 지침

이야기에 나오는 각 인물의 상징적 의미를 파악한다. 누가 아동 자신을 대표하는 인물인가? 누가 아동을 둘러싼 환경의 중요 인물을 대표하나? 등을 파악한다. 2~3명의 인물은 같은 사람의 성격의 다른 측면을 나타낼 수 있다. 예를 들면, 착한 개는 나쁜 고양이로 같은 이야기에서 등장할 수 있는데 나쁜 고양이는 아동 내면의 갈등을 일으키는 힘으로 나타날 수도 있다. 일군의 인물은 한 사람 내의 강한 요소를 상징화할 수도 있다. 곤충, 벌레, 쥐 같은 작은 생물의 떼는 수용될 수 없는 억압된 갈등(complexes)이 상징화된 것이기도 하다. 악한 사람은 아동 자신의 억압된 적개심이 외부로 투사된 것을 반영하기도 하며 중요인물에 대한 적개심을 상징적으로 표현한 것일 수도 있다. 위협적인 사자는 적대적인 아버지를 나타내기도 하며 억압되어 사자에 투사된 적개심 때문에 더 깜짝 놀랄 만한 것으로 만들어진다. 이런 예는 왜 많은 아동이 자기 부모를 실제보다 더 나쁘게 보는지 그 이유를 알게 해 준다.

- 이야기의 분위기, 이야기 배경의 일반적인 느낌을 파악한다. 분위기가 즐거운지, 공포스러운지, 중립적인지를 파악한다. 북극 툰드라나 고립된 우주에서 일어나는 이야기는 아동 자신의 집에서 일어나는 것과는 아주 다른 어떤 것을 시사한다.
- 이야기를 할 때 아동의 정서적 반응도 파악한다. 그 이야기의 의미를 이해하는 데 중요하다. 예를 들면, 11세 아동이 아무 정서적 표현도 없이 등산가가 떨어져 죽은 이야기를 한다면 그 아동의 적개심뿐만 아니라 감정을 억압하고 있는 것임을 드러내는 것이다.
- 나이에 맞고 전형적인 이야기들과 그렇지 않은 특이한 이야기를 구별해야 한다. 카우보이와 인디언의 싸움은 흔한 주제로 의미 있는 자료는 아니다. 그러나 추장이 백인에게 승리를 거두기 위해 신에게 자기 아들을 제물로 바친다면 부자관계의 의미를 알 수 있다.
- 아동의 이야기는 여러 가지 정신역동적 해석이 가능하다. 가장 적절한 해석이 되려면 아동 자신이 만든 교훈이나 제목을 반드시 고려해야 한다.

② 치료자의 이야기

치료자의 이야기는 아동의 이야기와 같은 인물, 같은 배경, 또 초기 상황이 같은 것으로 되어야 한다. 그러나 가장 중요한 갈등에서는 더 건강하고 적절하며 성숙한 해결책이 제시되는 이야기여야 한다. 또 가능하면 많은 대안을 줄 수 있어야 하며 아동이 자신의 신경증적인 행동패턴에 의해 지배되지 않는 것이 되어야 한다. 또 아동 자신의 사물을 보는 시각에서 고려되지 않은 새로운 길을 열어주어야 한다. 치료자는 이야기가 끝난 후 교훈을 말한다. 이것은 더 건강한 적응을 강조하기 위한 것이다. 치료자의 교훈이 끝난 후 테이프 레코더를 끄고 아동에게 녹화(녹음)된 것을 보고 싶은지 묻는다. 선택은 아동에게 맡긴다. 프로그램을 다시 들어 보는 것은 치료자가 전달하려는 메시지를 다시 한 번 전하기 위한 것이다. 이 기법에서 치료자는 어떤 즐거운 것을 기대하고 있는 태도를 취하는 것이 좋고 아동이 이야기를 잘못해도 실망을 보이지 말고 수용해 주는 태도를 보여야 한다. 아동의 동기유발을 위해 아동의 이름이 표시된 테이프 더미를 보여줄 수도 있다.

**2 그림카드를 이용한 이야기 꾸미기 게임**

이 기법은 앞의 상호 이야기 꾸미기 기법과는 조금 다르면서 유사한 효과를 내는 방법이다. 또 아동이 쉽게 접근할 수 있으며 자신을 드러내지 않으려 하거나 방어가 심한 아동에게 특히 효과적이다. 기존의 투사검사의 그림카드보다 진단면에서도 가치가 있는데 그 이유는 아동 자신의 직접적인 문제를 다룰 수 있기 때문이다. 그러나 주목적은 치료용이다. 아동이 방어가 심할 때는 이야기는 꾸미지 않고 그림만 고르게 할 수도 있고 이야기는 치료자가 만들고 아동은 듣기만 하게 할 수도 있는데 이 과정이 모두 중요한 치료과정이다. 4~14세 아동에게 효과적이다.

① 도구

- 배경(거실, 교실, 부엌, 도서관, 욕실, 정원, 풀밭 등)만 있는 그림카드 20장과 빈 카드 4장(놀이하는 사람이 원하는 장면을 설정할 수 있도록)
- 인물 그림카드(유아부터 노인까지 성별이 다른 15명)

- **회전판:** 16개 구역으로 나누어 이야기 꾸미기 카드를 고르는 구역과 동전을 받거나 잃게 되는 구역으로 나뉨
- 주사위, 동전, 동전으로 교환할 수 있는 간단한 보상물

② 과정

회전판을 돌려 이야기 꾸미기 칸에 멈추면 그 칸에 쓰인 4장의 그림카드 중 자신이 원하는 1장을 고른다. 그러면 상대방에게서 동전 1개를 받게 된다. 등장인물을 고르고 그 인물들이 무엇을 하는 이야기를 만들면 동전을 2개 받게 된다. 마지막으로 자기 이야기의 배울 점을 말하면 동전을 한 개 더 받게 된다. 최대 4개까지의 동전을 받을 수 있다.

이야기의 내용은 자기의 이야기가 아니라 자기가 만든 이야기여야 하며 들은 이야기나 다른 사람의 이야기를 해서는 안 된다고 알려 주어야 한다. 치료자는 아동의 이야기의 내용에 대해 정신분석적인 입장에서 이해하고 대응하는 능력이 필요하다. 또 아동이 고르는 카드의 내용이나 등장인물은 아동의 정신병리적 차원에서 중요한 자료이므로 자유롭게 이야기할 수 있도록 편한 관계를 맺는 것이 중요하다. 치료자가 이야기를 만들 때는 아동의 문제와 관련된 내용을 고려해 만들어야 한다. 배울 점을 말할 때도 아동이 모른다고 하거나 배울 점이 없는 얘기라고 할 때는 치료자가 배울 점을 말하고 동전을 받을 수 있다.

**3 난화게임**(squiggle drawing game)

잠복기 아동에게 초점을 맞춘 미술활동으로 Winnicott(1971)의 난화기법과 Gardner의 이야기 꾸미기 기법에서 유래되었다. Gardner(1971)와 Kritsberg (1975)는 심리치료 중인 아동을 위해 은유(metaphor)에 의한 더욱 체계적인 의사소통기법을 개발했다. 이 기법은 자신의 문제와 감정에 대해 직접 물어보는 것에 저항이 심한 잠복기 아동을 대상으로 예술적 은유와 이야기 꾸미기의 은유를 통해 상호작용하고 주제가 되는 자료를 확보하는 데 유용한 기법이다(Claman, 1980). 전통적인 비지시적 놀이치료는 아동의 문제에 언어적으로 초점을 맞추는

데 한계가 있다. 아동의 진단평가 시 투사적 또는 반투사적 기법이 이용되지만 이런 기법은 놀이에서 체계적으로 이용되기 어렵다.

이 기법은 특히 매우 불안한 아동과 접촉하고 라포를 발달시키고 그림 속의 은유를 사용하면서 아동은 안전한 거리를 유지하면서 자기문제를 탐색하도록 도와준다. 또 치료과정 동안 치료동맹을 형성하는 데 명료화와 재집중을 하게 해 주고 위기개입과 단기치료에도 효과적으로 사용된다(Landreath, Homeyer, Glover, Sweeney, 1996). 이 기법은 아동이 그림에 관심이 있고 또 그림을 그리고 싶은 마음이 있는지 확인한 후에 소개되어야 한다.

여러 장의 종이를 준비해 두고 연필로 치료자와 아동이 함께 한 장씩 그림을 완성해 가는 것이다. 처음에 치료자가 아무런 선이나 자신이 그리고 싶은 선 하나를 그린다. 이 선은 곡선, 직선, 구불구불한 선, 지그재그선 등 어느 선이나 괜찮다. 그러면 아동은 이 선을 이용해 어떤 그림이든지 자신이 원하는 대로 그리는 것이다. 다 그린 후 이야기를 만들고 그림에 대해 질문을 받고 답변을 하고 다시 상대방과 순서를 바꿔 다음 단계를 시작한다. 그림 그리는 기술이 중요한 것이 아니라 어떤 주제를 가지고 같이 이야기를 하고 상호작용을 하는 것이 가치 있는 것이다.

방법을 소개한 후 치료자와 아동이 옆에 나란히 앉아 치료자가 먼저 시작한다. 그런 다음 아동이 치료자의 선으로 그림을 그리고 이야기를 하게 하는 것이 좋다. 그래야 치료자는 자기 차례에 어떤 주제를 이용해 그림을 그릴지 결정할 수 있다. 아동이 지시를 이해하지 못하면 순서가 바뀔 수도 있다.

### ① 치료자의 역할

치료자는 아동의 문제와 발달단계에 맞춰 공감적이고 협동적이며 상호작용적인 심리치료를 하는 것이다. 치료자는 아동이 자신의 사고, 감정, 관심을 대치시키고 주제의 형태로 표현하도록 아동의 그림, 이야기의 내용과 구조에 따라 진행한다. 치료자는 또한 자신의 그림과 이야기를 통해 치료자가 아동의 문제에 대해 이해한 것을 전달하고 가능한 해결책을 암시한다. 아동은 자기의 그림과 이야기 꾸미기뿐만 아니라 치료자의 그림과 이야기도 즐기기 때문에 치료자는 이 기법에 의해 도전을 받는 것이 아니라 도움을 받는다. 이 게임은 자아 지향적인 심리치료(ego-oriented psychotherapy)의 한 형태다.

② 아동의 그림과 이야기

아동의 그림은 주로 아동으로 하여금 상징적 대치를 통해 자신에 대해 말하게 하는 수단이다. 아동의 그림을 정확히 이해하기 위해 이야기를 하게 하는 것은 꿈에 대해 연상을 하게 하는 것과 마찬가지로 필수적이다. 아동의 연상을 자극하기 위해 그림을 만들 때 치료자가 제공한 선을 이리저리 돌려보도록 할 수도 있고 아동 자신이나 아동이 아는 사람, 아동 자신의 경험이 아닌 상상의 인물, 사물, 사건과 경험에 대해 이야기를 꾸며 보도록 요청할 수도 있다. 아동에게 다음과 같이 이야기를 시작하도록 격려한다. "옛날, 아주 먼 옛날에……" 대부분 이야기는 처음과 중간, 끝이 있도록 구성하도록 하고 아동의 이야기에 특별한 메시지가 있는지를 묻는다.

③ 치료자의 그림과 이야기

치료자의 주 역할은 아동이 자신의 사고, 감정, 관심을 대치된 주제로 표현하도록 돕는 것이다. 치료자는 아동의 그림과 이야기의 내용과 구조의 안내를 받아야 한다. Kritzberg(1975)는 치료자가 인물(생물이건 무생물이건), 구조, 몇 가지 결과가 있는 활동 이야기를 만들어야 한다고 한다. 그 이야기는 아동이 자기의 문제를 극복할 수 있다는 신념을 격려하고 그 방법을 암시하는 아이디어나 교훈을 가져야 한다. Kritzberg는 치료자의 이야기로 '내담자의 이야기와 같은 이야기(mirror story), 암시적 · 직접적인 이야기, 간접적 · 해석적인 이야기'의 세 가지 종류가 유용하다고 한다. 만약 치료자가 아동이 준 선으로 역동적으로 도움이 될 만한 이야기를 결정하지 못했다면 '아동과 같은 이야기'를 이용해야 할 것이다. 이 이야기에서 치료자는 아동이 앞에서 한 이야기를 인물, 상황, 행동에 약간의 변화만 주어서 반복한다. 이것은 아동의 자기표현을 지지하는 효과가 있다. 암시적 · 직접적인 이야기는 아동이 자기의 문제를 극복할 수 있다는 느낌을 격려하도록 생활에 대한 주제를 제시하는 것이다. 이런 주제는 본능적 · 심리사회적 발달의 맥락(libidinal-psychosocial developmental framework) 안에서 분류될 수 있다. 또 잠복기 아동을 위한 특정한 발달과제와 관련될 수 있다. 다음의 주제 분류는 Kritzberg(1975)에 의한 것이다.

- **신뢰:** "너는 사람들을 믿을 필요가 있다." "사람들이 너를 거부한다고 결론짓기 전에 사람들에게 기회를 주어라." "사람들을 두려워하지 마라."
- **주장하기:** "너는 너 자신을 옹호할 수 있다." "다른 아이들이 너를 거칠게 대하도록 내버려 두지 마라." "공격적이 되고 너 자신을 위해 싸우는 것은 괜찮다."
- **인내:** "계속해라." "밀고나가라." "장애물에 꺾이지 마라." "계속한다면 성공할 것이다."
- **또래관계:** "친구를 만드는 일은 노력이 필요하다." "다른 친구와 노는 것은 재미있다." "친구들이 너를 집적이는 것을 두려워하지 마라."
- **말하기의 가치:** "말하는 것은 도움이 된다." "사람들에게 너의 느낌을 말해라." "누군가가 너의 이야기를 듣게 하는 것은 좋은 일이다."
- **탐구의 가치:** "사물을 자세히 살펴보는 것은 가치 있는 일이다." "좀 더 탐색하라. 그러면 재미있는 것을 발견할 것이다." "밝혀질 새로운 것이 항상 있다."

아동의 그림과 이야기를 이해하기 위해 치료자는 심리역동적 주제, 사용된 상징의 종류, 감정이 경험되고 이해되는 방식, 인지기능의 수준을 고려해야 한다. 아동의 그림과 이야기는 항상 좋거나 나쁜 측면(특성) 중 한 부분의 상징으로 그들 자신에 대한 표상을 포함하고 있다. 예를 들면, 경찰은 아동의 '좋은' 조절부분(초자아)을 표상하며 강도는 아동의 '나쁜' 충동부분(본능)을 표상한다. Pitcher와 Prelinger(1963)는 유아의 공통 주제와 방어를 알아내기 위해 일반 유아의 이야기를 연구했다. 유기와 분리, 임신하는 것에 대한 공포, 형제경쟁, 성교의 공포, 남아의 오이디푸스적인 주제, 여아의 남아가 되는 것에 대한 소망 등이 가장 공통된 주제다. 가장 자주 이용되는 방어는 부정, 철회, 억압이다. 합리화, 반작용 형성, 공격자 동일시는 덜 이용되었다.

Kritsberg는 아동이 이야기에서 사용하는 상징을 세 가지 주요 범주로 분류했는데, 그 범주는 첫째, 대상의 상징(사건의 참여자, 인물, 연기자) 둘째, 행동, 사건과 일어난 일에 대한 상징 셋째, 충동, 정서, 분위기, 감정의 상징이다.

대상 상징은 남녀 인간상징과 동물상징, 무생물 대상(자연과 인공) 상징이다. 부모는 교사, 교장, 의사, 변호사, 장군, 왕, 여왕, 악마, 마녀, 요정 같은 좋거나 나쁜 실제적 상상의 인물로 대표된다. 사람, 동물, 무생물 상징은 제한이 없으며 아동과 치료자에게 모두 심상화를 촉진시킬 수 있다. 상징의 선택은 역동적으로 의미가 있다. Kritzberg는 상징이 아동에게 대인관계 문제의 주제를 표현하게 하면서도 그 문제에서 심리적 거리를 유지하게 한다고 한다. 동물상징은 아동에게 특별히 매력을 주며 거리를 유지하게 하므로 격려가 될 수 있다. 충동, 정서, 분위기, 감정도 직접적으로나 상징을 통해 표현될 수 있다(Claman, 1993).

## 3. 불안한 아동의 놀이치료 실제: 시연 사례

### 1) 아동 인적사항

시연이는 접수 당시 만 3세 3개월 된 여아로 또래에 비해 작고 아기 같은 모습이었다.

### 2) 주 호소내용

① 엄마에게서 떨어지지 못하며 낯을 심하게 가리고 사람을 극도로 싫어하며

피하려 한다. 아기 때부터 이런 행동이 심해 엄마가 너무 힘들었다. 20개월 이후부터는 더욱 심해졌고 커 갈수록 이런 행동이 심해지고 있다. 엄마는 짜증 내다가 받아 주기도 하고 위로하기도 했다. 아빠는 이런 행동을 보면 주로 야단을 쳤다.

② 음식을 너무 먹지 않아 부모와 실랑이를 많이 했으며 밥알 씹기도 어려워했다. 18개월 후부터 이런 행동이 나타났고 혼자 밥을 먹으려는 의지가 없었다.

③ 겁이 너무 많고 행동이 느리고 굼뜨다. 커 갈수록 나아지지 않고 더욱 심해져 걱정하던 차에 본 치료자에게 상담받은 적이 있는 다른 엄마의 권유로 상담센터를 찾게 되었다.

## 3) 발달 및 생육사

### (1) 임신과 출산

시연이를 임신하기 전에도 자연 유산경험이 있었고 시연이가 임신 2개월 때도 유산위험이 있었다. 아빠가 외아들이었으므로 이로 인해 엄마의 심리상태는 매우 불안했으며 임신 10개월 내내 누워 있었다. 아동출산 시 흡입분만을 했다.

### (2) 발달 및 양육사

아기 때 밤에는 많이 보챘고 활동량은 지나치게 적었다. 신체발달은 다소 느린 편으로 15개월에 걸었으며 언어발달이나 인지발달은 빠른 편이었다. 18개월 전에는 식성이 아주 좋았으나 그 후는 음식을 씹기 힘들어하고 혼자 밥을 먹으려는 의지가 없었다. 15개월 때 장질환으로 입원해 아이의 고생이 매우 컸다. 낯가림은 클수록 심해졌고 엄마 없이는 놀지 못했다. 또래를 싫어하고 붙여 놓으면 많이 울고 겁을 내며 눈치를 보았다. 또 쉽게 상처받고 피해의식을 보였다. 몇몇 과외 활동 시 모두 외부에 대한 부적응으로 초기에 중단했고 현재는 거의 집에만 있다.

### 4) 가족관계

시연이는 외동딸이며 아빠는 잘 놀아 주지 않고 친밀감이 부족해 별로 좋아하지 않는다. 아빠도 자식에게 큰 비중을 두지 않고 부부 위주로 생활하며 주로 텔레비전만 본다. 엄마와 밀착관계가 매우 강하여 다른 친구가 필요 없으며 엄마는 시연이에게 애정표현을 잘한다. 엄마는 남편이 아이에게 심하게 대한다고 불만이 많았기 때문에 아이를 더욱 과잉보호하였다.

### 5) 문제의 원인

시연이가 보이는 여러 가지 문제는 부모의 성격적 불안과 밀접한 관계가 있는 것으로 보인다. 특히 엄마는 임신 시 반복된 유산 경험으로 아이에 대해 무척 불안해했으며 이 때문에 시연이가 불안한 기질을 갖고 태어난 것 같다. 아빠는 현재 유능한 사원으로 인정받으며 직장생활을 성공적으로 하고 있고 일에 대한 집착이 강하다. 그리고 성취에 대한 불안이 높고 내성적인 성격을 가졌으나 부인과 딸이 자율적이며 강한 존재가 되기를 원하며 또 그렇게 되도록 하기 위해 엄한 아빠가 되어야 한다는 신념을 갖고 있었다. 그래서 시연이에게 나이에 걸맞지 않은 성숙함과 강함을 요구했고 아이는 제 또래의 자연스러운 욕구를 많이 억압해야 했다. 양육에 대한 의견 차이로 인해 부부간의 심리적 갈등이 많은 편이었으나 겉으로 크게 표면화되지는 않는 상태였다. 출생 후 아이의 어려운 기질 때문에 더욱 불안해진 엄마의 과잉보호적 태도와 그를 못마땅히 여긴 아빠의 엄격한 양육방식 사이에서 시연이는 더욱 불안해지고 의욕을 잃게 되고 사람을 두려워하게 되면서 엄마에게만 더욱 밀착하게 된 것으로 보인다.

### 6) 상담목표와 치료전략

① 부모와 분리될 때 느끼는 불안과 두려움을 줄여 분리될 수 있는 시간을 증

가시킨다.

- 부모와 즐거운 시간 갖기를 증가시켜 안정된 애착 및 신뢰관계를 맺도록 한다.
- 아동중심놀이치료를 통해 치료자와 편안하고 신뢰 있는 애착관계를 형성한다.
- 체계적 둔감법을 적용해 아동이 놀이치료실에서, 낯선 곳에서 엄마와 편하게 분리될 수 있도록 한다.
- 자신감을 증진시킨다.

② 분리불안이나 회피불안을 유발하는 데 영향을 끼친 충격적 경험이나 심리적 갈등을 적극적으로 표현하게 하여 해소시킨다.

- 불안을 유발하는 경험을 쉽게 표현할 수 있도록 적절한 매체를 통해 불안을 표현하고 감소시키도록 한다.
- 인형이나 손인형을 이용한 역할놀이를 통해 불안이나 충격적 경험이 드러날 수 있도록 한다.
- 적극적인 공감과 경청, 반영을 통해 불안과 관련된 경험의 표현을 돕는다.

③ 또래관계를 맺을 수 있도록 돕거나 교육기관에 참여하게 해 또래가 하는 정도의 사회적 관계를 증가시킨다.

- 사회적 기술을 발달시킨다. 필요할 경우 모델링이나 역할놀이를 통해 자기표현과 자기방어 방법, 적절한 문제해결 방법을 습득하게 한다.
- 필요한 경우 또래관계나 교육기관에 참여 시 보상을 주는 행동계약을 엄마와 아동이 하도록 한다.

④ 적절한 부모자녀관계의 한계를 정해 과잉보호를 줄이고 분리에 대한 분노폭발에 단호하고 일관성 있게 대처한다.

- 부모상담 및 교육을 통해 아동에 대한 지나친 기대를 하거나 반대로 지나치게 과잉보호하는 태도를 줄이도록 한다.
- 부모가 아동의 자율적인 행동을 격려하고 지나치게 의존적인 행동은 제한한다.

⑤ 아동의 불안에 영향을 미치는 부모의 불안을 완화시키고 부부관계를 개선시킨다.

- 정기적인 부모상담을 통해 부모가 자신의 불안을 인식하고 해결하게 하며 부부간의 원만한 의사소통을 촉진할 방법을 탐색한다.

### 7) 상담과정(아동 놀이치료 48회, 엄마 상담 12회, 아빠 상담 1회, 부부상담 1회)

아동의 놀이치료 및 엄마 면담은 매주 1회씩 정기적으로 하였다.

#### (1) 초기단계: 1～7회기(불안, 놀이치료실 탐색, 엄마와의 분리, 놀이방법 배우기)

**[1] 접수상담**

놀이치료실에 들어가자고 하자 시연이는 놀이치료실을 나가겠다고 울고불며 몸부림을 쳤고 이에 엄마가 놀이치료실에 들어와 아동을 내내 무릎에 앉혀 놓아야만 했다.

**[2] 1회기**

처음부터 엄마와 함께 들어오도록 하니 불안은 조금 완화된 듯하나 매우 긴장하고 위축되며 눈치를 살피고 엄마 옆에 앉아 인형 집을 쳐다보기만 했다. 치료자가 놀이를 안내해 주면 조금 만져 보나 곧 다시 엄마에게로 갔고 치료자를 아줌마라고 불렀다.

**[3] 2～4회기**

시연이가 놀이치료실에 대한 불안이 조금 줄어든 것 같아 체계적 둔감법을 이용해 자연스럽게 엄마와 분리시키기 위해 차츰 엄마가 일찍 방을 나가도록 했다. 엄마가 나간 후 아동은 눈치를 보며 불안한 눈빛으로 가만히 앉아 있다가 치료자가 제안하면 조금씩 반죽 찍기를 했으나 치료자가 안내해 주지 않으면 내내 꼼짝도 하지 않은 채 놀잇감을 보고만 있었다. 이렇게 심하게 경직되고 위축된 의존

행동을 보이던 시연이는 4회 때 엄마와 완전히 분리되어 놀이치료실에서 치료자와 놀이를 할 수 있게 되었다. 그러나 시연이는 자발적으로 놀이를 하지 못하고 놀이 수준도 아주 단순하였다.

④ 5~7회기

치료자가 놀이를 안내했다. 시연이는 아무것도 하지 못하고 있는 자기 자신에 대해 더 불안해하는 모습을 보이며 치료자가 자기를 지켜보는 모습을 힘들어하는 것 같았다. 따라서 편안함을 주도록 아동에게 쉽고 편안하고 즐길 수 있는 놀이를 안내하고 치료자와 함께 놀았다. 주로 반죽 누르고 찍는 놀이, 공놀이, 음식 만들기 놀이 등을 시도했다. 치료자는 시연이가 좋아하는 소시지를 만들어 주는 놀이를 했고 아동은 아무 말 없이 고개만 끄덕이고 눈치를 보던 것에서 발전해 단답식의 대답도 하고 가끔 치료자 반응에 웃기 시작하였다.

아동이 드물게 자발적인 놀이를 선택했는데, 놀이는 주로 퍼즐 맞추기나 모양자 대고 그리기 등 방법이 미리 정해져 있는 놀이였다. 자기가 정말로 하고 싶은 것은 맨 나중에 꺼냈는데, 이는 자신의 욕구를 억압하고 있기 때문에 나타난 현상으로 보인다. 6회부터는 주로 동물을 꺼내 놓았는데, 처음에는 그냥 늘어놓기만 하다가 나중에는 사슴벌레를 꺼내 아빠 얼굴에 붙이며 그렇게 한 것이 아빠가 좋아서라고 하였다.

아동은 주로 바닥에 동물 늘어놓기를 했는데, 점차 놀이에서 사람이 등장했다. 거실에 성인 여성과 한 여아가 마주 앉은 모습을 꾸몄고 주차 표시를 보고 자발적으로 "여기 오지 말래. 독수리도 오지 말래. 가지 말라는 거야. 시소 타지 마세요 하는 거야."라고 한다. 이렇게 금지와 제한, 억압에 관한 표현을 주로 사용하였다.

**초기 엄마 보고** 자신의 성격이 깔끔하고 물건을 정확히 제자리에 두는 성격이지만 아이 앞에서는 이를 자제하고 별로 정리를 하지 않았다. 아이는 소꿉놀이, 인형은 싫어하고 무서워하며 퍼즐, 블록놀이, 동물을 좋아하는데, 아빠가 여자애처럼 키우기 싫다고 해 인형류를 사 주지 않았다.

놀이치료를 하면서 차츰 전에 싫어하던 영재 프로그램을 재미있어하고 활발히 참석하고 견뎌 낸다. 집에서는 영특하게 행동하나 밖에 나가면 두려워하고 집에서처럼 행동을 하지 못한다. 아빠에게 엄마를 뺏기는 것으로 생각해 늘 엄마 무릎에 앉아 있으려 하고 나가면 늘 안거나 업어 달라며 조른다.

---

### 초기단계 요약

초기에는 놀이치료실에 적응하고 엄마와 편안히 분리시키는 것이 가장 시급한 목표였다. 또한 아동이 너무 경직되고 위축되어 놀이를 자발적으로 할 수 없는 점 때문에 놀이방법을 배우는 것을 목표로 삼았다. 아동의 놀이수준이 낮아 좀 더 단순하고 감각동작적인 놀이를 했다. 무엇보다 부모가 아동을 대하는 방식을 수정하고 어린아이답게 대해 줄 수 있도록 부모교육을 하는 데 목표를 두었다. 아동의 초기 치료목표는 잘 달성되었으나 부모의 시연이에 대한 이해와 양육태도는 아직 안정적이지 않고 좀 더 많은 개선이 필요한 것으로 보였다.

(2) 중기단계: 7 ~ 32회기(적극적 자기표현, 부정적 반응, 공격성의 표출, 양극화의 출현)

① 7회기

언어표현과 자발적 놀이가 좀 더 많아졌고 활발해졌다. 자신의 감정표현도 증가하기 시작했다. 또한 약한 자아와 그에 대한 방어도 표현되었다.

시 연: 나, 거미 좋아해.

치료자: 그래, 거미를 좋아하는구나. 그런데 왜 거미가 좋아?

시 연: 나 물지 않아서. (공룡을 가리키며) 얘들은 물까 봐 무서워. (이중으로 울타리를 쳐 놓고) 얘들(큰 식인가오리) 들어오지 말라고. (그러다가 울타리 안에 가오리를 가두며) 무서운 애들 못 나오게 하자([그림 4-1] 참조).

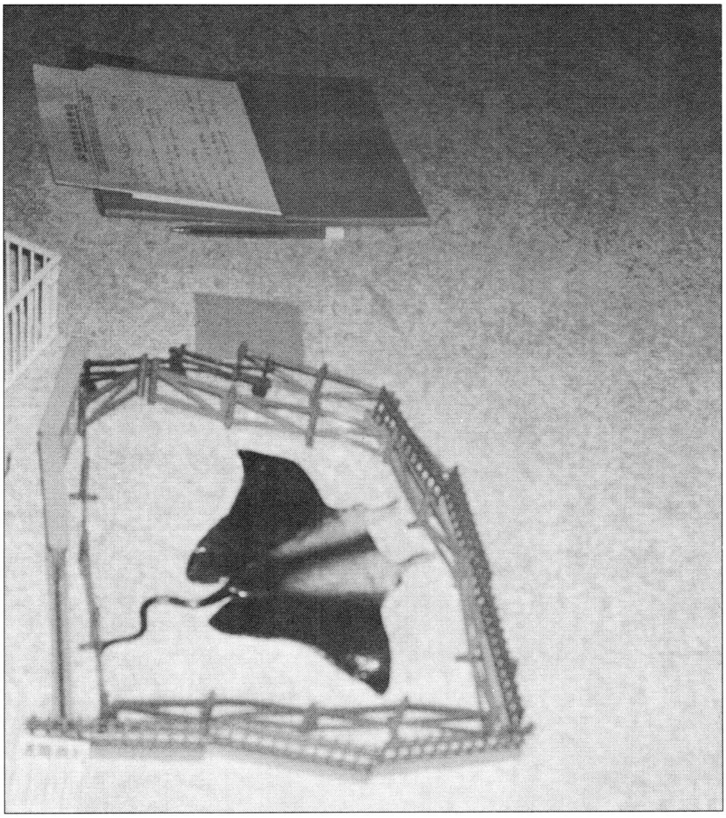

[그림 4-1] 울타리 속의 가오리

치료자: 얘들이 무섭구나. 그래 무서운 애들 나오지 못하게 하자. (함께 울타리를 튼튼히 쳤다) 그 후 기찻길을 꺼내어 맞추기 시작한다.

**2 8~15회기: 엄마와 밀착된 관계의 표현, 게임시작, 즐거운 감정의 표현**

① 8~9회기

치료자가 아동의 불안을 완화시키려고 즐거운 노래를 틀어 주었다. 또 동물을 꺼내어 늘어놓기만 해 치료자가 동물들이 뭐하고 있을까 하고 묻자 "얘기해." ["아, 얘기하는 거구나. 그런데 무슨 얘기를 한다고 할까?"] "달팽이가 거미줄에 가지 말라고." 라고 한다.

치료자가 반죽으로 음식을 만들어 아동에게 주자 자기도 딸기라며 치료자에게 만들어 준다. 치료자가 아기를 울게 하자 우유를 주고는 울리지 말라고 요구한다. 기찻길 만들기를 하고 싶다고 해 함께 만들었다. 동물을 꺼내 늘어놓기만 하기에 불안을 완화시키면서 동물로 놀이를 할 수 있도록 하기 위해 치료자가 네모판을 주고 그 안에 동물들을 넣도록 안내해 주었는데 아동은 맹수만 따로 울타리를 만들어 가두었다. 집 놀이에서 성인 여성과 여아가 한 침대에 같이 누워 있는 장면을 꾸미고 집 놀이에서 모두 여자만 등장시켰다([그림 4-2] 참조). 반죽놀이를 하겠다며 자발적으로 그릇을 모두 꺼내고 붕어를 만들었는데, 점차 자발적인 놀이가 많아졌다.

[그림 4-2] 엄마와 아기

② 12회기

인형집 놀이에서 음식 차리는 놀이를 했고 미용실 놀이(사람모양의 틀에 반죽을 넣고 머리카락을 만들어 낸 후 자르는 놀이로 사람에 대한 적대감, 부정적 감정을 머리를 자르는 놀이를 통해 해소시키며 자기 힘을 느끼고 사람에 대한 대화를 촉진하는 데 도움이 되는 놀이다)를 하며 재미있어서 더 하겠다고 한다. 인형을 꺼내 목욕을 시키고 꺼내는 인물은 다 여자다. ["모두 다 여자구나. 남자는 없네."] "남자 싫어." ["그래? 시연이는 남자들이 싫구나. 그럼 아빠는?"] "좋아."

③ 14회기

피곤한 듯 오자마자 누워 있다가 성인 여성과 여아가 함께 식탁에 마주 앉아 있는 모습을 꾸민다. 침대에 두 명의 여자(1명은 아기)가 나란히 누워 있는 모습도 꾸민다. 처음으로 '달팽이 달리기'란 주사위 게임을 꺼내 함께 했고 아동이 승리해 치료자가 박수치자 갑자기 큰 소리로 좋아하며 자기도 박수를 쳤다. 그러나 그 모습은 자연스럽지 않고 어딘지 인위적인 느낌이었다. 사람들을 일대일로 마주 보게 늘어놓고는 "이 사람들 얘기해."라고 한다. 이때 긍정적인 상호작용에 대한 감정을 표현한다고 느껴졌다.

이 단계에서 시연이는 엄마와 밀착되어 있는 아기의 모습을 많이 꾸몄다. 또한 사람들이 꼭 둘씩 함께 등장하는데, 이는 분리불안을 보이는 아동의 놀이에서 흔히 발견되는 표현이다.

**③ 16~20회기: 사랑받고 보호받는 아기의 표현, 적극적 감정표현, 자기주장, 주도성의 시작**

① 16~17회기

기분이 아주 좋아 보이고 팔짝거리고 뛰면서 티라노는 무서운 공룡이라 싫다고 한다. 아기를 안고 우유 주고 머리 빗기고 이불을 덮어 주는 등 돌보는 행동을 하며 개미 둘이서 아기가 얼마나 컸나 지켜본다고 말한다. 18회 때는 놀이에서 아기를 처음으로 아빠가 들여다보는 장면을 꾸몄다. 이는 아빠의 태도 변화와 시연이의 아빠에 대한 감정이 긍정적으로 변하고 있음을 시사한다. 모든 식구가 다 와서 침대에 누운 아기를 보는 장면을 꾸민다. 또 다른 아기 방의 아기침대에는 두 명의 여성이 아기를 보고 있는 장면을 꾸미고 나서 방을 바꾸겠다고 한다. 이를 볼 때 자기주장이나 표현이 증가되고 단호해졌다.

**엄마 보고** 아빠가 놀이치료에 대한 확신이 생겨서 치료자의 말을 잘 따르려 한다. 아이는 요새 인형을 너무 좋아한다. 전에는 인형놀이와 아기 안아 주는 놀이를 부담스러워했다. 시연이는 뭐든지 간에 자기감정을 드러내는 것을 창피해한다. 그러나 요즘에는 사람들이 없어서 심심하단 말을 한다. 친척들이 아이가 너무 많이 달라졌다며 다들 놀란다.

② 19~20회기

놀이터에서 서로 어울려 노는 아이들을 꾸민다. "차가 애들 박지 마세요." 하는 거라며 정지표시를 둔다. 밖에서 놀다 힘들어 집에 들어가 쉬는 아이, 놀이터에서 의자에 성인이 앉아 있고 그 앞에 유모차에 탄 아기를 지켜보고 있다. 오두막집에 여성 둘이 누워 있다가 밖으로 나오는 장면을 꾸미며 "겨울이라 추웠는데 이제 봄이 왔대. 그래서 모자가 필요 없대."라고 한다. 달팽이 달리기 게임을 꺼내서는 자기 먼저 하겠다고 하고 "아이, 신경질 나. 아이, 신나." 등 언어적 감정표현을 활발히 한다.

**엄마 보고** 요새 동네 애들이 거의 매일 온다. 아이가 애들을 너무 싫어하더니 이제는 아주 반기고 잘 논다. 할아버지네 가서는 1시간을 떼쓰며 울었다. 적응을 잘하고 있어 치료자가 유치원에 보낼 것을 제안했다.

### [4] 21~28회기: 부정적 반응의 증가, 선과 악(good & bad), 두 개의 자아 출현

① 21～25회기

활발해지고 자기표현이 많아지면서 부정적 반응이 증가된다. 방을 바꾸었고 아동의 질문에 네가 정할 수 있다고 하자 "정하기 없어." 게임하다가 "재미없어."라고 한다. 게임하면서 자신에게 유리하게 상황을 조종하려 했고 자기가 불리해지면 재미없다거나 ○○게임은 안 하겠다고 한다. 또 ○○숫자는 절대로 싫다고 하기도 한다. 반죽으로 달팽이를 함께 만들며 사냥꾼이 총 쏴서 고개 숙인 달팽이라고 하고 총 쏜 사냥꾼에 대항해 싸운 치료자의 달팽이는 싸웠기 때문에 나쁜 달팽이며 자기 달팽이는 착한 달팽이라고 한다. 치료자에 대한 부정적 전이를 나타내고 있고 아직 자신의 공격성을 수용하는 데 어려움을 보이고 있다. 나쁜 사냥꾼과 착한 사냥꾼에 대해서도 말한다. 22회 때는 다시 엄마에게 어디 가지 말라고 하며 불안해하는 모습을 보였다.

② 26회기

오자마자 아기 우유를 주며 개를 갖고 싶고 아빠가 사 준다 했다고 한다. 자기는 심심하며 아기(동생)가 있으면 좋겠다고 한다. ["동생이 있으면 심심하지 않을 것 같구나."] "우리 아빠가 낳아 줘야 한대요." ["아빠가 낳아 주고 싶어도 엄마가 찬성해야 낳을 수 있어."] "엄마가 그랬어요."라고 한다. 놀이치료실에 파리가 날아다니자 자기가 파리, 모기 바퀴벌레에 물렸었다고 했다. ["파리, 모기들이 정말 물었어?"] "네, 바퀴벌레도 막 물어요." ["그럴 때 기분이 어땠니?"] "무서웠어요." ["그래, 그런 것들이 나타나면 물까 봐 무서워질 때가 많지. 그런데 파리, 모기하고 시연이 하고 누가 더 크고 힘이 셀까?"] "내가요." ["그래, 그러니까 파리, 모기나 바퀴벌레 나오면 시연이가 이렇게 손으로 탁 쳐서 잡을 수 있지."]라고 하자 자기도 치료자를 따라 손으로 탁 치는 흉내를 낸다. 놀이터에서 돌아가는 놀이기구를 타는 아이들을 꾸미길래 ["얘들은 여기서 기분이 어떨까?"]라고 하자 "재미있어요. 어지럽고 토할 것 같아요."라고 한다. 치료자가 나가자 "나 혼자 있어도 돼요. 선생님 나가도 돼요." 한다. 가끔 치료자를 '엄마'라 부르기도 한다.

③ 28회기

물에서 물고기 놀이를 했다. 이때 치료자는 모델링을 이용해 친구 사귀기 방법을 시범 보였고 아동은 이에 잘 반응했다. 아동은 한참 놀다가 물고기가 피곤해서 쉬고 싶다고 한다. 티라노 공룡의 출현으로 무서워 벽을 쌓은 집으로 가서 숨은 장면을 꾸미고 나서 벽이 없는 또 한 채의 집을 만들고는 안 무서워지면 가는 집이라고 한다.

**엄마 보고** 요새 너무 달라졌고 거의 주 호소가 사라졌으며 아빠와 친척이 모두 아이가 너무 달라졌다고 놀라워한다. 유치원에 다니고 있는데 교사는 아이가 유치원 생활을 잘하고 자기주장을 잘하며 같이 간 친구와 잘 어울려 논다고 한다. 엄마가 화내도 숨지 않고 매우 당당하며 잘못해도 말을 듣지 않는다. 그래서 모녀가 자주 싸운다. 집에서 같이 노는 애를 이제는 자기가 조종한다.

5 29~32회기: **병원입원으로 다시 악화, 엄마와 친구에 대한 부정적 표현, 경쟁심, 공격성 표출**

① 29회기

급성폐렴으로 거의 3주를 입원하고 1개월 만에 왔다. 완전히 낫지 않아 유치원에 가지 못하고 있다. 시연이는 이때 기차 두 개를 꺼내 자기 것과 선생님 것을 정하고 같이 기차 달리기를 하며 이기고 싶다고 한다. 이는 경쟁에 대한 욕구를 보이는 것이다.

② 30회기

엄마가 보는 것이 싫다고 해 블라인드를 내렸고 이유를 물으니 "엄마가 안 논다고 야단칠까 봐."라고 한다. 친구놀이를 하면서 친구가 자신을 따돌리고 놀아주지 않는다고 한다. 생일파티 장면을 꾸미고 우리 둘의 생일이라고 해 함께 축하했다. 그 후 반죽으로 식인가오리처럼 만들어 찌르기 시작했고 죽이기, 찢기를 치료자와 함께 했다.

**엄마 보고** 다시 유치원에 보냈으나 적응을 하지 못하고 울먹이고 불안해한다. 집에서도 하루 종일 엄마를 붙들고 있으려 하고 징징거린다. 엄마가 아동의 건강 때문에 너무 예민해하고 불안해하는 것이 오히려 시연이의 불안을 확대시키는 측면이 있어 엄마 상담을 3회 하고 나서 다시 유치원을 계속 보내도록 했다.

### 중기단계 요약

아동이 자신의 불안과 관련된 부정적 경험이나 갈등을 좀 더 편히 드러낼 수 있도록 적극적인 경청과 반영을 하고 아동이 좋아하는 동물을 이용한 자기표현을 돕도록 했다. 아동은 자신의 불안한 상황, 부모와의 관계경험을 놀이와 대화를 통해 표현해 냈고 치료자는 편히 수용해 주면서 갈등과 상처받은 경험을 공감하려 노력했다. 놀이 시 자신감과 자기결정이 늘어나고 자기주장이 증가하면서 공격성도 증가되었다. 이때 치료자는 아동의 공격성이 편안히 표출될 수 있도록 담아 주는 그릇 역할을 하려 했다. 또 자신의 공격성으로 인해 치료자가 상처받지 않는 경험을 하게 해 마음 놓고 공격성을 표출할 수 있도록 했다. 이렇게 함으로써 좀 더 아동의 자아가 강화되어 갔다.

(3) 말기단계: 33~45회기(회복 및 적응단계, 두 자아의 통합)

**[1] 33~38회기: 친구에 대한 감정, 아빠에게 혼난 얘기와 긍정적 감정표현, 엄마에 대한 불만의 표현**

① 33~34회기

놀이터를 꾸미다가 치료자가 유치원 생활에 대해 질문하자 친구들이 저리 가라고 해서 유치원에 가기 싫다고 말한다. 기차놀이 시 치료자와 아동이 각자 기차를 하나씩 갖고 붙이기, 떨어지기, 부딪히기를 하면서 아빠가 자신이 친구들과 놀지 않아서 화냈다고 한다. 아동은 전처럼 치료자의 기차와 자기 기차를 만들어 함께 가는 놀이를 하자고 했고 함께 하다 치료자가 이를 친구와의 놀이로 바꾸자고 권하니 승락한다. 시연이의 기차 이름은 미영이로 했다. 같이 가면서 놀자는 말에 치료자 기차는 같이 가지 싫다고 거부했다. 이때 아동은 얼른 다른 놀이를 하겠다고 한다.

치료자: 내가 싫다고 해서 기분이 나쁘구나. 사실 난 오늘 아침에 우리 아빠에게 야단맞았거든. 그래서 화가 나서 아무에게나 화풀이를 하게 된 거야. 네가 싫어서 그런 건 아니야. 난 지금 좀 기분이 나쁘니까 쉬다가 다시 놀자.

시 연: 응, 그래. (다시 기차를 기찻길에 굴리며 함께 노는 친구놀이를 했다)

치료자: 우리 아빠는 가끔 나에게 야단을 친다. 너희 아빠는 어떤 때 야단을 치시니?

시 연: 응. 내가 친구들과 안 논다고.

치료자: 넌 친구들하고 안 놀아?

시 연: 응. 친구들이 나랑 안 논대.

치료자: 너는 놀고 싶니?

시 연: 응.

치료자: 넌 놀고 싶은데 친구들이 너랑 안 논다고 했으면 속상했겠다. 넌 놀고 싶지만 친구들이 너랑 놀기 싫다고 할까 봐 걱정되는 때도 있니?

시 연: 응, 그래

치료자: 그래, 나도 친구가 나에게 그런 말을 할 때 속상해. 그런데 나는 모든 사람이 다 나를 좋아할 수는 없다고 생각해. 대통령 아저씨도 싫다고 욕하는 사람이 많은 걸. 날 좋아하는 사람도 있고 싫어하는 사람도 있어. 날 좋아하는 친구들하고 놀면 되지 뭐.

시 연: (계속 기차친구놀이를 하다 치료자 기차에게) 저리 가. 너랑 안 놀아.

**엄마 보고** 엄마가 아이의 기침이나 건강에 과민하지 않으려 애쓰니 아이가 나아졌고 몸도 덜 아프다. 이때부터 행동수정을 통해 유치원에 잘 가게 되면 엄마가 아이에게 보상을 주는 방식을 시도했다.

② 35~38회기

게임 시 가위바위보를 하며 치료자가 낼 것을 지정해 주고는 자기가 이기게 한다. 새로운 창의적인 게임을 제안하기도 한다. "구슬을 많이 담는 사람이 집놀이 하는 거다. 선생님은 하지 마라." 집을 크게 짓고 그 안에 들어가 엄마와 아이놀이를 하기 원해 함께 했는데, 이를 볼 때 주도성이 많이 향상되었다.

뱀 두 마리를 꺼내 서로 싸우는 모습을 꾸미고 엄마가 머리를 이렇게 했다고 엄마가 자기 말을 들어주지 않은 것에 대한 불평을 한다. 38회에서는 아빠는 요새 야단을 치지 않는다고 말하기도 한다.

**엄마 보고** 억지로라도 유치원을 가나 가끔 엄마가 없어서 싫다고 가지 않겠다고 한다. 길에서 심하게 떼를 부리고 울었다. 치료자는 엄마의 심정을 공감해 주고 엄마가 아이의 이런 행동에 약해지지 않도록 부탁했다.

**[2] 39~45회기: 음식과 관련된 부정적 경험, 두 자아의 통합 시도**

도깨비는 공사장에 빠지라고 하면서 나쁜 사람은 도둑, 친구를 괴롭히는 사람, 음식을 먹지 않는 사람이라고 한다. 치료자가 음식을 먹지 않아서 혼난 경험에 대해 물었고 아빠가 혼냈다고 한다. 치료자가 속상한 마음을 반영해 주고 음식을 먹지 않는다고 나쁜 사람이라고 할 수는 없다고 하자 얼굴이 밝아진다. 집을 지으며 자기가 만들어야 예쁘게 만든다고 하고 집을 두 채 만들었다가 하나로 합하며 함께 그 집에 들어가기 원했고 거기서 펭귄놀이, 잡기놀이 등 신체놀이를 즐겁게 하였다.

**엄마 보고** 유치원에는 이제 잘 간다. 부모가 야단을 쳐도 상처받지 않는다. 불가피하게 먼 곳으로 이사를 가게 되고 아동의 주 호소도 거의 개선되어 이사 후의 적응 상황을 보며 종료를 준비하기로 했다.

① 42회기

이사에 관한 얘기를 치료자가 주도했다. 걱정은 '이사를 가도 유치원을 가야 되는 것'이라고 한다. 치료자가 이사 가는 것에 대한 걱정을 공감해 주자 거기는 엄마가 자기를 데리러 오려면 시간이 많이 걸린다고 한다. 엄마에게 얘기해 빨리 데리러 올 수 있도록 하자고 하자 "시끄러워요!"라고 한다.

**엄마 보고** 시연이가 이사 가는 것에 대한 예상불안을 보인다. 아빠는 시연이를 잘 수용해 주고 시연이도 아빠에 대해 감정이 편해졌다.

② 43~44회기

이사 후 처음 왔고 자유롭고 즐거워 보였다. 새로 이사하니까 다 좋다고 한다. 동물놀이 시 공룡이 서로 공격하며 잡아먹는 놀이를 하자고 해 이를 함께 했고 공룡의 발톱 자르기, 고래잡기 등 남성적인 놀이를 했다.

달이 뜨고 태극기와 남산타워가 있는 곳에서 발사를 기다리는 로켓을 꾸민 후 다시 해가 떠 낮이 되고 로켓이 발사된다([그림 4-3] 참조). 시연이의 숨겨진 남성성의 발휘와 억압에서의 해방을 상징적으로 표현하고 있다고 느꼈다. 44회에서는 기찻길에서 사고가 났으나 고치기 쉬운 사고라고 하고 신호등을 놓고 자신이 교통정리를 한다.

③ 45회기

아주 즐거워하며 나비가 날아와 즐겁게 먹고 노는 놀이를 하며 나비는 착한 친

[그림 4-3] 로켓 발사

구(곤충)가 많아 너무 좋다고 하며 다 착한 애들이라 보석 선물을 준다고 한다. 나비와 곤충 친구가 모두 함께 사는 커다란 집을 꾸미고 모두의 집이며 회오리바람이 찼으나 이제는 따뜻해졌다고 한다. 자기 집에 좋은 것이 많고 밤에도 갖고 놀았다고 자랑한다.

**엄마 보고** 이사 가서 너무 잘 놀고 엄마에게 달라붙지도 않고 아주 편해한다. 아빠도 아이에 대해 좀 더 허용적이고 산책도 데리고 다니고 놀아 주기도 한다.

### 말기단계 요약

말기에는 아동의 사회적 기술을 증가시키고 타인의 부정적 반응에 상처받지 않도록 자기방어를 하고 사회적 상황을 좀 더 객관적으로 이해하도록 하는 데 초점을 맞추었다. 긍정적 자기 말을 이용해 자기방어와 자기위로를 하게 하고 역할놀이와 치료자의 모델링을 이용했으며 필요시에는 대화도 했다. 무엇보다 부모가 일관성 있게 양육하며 분리 시의 아동의 분노폭발에 단호한 태도를 보이도록 했다.

(4) 종료단계: 46~48회기

시연이가 새 유치원 생활이 좋다고 하며 큰 문제가 없이 적응하고 있어 종료시기를 함께 정했다. 47회에서는 치료자가 말을 많이 하자 "말 계속하지 마세요. 숨 막혀요."라고 한다. 아빠, 엄마가 실수한 것을 웃으며 치료자에게 얘기하고 지난번 유치원 애들은 자기에게 멍청이라고 했으니 나쁜 애들이라고 한다. 48회에서 간단한 다과와 선물을 주고받고 처음에 왔을 때와 현재의 변화에 대해 격려해 주었다. 그런 후 다음에도 오고 싶을 땐 언제든지 선생님이 기다리고 있으니 올 수 있다고 하며 종료를 하게 되었다. 종료 시 아빠가 아이의 큰 변화를 대견해하며 꼭 같이 오고 싶다고 요청해 부모가 함께 와 앞으로의 대처방안에 대해 의논하고 그동안의 부모의 협조에 감사를 드렸다. 그리고 추후 부모 개인상담을 할 것을 권했다. 몇 달 후 엄마와 전화로 추후상담을 했고 큰 어려움 없이 잘 지내고 있음을 확인했다. 그 후 엄마도 개인상담을 하고 있다고 알려 왔다.

## 치료자 전체 평가와 소감

1년 여의 상담과정은 기본적으로는 아동중심놀이치료의 틀을 유지했으며 말기에 사회성 기르기 등 특정한 문제해결 과정에서 때에 따라 인지행동적 놀이치료 방식을 적용했다. 아동은 치료자와의 관계를 바탕으로 부모와의 애착이 안정되어 가면서 점차 자기를 표현해 가게 되고 심한 불안과 위축에서 벗어나 안정감과 자신감, 의욕을 갖게 되었다. 또 적극적인 자기표현을 하면서 또래 및 유치원에 점차 적응해 가게 되었다. 중기가 지나면서 거의 주 호소가 다 해결되는가 싶었을 때 아동이 갑작스러운 폐렴으로 입원하면서 다시 어려워져 아동과 부모, 치료자 모두가 힘든 시기를 보냈다. 부모는 다시 불안해졌고 아동을 다시 부정적 시각으로 대하며 이전의 과잉보호와 강압적 방식으로 되돌아가려는 경향을 보였고 그에 따라 아동도 불안을 느꼈다. 분리불안이 있는 아동이 병이 나거나 그로 인해 입원하게 될 때 분리불안이 더 심해지는 경우가 흔히 있는데, 이는 아동의 병으로 부모가 불안해져 아동의 분리불안이 더 심해지기 때문인 것으로 보인다.

그러나 이때 집중적으로 부모상담을 하면서 부모가 아동을 버텨 주고 껴안을 수 있도록 엄마의 불안을 적극적으로 다루려 했다. 또 아빠 상담을 통해 아동에 대해 이해하고 수용하며 아동의 긍정적 측면을 찾을 수 있도록 했다. 무엇보다 아동이 자신의 어려움을 뚫고 나갈 힘을 가지고 있었다고 보며 끝까지 최선을 다한 부모의 노고는 아동에게 실로 큰 힘이 되었다. 현재의 어려움을 극복해 낸 힘과 경험은 앞으로도 아동과 그 부모의 삶에 귀중한 자산이 될 것이다.

# 우울한 아동을 위한 놀이치료

● ● ● 소아에게도 우울증이 존재하느냐의 문제는 오랫동안 논란이 있어 왔다. 그러나 소아의 우울은 성인의 우울과는 다른 방식으로 나타날 뿐이지 이들에게도 우울이 있다고 보는 견해가 일반적이다.

## 1. 소아 청소년기 우울증이란

### 1) 역사적 배경

소아우울증은 19세기 중반부터 Abraham, Freud, Klein 등에 의해 보고되었다. Bowlby는 소아기에 정상적 애착관계 형성이 분리나 상실에 의해 방해받으면 불안정한 애착을 형성하게 된다고 하였다. Anna Freud와 Burlingham은 3세 이전에 부모와의 분리로 인한 심한 비통반응을 보고하였고, Spitz(1946)도 생후 6개월이 지나 엄마와의 분리로 인한 의존성 우울(anaclitic depression)을 기술하였다. 1960년대 들어 소아기 우울증이 정신분석적 관점으로 존재 가능한가에 대한 논쟁이 있었고 Finch와 Rie는 사춘기 이전에는 내재화된 초자아가 없기 때문에 소아에게는 우울증이 없다고 주장하였다. Toolan(1981)은 소아는 우울감을 느끼나 그에 대한 표현은 발달과정의 영향을 받는다고 하였다. Glaser는 비행, 공포, 학업부진 및 정신신체적 증상을 가면성 우울증(masked depression)이라고 명명하였다. 1971년 유럽연합 정신의학학술대회(Congress of Union of European Pedeopsychiatry)에서는 소아 청소년기에 우울증이 실제로 존재한다고 결론지었다. 이후 여러 연구자에 의해 소아의 우울증이 발달과정 중의 일시적 현상이 아닌, 분명한 임상적 증후군이라는 주장이 계속되었고 1980년에는 DSM-III와 RCD에서 소아기 우울증의 존재를 공식적으로 인정하게 되었다(강경미, 1994).

## 2) 개념과 분류

DSM-III에서는 우울증(Depressive Disorder)의 필수증상은 유아, 소아청소년, 성인이 같지만 부수증상은 차이가 있는 것으로 보았다. 사춘기 이전의 아동은 분리불안이 있을 수 있고 매달림, 학교공포나 죽음에 대한 두려움을 보일 수 있음을 명시하였다. 청소년기에는 반사회적 행동, 가출, 그리고 누구도 자신을 이해하고 인정하지 못한다는 생각, 안절부절, 불평불만, 공격성을 보일 수 있다고 하였다.

DSM-IV에서는 주요우울장애(Major Depressive Disorder)를 한 번 이상의 주요우울증삽화(Major Depressive Episode)가 특징적인 경우라고 하며 다음과 같이 정의한다(APA, 1994).

**■ 주요우울증삽화의 진단기준 ■**

(1) 다음 증상 가운데 5개(또는 그 이상) 증상이 연속 2주 기간 동안 지속되며, 이러한 상태가 이전 기능으로부터의 변화를 나타내는 경우 위의 증상 가운데 적어도 하나는 ① 우울한 기분이거나 ② 흥미나 즐거움의 상실이어야 한다.

- 하루의 대부분, 거의 매일 지속되는 우울한 기분이 주관적인 보고(슬프거나 공허하다고 느낀다)나 객관적인 관찰(울 것처럼 보인다)에서 드러난다. 소아와 청소년의 경우는 과민한 기분으로 나타나기도 한다.
- 모든 또는 거의 모든 일상활동에 대한 흥미나 즐거움이 하루의 대부분 또는 거의 매일같이 뚜렷하게 저하되어 있을 경우(주관적인 설명이나 타인에 의한 관찰에서 드러난다)
- 체중조절을 하고 있지 않은 상태에서 의미 있는 체중감소나 체중증가, 거의 매일 나타나는 식욕감소나 증가가 있을 때
- 거의 매일 나타나는 불면이나 과다수면
- 거의 매일 나타나는 정신운동성 초조나 지체(주관적인 좌불안석 또는 처진 느낌이 타인에 의해서도 관찰 가능하다)
- 거의 매일 피로나 활력 상실
- 거의 매일 무가치감 또는 과도하거나 부적절한 죄책감을 느낌
- 거의 매일 나타나는 사고력이나 집중력의 감소 또는 우유부단함
- 반복되는 죽음에 대한 생각, 특정한 계획 없이 반복되는 자살생각 또는 자살기도나 자살수행에 대한 특정계획

(2) 증상이 혼재성 삽화의 기준을 충족시키지 않는다.

(3) 증상이 사회적, 직업적, 기타 중요한 기능 영역에서 임상적으로 심각한 고통이나 장애를 일으킨다.

(4) 증상이 물질(약물남용, 투약)이나 일반적인 의학적 상태의 직접적인 생리적 효과로 인한 것이 아니다.

(5) 증상이 사별에 의해 잘 설명되지 않는다. 즉, 사랑하는 사람의 상실 후에 증상이 2개월 이상 지속되거나 현저한 기능장애, 무가치감에 대한 병적 집착, 자살생각, 정신증적 증상이나 정신성 운동지체가 특징적으로 나타날 경우에 한해서만 이 장애의 진단이 내려진다.

소아기 우울증의 연구에서는 발달단계, 증상의 정도, 원인에 따라 우울증을 분류하였다. Glaser(1967)는 유아나 초기 아동기의 우울증은 박탈에 대한 반응이며 결과적으로 발달의 지연을 초래할 수 있고, 후기 아동기나 청소년은 비행, 반항, 무단결석 및 가출의 양상을 보인다고 하였다. Cytryn과 Mcknew(1972)는

우울증을 가면성 우울증과 급성 우울증 및 만성 우울증으로 구분하여 가면성 우울증은 심각한 가족 내 병리와 관련이 있고, 급성 우울증은 발병 전 적응이 좋았던 아동에서 발생하며 가족 내 병리가 적었다고 한다. 만성 우울증은 부모도 만성 우울증이며 아동의 발병 전 적응이 나빴다고 보고하였다.

우울증은 DSM-Ⅲ-R에서는 주요 우울증, 기분부전장애, 기타 우울장애로 분류하였고 DSM-Ⅳ에서는 주요 우울장애(초발, 재발), 기분부전장애, 기타 우울장애로 분류하였으며, ICD-10은 우울증적 삽화(경미, 중등도, 심한 정도), 반복적 우울 삽화 및 기분부전장애로 분류하고 있다.

소아에서 불안과 우울은 공존할 수 있다. 또 부모가 우울증이나 불안장애를 가진 경우에는 우울증상이 있는 아동에게서 불안장애가 발병할 가능성이 그렇지 않은 경우보다 더 높다고 한다(Weissman, 1984).

### 3) 발달학적 관점

소아의 우울증은 성인의 우울증과 다른 양상을 보일 수 있다. 소아는 언어적 능력의 한계로 자신의 감정을 표현하는 데 한계가 있고 인지기능이나 사회화도 성인과 다르다. 첫째, 시간과 정도에 대한 감각의 차이로 소아는 재미있는 것을 끝없이 하려고 하는 반면 실망도 쉽게 잊지 못하는 경향이 있다. 그러나 미래와 같은 시간적 개념에 관해서는 알지 못할 수 있다. 둘째, 자신의 감정이나 불편함을 언어로 표현하는 데 한계가 있어 신체적 호소나 행동으로 표현하기 쉽다. 셋째, 정서가 불안정하고 감정이 쉽게 드러나는 특성이 있다. 넷째, 현실판단력이 부족하여 부정과 무관심, 책임회피의 방법을 쓰고 자기중심적이어서 현실적 사건을 구분하여 처리하지 못한다. 다섯째, 후기 아동기에 가서야 죄책감을 느낄 수 있고 그 이전에는 나쁜 일이 있을 때 자신보다는 환경을 탓하는 경향이 있다.

Cowan(1982)은 인지발달과 정신발달 면에서 우울증상을 조명하였는데 출생 후 2세까지의 감각운동기 동안은 주로 반사적이고 기본적인 정서의 표현이 대부분이다. 2~4세경은 쾌락과 불쾌라는 정서가 분화되는데, 4세경에 수치심과 창피에 대한 정서가 출현하여 더욱 복잡한 정서가 표현되고 공유하는 능력이 출현한다. 4~7세경에는 성 정체감이 형성되고 개체가 시간과 상황이 바뀌어도 그 주체는 변하지 않는다는 동일성 개념이 획득된다. 개인적 정서는 더욱 복잡해지고 비교적 안정된 유형을 보이고 수치심, 굴욕감, 죄책감과 내면화된 두려움도 존재한다. 구체적 조작기 동안에는 수량, 수, 시간에 대한 보존성 개념과 가역성의 논리적 개념에 대한 정신적 표상이 가능해진다. 자기중심성이 줄어 다른 사람의 생각도 짐작할 수 있게 된다. 청소년기에는 모든 논리의 가능성을 고려하여 가설검증을 할 수 있고 미래를 볼 수 있는 능력이 발달하여 부정적 기대감, 비관주의, 무능력감, 심한 좌절감 및 죄책감을 경험하게 된다.

Cole과 Kaslow(1988)는 우울증을 정서조절 능력의 발달과 관련지어 설명하였는데 유아기에는 자신을 돌보아 주고 대신해 주는 부모에게 전적으로 의존하기 때문에 부모의 정서상태가 매우 중요하며, 애착관계가 정서조절과 밀접한 관계를 맺어 애착관계의 상실은 분노와 무감각한 태도 및 사회적 철수양상으로 나타날 수 있다. 학령전기에는 여전히 성인에게 의존적이기는 하지만 상황의 선행요인과 결과에 대해 지각할 수 있는 능력이 생기기 시작하며 제한적이지만 자신의 정서적 경험을 극복하기 위한 방법을 획득하게 된다. 아직은 자기중심적이어서 상실경험 시 부정적 감정을 자기와 연결시키게 된다. 주 방어기제로 부인(denial)을 사용한다. 6~12세경에는 내적 경험에 대한 숙고능력이 발달하고 자기탐사, 자기평가, 자기보상이 가능해져서 정서조절, 슬픔, 격리불안, 신체적 불편감 호소 및 수면과 식욕의 장애를 보이는데 주로 주의를 끌려는 행동이 특징적이다. 8세 이후는 자존심의 저하, 자기비하적 사고가 두드러지고 자성능력과 추론능력이 발달하여 우울증상의 양상은 성인과 비슷해진다.

### 4) 발달단계별 임상양상

#### (1) 유아기 우울증

Bowlby 등은 유아가 엄마와 분리되었을 때 반응을 3단계로 나누어 저항-절망-분리가 이루어지다 결국은 발달지연의 증후를 나타낼 수 있고, 이런 반응은 실제적 상실이나 분리뿐 아니라 엄마와 자녀관계에서 문제가 있을 때도 가능하다고 하였다. Spitz(1946)는 유아가 이러한 이유로 무표정하고 사회적 위축 및 활동성의 감소를 보이는 것을 의존성 우울로 명명하였다.

### (2) 학령전기 우울증

이 시기의 우울증도 흔하지는 않지만 보고되고 있다. 이때는 주로 슬픈 표정이나 이에 대한 언어표현, 무가치감, 수면 또는 식욕장애, 피곤감, 자해, 짜증, 무표정, 반항적 행동 및 두통, 복통 등의 신체적 호소 등으로 나타난다. Kashani, Holcomb 및 Orraschel(1986)은 DSM-III-R 기준에는 맞지 않으나 부모나 유치원 선생님에 의해 지각되는 경우도 많음을 보고하였다. 많은 경우 부모의 학대나 무관심 등의 스트레스가 많은 생활사건과 관련이 큰 것으로 보고하였다.

### (3) 중기 아동기

사춘기에 가까울수록 우울증상이 더 많아지고 성인의 증상과 비슷해지며 그 증상도 다양해지는 경향이 있다. 이 시기에는 슬픔, 위축, 맥없음, 절망, 수동성, 흥미상실, 지루함의 호소, 말 없음 등의 증상을 볼 수 있고 정신병적 증상을 가진 우울증이 있는 성인과 같이 허무망상, 신체적 망상, 자기책망과 환각도 드물지 않게 보인다. 또한 심한 우울증상을 가진 경우에는 식욕감퇴, 과식, 수면장애, 의욕감퇴 등의 식물증상(vegetative symptom)도 보이고 신체적 호소도 있고, 자살사고나 자살시도도 있다. 또 사고가 많거나 학업부진, 친구관계의 감소, 백일몽, 집중력 장애, 충동조절의 곤란, 도둑질이나 공격성의 증가, 초기 불면증 및 활동량의 감소 또는 증가의 양상을 보일 수 있다.

### (4) 청소년기 우울증

성인과 양상이 비슷해져서 죄책감과 자기비하, 창피함이 많고, 과다수면이나 체중변화 등이 있고 술이나 약물을 사용하기도 한다. 상대적으로 다른 시기보다 자살시도가 많고 성공률도 높고 지겨움, 안절부절이나 자극을 찾아다니는 양상이 있을 수 있다(강경미, 1994).

### 5) 유병원인

#### (1) 생물학적 기제에 관한 가설

성인의 우울증에 관한 연구에서는 우울증에 기질적 요인이 중요한 병인 역할을 한다는 증거가 훨씬 더 광범위하고 단정적이다. 우울증인 아동, 청소년, 우울증 성인의 자녀들을 대상으로 한 가족사 연구는 성인에서와 비슷한 유전적 요소를 발견하였다. 즉, 아동의 우울증에도 유전적 요소가 있음이 강하게 시사되나 그 강도와 범위는 아직 확실하지 않다.

성인을 대상으로 한 생화학적 연구에서는 호르몬의 불균형이 우울증의 원인임을 보여 주고 있다. 호르몬의 분비가 기분, 식욕, 성적 흥미를 조절하고, 이런 호르몬의 작용은 우울증에 의해 부정적인 영향을 받기 때문에 호르몬과 우울증은 관련이 있을 것으로 보인다. 특히, 코르티솔 호르몬(부신피질에서 분비되는 스테로이드성 호르몬의 일종)의 과잉분비가 우울증과 관련이 있다는 설이 있다. 그러나 이런 결과가 아동에게도 일관성 있게 적용되는지에 대해서는 다른 의견이 있다.

#### (2) 부모-자녀관계 모델

부모와 자녀 간의 상호작용의 빈곤은 우울증을 유발한다. 또한 엄마가 과잉보호하거나 부모의 양육참여도가 저하될 때 아동의 우울증이 높으며, 우울한 부모의 자녀는 그렇지 않은 경우보다 우울의 위험이 3배가량 높다고 한다(Weissman, 1984).

양쪽 부모가 우울하거나 부모의 질환이 조기 발병한 경우 이혼, 별거, 편부모의 경우 아동이 우울증에 걸릴 위험이 높다.

부모의 우울, 불화의 정도와 기간은 자녀의 정신병리 및 적응 문제와 연관되며, 특히 아빠보다 엄마의 우울이 자녀의 정신병리와 관련이 크다. 우울한 엄마는 자녀의 증상을 과장되게 인지하고 그들 자녀가 모든 정신병리 부문에서 위험이 높다고 보고하는 경향이 있다.

### (3) 심리학적 이론모델

#### [1] 정신역동적 이론

Abraham은 우울(melancholia)과 슬픔(grief)은 사랑하는 대상의 상실에 대한 반응이라는 공통성이 있지만 전자는 대상에 대한 분노와 적대감에 의한 죄책감에서 오고 후자는 정상적 반응이라는 차이가 있다고 하였다. Freud는 우울증은 자기존중감의 심각한 손상, 자기비난과 죄책감의 결과로 보고 우울을 내부의 분노가 상대방을 향하지 못하고 자신의 내부로 향한 결과라고 했다.

Klein은 생후 6개월부터 분열시키는 과정(splitting process)이 감소하며 현실을 인지하고 이러한 정신통합의 결과로 유아가 우울상태에 빠진다고 하였다. 또한 Klein은 우울증이 아동기에 좋은 내적 대상을 갖지 못하게 된 결과라고 한다. 개인은 사랑하는 대상을 상실했을 때 발달 초기에 경험한 우울 자리(depressive position)가 재활성화된다. 그러나 정상적인 애도과정을 거치는 사람은 상실된 대상이 내적 대상으로 재확립되고 이 과정에서 좋은 부모를 회복시킴으로써 극복되고 해결된다. 그러나 우울증 환자는 자신의 탐욕과 파괴성 때문에 자기 내부에 있는 사랑하는 좋은 대상이 파괴될까 봐 염려하며 이런 파괴성의 결과로 증오하는 나쁜 대상에 의해 피해를 당하고 있다고 느낀다. 즉, 상실한 좋은 대상에 대한 갈망이 있는 만큼 나쁜 대상에 의해 당하고 있다는 느낌을 갖는다. 자신의 파괴적 충동과 환상의 결과로 그들의 좋은 내적 부모가 박해자로 변한다고 느끼므로 무가치감을 느끼고 우울해진다.

Bowlby는 소아기에 정상적 애착관계 형성이 분리나 상실에 의해 방해받으면 불안정 애착을 형성하게 된다고 하였다.

Blatt(1974)은 우울증을 의존성 우울(anaclitic depression)과 자기비판적 우울(introjective depression)의 두 가지 유형으로 나누었다.

의존적 우울상태에서는 무력감, 의존성, 거부에 대한 두려움, 유기를 경험한다. 의존적 유형은 자기가치감을 타인에게서 지지와 이해를 받고 타인과 연결되는 것에서 획득한다. 그들의 초기 오리엔테이션은 다른 사람과의 친밀감을 찾는 것이며, 따라서 그들의 자기개념은 특별히 거절, 상실, 버림받음을 인식할 때 위협받는다.

자기비판적 우울상태는 열등감, 죄책감, 실패감을 경험한다. 자기비판적인 사람은 그들의 자기가치감을 성취 영역에서 목표를 수행하는 것을 통하여 얻는다. 그러므로 이들의 자기개념은 성취 영역에서 실패나 목표좌절을 인식할 때 특히 위협받을 수 있다(Coleman & Hoyle, 1999).

### 2 인지이론

인지이론의 주요 세 가지 이론은 Beck(1967)이 말한 우울에 대한 인지이론과 Abramson, Metalsky 및 Alloy(1989)가 제안한 귀인적 형태이론, Rehm(1977)의 자기통제이론이 있다. Beck은 전통적인 분석적 구성 대신 사고과정에 초점을 맞춘 독특성과 심리치료를 하면서 우울환자에 대한 연구로부터 임상적으로 이론을 형성했다는 사실로 인정받았다.

#### ① Beck의 이론

그는 우울의 심리학적 기초를 설명하는 인지의 세 가지 차원을 제안하였다.

- **도식**: 신의 경험을 명료화하고 해석하고 범주화하며 평가하는 인지적 조직의 기본 구성요소를 말한다.
- **인지적 삼요소(triad)**: 자기, 세계, 미래에 대한 관점으로 구성된다. 우울한 사람은 결함이 있고, 부적절하고, 바람직하지 못하다는 자기에 대한 부정적 관점을 가졌고, 세계는 요구가 지나치고 물리쳐야 하는 것으로, 미래는 희망이 없고 쓸데없는 것으로 본다.
- **인지적 오류**: 인지 도식의 결과로 인한 왜곡된 사고를 말한다. 정보처리 과정에서의 오류로 인해 인지왜곡이 일어나며 인지장애가 초래된다. 우울한

사람의 부정적 도식은 들어오는 정보를 우울하거나 자기패배적인 방식으로 체계적으로 왜곡하는 그 사람의 경향성에 의해 유지된다.

② 귀인이론

Seligman(1975)에 의해 처음 제안된 학습된 무기력감의 모델을 수정한 것이다. Seligman에 따르면 개인은 무기력을 학습한 결과 자신이 환경을 거의 통제하지 못한다고 자기자신을 지각한다는 것이다. 따라서 그의 이론은 행동과 결과에 대한 개인 자신의 생각에 강조점을 둔다. 학습된 무기력은 우울증적 분위기와 행동특징과 관련된다.

Abramson과 그 동료들에 따르면 인지적 귀인이란 상황을 세 가지 차원(내적/외적, 안정/불안정, 광범위한/특정한)에 따라 해석하는 전반적인 경향성을 말한다. 이 모델에 따르면, 우울한 아동은 종종 부정적 사건을 내적인 이유로 인해 야기된 것으로 해석하며 자주, 장기적으로 진행되고 전반적인 것으로 해석한다. 반대로 긍정적 사건에 대해서는 외적인 이유로 발생한 것으로 해석하는 경우가 훨씬 많고, 발생빈도나 지속기간이 짧고 일시적이며, 드물게 일어나는 일로 해석한다.

③ Rehm의 자기통제이론

통제-행동결함에 초점을 맞춘 Rehm(1977)은 우울을 스트레스를 대처하기 위한 자기점검, 자기평가, 자기강화의 적응적 과정의 부족에서 생기는 증상으로 기술하였다. 우울한 사람은 이 과정 중 어떤 하나의 결함이라도 더 부정적으로 자기평가를 하고, 성취기준을 높이 두고, 자기보상을 적게 주고, 자기처벌적이고 선택적으로 부정적 결과에 참여하며, 부정적 결과나 기대와 일치하는 귀인적 오류를 만든다.

**3 행동이론**

우울에 관한 Hoberman과 Lewinson(1985)의 모델로 우울은 환경에서 오는 긍정적 강화를 끌어내는 능력이 부족한 결과로 발생하며, 이사나 친구관계가 깨진 후 긍정적 강화가 상실되거나 부정적 강화가 증가되었기 때문이라고 한다.

### 6) 평가

아동기 우울증에 대한 인식과 관심이 점차 증가되면서 평가도구의 발달에 대한 관심도 함께 증가되었다. 아동에게 사용하기 위해 많은 성인척도가 수정되고 표준화되었고 구체적으로 디자인되고 발달되어 왔다. 다음에 설명되는 평가도구는 자기보고식 질문지와 임상진단적 면접, 심리검사로 나누어진다.

#### (1) 자기보고식 측정

최근 10년 동안 우울에 대한 지필검사가 소개되었고 이것은 더 쉽고 시간적으로 더 효율적으로 연구하고 평가하는 데 목적이 있다. 가장 일반적인 심리학적 평가방법이며 우울증의 진단과 치료효과의 평가에 광범위하게 사용되고 있다. 그러나 사회적으로 바람직하게 보이려는 경향성의 영향을 받기 쉬울 뿐만 아니라 어린 아동은 언어능력과 인지능력이 성인에 비해 미성숙하므로 자기보고식 질문지에서 얻은 자료가 신뢰성이 낮을 수 있으므로, 결과해석 시 유의해야 한다. 가장 대표적으로 사용하는 두 가지 질문지는 다음과 같다.

**1 아동용 우울척도**

아동용 우울척도(Children's Depression Inventory: CDI)는 아동기 우울증의 인지적, 정서적, 행동적 증상을 평가하기 위해 개발한 자기보고식 척도로서, Beck의 성인용 우울척도를 아동의 연령에 맞게 변형시킨 것이다.

대상은 7~17세 아동과 청소년이며 실시 및 채점방법은 지난 2주 동안 자신을 가장 잘 나타내 주는 정도를 0~2점으로 평정하고 각 문항에 대한 개인의 평정치를 합산한 총점이 우울증상의 정도를 나타낸다.

이 척도를 이용한 방대한 연구들은 이 척도가 매우 신뢰도가 높고 임상적인 유용성이 있음을 입증하였다. 국내에서는 조수철과 이영식(1990)이 한국형 CDI를 가지고 초등학교 4, 5, 6학년 288명을 대상으로 연구한 결과 평균치가 14.7점이었다. 이는 외국 연구에서 보고된 8~10점 범위 이내의 평균치보다 상당히 높은 점수이다. 따라서 우리 나라 아동의 우울증 진단을 위해 외국 기준을 그대로 적용한다면 실제로는 정상인데 우울증으로 분류될 가능성이 높다.

#### [2] 아동용 절망척도

아동용 절망척도(Hopelessness Scale for Children: HSC; Kazdin, Rodgers, & Colbus, 1986)는 우울증의 인지적 증상, 즉 아동의 미래에 대한 부정적인 기대나 생각 등 절망(hopelessness)과 관련된 인지를 평가하기 위해 Kazdin과 그의 동료들이 개발한 '예-아니요' 로 대답하는 진위(眞僞)형 척도다. HSC는 총 17개 문항으로 이루어져 있으며, 만 7세 이상의 아동에게 사용 가능한데, 각 문항에 대한 응답은 0점과 1점으로 채점되므로 총점의 범위는 0~17점이다. 점수가 높을수록 절망적인 생각이 많음을 나타내며, 특히 절망척도 점수는 자살위험을 평가하는 데 있어 매우 중요하다. 신민섭, 박광배, 오경자 및 김중술(1990)의 연구에서 산출된 HSC의 신뢰도 계수(Cronbach's $\alpha$)는 .87로, 내적 일관성이 비교적 높은 편이었으며, CDI와의 상관계수는 .55로 중등도의 상관관계를 보였다. HSC 문항은 〈표 5-1〉에 제시되어 있다.

주의할 점은 자기보고식 측정이 우울 증상을 평가하는 데 효율적이고 유용하지만 이를 진단 시 단독으로 사용하지 않는다는 것이다.

### (2) 임상-진단적 면담

우울증의 경우 주관적으로 느끼는 감정상태가 중요하므로, 성인에서와 마찬가지로 아동에게서도 면접을 통하여 직접적인 정보를 얻고, 외모나 얼굴표정, 행동특성 등을 함께 관찰하는 것이 우울증 평가에 필수적이다. 항목반응을 지시하고 일화를 상술하고, 검사 시 보이는 행동을 관찰하는 것을 통해 자기보고식보다 더 풍부한 정보를 제공한다. 면접 시 아동이 알아들을 수 있는 구체적이고 쉬

〈표 5-1〉 아동용 절망척도

| | |
|---|---|
| 1. 어른이 되면 모든 일이 더 잘되고 좋아질 것 같기 때문에 나는 어른이 되고 싶다. | 예( ) 아니요( ) |
| 2. 내 생활을 더 좋아지도록 할 수 없으므로 차라리 포기하는 것이 나을 것 같다. | 예( ) 아니요( ) |
| 3. 일이 잘 안 될 때는 항상 나쁜 일만 생기지는 않을 것이라고 생각한다. | 예( ) 아니요( ) |
| 4. 내가 어른이 되었을 때 어떻게 되어 있을지 상상할 수 있다. | 예( ) 아니요( ) |
| 5. 내가 정말로 원하는 일을 할 수 있을 만큼 충분히 시간 여유가 있다. | 예( ) 아니요( ) |
| 6. 언젠가 나는 내가 깊이 관심을 가지는 일을 잘할 수 있게 될 것이다. | 예( ) 아니요( ) |
| 7. 나는 내 인생에서 좋은 것을 다른 아이보다 더 많이 갖게 될 것이다. | 예( ) 아니요( ) |
| 8. 나는 운이 없다. 어른이 되어서도 마찬가지일 것이다. | 예( ) 아니요( ) |
| 9. 앞으로 나에게는 나쁜 일만 생길 것이다. | 예( ) 아니요( ) |
| 10. 내가 정말로 원하는 것을 얻지 못할 것 같다. | 예( ) 아니요( ) |
| 11. 내가 어른이 되면 지금보다 더 행복해질 것 같다. | 예( ) 아니요( ) |
| 12. 내가 원하는 대로 일이 잘 풀리지 않을 것이다. | 예( ) 아니요( ) |
| 13. 내가 원하는 것을 결코 가질 수 없으므로 무엇을 원하는 것은 바보 같은 일이다. | 예( ) 아니요( ) |
| 14. 내가 어른이 되어도 정말로 재미있는 일이 있을 것 같지 않다. | 예( ) 아니요( ) |
| 15. 내게 있어서 내일이란 확실하지 않고 혼란스럽다. | 예( ) 아니요( ) |
| 16. 나에게는 나쁜 일보다 좋은 일이 더 많이 생길 것이다. | 예( ) 아니요( ) |
| 17. 내가 원하는 것을 얻기 위해 노력하는 것은 아무 소용없는 일이다. 왜냐하면 나는 아마 그것을 갖지 못할 테니까. | 예( ) 아니요( ) |

출처: Kazdin, Rodgers, & Colbus(1986).

운 말로 면접을 이끌어 가는 것이 필요하다. 면접기술이나 숙달 정도에 따라 라포 형성 및 면접진행과정이 달라지므로 임상가는 면접기술을 개발하고 그에 익숙해져야 한다. 면접자 간의 변산을 줄이고 광범위하고 타당한 정보를 얻는 데 구조화되거나 반구조화된 면접이 더 적절한 방법이라 할 수 있다.

보통 반구조화된 형태로 구성된 면접은 아동, 부모, 교사에게 실시될 수 있다. 불일치가 보고되었다 하더라도 일반적으로 아동과 부모가 동기화될 때 정확한 정보를 제공한다는 것이 발견되었다. 명백히 정보의 정확성은 자료의 정확성에 달려 있다. 그러므로 어떤 자료를 면접으로 결정하기 전에 기본적인 가족과 학교특성을 평가하는 것이 중요하다.

대표적 질문지로는 학령기 우울목록척도가 있다.

학령기 우울목록척도(School Age Depression Listed Inventory: SADLI; Petti, & Law, 1982)는 우울한 아동에게서 나타난다고 보고된 28개의 증상을 기초로 제작된 17개 문항으로 이루어진 반구조화된 면접이다. 6~12세 아동에게 사용할 수 있으며, 각 문항은 '증상이 없음' (1점)에서 '극심함' (7점)의 7점 척도로 평정하도록 되어 있다.

평가되는 문항내용은 ① 짜증 ② 우울한 모습 ③ 위축된 행동 ④ 과잉활동성 ⑤ 거부적인 행동 ⑥ 즐거움의 결여(anhedonia) ⑦ 수면장애 ⑧ 신체증상 ⑨ 사회적 철회행동 ⑩ 외로움 ⑪ 무기력 ⑫ 거절 혹은 배척 경험 ⑬ 우울한 기분 ⑭ 자기로 향해진 공격성-자살 ⑮ 무가치감 ⑯ 절망 ⑰ 전반적인 우울평가이다. 이때 ①~⑤까지의 문항은 면접 동안에 임상가가 아동의 행동 관찰을 기초로 평가해야 하는 문항이므로 모든 면담이 끝난 후에 평정하도록 되어 있으며, 마지막의 ⑰문항은 전반적인 우울증 평정을 위한 것이므로 면담 동안의 객관적이거나 주관적인 자료와 평정자의 임상적 판단을 근거로 하여 결정하게 된다. 나머지 ⑥~⑯문항은 면담 동안의 아동의 언어적 보고만을 기초로 평정해야 하며, 임상가가 느끼는 아동에 대한 인상을 근거로 추론하여 평정해서는 안 된다. SADLI에는 평정의 신뢰도를 높이기 위해 각 문항마다 1~7점으로 평정되는 구체적인 내용이 명시되어 있다.

#### (3) 행동평정척도

부모용 행동평정척도이며 CBCL의 한 하위척도로 우울증 척도가 있다. 4~16세 아동을 대상으로 하고 있다. 부모보고가 얼마나 객관적이고 신뢰성이 있는가의 문제가 있다.

#### (4) 심리검사

우울한 아동은 의욕과 동기의 저하로 검사수행속도와 반응속도가 느리고 다양한 반응을 나타내지 않는 경향이 있다.

투사검사에서 대부분 필압이 매우 여리고 약하며 스케치하듯이 그리고 선이 불안정하며 끊기는 경향이 있다. 그림이 작고 단순하며 전반적으로 자신의 우울감, 사회적 위축감, 소외, 고립감, 무능력감, 절망감 등을 표현한다.

집 그림에서는 무너지거나 손상된 집, 사람이 살고 있지 않은 집, 흉가, 빗속의 집 등을 그린다. 나무 그림에서는 몸체가 약하며 가지가 축 늘어진 나무를 그리며 죽거나 벌레가 파먹은 나무, 썩은 나무를 많이 그리는 경향이 있다. 사람 그림에서도 아주 작고 위축된 사람, 무기력해 보이며 아무것도 하지 않는 사람, 자살하려는 사람, 죽어서 하늘나라에 간 사람 등의 표현을 하기도 한다. 그러나 때로는 반대로 매우 따뜻한 집, 열매와 다람쥐, 새가 많은 나무, 아주 크고 밝은 사람을 그리면서 자신의 소망을 나타내기도 한다.

로르샤흐 검사에서도 반응시간이 느리며 반응 수가 적고 관심의 폭이 좁은 것을 나타내며, 반응내용 면에서도 병적인 것이 많다. 또한 색채반응에서도 유채색 반응비율이 적고 검은색, 회색 등 무채색 반응이 많고 농담에 입각한 음영반응이 많은 경향이 있다. 자극도형에 대해 죽거나 파괴된 것으로 지각하거나 다치고 부서지거나 손상당한 것으로 파악하며 자신의 우울한 감정이나 특성을 투사하기도 한다.

지능검사에서 우울한 아동이 일관성 있게 나타내는 단일지표는 없다. 그러나 대체로 동기나 의욕 수준의 저하로 자신의 잠재적인 지능을 다 발휘하지 못해 자신의 능력에 비해 점수가 떨어지며 15~30 정도까지 저하된 결과를 보이기도 한다. 우울한 아동은 언어성 지능은 비교적 잘 발휘하는 편이나 동기 및 에너지의 저하와 정신운동속도의 저하로 시간제한이 있는 동작성 검사(특히, 기호쓰기)에서 부진한 수행을 보여 점수가 낮아지는 경향이 있다.

이 아동의 검사수행 양상은 지능과 학업성적, 우울증상의 특성에 따라 다를 수 있으므로 양적인 점수보다 검사수행 중에 보인 얼굴표정, 목소리, 말의 속도와 크기, 자신감, 검사동기, 수행속도 및 문제해결 방식, 반응내용 등의 질적인 특성과 행동관찰이 우울증 진단에 더욱 중요하다.

### 7) 치료

#### (1) 심리치료

우울한 아동과 청소년을 위한 정신건강 서비스에서는 다양한 심리적, 심리사회적 치료방법이 적용되어 왔다. 이런 접근 가운데 좀 더 자주 이용되는 방법은 개인 및 집단 인지행동치료, 정신역동적 치료, 가족치료, 사회기술훈련이다. 놀랍게도 이런 개입방법의 효과를 검증하는 연구는 거의 없다. 그러나 우울한 기분을 감소시키는 데 이들 치료가 효과적이라는 몇 가지 보고가 있다. 정신역동적 치료가 더 긴 역사를 가졌지만, 인지행동적 집단 및 개인 치료방법의 효과에 대한 경험적인 증거가 더 많다. 이것은 반드시 인지행동적 기법이 더욱 효과적이라기보다는 행동적 기법이 더 단기적이고, 더 많은 관찰이 가능하며 연구디자인과 경험적 조사가 쉽기 때문이다. 이런 관점에서 두 가지 모델이 모두 효과적이지만 인지행동적 방법의 유용성이 더 많은 문헌에서 나타난다.

Stark와 그의 동료들(1993)은 인지-행동적 집단치료의 긍정적인 결과를 입증했다. 그들의 치료모델은 개인, 집단, 가족치료 세팅에서 행동적 접근, 인지적 접근, 자기통제기법을 조합한 것이다. 그들은 자기통제기술, 느낌, 대인관계 행동에 초점을 맞춘 집단치료가 효과적이었음을 보고하고 있다(Schwean & Saklofske, 1999).

우울증의 심리치료는 주로 치료모델을 성인으로 하고 있다(Wenar, 1982). 주로 인지행동모델(cognitive behavioral model)에 근거를 두고 대인관계나 문제해결기술을 가르치기 위한 역할놀이(role playing), 인지적 재구성('나는 아무것도 제대로 되는 게 없어'와 같은 부정적 인지를 멈추기 위한 인지적 재구성), 여러 가지 평가와 자기강화기법, 사회기술훈련 등이 있다.

치료자의 주요 역할은 능력에 대한 아동의 자기지각을 평가하는 것이다. 만일 능력을 낮게 지각하면, 이런 지각이 현실에 반영되는 정도가 평가되어야만 한다. 능력을 낮게 지각하는 것이 정확하다면, 치료는 능력을 개선시키고 아동의 자기지각을 고양하도록 하는 기술훈련에 초점을 맞출 수 있다. 치료는 전형적으로 지지단계로 시작되고, 공감단계로 진행되며, 마침내 협력/자기관찰단계로 이행된다.

우울한 아동은 박탈이나 결핍감을 일으키는 상실경험에 반응한다. 상실경험이 우울의 근원이 된다는 점은 우울을 심리적으로 치료하기 위해 다음 두 가지가 필요하다는 것을 전제로 한다.

첫째, 진정으로 도움을 필요로 할 때 치료자는 우울한 아동의 삶에 들어감으로써 아동이 다른 사람에게서 단절되는 느낌을 감소시킬 수 있고, 그로 인해서 우울이 감소되기 시작할 수 있다.

둘째, 우울한 아동으로 하여금 상실감을 경험하게 만드는 특정한 환경을 효과적으로 파악하도록 도움으로써 우울에서의 회복이 촉진될 수 있다.

학교에서 수행을 잘해 내지 못하거나 친구관계가 깨지는 것과 같이 실제 사건과 관련해서 상실을 경험할 때, 그로 인한 우울은 그들이 생각하는 것보다 덜 비참하고 덜 영원하고 만회가 가능한 것으로 보도록 도와야 하는데 이때 토론이 효과적이다. 그러나 만일 상실감이 환상이나 비현실적인 걱정으로 인한 것이고, 아동이 그 점을 충분히 자각하지 못한다면, 그 점을 명료화하고 그 문제를 비교적 낙관적으로 보도록 하기 위해 더욱 강력한 탐색이 필요할 수도 있다.

아동의 상실감을 추적하고 회복하는 것이 우울한 아동의 심리치료의 핵심이지만, 아동이 나타내는 증상이 무시되어서는 안 된다. 오랫동안 이런 증상이 습관화되어 우울한 걱정이 없어진 뒤에도 증상이 지속될 수 있다. 그러므로 치료자는 의미 있는 관계를 우울한 아동에게 제공해 주고, 그들의 상실감을 해결하도록 도와주면서 증상에 대한 직접적인 치료를 해야 한다. 예를 들면, 낮은 자존감과 감소된 에너지 수준을 높여야 할 때, 치료자는 우울한 아동을 다시 움직이도록 하는 방법을 찾아야 한다. 그들의 재능이 어디에 감춰져 있는지, 이전에 잘한 것이 무엇인지, 어떤 것을 즐거워했는지, 불꽃처럼 타오를 수 있는 어떤 열망이 남아 있는지를 찾아내야 한다. 이런 것 가운데 어떤 것이라도 하게 격려함으로써 즐거운 경험을 위한 기회를 갖게 되며 무기력과 자기경시의 패턴을 끝내게 할 수 있다. 또한 냉담을 적극성으로, 소외를 참여로 바꾸게 한다.

우울한 감정에서 도망가기 위해 행동문제를 보이는 아동도 심리적 고통을 피하기 위해 이런 부적응적 행동을 하지 않도록 격려해야 한다. 그러나 단지 치료자나 누군가가 그들이 해야 할 것과 하지 말아야 할 것을 말한다고 해서 행동변화가 일어나지는 않는다. 치료자는 이런 증상적 행동이 자기파괴적이며, 그런 행동을 즐기기에는 지나치게 큰 대가를 지불하는 것이라는 점, 그리고 자신의 이익을 위해 다른 행동이 필요하다는 것을 알게 해 주는 충분한 기술을 갖추어야 한다. 이와 같이 변화에 대한 내적 동기를 형성시키는 것은 아동이 문제행동을 포기하도록 설득하고, 약속하고, 위협하는 것보다 훨씬 강력한 힘을 발휘한다 (Wenar, 1982).

### (2) 환경의 조정

우울한 아동을 위해 가정, 학교, 지역사회가 변화해야 하며 이들이 아동의 좌절감과 실망감, 스트레스를 감소시키고 즐거움을 주며 자기존중감을 고양시키며 활동을 증가시키도록 노력해야 한다.

무엇보다 부모와의 대화가 가장 많이 필요하다. 부모는 아동의 우울을 잘 이해할 수 없으며 긴장과 불안을 느낀다. 아동의 우울을 이해시킴으로써 부모의 긴장이 해소되며 확신감을 가지게 됨으로써 좀 더 지지적인 가정환경을 만들어 낼 수 있다.

아동의 생활에서 많은 영향을 미치는 교사나 다른 성인과의 대화도 필요하다. 그들에게 새로운 정보와 좀 더 적절한 제안을 줌으로써 아동이 우울에서 벗어날 수 있도록 촉진하는 데 도움을 줄 수 있다.

### (3) 부모 상담 및 교육

아동의 우울은 부모의 우울과 관련되어 있는 경우가 매우 많다. 따라서 부모의 우울도 함께 다루어야 하고 부모 자체가 자신감을 갖고 삶의 의욕을 갖도록 도와야 한다. 따라서 치료에서도 부모가 아동을 위해 할 수 있는 일을 안내해 주고 단계적으로 실시할 수 있도록 도와주며 매번 확인해야 한다. 수행에 대해 적극적 격려를 해 주면 부모도 자신의 무력감에서 벗어날 수 있다.

부모가 지나친 죄책감에 빠지지 않도록 아동의 긍정적인 면을 볼 수 있도록 하고, 아동과의 관계에서 부모가 한 공헌에 대해서도 인정할 만한 부분을 찾아내야 한다. 치료 중반에 아동이 분노를 행동화하고 폭발할 때 이를 잘 견딜 수 있도록 이해와 지지를 해 주어야 한다.

무엇보다 부모가 자신과 세상을 긍정적으로 지각하는 것이 중요하므로 치료자는 이를 도와야 하고 필요한 경우 성인상담을 권하도록 한다.

#### (4) 정신약물치료

그간 이미프라민(imipramine)을 많이 사용해 왔으나 점차 감소하는 추세이고 최근에는 선택적 세로토닌 재흡수 억제제(SSRI)를 사용하고 있는데 이는 3주는 지나야 효과가 나타난다.

## 2. 우울한 아동의 놀이치료

### 1) 우울한 아동을 치료하기 위한 목표설정과 개입전략

놀이치료를 하기 전에 아동과 그 가족을 만나는 것은 중요하다. 초기 병행적 접수면담은 아동의 가족역동 및 부모와의 상호작용을 엿볼 수 있게 해 준다. 또한 이때 자기보고, 부모보고, 인터뷰 등을 할 수 있다. 평가는 치료과정 중 중요한 부분으로서 진단, 치료구조, 내용, 치료목표, 치료적 개입에 영향을 미친다.

놀이치료의 최우선 목표는 아동에게 진정한 아동이 될 기회를 주는 것이다. 놀이치료는 자연스러운 놀이를 촉진해야 하며 아동에게 교정적인 경험을 소개해야 한다. 또한 아동이 치료에 함께하는 과정에서 협조를 잘하게 하기 위한 창의적인 방법을 제공해야 한다. 아동이 가진 특수한 문제, 경험, 아동의 필요에 따라 치료의 목표가 달라진다. 따라서 아동과 라포를 형성하고 가족의 신뢰와 협조를 얻는 것, 아동을 치료과정에 적극적으로 참여시키기 위한 기법 등이 다루어져야 한다.

또한 아동이 치료목적에 관해 어떻게 지각하고 있는지를 민감하게 살펴보아야 한다. 아동이 치료목적을 오해할 소지가 없도록 해야 하며 치료를 자신의 지나친 억제와 부적응적이고 나쁜 행동에 대한 벌로 인식하지 않도록 해야 한다. 놀이는 그 자체로 아동에게 즐겁고 참여적이게 하므로 이런 점에서 놀이치료는 다른 기법보다 유리하다.

아동과 치료자는 치료작업에서 공동의 적극적 참여자다. 아동으로 하여금 어떤 방식으로 놀아야 한다거나 어떤 요구된 게임을 해야 한다거나 어떤 생각이나 감정은 감추어야 한다고 느끼게 하지 말아야 한다. 아동은 임상가와 함께 중요한 치료 전략과 목표를 함께 세운다는 뜻에서 보조 치료자다. 아동의 특별한 필요, 강점, 발달수준을 고려해 목표가 정해진다면 치료의 과정, 구조, 내용은 아동과 가족, 치료자에게 자연스럽게 느껴질 것이다.

아동이 치료에서 적극적인 참여자일 뿐 아니라 치료의 핵심적인 초점이란 것을 확신시키는 목표를 이루기 위해 노력해야 한다. 놀이치료는 아동의 행복과 치료를 위한 것이다.

우울한 아동의 치료를 위해서는 다음과 같은 목표와 전략을 세울 수 있다(Jongsma, Peterson, & McInnis, 2000).

### (1) 우울한 아동을 치료하기 위한 장기목표

① 우울을 언어로 인식하고 원인을 해결해 정서 상태를 정상화시킨다.

② 기분을 상승시키고 일상적인 에너지, 활동, 사회화에 참여시킨다.

③ 짜증을 줄이고 가족, 친구들과 정상적인 사회관계를 증가시킨다.

④ 때때로 생활에 대한 즐거움과 흥미를 표현하고, 학업성취, 사회적 참여, 섭

식 습관의 패턴에 새로운 관심을 보인다.

(2) 단기목표와 치료적 개입방법

① 우울의 깊이를 평가하기 위해 심리검사를 실시한다.

- 아동과 그 가족에게 심리검사의 결과를 알린다.

② 자기파괴, 반발, 위축과 우울의 관련성을 언급한다.

- 우울과 관련된 자기패배적 행동에 대한 아동의 자기이해 수준을 평가한다.
- 아동의 행동화하는 경향을 우울에 대한 반작용으로 해석한다.
- 아동의 행동화하는 경향을 만족되지 않는 정서적 욕구를 포함한 실제적 갈등의 회피로 직면시킨다.
- 아동에게 집에서의 과제를 내준다. 분노, 짜증 나는 행동과 상처받고 슬픈 감정의 관련성을 보여 주기 위해 숙제를 가져오게 하여 함께 경험을 나눈다.

③ 생활에서의 불행감을 언어적으로 인식한다.

- 아동이 분노, 상처입은 감정, 낙담의 감정을 표현하는 것을 강화한다.
- 아동이 자기자신과 타인에 대한 감정을 표현할 수 있도록 적절한 놀이치료 도구를 준비한다.
- 놀이치료에서 표현된 감정을 아동의 실생활에 대한 감정으로 반영해 주고 해석한다.
- 감정에 관련된 치료적 게임(말하고 행동하고 느끼기 게임)을 이용해 아동이 언어적으로 더 잘 표현하게 돕는다.

④ 생활의 어떤 부분이 빠져 있음으로써 슬픔과 불행을 느끼는지 구체화한다.

- 아동으로 하여금 자기 생활에서 없어져 버려 불행감을 느끼게 만든 것에 대해 말해 보도록 요청한다.
- 자기자신과 타인에 대한 감정을 표현할 수 있도록 놀이치료 도구를 마련한다.
- 놀이치료에서 표현된 감정을 자신의 것들로서 반영하고 해석한다.
- 아동에게 자신에게 기쁨, 평화, 안정감을 증가시키기 위해 세상에서 변화시

키고 싶은 세 가지를 써 오게 숙제를 내준다.

⑤ 슬픔과 불행감을 느끼게 하는 것이 과거와 현재에서 어떤 것인지 구체화 한다.

⑥ 절망감과 낮은 자기 존중감을 갖게 한 아동의 과거의 정서적 고통을 탐색 한다.

⑦ 주변의 중요한 다른 사람에 대한 정서적 욕구를 표현한다.

- 버려지는 것, 사랑하는 사람을 상실하는 것에 대한 아동의 두려움을 탐색 한다.
- 가족구성원 간의 갈등에 대한 표현을 촉진시키기 위해 가족과의 회기를 계획한다.
- 가족구성원과 중요한 타인에 대한 정서적 욕구를 표현하는 것을 지지한다.
- 부모에게 아동의 사고와 감정을 격려하고 지지하고 견뎌 내도록 교육한다.

⑧ 놀이치료에서 슬픔, 상처받은 감정, 분노의 감정을 표현한다.

⑨ 절망감, 무력감, 우울한 감정을 악화시키는 부정적인 자기진술을 찾아낸다.

⑩ 자기수용, 자기확신, 희망의 감정을 강화시키기 위한 긍정적인 자기진술을 한다.

- 아동의 자기확신과 자기수용의 성장을 촉진시키기 위한 긍정적인 인지적 메시지를 가르치고 강화한다.

⑪ 자살시도를 멈추게 하고 죽고 싶은 감정을 언어화하게 한다.

⑫ 가족, 또래와의 사회적 교류에 적극적으로 반응하고 주도한다.

- 아동이 가족구성원과 중요한 타인에 대한 정서적 욕구를 표현하는 것을 지지한다.
- 부모가 아동의 이런 사고, 감정표현을 격려하고 지지하고 참아 낼 수 있게 가르친다.
- 아동이 생활을 풍부하게 만드는 사회적인 활동과 오락에 참여하도록 격려한다.

⑬ 학업수행을 좀 더 잘할 수 있도록 한다.

• 아동의 학업을 위한 노력을 자극하고 격려한다.
• 아동이 학업에 대한 숙달감을 증가시키도록 가정교사의 도움을 받는다.

⑭ 수면시간을 아동의 발달단계에 맞게 조정한다.
• 필요하면 항우울제를 복용한다.
• 아동의 수면패턴과 수면 시에 발생하는 어려움을 지도한다.

⑮ 가족과 친구에게 수용되고 사랑받는 감정을 표현한다.
• 부모로 하여금 아동에게 따뜻하고 긍정적인 표현을 하도록 격려하고 강화한다.
• 부모가 아동과 긍정적이고 구조화된 즐거운 시간(게임, 좋아하는 놀이 같이하기, 공원에 가서 놀기, 좋아하는 비디오 함께 보기 등)을 갖도록 돕는다.

⑯ 사회활동과 오락활동에 대해 관심을 갖고 참여한다.
• 아동과 함께 계속할 수 있는 즐거운 활동과 흥미를 탐색하고 참여하고 경험하게 한다.

⑰ 가족, 친구와 우호적이고 즐거운 관계를 갖게 함으로써 분노와 짜증을 감소시킨다.
• 아동이 친구, 가족과 즐거운 사회관계를 갖도록 강화한다.

⑱ 예술적 방법을 이용해 부정적 감정을 표현한다.
• 미술치료기법(그림, 색칠하기, 콜라주, 조각 등)을 이용해 아동이 우울한 감정을 표현하도록 돕는다. 완성된 작품을 이용해 아동의 정서와 그 원인을 좀 더 명확히 밝히는 도구로 쓴다.
• 아동에게 슬픔, 마음의 상처를 갖게 한 경험을 그리도록 하고 이런 감정을 처리한다.
• 아동이 자신을 우울하게 만드는 요소에 대해 평가할 수 있도록 가족화를 그리게 한다.

⑲ 슬픔을 감소시키고 희망을 증가시킨 생활의 변화를 언어화한다.
• 아동에게 숙제를 내준다. 아동이 기쁨, 평화, 안정감을 증가시키기 위해 세상에서 변화시키고 싶은 세 가지를 쓰게 한다.

## 2) 치료과정에 따른 변화와 개입방법

### (1) 치료 초기

대체로 무표정하거나, 우울한 표정이며 힘이 없고 활동이나 놀이에 대한 흥미 저하로 적극적으로 놀지 못하고 움직이는 것을 상당히 귀찮아하기도 한다. 또한 놀이도 매우 위축되고 제한적이어서 다양한 탐색을 하지 못하거나 조금씩 건드려 보기만 하기도 한다. 또한 자기능력보다 떨어지는 단순 조작놀이만을 하기도 하는 등 놀이에 대한 관심도가 낮고 놀이수준도 연령에 비해 떨어져 보인다. 따라서 초기에는 아동의 그런 상태에 대한 이해와 수용, 공감적 반응이 많이 필요하다. 또한 놀이도 별로 힘들이지 않고 쉽게 할 수 있는 놀이도구가 준비되어야 한다. 지나치게 경직되어 몸을 움직이지 않고 가만히 있는 경우도 많으므로 반죽놀이 등을 통해 쉽게 몸을 움직이고 긴장을 풀 수 있도록 돕는다. 지나치게 우울한 아동은 초기에 힘을 쓰는 놀이를 하기 어렵다(예: 모래놀이, 특히 젖은 모래놀이 등). 따라서 초기에는 이런 놀이를 하도록 권하지 않는 게 좋다.

때로 아동은 놀이에서 아주 작고 연약한 동물 등을 통해 작고, 무력하고, 힘없는 자기, 혼자 있고, 외롭고, 절망적인 자기의 모습을 표현하기도 한다. 또는 그런 상태에 있는 가족을 표현하기도 한다.

학령기 아동의 경우 자기능력에 대한 열등감, 무가치감 등을 많이 겪으므로 놀이치료에서 아동이 수행한 것에 대한 자기 확인이나 자기가 할 수 있는 것들에 대한 새로운 인식을 할 수 있도록 돕는다. 초기에는 어려운 게임은 피하고 쉽게 할 수 있고 쉽게 결과를 확인할 수 있는 게임을 택하도록 한다. 그러나 점차 안정되고 집중력이 증가하면서 본래의 잠재능력을 회복하게 되면 능력에 맞는 게임을 통해 자신의 잠재능력을 인식하고 확인해 가게 된다.

### (2) 치료 중기

점차 치료자와 신뢰관계가 쌓이면 아동은 표정이 살아나고 밝아지고 활기를 보인다. 또한 선호하는 놀이나 놀잇감이 뚜렷이 나타난다. 따라서 봉제 완구 등의 부드러운 인형을 늘 껴안고 놀이를 하거나 교사와 텐트와 같은 아늑한 공간에 함께 있으면서 사랑받고 싶은 욕구를 표현하기도 한다. 이때쯤 신체적으로 활발히 움직일 수 있게 해 줌으로써 정체된 에너지의 활성화를 돕는다. 놀이치료실에 몸을 활발히 움직이는 놀이, 아주 즐겁게 웃고 흥분될 수 있는 놀이와 놀잇감을 준비해 두는 것이 좋다. 이러한 과정을 통해 아동은 우울하고 가라앉은 정서를 고양시키게 된다.

적극적인 동기유발을 위해서 아동과 함께 목표설정을 하며 목표를 쉽게 수행할 수 있도록 소단계로 나누어 점진적으로 달성할 수 있도록 도와주며, 할 수 있다는 자신감을 주어야 한다.

중반기에 접어들면 아동의 주 양육자와의 물리적·정서적 분리, 상실감(과거에 경험했거나 현재에도 지속되고 있는), 슬픔, 수치심, 죄책감, 애정에 대한 좌절감, 분노 감정 등이 탐색되어야 한다. 또 이런 감정의 근원과 이와 관련된 환경적 영향을 적극적으로 탐색해 가야 한다. 학령기 아동의 경우 열등감, 부정적인 자기지각, 세상에 대한 지각, 미래에 대한 지각이 드러날 수 있게 하며 치료자가 이를 명료화시키고 아동에게 반영해 주어야 한다. 아동이 구체적으로 관계에서 이와 같은 감정을 탐색하고 표현할 수 있도록 집, 가족인형이나 동물가족인형, 손인형, 학교 등도 준비해 두어야 한다. 애정 대상을 상실한 경험이 있는 아동은 묻고 꺼내는 주제를 반복하는 경우가 많은데 특히 모래놀이 시에 특정 인물이나 물건을 모래에 묻었다 꺼냈다를 반복하기도 한다. 이는 상실에 대한 경험, 분노의 억압, 자기의 보호 등을 표현하는 것이기도 하다.

이렇게 애정에 대한 상실감과 분노, 부정적인 지각을 할 수밖에 없게 된 상황에 대해서도 반복적으로 공감해 준다. 이렇게 함으로써 아동이 자기 문제를 자신의 수준에 맞게 통찰할 수 있도록 돕는다.

그리고 아동이 애정의 상실로 인한 내부의 억압된 분노와 적개심을 외부로 끌어낼 수 있도록 도와주어야 한다. 이를 위해 감정 발산에 쉽게 도움이 되는 놀이도구를 준비한다. 특히 찰흙, 물, 모래 등의 매체가 도움이 되며 망치치기, 오뚝이, 타악기, 다트, 총 등이 도움이 된다. 또한 손인형놀이나 역할놀이도 도움이 된다. 중반기에 들어가면 그동안 억압했던 분노를 표출하며 행동화하게 되고 심하면 분노폭발을 하기도 한다. 치료자는 이런 변화를 긍정적으로 볼 줄 알아야 하며 아동이 점차 건강한 방식으로 분노를 표출할 수 있는 방법을 찾도록 도와야 한다.

#### (3) 치료 말기

현실생활에 더 잘 적응하게 하기 위해 생활에서 부딪치는 실제적인 문제해결(학업수행의 어려움, 또래관계 기술부족 등)을 위해 목표설정을 하고 이를 단계적으로 나누어 수행해 갈 수 있도록 돕는다.

이를 위해 특별히 고안된 친구 사귀기 게임, 문제해결방식을 배우는 인지행동치료게임을 할 수 있다. 또한 아동이 이에 익숙해지도록 반복적으로 연습을 하게 한다.

치료자는 손인형놀이, 역할놀이, 모델링을 통해 적절한 방법에 대해 역할시연을 할 수도 있고 문제해결을 위한 새로운 접근방법을 소개할 수도 있다. 필요하면 행동수정의 방법을 통해 노력한 행동에 보상을 줌으로써 변화할 수 있는 자기능력에 대해 긍정적 경험을 갖게 하고 동기화가 이루어지도록 한다. 그러면서 치료자는 긍정적으로 변화되어 가고 있는 아동의 자기모습을 반영해 주고 격려해야 한다.

### 3) 우울한 아동과 놀이치료

유치원 이하의 우울한 아동은 자신의 우울한 감정을 언어로 표현하기 어렵다. 그러나 놀이를 통해 이를 자연스럽게 표현하는 것은 가능하다. 따라서 특히 우울한 감정을 언어화하기 어려운 유아에게는 놀이치료가 필수적이다.

우울한 아동을 치료할 때 치료자는 치료방법을 선택하고 적용하는 데 여러 요소를 고려해야 한다. 우선 그 아동의 필요에 맞아야 하며 환경과 그 독특한 증상에 맞아야 한다. 치료자는 아동의 주요 환경을 알아야 한다. 직계가족이나 확대

가족, 또래친구, 교사는 아주 중요한 환경이다. 우울증은 복합적인 장애이므로 아동이 경험하는 독특한 증상이 치료 전에 평가되어야 하고 치료 맥락 내에서 재평가되어야 한다. 처방 또한 장기목표와 단기목표를 설정해야 한다. 우울한 기분이 우울증의 주요하고 특징적 증상이므로 단기목표는 슬픈 감정과 슬픈 정서적 색조를 즉각적으로 줄이는 것에 두어야 한다. 성인의 우울을 감소시키기 위해 개발된 심리치료적 전략이 아동의 놀이치료에서도 사용될 수 있다. 성인을 위한 치료는 대부분 언어적, 인지적 기법에 많이 의존한다. 아동의 치료는 발달수준과 인지능력에 따라 달라지는데, 특히 아주 어린 아동은 감정을 언어화하는 능력이 부족하다. 따라서 어린 아동은 부적응적 증상, 감정의 복잡성과 강도를 언어화하기 곤란하다(Briesmeister, 1997).

우울증의 증상은 복잡미묘하고 독특하며 위장되어 있으므로 전문가도 잘못 진단할 수 있다. 특히, 아동이 우울과 관련된 정서를 명확히 드러내 표현하고 설명할 수 없다는 점이 진단을 어렵게 한다. 아동은 언어적으로 유창하거나 추상적이지 못하지만 대부분의 아동이 잘 놀 수 있다. 놀이는 아동의 자아기능의 가장 확실한 표현이며 아동이 자기자신과 의사소통하고 자신을 표현하는 하나의 방식이다. 아동은 세상 외부의 사물과 상황을 숙달해야 한다. 유아기부터 성인기까지 우리는 우리 자신과 환경에 대한 통제력을 갖기 위해 노력하고 각 발달단계마다 특정한 발달과제를 완성하게 된다. 치료로서의 놀이는 고도로 발달된 이론적 관점과 임상적인 다양한 치료방법이 통합된 형태로 구성된다. 이들 이론적 관점과 기법적 전략은 발달이론적 관점에서 통합되어야 하며 이러한 통합은 중요한 목표, 즉 아동이 나이에 맞는 아동답게 지낼 수 있는 정당한 권리를 위한 것이다. 놀이치료의 중요한 목표 중 하나는 아동이 즐겁게 놀이를 하도록 돕는 것이다. 놀이치료는 아동기의 자연스러운 자기표현, 자연스러운 자기치료를 위한 것이다. 즐거움과 자연스러운 자기표현과 자기치유, 통제감과 숙달감, 자신감 증진과 유능감 등을 위해서 아동중심놀이치료를 이용하면 많은 도움을 줄 수 있다.

우울한 아동은 통제감, 숙달감을 얻기가 어렵다. 우울증의 증상, 특히 우울한 분위기는 성취감과 유능감을 방해한다. 각 상황과 발달단계에서 아동은 점차 부모, 형제, 또래, 교사와의 성공적인 상호작용과 타협을 통해 세상에 대한 숙달감을 갖게 된다. 사회적 위축, 비관주의, 학습된 무기력은 성공적인 사회작용과 성공적인 숙달감을 크게 손상시킨다. 숙달감과 통제감을 얻는 노력을 하는 과정에서 우울한 아동은 성숙한 아동처럼 지나치게 많은 통제를 하거나, 화가 나고 충동적인 아동처럼 지나치게 통제를 하지 못하는 아동이 되기도 한다. 우울의 무능력한 증상은 외부세계의 요구를 극복하는 데 필요한 개인의 능력을 심각하게 제한한다. 또한 아동이 자신의 내적 과정을 조절할 수 없게 만든다. 역할놀이 등은 새롭고 건설적인 행동과 공감능력을 획득하는 데 도움이 될 수 있다.

더욱이 우울한 아동은 강한 대인관계의 접촉과 참여가 어렵고 대인관계 시 혼란을 겪으며 관계를 오래 지속하기 어려워한다. 집중의 어려움도 우울의 흔한 증상인데 아동은 전통적인 언어치료가 너무 지루하고 지나치게 언어적이란 것을 발견하게 된다. 놀이치료는 어떤 다른 방법보다 자연스럽게 즐거운 정서를 갖게 하는 데 도움이 되고, 고양되고 즐거운 정서는 인지과정에 긍정적인 영향을 미친다(Kendall, 1991).

놀이치료의 중요한 기법인 게임들은 자아강도를 강화시키고, 상호성, 상호 호혜성, 긍정적이며 사회적인 대인관계기술을 발달시킨다. 놀이를 통한 감정의 정화 또한 중요한 치료적 요소다. 감정의 발산은 특별히 우울한 아동에게 중요하다. 이들의 강한 정서가 그 아동의 역기능의 기초를 형성한다. 우울한 아동은 노는 방법을 잃어버린 아동이다. 우울한 감정이 자연적이고 자발적인 즐거운 감정에 앞서 일어나며 아동은 잠재력이 제한되고 억제되어 기쁨과 즐거움을 표현하기가 어렵다.

놀이치료의 성공 여부는 아동이 과도한 슬픔이나 인생의 도전을 극복하는 어려움 때문에 지나치게 위축되고 자의식적이며 무감각해진 정서에서 벗어나 자연스러운 기쁨을 다시 찾는 능력이 형성되었는지로 평가한다. 놀이치료의 중요한 목표는 아동에게 인생의 기쁨을 막는 행동을 이겨 내고 대처기술, 대인관계, 자기평가, 세상에서 적절히 기능하는 데 필요한 자아강도를 확립하게 하는 것이다.

### 4) 우울한 아동과 모래놀이치료

모래놀이치료는 슬퍼하는 아동을 위해서 훌륭한 치료도구다. 많은 사례가 우울한 아동을 위한 모래놀이치료 효과를 보고하고 있다. 모래놀이는 깊이 억압되어 있거나 숨겨져 있던 감정을 드러나게 하며 우울한 아동에게 필요한 감정과 느낌을 되살린다. 상실의 상처를 회복시키며 저하된 에너지를 활성화시키고 창조성을 발휘하게 하는 훌륭한 도구다. 발달 초기의 모성결핍은 원형적 모성상의 손상을 초래하며 이로 인해 자아발달을 심각하게 방해한다. 발달 초기의 모성결핍으로 인해 자아발달이 방해된 내담자에게 모래놀이는 은유적으로 파괴된 초기 모자단일체(mother-child unity)를 재구성하게 해 주며, 그로 인해 정신의 자연적 기능을 회복시키고 건강한 자아가 출현하도록 돕는다. 재구성된 모자단일체 속에서 모래상자의 어떤 시점에서 자아가 준비되었을 때 모래상자는 내담자를 세상으로 나아가게 해 주는 중간대상이 될 수 있다(Weinrib, 1983).

특히 현실에 직면하여 무력감을 느끼는 내담자에게 모래상자를 만드는 행위는 매우 효과적이다. 신경증은 에너지의 방향이 잘못되고 에너지가 잘못 사용된 것이라고 할 수 있는데 모래는 에너지의 방향을 창의적인 길로 되돌리고 성격의 발달을 돕는다. 그럼으로써 내담자 안에서 새로운 변형이 일어나게 하고 신경증 상태에서 벗어나게 한다. 모래놀이는 내적인 상에 대한 민감성을 기르며 내부와 관계를 맺게 해 준다. 모래놀이의 구체성은 몰두하게 하며 이완된 상태에서 집중을 하게 한다. 또한 직관적인 알아차림을 돕고 내면의 상태, 감정, 정서적 분위기를 인식하게 한다. 모래상자는 초점화된 주의력을 발휘할 수 있게 해 주며 중심화를 가능하게 한다. 모래상자의 물리적 경계, 둘러싸인 공간은 주의분산을 막아 준다. 고요하게 집중시키는 효과로 마음의 깊은 차원으로 뚫고 들어가는 것을 촉진한다. 모래 그림은 내담자로 하여금 개인적 기억과 현재의 관심사나 걱정을 표현하는 기회가 되기도 한다. 단순히 모래상자를 만드는 것만으로도 긍정적인 효과가 있다. 매우 내향적이고 긴장을 심하게 하는 내담자는 이완이 된다. 지나치게 말이 많고 합리화와 주지화를 하는 내담자에게도 효과적이며 그 반대로 말이 없고 언어표현이 어려운 내담자에게도 도움이 된다. 모래놀이를 하면서 잊힌 기억이 다시 떠오르며 억압된 환상이 풀려나고 화해가 일어나면서 환상과 현실을 구별할 수 있는 능력을 갖게 해 준다. 모래상자를 만드는 행위는 창조성을 활성화시키며 그로 인해 자아를 강화하고 내담자의 자기상과 자기신뢰감을 강화한다. 창조행위에서 커다란 만족감을 경험하게 되고 긴장이완이 일어난다.

Carey(1990)는 아빠의 죽음과 엄마와의 분리로 슬퍼하며 우울과 다양한 증상을 갖고 있는 9세 아동의 모래놀이치료 사례를 보고했다. 아동은 특히 자기감정을 드러내지 않았으며 치료자는 아동의 말을 잘 알아들을 수가 없었다. 이런 경우 특히 비언어적 매체인 모래놀이치료는 안전하고 보호된 공간을 제공하면서 신뢰관계 형성을 위한 도구가 되며, 이를 통해 자신을 편안히 표현하고 치료적 개입이 가능해지도록 할 수 있다. 치료과정에서 Carey는 아동의 모래놀이 작품에 대해 아동과 함께 토의했다. 이 사례에서 아동은 모래놀이를 통해 아빠의 상실과 엄마의 취업으로 인한 분리라는 이중의 상실 경험을 표현했다. 이로 인한 우울, 자존감 저하, 자율성 문제, 아빠의 죽음에 대한 죄책감, 마술적 사고(자기가 아빠를 죽게 만들었고, 다시 살릴 수도 있다는)의 문제가 등장했다. 아동은 모래놀이로 내면의 죄책감과 분노에 직면하면서 커다란 슬픔을 해결해 갈 수 있는 기회를 갖게 되었다.

### 5) 우울한 아동과 인지행동놀이치료

인지행동적 접근이 성인에게 효과적이듯이 아동에게도 효과적이다. 아동은 우울과 관련된 고통스러운 정서는 물론 정서의 강도를 표현하거나 오랜 기간 동안 그 증상에 집중할 수 없다.

아동은 자신의 감정을 언어화, 명료화하기 어려워하여 어떤 느낌이냐고 물었을 때 그냥 슬프다거나, 나쁘다 같은 일반적인 한마디 말로 표현한다. 따라서 그 정서의 복잡성, 강도, 지속기간을 설명하기 어렵다. 놀이치료는 아동에게 언어적으로 표현될 수 없는 부분을 놀이의 행동을 통해 표현할 기회를 제공한다. 이는 인지행동적 전략을 놀이치료에 통합함으로써 매우 효과적인 것으로 입증되었다. 우울한 아동은 인지행동적 치료자에게는 상당한 도전이다. 인지행동적 접근은 치료과정에서 아동의 적극적인 참여가 필요하다. 특히 협동이 필요한데 소극적이고 위축되고 초조하고 언어적 반응이 억제된 우울한 아동은 치료 참여와 상호작용에 저항하는 경향이 있다. 이와 같은 상호작용에 저항하는 경향은 좀 더 우울한 기분을 유지하고 악화시킨다. 그것은 또한 희망이 없다는 느낌을 강화시키고 치료에서 적극적인 참여를 방해한다. 전형적인 인지행동적 과제, 집에서의 숙제, 사회적 기술훈련, 역할놀이와 같은 인지행동치료의 과제를 수행하려면 아동의 적극적인 참여가 필요하다.

놀이치료는 좀 더 참여하고 싶은 의욕을 갖게 해 주므로 인지적 재구조화를 촉진하고 발달시키는 데 성공할 가능성이 크다. 즐거운 치료방법은 아동의 저항을 감소시켜 대인관계의 접촉에 대한 공포 또한 쉽게 극복하게 만든다. 놀이치료는 아동의 자연스러운 경향에 호소하고 발달적 요구를 충족시키므로 우울한 아동이라도 좀 더 쉽게 치료를 받아들이고 협조한다(Breismeister, 1999).

#### (1) 인지적 재구조화

인지행동적 놀이치료는 아동에게 부적응적인 생각과 지각을 적응적 인지로 바꾸기 위한 방법을 가르치기 위해 인지적 재구조화를 시도한다. 이때 손인형놀이가 이용될 수 있다. 예를 들면, 우울한 아동은 가성숙을 나타낼 수 있는데 이런 아동의 부정적 사고('내가 착한 아이가 되지 않으면 우리 엄마가 죽을 수도 있다'거나 '내가 엄마를 사랑한다면 항상 엄마가 원하는 것을 해야 한다')는 치료자와의 손인형 놀이를 통해 적응적 사고로 인지적 재구조화가 될 수 있다.

> **예** 손인형으로 아동이 상상의 이야기를 꾸미게 한다. 아동 손인형이 자기행동이 다른 손인형을 아프게 만들었다는 의미를 표현할 때 치료자는 이에 참여해 적응적인 인지, 언어적 반응을 보인다.

"만약 내가 다른 사람이 나에게 하기 원하는 것을 하지 않는다면 다른 사람은 당황하게 될 수도 있어. 그러나 그것이 그 사람에게 심하게 상처를 주는 것은 아니야."

"네(아동 손인형)가 나(다른 손인형)와 이야기하고 놀지 않는다는 것 때문에 네가 나를 사랑하지 않는다는 것은 아니야. 나는 여전히 너를 사랑할 수 있어."

(2) 부정적인 자기 말을 긍정적인 자기 말로 바꾸기

치료자가 타인의 부정적인 말을 해석하는 다른 방법을 제공할 수 있다. 우울한 아동은 자기자신에게 보상을 주고 스스로를 강화하기가 어렵다. 우울한 아동은 자기자신, 세상, 미래의 변화 가능성에 대해 부정적인 지각을 한다. 아무것도 도움이 될 수 없다고 생각하므로 변화에 대한 동기가 일어나지 않고 당연히 기쁨을 느끼거나 강화받는 경험을 할 수 없다. 자기자신은 즐거움을 누릴 자격이 없다는 느낌을 갖는다. 따라서 부모에게도 이런 것을 요구할 권리가 없다고 느낀다. 이때 놀이를 통해 자기에 대한 부정적인 말을 긍정적인 말로 바꿀 수 있다. 손인형놀이나 역할놀이, 모델링을 통해 아동에게 보상을 주고 재확신시키는 방법과 말을 다음과 같이 소개할 수 있다. "아이가 부모와 즐거운 시간을 갖고 싶어 하는 것은 당연한 일이지. 너는 즐거워질 권리가 있어."

(3) 자기행동을 점수화하기

1～5점 척도를 이용해 자기를 올바르게 평가하고 강화를 받을 기회를 갖게 한다. 이것을 부모에게도 교육시켜 가정에서 아동에게 적용하게 한다. 부모에게 긍정적인 조언이나 긍정적인 말, 긍정적인 평가를 통해 아동의 좋은 행동을 평가하고 그런 행동이 보상받을 기회를 준다.

(4) 감정온도계의 이용

자기 감정의 강도를 재도록 한다. 하드보드로 온도계를 만들어 움직일 수 있는 빨간 눈금을 끼워 넣어 1～5점까지 점수화하고 손인형놀이에서 이용한다. 손인형들이 좋은 감정이나 나쁜 감정의 극단적인 감정을 갖게 될 때 감정온도계에 감정의 강도를 표시하게 한다.

이것은 아동에게 긍정적인 감정(좋은, 즐거운)과 부정적인(나쁜, 불쾌한) 감정을 찾아내고 구분하는 것을 가르치는 데 효과적이다. 아동은 감정이란 이분법적으로 나눌 수 있는 것이 아니며 좋은 감정에서부터 나쁜 감정까지 연속선상에 있으며 그 감정의 강도는 다양하다는 것을 이해할 수 있게 된다. 이런 훈련은 우울한 아동이 지나치게 일반화된 사고를 하거나 극대화 아니면 극소화를 하거나, 이분법적 평가를 하는 경향을 수정해 주기 위한 것이다. 이런 시도를 부모에게도 적용함으로써 놀이치료의 효과가 놀이치료실 밖으로 확대되고 일반화될 수 있다.

#### (5) 행동온도계의 이용

아동의 행동과 상호작용 양상을 평가하기 위한 것이다. 온도계를 만들어 파란색의 눈금을 끼워 넣는다.

역할놀이 상황에서 손인형이나 중요한 인물인형의 행동과 사회적인 상호작용 양식을 점수로 평가한다. 그런 다음 아동 자신에게 적용하게 한다. 그러면 아동은 아주 좋은 행동부터 아주 나쁜 행동까지를 구분할 수 있게 된다. 아동의 자기 점검과 함께 부모도 아동을 이런 방식으로 평가한 후 그 결과를 아동에게 준다. 이렇게 함으로써 아동은 피드백을 받게 되고 자기 행동에 대한 자신의 해석과 다른 사람의 해석을 비교해 볼 수 있게 됨으로써 자기 행동이 다른 사람에게 미치는 영향을 더 잘 이해할 수 있게 된다.

#### (6) 사회적 기술훈련

역할놀이, 게임, 모델링의 방법이 이용된다. 게임과 역할놀이는 상호작용, 페어플레이, 상호관계가 강조되는 놀이이다. 아동은 역할놀이를 통해 또래, 성인과 사회적 상황에서 관계를 맺고 상호작용하는 다른 대안을 경험하게 된다.

예 치료자는 아동, 아동은 다른 친구 역할을 맡는다. 여기서 아동은 다른 아동의 관점에서 자기가 또래와 관계를 맺는 패턴을 평가할 수 있게 된다. 이것은 공감능력을 키워 주고 다른 각도로 조망하는 경험을 하게 하는 데 아주 효과적이다.

이런 방법은 사회적 위축, 파괴적 행동패턴을 감소시키고 새롭고 좀 더 건설적인 상호작용 양식을 가르친다. 행동적 강화의 과정을 통해 긍정적 변화가 굳건해지고 강화된다. 이런 방법과 매일의 활동시간표를 통해 아동은 자기를 점검하는 방법을 알게 된다. 이런 방식으로 치료자나 부모가 없어도 긍정적인 행동이 보상될 수 있다.

## 3. 우울한 아동의 놀이치료 실제: 지영 사례

### 1) 아동 인적사항

지영이는 접수 당시 만 9세의 초등학교 3학년 여아로 보통 체격에 힘이 없고 무표정하며 위축되어 보였는데, 다소 머뭇거리고 어색해하는 표정을 짓고 있었다.

### 2) 주 호소내용

① 친구관계에서 자신감이 부족하다. 3학년이 되면서 더 심해졌다.
② 겁이 많고 표정이 어둡다.
③ 반항적이고 고집이 세다. 특히 엄마에게 그렇다.
④ 산만해서 물건을 늘 잃어버린다.

### 3) 발달 및 생육사

#### (1) 임신 및 출산

원하는 임신이었고 제왕절개로 출생했다. 모유량이 적고, 외할머니가 귀찮으니까 빨리 떼게 하자고 해서 모유를 1개월만 먹였다.

#### (2) 발달사

① 10개월에 걸었고, 대소변 가리기는 크게 신경 쓰지 않아서 잘 기억이 안 난다며 기억하지 못했다. 5세까지 낮에 유치원에서 놀다 소변을 싸는 때가 있었으나 6세부터는 나아졌다.

② 언어발달이 빠르고 현재도 언어능력과 인지능력이 우수한 것 같은데 갈수록 떨어지는 것 같다고 한다.

③ 사회성과 정서 면에서는 자신감이 없고 자기껍질을 싸고 있다. 동생에 대한 감정을 억제하고 있다.

④ 친구관계에서는 남이 자기를 싫어한다고 생각해 접근을 꺼린다. 자기가 밉다고 생각하고, 친구하고 싸워도 웃고 오며 표정이 어둡다고 한다.

#### (3) 양육과정

① 0~1세: 외가에서 거의 반은 외할머니가 돌보았고 엄마는 뭔가를 배우기 위해 밖에서 많은 시간을 보냈다. 4~5세 때까지 잠을 별로 자지 않았고 유난히 수선스러웠다. 그러나 굉장히 예뻤다. 현재까지 계속 외가에서 외할머니, 외숙모, 이모와 함께 지내며 엄마는 주로 책을 많이 읽어 준다. 유아기 때 또래관계를 맺을 기회가 없었다. 동네에 또래가 없었고 엄마도 다른 집에 가지 않았다.

② 유치원~6세 때: 친구 문제로 많이 속상해했고 따돌림을 많이 당해 반도 바꾸었다. 6세 때 동생이 태어났다. 동생 성격이 적극적인 편으로 동생이 자기보다 낫다고 생각한다.

③ **학령기**: 1학년 1학기까지 적응을 하지 못해 유치원에 들러 교사에게 안겨 있다 왔다. 2학년 때는 담임교사가 자신을 아주 예뻐했는데 3학년 때는 공평하게 대하자 힘들어했다.

### 4) 가족관계

가족은 아빠, 엄마, 여동생(만 4세)으로 구성되어 있다.

### 5) 심리평가 결과(HTP, BGT, KEDI-WISC, KFD)

HTP에서 아주 가느다란 선으로 힘없이 조심스럽게 스케치하듯이 그린다.

① **집**: 사람이 사는 집이라고 한다. 어떤 사람인지에 대해선 머뭇거리며 대답을 하지 않아 사람을 편하게 대하지 못함을 알 수 있다. 분위기는 조용하다.
② **나무**: 사과나무이고 계절은 가을이다. 사과가 열렸으면 좋겠다.
③ **사람**: 위축되고 경직된 자세로 사람을 그렸다. 남자를 먼저 그렸고 똑바로 차렷 자세를 하고 있다([그림 5-1] 참조). 놀고 싶다는 생각을 하고 있다. 싫어하는 것은 친구랑 싸우는 것이다. 여자 그림도 두 손을 모은 차렷 자세다.
④ **세 가지 소원** : 시험이 없어지는 것, 어린이만 사는 나라, 날아다니고 싶은 것. 달나라에 갈 수 있다면 동생을 데리고 가겠다고 한다.

가족화([그림 5-2] 참조)에서는 맨 처음 그네 타는 동생을 그렸고 동생이 중심에 있다. 엄마는 동생이 탄 그네를 밀어 주고 있고 자신은 제일 나중에 그렸으며 엄마와 동생 사이에서 철봉에 거꾸로 매달려 있는 모습으로 얼굴이 보이지 않도록 그렸다. 아빠는 혼자 떨어져 옆에서 힘겹게 턱걸이를 하고 있다. 가족화를 통해 나타난 가족역동은 동생이 가장 관심을 받는 존재로 가족의 중심에 있으며 엄마와 정서적으로 가장 가까운 것으로 표현되고 있다. 자신은 그 가운데에서 훼방

[그림 5-1] 사람그림-남아

[그림 5-2] 가족화

을 놓고 있는 모습이다. 자신의 존재에 대한 자신감이 부족하며 동생과 엄마 사이에서 소외된 아동의 감정과 적대감을 알 수 있다.

**KEDI-WISC 지능검사 결과**

언어성 IQ는 124, 동작성 IQ는 110, 전체 IQ는 120으로 우수 수준이다(상식=13, 공통성=15, 산수=12, 어휘=16, 이해=13, 숫자=11, 빠진 곳 찾기=14, 차례 맞추기=12, 토막짜기=13, 모양 맞추기=13, 기호쓰기=7).

언어성 검사에 비해 동작성 검사점수가 의미 있게 낮으며 기호쓰기 검사가 유난히 저하되어 있는 것과 HTP, BGT 결과를 종합해 볼 때 애정에 대한 상실감, 억제, 불안, 특히 우울한 성향이 두드러짐을 알 수 있다.

### 6) 문제의 원인

지영이는 지적 능력이 우수하고 영리한 아동이다. 그러나 지영이는 현재 정서적으로 우울하며 불안하고 능력에 비해 자신감이 부족하고 자신의 잠재력을 충분히 발휘하지 못하고 있다. 이것은 엄마의 우울 및 불안, 부부관계의 갈등, 동생에게 엄마의 사랑을 빼앗겼다는 아동의 상실감과 밀접한 관련이 있는 것으로 보인다. 엄마는 자신의 냉정하고 지배적인 친정어머니와 무기력한 친정아버지 사이에서 성장하면서 애정 및 의존 욕구를 충족하지 못하고 상처를 받았다. 그러면서 자신감을 잃고 불안해지고 우울한 성격을 형성하게 되었다. 이로 인해 아동은 출생 초기에는 비교적 안정적이었으나 커 가면서 점점 자신감을 잃고 우울해지게 되었다. 특히, 엄마는 동생을 낳으면서 육체적 · 정신적으로 힘들어지고 경제적으로도 힘든 상태가 되면서 남편과의 사이도 나빠졌고 그 영향으로 감정조절이 어려워지면서 지영이에게 너그럽게 대하고 사랑을 표현하기가 어려웠다. 완벽주의적인 기준으로 아동을 대했고 지나치게 공부에 집착하면서 아동은 계속 정서적 좌절을 경험하고 자신감을 잃고 우울해지게 된 것으로 보인다.

### 7) 상담목표와 치료전략

① 우울감, 불안을 일으킨 원인을 찾아내어 아동의 정서를 정상화시킨다.
- 치료자와 편안하고 신뢰할 수 있는 애착관계를 맺는다.
- 우울감을 유발한 가족관계, 또래관계의 과거 경험을 편히 드러내게 한다.

② 엄마와 동생에 대한 짜증과 저항을 줄이고 정상적 관계를 증가시킨다.
- 짜증이나 화가 날 때 표현할 수 있는 다른 대처방법을 찾는다.

③ 또래관계에서 자신감을 갖고 적극적으로 상호작용할 수 있도록 돕는다.
- 또래관계에서 자신의 감정을 표현할 수 있는 방법을 배운다.

④ 부모에게 아동을 지지하고 격려하고 견뎌 내도록 교육한다.
- 부모로 하여금 아동에게 따뜻하고 긍정적인 표현을 하도록 격려하고 강화한다.
- 부모가 아동과 긍정적이고 구조화된 즐거운 시간(게임, 좋아하는 놀이 같이하기, 공원에 가서 놀기, 좋아하는 비디오 함께 보기 등)을 갖도록 돕는다.

### 8) 상담과정(아동놀이치료 51회, 엄마 상담 9회)

#### (1) 접수상담

모래를 선택했고 조심스럽게 높은 산을 만들고 정상에 작은 집을 놓는다. 해, 파란 구름, 꽃이 있는 그림을 그린다. 파란 구름이 아동의 우울 가능성을 생각하게 한다.

#### (2) 초기단계: 1～5회기

조심스러운 태도로 모래놀이를 시작했고 마른 모래에서 안경을 쓴 아주 작은 거북이를 골랐다. "내 생일에 아빠친구 아줌마에게 선물 받은 건데…." 라며 말끝을 흐린다. 조금씩 소품을 만지기만 하고는 도로 장에 올려놓는다. 모래를 천천히 쌓았다 내렸다 반복하다 산을 쌓고 그 위에 아주 작은 유리 코끼리를 올려

놓는다. ["느낌은?"] 쓸쓸하다. 왼쪽에는 호수를 만들고 열대어를 놓아두고는 죽은 것 같다고 한다. 아주 작은 오리와 병아리들을 울타리에 두고 병아리를 강아지가 잡아먹으려 했는데 잡아먹지 못했다고 한다. 선반에 있는 크리스마스트리, 눈사람, 작은 사슴을 꺼내 보고 그린다. 모두 의인화해서 얼굴이 있는 애완인형 같은 모습으로 그린다.

반장선거에서 아이들이 자기를 뽑아 주지 않아서 충격을 받았다고 한다. 4회기 때는 이야기하고 행동하고 느끼기 게임을 함께 하였다. 이 게임은 카드에 아동의 생활 주변에 관한 이야기, 감정, 행동이 쓰여 있고 놀이자가 주사위를 굴려 그 칸에 오게 되면 읽고 대답하는 게임으로 자기 상황을 드러내고 자신을 의식화하는 데 도움이 되는 게임이다. 게임카드에 대한 아동의 반응은 다음과 같다.

① 슬픈 일: 내가 친구에게 말할 때 친구가 모른 척한 것.
② 아이가 부모에게 할 수 있는 나쁜 말은: 엄마가 밉다. 싫다.
③ 싫은 일: 학교에 가는 일.
④ 왜 한 아이가 소풍을 가지 못했을까요?: 상을 못 타서 아파서
⑤ 아버지에게 나쁜 말 하는 아이에 대해 어떻게 생각하나요?: 몰인정하고 나쁜 아이다.

학교에서 지난번에 상을 타지 못해서 속상했다고 서너 번 말한다. ["정말 상이 타고 싶었구나. 많이 속상했겠다."] 낚시게임을 선택하였고 유능하게 손 조작을 잘해 아동이 자주 이긴다. 그러나 정서적 표현이 별로 없다.

**엄마 보고** 아침에 너무 늦게 꾸물거려 참다가 폭발하게 된다. 계속 친구를 비난하지만 대놓고는 하지 못한다. 지난주 엄마에게 그림편지를 보내 자기에게 자유시간을 달라고 했다. 친구가 자기를 째려본다고 호소한다. 학교에서 공부 때문에 라이벌이 된 남자친구가 있고 그 애 때문에 많이 울었으며 다음에는 가만두지 않겠다고 한다. 여성으

로서의 정체성이 없고 꼭 남성처럼 행동한다. 시험 보기 싫다며 거부하고 모든 대회는 귀찮다며 나가지 않으려 한다. 엄마가 아이에게 지나치게 열중하고 잘하려 하다 힘들어지면 폭발하고 상처를 주는 패턴의 양육을 하고 있는 것으로 나타나 성취에 대한 압력을 줄이고 애정을 적절히 일관성 있게 주도록 당부했다.

---

## 초기단계 요약

아동은 무표정하며 무기력한 모습을 보이며 놀이할 때에도 의욕이 없어 보인다. 모래놀이도 아주 간단하게 잠깐 하고 끝내며 우울한 주제를 등장시킨다. 게임을 하면서도 별로 정서적 반응이 없고 가끔 짜증을 내기도 한다. 초기에는 엄마 상담을 매주 병행하면서 아동에 대한 이해를 돕도록 했다.

(3) 중기단계: 6~26회기

[1] 6~7회기

치료자가 아동과 대화를 시도하였다. 이번 주에는 친구와 어려운 일이 없었다고 한다. 이야기 꾸미기 게임(배경그림과 등장인물을 고르고 이야기를 만든 후 교훈을 말하는 게임)을 선택했다.

① 여아가 크리스마스에 선물을 받았는데 책이 많았다. 오빠가 샘이 나 여동생 책을 뺏을 궁리를 했고 좋지 않은 물건과 바꾸자고 해 여동생은 속아 넘어갔다. 교훈은 남을 속이면 안 된다는 것이다.

② **병원 장면**: 어느 남자가 갑자기 몸이 마르고 얼굴이 핼쑥해 병원에서 나쁜 병이라고 수술을 권유했다. 남자는 싫다고 울다가 나중에는 졸려서 자다 보니 수술이 다 끝났다. 그래서 별것 아니라고 생각하고 나갔다.

③ **놀이치료실 장면**: 여아 둘이 자면서 함께 놀기로 했는데 남동생이 들어왔다. 다음 날 친구가 옷을 싸 왔고 늦게 일어나 학교에 지각했다. 교훈은 '늦게 자서 너무 피곤했다'이다.

④ 방에서 남아 3명이 놀고 있는데 이웃집 여자애가 같이 놀자고 한다. 갑자기 이상한 소리와 연기가 나서 나가 보니 이상한 다른 차원(미래)에 도착했다. 거기서 할머니, 할아버지를 만났다. 올 때는 아주 즐겁게 왔고 사람들에게 미래에 일어날 일을 알려 주었다.

**엄마 보고** 요즘에는 공부로 압박하지 않고 조금씩 풀어 준다. 실컷 놀아서 코피까지 났다. 엄마가 자기 물건을 함부로 버렸다고 1시간 동안 소리 지르고 악쓰며 울었다.

2 8회기

'집 안에서 일어난 일 게임(family happenings game)'을 선택했다. 게임카드에 대한 아동의 반응은 다음과 같다.

① 화난 일: 학교의 조사 숙제가 있었는데 부모님이 도와주길 바랐는데 도와주지 않았을 때
② 부모와 잘 지내지 못할 때는 언제인가?: 시험을 잘 치지 못했을 때
③ 동생에게 샘날 때는?: (처음에는 없다고 하다가) 엄마가 동생은 친절히 대하고 나는 야단칠 때

엄마 상담 시 대기실에서 기다리는 동안 두 손 다소곳이 모은 여아를 그렸으나 유아처럼 보이며 입이 없다([그림 5-3] 참조).

**엄마 보고** 엄마 자신이 반상회도 잘 나가지 않고 새로운 사람을 많이 경계한다. 사람들과 접촉 시 떨린다. 아동은 시험을 볼 때 답을 길게 써야 하는데 요점 정리만 한다. 말로는 길게 잘하는데 쓰는 걸 귀찮아한다. 일기는 잘 쓰나 거짓말을 많이 쓴다.

[그림 5-3] 여아

③ 9회기

지난주 일에 대해 묻자 아침에 옷 입을 때 엄마와 실랑이했다고 한다. 종이접기로 옷을 만들었는데 아동은 종이접기를 아주 잘했다. 그 후에도 종이접기를 여러 번 했으며 아동은 이를 통해 스스로 자신감을 확인하고 싶어 했다. 치료자가 난화게임(squiggle drawing game)을 제안했고 이를 함께 했다.

치료자의 구불구불한 첫 번째 선을 뱀으로 만들었다. "노를 저어 강을 건넜는데 뱀을 만났다. 그러나 애완용 뱀이라 별로 신경 쓰지 않았고 어떤 집으로 들어가 밤에 잔 후 밖에 나가 외발 자전거를 탔다." 치료자의 두 번째 선을 이용해 산을 그리고 그 속에 숨은 토끼를 그리고 이야기를 만들었다. "토끼가 산 속에 숨어서 친구와 숨바꼭질하다 바닷가에 있는 배를 타고 갔다. 모래 해안이 있어서

가 보니 아저씨랑 아줌마랑 이야기하면서 음식을 먹고 있는데 토끼는 그 사람들이 자기를 잡으러 온 줄 알고 도망갔다. 한참 후 힘들어서 도시락을 먹고 있는데 남은 부스러기를 개미들이 땀을 흘리며 운반하고 있었다." 이는 구강기적 욕구와 불안의 주제를 표현하는 것이다.

④ 10회기

트러블 게임을 했고 자기에게 불리한 상황에서도 이길 수 있다면서 낙관적인 태도를 보인다. 그러다가 치료자가 계속 두 번을 이기자 화난다며 쾅쾅 치면서 부정적인 감정을 표현한다. 11회기 때는 LMT라는 열 가지 주제를 주고 한 장에 그리는 그림을 제시했는데 아동은 "밭 못 그리는데, 길도 못 그린다. 괜히 산만 망가뜨리는 게 아니냐."라며 자신 없어 했으나 전체적으로는 잘 조화되게 그렸다. 특히 집 뒤의 커다란 두 개의 산과 그 계곡 속에 숨어서 얼굴을 반만 내밀고 있는 아이가 눈에 띈다. 난화게임에서와 같은 표현이다. 아이는 7세며 남자이고 친구랑 숨바꼭질하고 있다. 산에서 뛰노는 작은 토끼, 하늘에 떠서 노래 부르는 작은 종달새를 그린다. 계절은 봄이고 점심때쯤이다. 날씨는 맑다. 강은 산에서 아래쪽으로 흐르고 왼쪽에서 오른쪽으로 흐른다.

9, 10회기의 그림을 통해 아동의 의존심, 구강기적 욕구에 대한 관심, 내적인 공격성, 대인관계에서의 위축, 여자로서의 정체감이 부족한 것 등을 드러낸다.

'집 안에서 일어난 일 게임'을 했다. 이 게임은 가정에서 아동이 경험하는 것과 가족관계의 역동을 드러내게 하는 게임이다. 카드에 대한 반응은 다음과 같았다.

① 어리둥절하다: 동생이 말도 안 되게 내 물건을 자기 물건이라 우길 때
② 가족의 좋은 점: 동생을 아껴 주는 것
③ 세상 사람들이여 '내가 노는 것을 도와주세요.'

캠프를 가는데 아는 애들이었으면 좋겠다며 캠프에서 만날 아이들과의 관계에 대한 불안(따돌림당하는 것)을 표현한다. 전에도 캠프에서 힘들었다고 말한다.

**엄마 보고** 아동이 외부에서도 거칠게 뛰고 남자애같이 구는 게 너무 싫다. 요즘 아동이 이 사람 저 사람에게 화내고 해서 할머니가 힘들어서 오시지 않겠다고 한다. 엄마에게 치료자는 아동이 치료과정상 자아가 강해지면서 나타나는 자기표현이며, 우울에서 벗어나기 위해 필요한 부분이라고 설명했다. 일시적 현상이므로 조금 너그럽게 봐주도록 요청했다. 나아진 점은 말을 하지 않아도 옷 입고 이 닦기를 자기 스스로 챙겨서 하기 시작했다고 한다. 이는 부정적 감정을 편하게 드러내면서 자율성이 형성되어 가고 있는 것이라고 설명했다.

### 5 13회기

다른 방에서도 놀고 싶다고 한다. 캠프에서 있었던 일에 대해 얘기한다. "어떤 애가 자기 엄마만 있고 우리 엄마는 없다고 나를 다른 애들 앞에서 욕했어요. 그래서 내가 크게 욕했는데 그 애가 못 들었어요. 우리 아빠는 나에게 잘해 주고 똑똑해요."

엄마가 싫어하는 아동의 남자 같은 행동은 엄마보다는 아빠를 좋아하며 아빠를 동일시하려는 아이의 무의식적 욕구 때문인 것 같다.

### 6 14~15회기

젖은 모래를 선택한 후 그것을 뭉치더니 모래폭탄이라고 한다. 치료자가 폭탄을 던지고 싶으면 던질 수 있다고 하며 모래상자에 던져 보게 했다. 던지고 싶은 대상을 고를 수 있다고 하자 모래상자에 여자 둘을 세우고 거기에 치료자와 함께 폭탄 던지기를 했다. 시원한 느낌이 든다고 한다. ["이 사람들 누구라고 하면 좋을까?"] "말하기 싫어요." 자기 집 놀이터에서도 모래폭탄을 만들었다고 한다. 그 후 산을 높게 쌓고 그 가운데 우물을 파고는 단지 같기도 하다고 한다.

집에 동생만 있는데 자기가 아끼는 물건을 놓고 왔다며 동생이 그걸 감출까 봐 걱정된다고 한다. "동생은 변덕스러워요. 하기 싫은 것(공부) 안 하게 빨리 어른이 되었으면 좋겠어요. 엄마가 말을 잘 들으면 개 비디오 보여 준다고 했어요."

며칠 있으면 생일인데 생일초대를 어떻게 할까 걱정된다고 해 치료자와 함께 방법을 의논했다.

⑦ 16회기

자유화로 나무를 그렸다. 잎이 떨어져 가지만 남아 있는 겨울나무에 다람쥐가 웅크리고 앉아 있고 나무둥지 속에 새끼들이 모여 있는 모습을 그렸다.

⑧ 17회기

자신의 생일 초대에 대한 의논을 했다. 치료자가 친구 사귀기를 도와주는 '이웃 사귀기 게임'을 골랐고 함께 했다. 반응은 다음과 같았다.

① 싸움에 진 고양이에 대한 느낌: 창피하다.
② 쓰다듬어 주기를 바라는 고양이를 표현하기: 무기력하고 약한 고양이의 모습을 연출한다.
③ 엄마: 집 안을 깨끗하게 하는 사람. 자기를 좋아하는 이모 둘이 외국을 가 이모를 잃었고 그래서 슬펐다고 표현한다.

모래놀이에서 세계를 강으로 양분하고 오른쪽에는 약한 동물(닭, 병아리, 유모차에 탄 병아리를 닭이 들여다보고 있는 장면. 금방 치움), 왼쪽에는 나무와 고릴라, 하마를 놓았다. 말을 탄 남자가 사막을 간다. 병아리를 만지며 "전에 닭을 길러 유치원에 주었는데 수탉이 쪼아 죽였어요. 그 사실을 나에게 연락도 해 주지 않았어요."라며 애착대상을 상실한 경험과 분노를 표현한다. 선생님이 사랑해 주어 유치원 때가 좋았다는 얘기도 한다. 마지막에 두 세계를 다리로 연결했으나 전체적으로는 다소 비어 있고 쓸쓸한 느낌이다. 모래놀이를 할 때는 처음에는 소극적이었으나 점차 표현이 많아지고 활발해지다 마지막에는 시간에 쫓기는 형태로 진행되었다. 이는 아동의 억압하는 경향을 나타낸다고 할 수 있다.

⑨ 19회기

이웃 사귀기 게임의 역할 시연에서 치료자의 태도가 너무 정중하다고 지적한다. 피자게임 등 먹는 주제의 게임과 분노폭발 게임을 선택한다.

---

**엄마 보고** 지영이는 엄마에게 친구관계에서 자기는 그동안 회피만 해 왔는데 이제는 자신도 할 수 있다는 걸 알았다고 한다. 아빠는 아이가 드세졌다고 싫다고 한다. 아동이 동생에게도 막 욕을 하며 싸움을 걸었다.

엄마는 치료자에게 아동이 밉다고 반복해서 말했고 나중에는 이런 감정이 자신의 남편과의 관계와 관련됨을 발견했다. 남편과 대화가 잘 통하지 않으며 남편과의 관계에서 항상 자신이 무능한 사람이란 걸 느끼게 된다는 것, 그리고 남편에 대한 반감과 보상심리로 지영이에게 공부를 강요하게 된다는 것, 아빠가 지영이를 지나치게 감싸서 지영이를 더 미워하게 되고 심하게 대한다는 점을 깨닫게 되었다.

---

⑩ 22～24회기

좀 더 에너지가 활성화되고 활동적으로 되면서 엄마에게 화난 감정표현을 많이 했고 더욱 공격적이 되었다.

활동적으로 몸을 움직이는 게임을 주로 선택했다. 아동은 빠르게 움직이는 기계장치가 달려 있는 움직이는 휴지통 놀이를 좋아했고 즐겼다. 이 휴지통은 사람의 상체 모양을 한 것으로 공을 위로 집어넣으면 휴지통의 팔이 작동해 들어가지 못하게 막고, 들어간 공은 입으로 뱉어내면서 여기저기를 돌아다니는 배터리 놀잇감이다. 치료자와 아동 둘이서 땀을 뻘뻘 흘리고 깔깔대며 이 놀이를 즐겁게 했다. 이 놀이는 아동에게 즐거운 감정을 고양시키고 우울한 정서를 해소시키며 저하된 에너지를 활성화시키는 데 많은 도움을 주었다. 소리를 지르며 던지는 윷놀이도 여러 번 했는데 우울감 해소에 도움을 주었다.

햄스터를 키우고 싶은데 엄마가 사 주지 않아 속상하다고 한다. 놀잇감 뱀을 가지고 놀며 "뱀은 남자가 주로 가지고 놀죠."라고 한다. 뱀에게 구슬을 던지며 기분 나쁘다고 표현하고 치료자에게 함께 던지기를 요청해 함께 던졌다. 엄마 때문에 기분 나빴다고 한다. 분노폭발 게임이 잘 되지 않을 때 행동화하는 경향을 줄여 주기 위해 치료자가 화나는 감정을 계속 언어화해 주었다. 대기실에 있는 엄마에게 웃고 있는 고릴라를 거울로 보여 준다.

"엄마는 매일 나만 야단 많이 쳤다. 공부를 너무 많이 시킨다. 그러나 요새는 야단치지 않아요."라고 한다. 게임 시 주사위를 방바닥에 팽개치듯 세게 던지고 놀이시간이 다 되어 치료자가 나오자 "개구리 눈이 무서워요, 지니 눈이 무서워요."라며 같이 나오겠다고 한다. 윷놀이에서 개가 나오자 "개 놈이다."라고 한다.

11 26회기

놀이치료실에 들어오면서 작은 여아가 자기 책을 밟았다며 화난다고 씩씩거린다. 자기 동생 때문에 피해를 입고 있다는 감정이 동생과 유사한 다른 여아에게 투사된 것으로 보인다. 윷놀이에서 치료자에게 지자 끝난 후 엄마에게 거울로 뱀, 거미를 보여 준다. 엄마에 대한 부정적 감정을 표현한 것으로 보인다.

**엄마 보고** 가족이 동물원에 갔는데 아동이 처음으로 엄마 곁에 왔다. 같이 공부하는 애가 자기를 보고 잘 웃어 좋다고 한다며 자신의 장점에 대해 이야기한다. 엄마는 요즘 화가 나도 금방 풀린다. 엄마가 화가 풀리면 아동이 엄마에게 반격한다.

### 중기단계 요약

여러 종류의 게임을 골라 즐겼다. 신체적인 활동을 동반하는 게임과 감정을 발산하고 즐거운 기분을 고양시키는 게임을 하면서 억압했던 감정을 발산하고 우울한 정서에서 벗어났다. 한편으로는 대화게임도 많이 하면서 아동의 갈등 영역을 드러내었다. 엄마와의 관계, 동생에 대한 감정, 아빠에 대한 지각, 친구관계의 어려움과 친구관계에서의 불안, 애착대상을 상실한 것에 대한 슬픔 등을 표현하며 엄마, 친구 등 여러 사람에게 화를 많이 내게 되었다. 그러면서 아동은 우울감과 무력감에서 벗어나고 자신감을 회복해 가게 되었다.

(4) 말기단계: 27~46회기

1 27회기

"깡패들이 야단맞아서 오늘 기분이 좋았어요. 우리 반에서 캠프를 갔을 때 우리 반 깡패 애들이 내 뒤에 붙어 다녔어요. 그 애들 말 듣기가 싫어 일찍 잠들어 버렸어요. 1학년 때 깡패 두목하고 싸웠는데, 나는 깡패인지 몰랐어요."라고 한다. 아동의 그림 솜씨를 치료자가 인정하자 "앞에 앉은 아이가 자꾸 그려 달라고 해서 귀찮아서 동문서답했어요. 엄마는 친구와 문제가 있을 때 도와주지 않고 내가 알아서 해결하라고 하세요. 나는 요즘 착한 게 꼭 좋은 것은 아니라는 걸 깨달았어요. 다니던 학원도 끊으면 안 되고 용기 없는 것이라고 생각해요."라며 자신의 부정적 감정을 수용하면서 적극적인 태도를 보인다.

2 28회기

대화 도중에 "나는 기쁠 때 집어던져요. 그래서 곰인형을 던졌어요."라고 한다. ["어떤 때인지 더 자세히 얘기해 줄 수 있니?"] "친구가 내가 좋다고 할 때요." ["친구가 너를 좋다고 해 정말 기뻤나 보다. 그런데 기쁜 걸 그렇게 표현하네. 그럴 때 친구도 네가 기쁘다는 걸 알 것 같니?"] "잘 모르겠어요." ["혹시 친구가 오해하지는 않을까? 네 기쁜 마음을 표현 할 더 적절한 방법은 없을까?"] "생각해 볼게요."

**엄마 보고** 아동은 많이 나아지고 있다. 또래관계도 잘해 나가며 자기가 잘 대해 주려 하니 남도 잘 대해 주더라고 엄마에게 말했다. 엄마가 화난 것 같으면 화난 이유가 뭐냐며 따진다. "상담 선생님은 안 그러는데 엄마는 왜 그렇게 행동하냐."라며 반항한다. 처음에는 아동의 이런 행동에 대해 엄마가 부정적이었으나 요즘은 대견하게 생각한다. 엄마가 스스로 자신이 자꾸 아동을 약 올리게 되는 것 같다고 해 그 행동의 의도를 생각해 보도록 하자 자신이 아동을 꼭 이기려고 하는 것 같다고 한다.

---

③ 29~30회기

'집 안에서 일어난 일 게임'을 했고 카드에 대한 반응에서 자기의 행복을 위해 엄마가 할 수 있는 일은 엄마와 교환일기 쓰기라고 한다. 또 친구와도 해 보겠다고 한다.

텐트 안에 들어가 웃으며 공룡에게 멍청이라고 벽돌로 말을 만들고 그 위에 타고 퇴행 행동을 즐긴다. 다람쥐가 웃는 얼굴을 크게 그리고 "우리 엄마가 1등 하면 햄스터 사 준대요. 1등은 하지 못할 테니까요. 강아지는 멍청한 동생에게 천식이 있다고 안 사 줘요."라고 한다. 치료자가 동생 때문에 강아지를 사지 못해 속상한 아동의 마음을 공감해 주었다. 강아지 대신 봉제완구로 하는 건 어떠냐니까 멍청해서 싫다고 한다. 벽돌로 큰 집을 짓고 창문과 문을 만들고는 그 안에 들어가서 치료자에게 지붕을 덮어 달라고 하고 웅크리고 앉아 행복해한다.

④ 31~32회기

**모래놀이 1-풍경 1**

강이 마을을 3등분하고 있고 다리로 연결되어 있다. 군데군데 집과 나무가 있고 왼쪽 위에는 천사 둘이 앞을 보고 있다. 빨간색의 집과 다리가 등장한다([그림 5-4] 참조).

**모래놀이 2-풍경 2**

지난번과 유사한 풍경이나 사람들이 많이 등장하고 가운데에 있는 집 옆에 작은 호수가 있다. 한 여아가 강아지를 데리고 있고 또 다른 여아는 다른 편에서 같이 마주 보고 있다. 호수에는 오리가 떠 있다. 아동은 이 작품에 나무가 있어서 좋다고 한다. 아동의 정서는 풍요로워지고 이분법적 사고는 분화되고 있다. 자기가 활성화되고 자아의 적응력이 증가되고 있는 표현이다. 먹고 싶은 음식에

[그림 5-4] 풍경 1

대해 말하며 엄마가 해 주는 음식과 내가 좋아하는 음식이 다르다고 불평한다. 시험을 잘 봐서 엄마에게 강아지를 사 달라고 했다고 한다.

**엄마 보고** 시험을 잘 봐 격려해 주었고 아동이 자기를 괴롭히는 애에게 대들며 때리려 했다고 한다.

5 33회기

학종이를 접으며 "선생님은 여러 모양으로 접을 수 있어요? 난 여러 모양으로 접을 수 있어요."라고 자신감을 표현한다. 어릴 때 사진첩을 보았다며 "나 아닌 것 같았어요. 엄마의 육아일기도 봤어요. 옷 색깔에 맞춰 목걸이도 했더라고요. 예뻤어요. 우리 엄마는 나에게 기대가 많아요. 내 동생과 나를 다르게 생각해요." ["어떻게 생각하시는데?"] "나를 더 위해요. 그런데 난 슈퍼맨이 아닌데."

["슈퍼맨은 어떤 사람이라고 생각해?"] "모든 걸 다 잘할 수 있는 사람." ["그런 사람이 되는 것 어떤 느낌이니?"] "앵무새 같아요. 자기 목소리가 없어요." ["엄마가 너를 위하는 것은 좋지만 높은 기대 때문에 힘든 면도 많구나."] 치료자는 아동과 이야기를 하며 아동의 감정과 생각을 수용해 주었다.

**엄마 보고** 3학년 남자애가 누나들을 괴롭혀 자기가 그 애 배를 한 대 쳤다고 한다.

⑥ 34~36회기

엄마가 개를 사 주지 않는다고 불평하며 엄마는 개 노이로제며 동생 때문에 개를 가질 수 없다고 불평한다. 자기가 기르고 싶은 개의 종류를 나열하며 속상해 한다. 35회기에서는 엄마가 개를 사 주기로 했다며 아주 좋아한다. 치료자가 너의 노력이라고 인정하자 자기는 포기할 수 없었다고 한다. 36회기에서는 개를 샀는데 동생이 개를 괴롭혀서 엄마가 힘들어하며 엄마는 자기를 위해 노력했다며 엄마를 인정한다.

모래놀이에서 마음에 드는 확대하고 싶은 장면은 젖 먹는 하마이고 하마는 강을 건너가 가족을 만날 거라고 한다. 사진을 찍으려 하자 마지막으로 즐겁게 기타 치는 원숭이를 놓는다. 또 날아가는 새를 놓고 싶다고 한다. 아동은 마지막에 날아가는 새를 표현하는 경우가 많은데, 이는 자기의 자유로워지고 싶은 소망의 표현으로서 현재 상태에서 좀 더 성숙한 발달단계를 향해 움직여 가고 있는 정신의 표현으로 평가된다.

⑦ 37회기

선생님은 상담실에 매일 나오느냐고 질문한다. 자기는 매일 학원에 가서 힘들었으나 이제는 괜찮아졌다고 한다. ["잘 이겨 냈구나."] "학원에서 1등을 했고 요즘 친구하고 싸웠는데 그 애가 이간질했어요. 나중에 전화로 따졌더니 미안하다고 했는데 사람들은 용기가 없어서 잘못을 인정하지 못하는 것 같아요." ["왜일까?"] "인정하면 그 사람이 화를 낼까 봐서요."

모래를 만지면서 말을 많이 했고 치료자에게 재미있는 유머를 이야기해 준다. 젖은 모래로 상자 전체에 섬, 섬과 연결된 육지, 그것들을 골고루 통과해 흐르는 물길을 만들고 토끼가 통나무배를 타고 물길을 여행한다고 한다. "여긴 무인도가 아니고 집이 있어요."라고 한다. 토끼, 고양이, 하마, 곰, 너구리가 있고 나무, 집이 군데군데 조화를 잘 이루고 있다. 무지개가 걸린 다리 위에서 원숭이가 장난을 친다([그림 5-5] 참조).

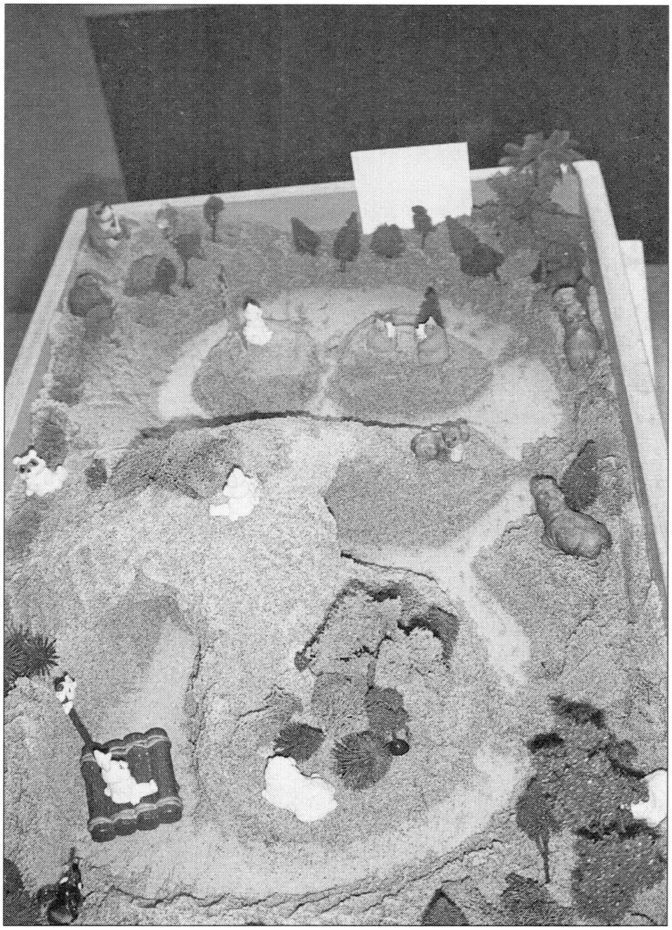

[그림 5-5] 풍경 2

치료자에게 늦게 나가라고 요구하기도 한다. 모래놀이 장면은 아동의 심리적 에너지가 막히지 않고 잘 흐르고 있으며 자기의 내적 여행의 여정을 보여 주는 것 같다. 아이다운 본능이 현실과 통합되어 가는 장면이다.

8 38회기

엄마와 초기의 주 호소를 평가했다.

① 친구관계의 자신감: 80% 정도 해결
② 반항하고 고집부리는 것: 60～70% 해결
③ 산만하고 잃어버리고 오는 것: 많이 나아지지 않았다.

엄마가 학교에 다닐 때 미팅을 했다는 얘기를 하며 선생님도 했냐고 묻는다. "다른 애들이 다 보는 연속극을 우리 엄마는 못 보게 해요. 애들이 그걸 보고 와서 얘기를 많이 해요." ["너도 그 대화에 끼고 싶었겠구나."] "난 연속극을 안 봐서 모르니 할 수가 없어요." ["엄마에게 네 상황을 한번 얘기해 보는 게 어떠니?"] "안 들어 줄 것 같아요. 전에 이모, 이모부와 함께 영화관에 간 적이 있었어요. 거기서 두 분이 싸웠는데 나 때문인 줄 알았어요. 그런데 사실은 아니었어요." ["그래, 너 때문이 아닌데 네 잘못이라고 느낄 때가 있구나."] 아동은 유머도 얘기하며 편안해 보인다.

9 39～42회기

주로 강아지에 관한 이야기가 주제였다. 이때쯤 동생이 천식이 생겨 개를 키울 수 없게 되었다. 지영이는 강아지가 영원히 떠나는 것을 아직 받아들이지 못하겠다고 한다. 40회기에서는 "강아지를 외할머니네 주었는데 외할머니가 키우지 못하겠다고 하신다. 강아지가 다른 데로 가는 것보다는 차라리 죽는 게 낫겠어요."라고 한다. 『자신감이 부족할 때』란 책을 빌렸다고 한다. 말하는 공룡인형을 보고 좋아하며 엄마에게 사 달라고 하겠다고 한다.

말하는 봉제인형을 좋아하며 사 달라고 엄마에게 요구하는 것을 통해 개를 다른 집으로 보낼 수밖에 없는 현실을 조금씩 받아들이려는 것을 알 수 있다.

친구가 연애편지 받은 걸 자기에게 보여 주었다는 얘기와 친구가 많아졌다는 자랑도 한다. 자기도 그런 편지를 받은 적이 있다고 말하며 자신의 긍정적인 측면을 찾아낸다. 엄마에게 아동이 개를 보낼 날짜를 스스로 정하게 하라고 권했다. 42회기에서는 개를 보냈다고 하며 개에 대한 미련을 버렸고 개는 2년 뒤에 다시 돌아올 거라고 한다. 대신 말하는 공룡을 샀는데 그것이 그런대로 위로가 된다고 한다.

⑩ 43~46**회기**

개를 다른 곳으로 보냈으나 자기는 가끔 울기도 하고 동생에게 소리도 많이 지른다고 한다. 엄마가 개 사진 스크랩을 사 준다고 했다며 개 사진을 계속 보니까 위안이 되고 조금 덜 속상하다고 말한다. 말기에는 아동이 카드게임에서 계속 승리를 했고 치료자와 더 많은 시간을 갖기를 요구한다. 반죽으로 주로 애완동물, 아끼는 인형 등을 만들었는데 이는 개가 없어진 상실감을 스스로 위로하고 보상하려는 노력으로 보인다. 점차 사람을 만들었고 나중에는 빨간 머리 앤을 만들고 싶어 해 치료자와 함께 만들었다. 아동은 빨간 머리 앤을 자기와 동일시하고 있는 것 같았다. 각종 게임을 아주 즐거워하며 많이 했다.

모래놀이에서는 지난번 그림과 같은 물길여행의 주제가 반복해서 표현되고 있다. 그러나 그 주제는 좀 더 확대되고 분화되고 통합적이 되고 있다. 강과 물길을 만들면서도 여러 지류가 있는 분화된 형태의 강, 다양한 샛길이 있는 육지, 섬으로 떨어져 있던 지역이 육지에 통합되어 가며 강은 점점 넓어지고 나무가 무성해지며 붉은색의 단풍나무들이 출현한다. 육지에서도 기찻길이 구석구석을 지나가는 모습을 표현한다. 아주 약하고 힘없는 동물을 표현하다 점차 힘 센 동물의 표현이 많아진다([그림 5-6] 참조). 아동은 무기력하고 소심하고 위축된 우울한 모습에서 점차 강해지고 에너지가 활성화되며 연결되고 통합되어 우울에서 벗어난 것을 알 수 있다. 마지막으로 그린 자기상([그림 5-7] 참조)에서는 아이

[그림 5-6] 풍경 3

다움을 간직하면서도 성장한 자기상을 보여 준다.

**엄마 보고** 요즘 아동은 친구관계도 잘하고 있고 엄마가 야단을 쳐도 상처받지 않으며, 동생에 대해서도 자기가 동생을 이길 수 있다는 자신감이 생겼다고 한다. 종료단계로 들어가기로 했다. 아동은 여름방학을 이용한 해외연수도 잘 다녀 오고 자신감을 얻었다. 그 경험을 통해 또래관계에서 자신이 리더 역할을 하게 되는 계기가 되었다.

[그림 5-7] 변화된 자기상

## 말기단계 요약

편하게 퇴행하며 자신에 대해 긍정적인 점을 많이 찾아내고 자신감이 향상되었다. 자기 상황과 욕구를 좀 더 구체적이고 적극적으로 표현하며 강아지를 사고 싶어 해 강아지를 갖게 되었고 나중에는 동생 때문에 강아지를 떠나보내게 되었다. 그러나 이러한 경험이 아동에게는 엄마에게 자신의 욕구를 인정받고 수용받은 경험이었고 엄마가 자기를 사랑하며 자기를 위해 노력하고 있다는 것을 확인한 새로운 계기가 되었다. 우울에서 벗어나면서 모래놀이에서도 에너지가 많이 필요한 젖은 모래를 많이 이용했다. 젖은 모래로 토닥거리며 수로와 동산을 만들고 다양한 세계를 만들면서 자기의 세계를 좀 더 확고하고 안정적으로 펼쳐갔다. 말기단계의 모래놀이는 아동의 잠재력을 유감없이 드러낸 작품이었다. 약하고 무기력했던 모습에서 강하고 활기차고 즐거우며 심리적 에너지가 활성화된 모습을 나타냈다. 또한 다양화되고 연결되고 통합된 자기의 모습을 표현했다.

(5) 종료단계: 47~51회기

그동안의 변화를 알아보기 위해 치료자 요구로 HTP와 KFD를 실시했다. 변화된 점은 전체적으로 그림의 선이 강해졌고 나무가 좀 더 커지고 사과를 그려 넣었다는 것이다. 사람 그림([그림 5-7] 참조)에서 치료 초기의 그림과는 반대로 처음에 여자를 그렸는데 말괄량이 같은 재미있는 모습이었다. 이 그림에서 여성으로서의 자아정체감이 형성되었음을 알 수 있다. 가족화에서는 자신이 중앙에 좀 더 큰 영역을 차지하고 있다. 공격적이고 뾰족한 송곳니를 드러내고 있으며 이불을 차 낸 채 자고 있다. 가족 안에서 자신이 좀 더 중심에 있다는 느낌과 자신의 위치가 좀 더 확보되고 있는 것을 알 수 있다.

아동과 그동안의 변화에 대해 검토했다. 아동은 자신이 달라진 점은 자기주장을 할 수 있게 된 점과 엄마와 사이가 좋아진 점이라고 한다. 좀 더 노력해야 할 점은 정리정돈을 잘하는 것이라고 한다. 종료에 대해 합의하였고 아동은 이를 순순히 받아들였다. 종료 카운트다운을 하면서 아동은 반죽으로 산타를 많이 만들었고 그 어깨 위에 앉은 인형도 만들었다. 이를 통해 종료에 대한 아쉬움과 의존하던 것에서 분리되는 것에 대한 불안을 하고 표현하였다. 자기 반에 남을 괴롭혀 문제를 일으킨 아이가 있다며 그 애가 왜 그럴까 하고 질문한다. 치료자와 함께 가능성 있는 이유를 찾아내다 아동은 그 아이가 부모에게 많은 스트레스를 받고 있다고 얘기한다.

마지막 회기에 아동은 치료자에게 작은 선물과 한 장의 편지를 주고 갔다. 편지에는 다음과 같이 쓰여 있었다.

"… 제가 처음에 올 때 보였던 자신 없어 하던 버릇이 없어지고 부당한 일에 정정당당히 나서는 당당한 아이가 될 수 있었습니다. 놀이를 하면서 즐거웠고 자연스러워질 수 있었습니다. (중략) 휴, 선생님이 보고 싶을 거예요. 앞으로 더욱 씩씩하고 우리 반 아이들의 멋진 리더가 되겠습니다."

## 치료자 전체 평가와 소감

지영이는 영리하고 잠재력이 풍부한 아이였다. 지영이의 놀이치료는 아동중심놀이치료를 기본으로 하고 모래놀이치료, 게임치료, 미술치료 기법이 함께 이용되었다. 또한 대화도 많이 이루어졌다. 지영이와의 놀이치료는 치료자에게는 즐거움이고 선물이었다. 치료자는 아동의 잠재력을 굳게 믿었고 어느 사례보다 치료자와 신뢰관계가 튼튼하게 형성된 사례였다. 이를 토대로 아동은 스스로의 힘으로 자기인식을 하고 통찰을 갖게 되었으며 새로운 자기를 발견해 갔다. 치료자가 장을 마련해 주고 아동은 자기 힘으로 자신의 잠재력을 펼치면서 우울감과 무력감, 분노에서 벗어나 자기의 길을 잘 찾아갔다. 치료자는 아동의 변화와 발전을 느끼며 그를 통해 치료자 자신이 기쁨을 얻고 힘을 얻었음을 부인할 수 없다. 엄마 또한 지영이의 상담을 계기로 자기를 인식하고 자기의 문제를 해결하기 위해 성인상담을 하기로 결정하면서 성인상담기관에서 도움을 받게 되었다. 추후에 엄마와의 전화통화를 통해 엄마 상담도 잘 마쳤고, 엄마 자신에 대한 이해와 문제해결에 많은 도움이 되었다는 것을 알게 되었다.

# 선택적 함구증 아동을 위한 놀이치료

● ● ● 말을 할 수 있으면서도 장소와 상황에 따라 말을 하지 않는 선택적 함구증 아동은 상담기관에 흔하게 의뢰되지는 않는다. 그러나 이들의 부모나 교사, 주위 사람은 이들의 고집스러움 때문에 매우 힘들어하며, 대부분 장기간의 치료가 필요하다.

## 1. 선택적 함구증이란

### 1) 정의와 임상적 특성

DSM-IV에서는 선택적 함구증(Selective Mutism) 아동의 진단기준을 다음과 같이 정의한다(APA, 1994).

■ 선택적 함구증 진단기준 ■

① 다른 상황에서는 말을 할 수 있음에도 특정한 사회적 상황에서는 지속적으로 말을 하

지 못한다.
② 장애가 학업적, 직업적 성취나 사회적 의사소통을 저해한다.
③ 장애의 기간이 적어도 1개월은 지속되어야 한다(입학 후 처음 1개월은 포함되지 않는다).
④ 말하지 못하는 이유가 사회생활에서 요구되는 언어에 대한 지식이 없거나 그 언어에 대한 불편과 관계가 없는 것이어야 한다.
⑤ 장애가 의사소통장애(예: 말더듬기)에 의해 잘 설명되지 않아야 하고, 광범위성 발달장애, 정신분열증, 다른 정신증적 장애의 기간 중에만 발생되는 것은 아니어야 한다.

이런 아동은 주로 집에서는 말하나 학교에서는 말을 하지 않거나 읽기시간에 소리 내어 읽지 않으며 그 반대의 경우도 있다. 선택적 함구아동은 적대적, 도전적, 지배적이며, 우울하고 공격적이다. 또한 고집이 세고 믿지 못하며 분노폭발을 자주 보인다. 반면 복종적이고 민감하고, 잘 울고, 불안해하고, 놀라고, 수동적이고 의존적이며 공포를 느끼기도 한다. 우리나라의 경우 이런 아동에게서 수줍고, 불안해하고, 고집이 세고, 아기 같고, 의존적이고, 화를 잘 내고 조종하려 하는 특성이 많이 관찰된다.

또 이중적인 특성을 드러내는데 가정 내에서는 부정적, 적대적이며 고집이 세고 조종하려는 반면 낯설거나 새로운 상황에서는 수줍어하고 예민하며, 공포에 질리거나 경직되며 수동공격성을 표현해서 이차적 이득을 얻는다. 반항적이고 조종하는 행동은 아동에게 있는 불안을 치료자가 보지 못하게 하기 위한 시도이기도 하며, 아동의 불안과 부모 양육태도와의 상호작용의 결과이기도 하다.

선택적 함구증 아동의 남녀 비율은 1 : 4.8(한국), 1 : 2(외국) 정도며 발병 평균 연령은 3세 4개월이다. 그러나 치료시작 평균연령은 7세 7개월로 나타났다. 드문 질환으로 알려져 있으나 실제로는 좀 더 높은 빈도를 차지하고 있고 많은 경우 임상적 주목을 받지 못하며 연령 증가에 따라 자연히 해결되는 경우가 많다.

유병률은 0.08~0.72% 정도다. 진단 시기는 6~7세 정도로 유치원에 들어가거나 초등학교 입학할 때가 많다. 이런 아동의 평균 IQ는 85~100으로 일반적으로 평균 이하다(정선주, 홍강의, 1995).

## 2) 선택적 함구증의 유형

### (1) Hayden의 분류

Hayden(1980)은 선택적 함구증을 다음과 같이 분류했다.

① **공생적 함구증**(symbiotic mutism)

주 양육자와 공생적 관계에 있다. 집 안에서 엄마가 아빠에 비해 언어적으로 공격적이며, 아동의 특성은 수줍어하고 불안해하면서도 조종하려는 행동이나 부정적 행동이 나타나는 경우다.

② **언어공포성 함구증**

말하는 것에 대한 명백한 공포가 있을 때 나타나는 경우다.

③ **반응성 함구증**(reactive mutism)

3세 전에 심리적 상처가 될 만한 사건이나 신체적 외상이 있은 후에 증상이 나타났으며 아동의 특성상 우울한 정동이 나타나는 경우다.

④ **수동공격성 함구증**(passive aggressive mutism)

고집이 세고 적대적 행동이 주로 나타나는 아동으로 지능지수가 다소 높다. 지속적인 부모간의 불화와 신체적인 학대가 타 유형보다 다소 많다. 일반적으로 공생적인 반응적 함구증이 가장 많이 나타난다. 우리나라의 경우 공생적 함구형이 65%, 수동공격적 함구형이 30% 정도라고 한다(정선주, 홍강의, 1995).

### (2) 지능지수에 따른 분류

① **정신지체군**

유아기에 언어발달의 지연이 많았고 엄마와 공생관계에 있고, 낯선 환경에 대한 불안감이 많다. 가정 내에서 적대적이고 화를 많이 내고 엄마에게 의존적이고 미숙하다. 함구증으로 자신의 지적 결함을 감추는 이차적 이득효과가 있어 이것이 긍정적 보상으로 작용해 함구증을 유지시킨다. 지적 결함을 모르는 교사나 부모의 아동에 대한 과도한 기대나 압력이 아동에게 갈등과 고통을 주어 위축, 억제, 불안, 공격적, 적대적 행동이 더욱 강화되기도 한다. 조기에 지능에 대한 평가를 통해 치료 방침을 선택해야 한다. 부모에게 실상을 알리고 과도한 학업성취 목표보다 사회적, 감정적 안정이 중요하며 지능에 맞는 적절한 교육환경을 마련하는 데 치료의 우선순위를 두어야 한다.

② 정상지능군

고집이 세고 감정표현이 결여되어 있으며 조종하려는 특성을 갖고 있다.

### 3) 원인론과 가족특성

선택적 함구증의 원인으로 다음과 같은 것을 들고 있다.

① 언어발달 시작시기의 충격적 경험(형제출생, 가족의 죽음, 엄마와의 분리)과 관련이 있다.
② 학습된 행동 패턴으로 사회적 강화에 의해 유지된다.
③ 언어의 비유창성으로 인해 놀림받을 것에 대한 대처방안이다.
④ 발달 초기에 나타나는 낯선 사람에 대한 반응이 고착 또는 퇴행된 것이다. 아동은 낯선 사람에 의해 고통받고 불안정한 엄마는 아동을 과보호하게 되면서 부모와 아동 사이에 강한 밀착관계가 형성되고 아동은 이를 유지하기 위해 침묵을 이용한다. 이것이 점차 건강한 자아 발달을 방해하며 아동은 더욱 회피적이 된다. 일종의 사회불안 증상으로 보기도 한다.
⑤ 강박장애의 연장선으로 보기도 한다.

이런 아동의 부모, 가족이 나타내는 특성은 다음과 같다.

엄마는 지나치게 과보호하고 지배하려는 태도를 갖고 있다. 아동은 엄마를 조종하며 엄마는 아동을 매우 취약한 것으로 인식하여 원하는 것을 모두 들어주며 끌려가는 경우가 많다. 이런 역동은 엄마의 성격 때문이라고 보는데 엄마가 감정적으로 미숙하여 아동에게 양가적 감정을 가지고 있고 아동이 타인과 관계를 맺는 데에 무의식적 질투감을 느끼고 피하게 한다. 아동 또한 엄마에게 의존적이면서도 공격적인 충동을 가지고 있고 이런 공격성이 타인에게 전치되어 함구증을 나타낼 수도 있고 이런 공격성의 표현을 방어하기 위해 함구 증세를 보이기도 한다.

아빠는 흔히 수동적이며 존재감이 희미하거나 거리감이 있는 것으로 나타난다. 또한 부모가 지나치게 수줍거나 내성적인 특성과 함구증세를 가진 발달사가 있다. 이들은 성인기 사회공포증을 갖게 되거나 고립된 생활을 하기도 한다.

부부간 불화가 많은데 아동 증상이 불화의 원인이 되기도 한다. 아동의 침묵과 완고함이 가족에게 강한 감정을 불러일으켜 부부 갈등을 일으키게 된다. 그러나 부모 갈등이 먼저 있었을 경우에는 아동의 침묵이 공격적인 상대를 처벌하기 위한 무기로 사용되었을 가능성이 있다. 이들은 가족 내 대화가 부족하며 아동에게 언어적 자극의 부족을 초래한다.

### 4) 치료

#### (1) 아동의 치료

##### 1 정신분석적 치료

성격구조의 수정에 관심을 두는 방법이다. 그러나 이 치료가 성공적이지 않다는 보고가 많다.

##### 2 놀이치료

유용하다는 보고가 많기는 하나 치료기간이 너무 길다는 현실적 한계가 있다. 치료 상황 이외의 상황으로 일반화가 어렵고 장기적 효과도 별로 좋지 않다는 보고가 있다. 그러나 정신분석적 놀이치료의 성공사례(Chethik, 1973)와 비지시적 지지적 놀이치료의 성공사례가 보고되어 있다(곽영숙, 1992; 유미숙, 1997; Axline, 1947). 놀이치료에서는 인지행동적 접근을 사용하는 것이 효과적이라는 보고가 있다(Knell, 1993). 게슈탈트 치료기법을 사용한 예도 보고되고 있다(Oaklander, 1988). 단일 치료방법으로 사용되기보다 다른 방법과 함께 많이 시행되고 있다.

③ 약물치료

최근에 많이 이루어지고 있으며 사회공포증 치료약물(phenelzine, fluoxetine)에 좋은 반응을 보인다.

④ 행동치료

효과적인 치료방법으로 보고되고 있으며 언어산출량을 증가시키기 위한 시도에 보상을 준다. 이 증세가 사회적 강화에 의해 생긴 것으로 보고 아동의 말하는 행동과 관련된 불안을 줄여 주거나 말하는 행동에 긍정적 강화를 주는 것이다. 그러나 시간과 노력이 많이 들고 장기적 효과 유지에 대한 보고가 없다.

⑤ 가족치료 및 가족의 개입과 행동치료 접근의 병행

이와 같은 병행적 접근의 효과가 보고되고 있으나 치료효과와 관련된 최대변인은 아동의 지능수준과 치료기간이다. 46% 정도가 5~10년간 추적연구에서 호전을 보였다. 그러나 시간만 지난다고 좋아지지는 않는다. 호전을 보인 아동은 대개 10세 이전에 좋아지는데 어릴 때의 조기치료가 중요함을 알 수 있다(정선주, 홍강의, 1995).

(2) 가정, 학교에서의 전략

학교에서의 전략은 행동주의적 전략이며 성공적인 편이다. 특히 말하기를 꺼리는 아동(reluctant speech: 어떤 세팅에서는 말하는 빈도가 아주 낮은 증상. 이미 약간의 말은 하는 것이므로 선택적 함묵아동보다 치료가 좀 더 쉽다)에게 유용하다.

침묵은 말하는 것과 관련된 불안을 줄여 주기 때문에 학습된 것이다. 이런 긴장의 이완은 보상작용을 함으로써 침묵하게 되고 변화하지 않게 된다. 말하도록 압력을 주는 것은 공포를 유발하고 함묵을 강화시키기 때문에 말을 강요하는 것은 실패를 초래한다. 학교에서는 모든 활동이 언어중심이므로 이 문제가 더 심각하다. 그러나 아동이 학교에 가기 전에는 문제탐지가 안 될 수도 있다.

이런 아동은 입을 다문 상태에서 많은 권력을 느끼기 때문에 좀처럼 이 권력을 포기하려고 하지 않는다. 침묵을 부모의 요구에 대한 유일한 저항도구로 사용하기도 하며 꼭 필요할 때만 말을 하기도 한다. 의도적으로 침묵을 무기로 삼는 것은 아니며, 성장과정의 어느 시점에서 침묵해야 한다는 것을 배운 후 시간이 지난 지금 상황이 변했지만 아직도 그 행동을 하고 있을 뿐이다. 또는 침묵을 깨고 말하는 것이 위험하다고 느끼기 때문에 말을 하지 않을 수도 있다. 말을 하지 않는 이유를 알 수 없기도 하나 중요한 것은 말하지 않는 것 이외에 자신의 권력을 느낄 수 있는 또 다른 영역을 발견함으로써 말을 할 것인지의 여부를 선택할 수 있도록 도와주는 것이다. 그렇게 하면 말하고 싶을 때 하고, 말하고 싶지 않을 때는 하지 않게 될 것이다. 자신을 꼭 닫고 있으면 자기 자신을 삶의 많은 영역에서 단절시키게 되어, 자유롭게 실험하고 탐색하면서 다양한 영역에서 자신을 성장시키고 발전시킬 수 없게 된다(Oaklander, 1988). Friedman과 Karagan(1973)은 가정, 학교에서 유의해야 할 지침으로 다음과 같은 사항을 강조한다.

① 벌을 주거나 말하도록 해 보상을 주는 것은 불안정성을 유발해 침묵을 유지시킨다.
② 아동을 모든 규칙적인 집단활동에 참여시킨다.
③ 아동이 편하게 느끼는 상황에서 독서, 이야기 꾸미기 등의 활동을 격려한다.
④ 부모는 집에 아는 사람을 많이 데려오도록 하며, 아동이 위협적이지 않은 상황에서 타인과 대화하는 것을 돕는다.
⑤ 집과 학교에서 성인과의 비언어적 활동이 점진적으로 증가되도록 격려해

야 한다. 말할 기회가 주어져야 하나 강요해서는 안 된다. 교사나 부모는 아동에게 정상적으로 말해야 한다.

⑥ 교사와 아동 간에 좋은 관계가 성립되면 교사는 조심스럽게 아동이 사적으로 말하도록 격려할 수 있다. 처음에는 한 단어의 답으로 충분하고 교사가 말하도록 재촉하지 않아야 하고 아동이 불안해하면 비언어적 활동을 계속한다. 그 후 아동이 흥미를 느끼고 안전감을 느끼도록 녹음기나 카드, 책 등이 이용될 수 있다. 사적인 관계에서 언어가 늘어나면 이 과정을 교실로 옮기도록 할 수 있다. 점차 교실의 소집단 활동을 소개하도록 한다. 가장 중요한 것은 지지해 주고 압력을 주지 않으면서 언어적 참여를 격려해야 한다.

## 2. 선택적 함구증 아동의 놀이치료

### 1) 일반적인 지침

우선 말하도록 강요하지 말고 놀이에 표현된 의미에 주목한다. 말을 하라는 압력이 없고 기대가 없어서 선택적 함구증 아동이 놀이치료에 대해 편안해한다. 놀이는 수용될 수 없다고 느낀 자신에 대한 느낌을 안전하게 표현하게 하며 이런 느낌을 치료자가 수용함으로써 아동은 자신을 좀 더 긍정적으로 경험하게 된다. 자신을 수용할 수 있게 되면서 그들은 자신의 감정을 방어했던 침묵을 포기한다. 표현예술 치료기법도 유용하다. 이러한 기법을 사용하면 아동은 침묵을 포기할 필요 없이 의사소통을 시작하는 데 도움을 얻을 수 있다.

또한 함구증 아동을 치료할 때 가족을 잘 다루는 것이 중요하다. 특히 엄마와 아동의 관계가 지나치게 얽혀 있고 과잉보호가 심하며 아동의 특성과 엄마의 불안이 강하게 연합되어 아동과 엄마가 강한 끈을 형성한다. 이런 끈은 치료에서 치료자를 자주 좌절시키는데 특히 아동이 엄마에게서 분리되려는 여러 가지 시도를 보일 때 엄마가 강한 불안을 일으키게 됨으로써 치료가 다시 후퇴하게 되는 일이 흔하다. 이런 패턴은 치료에서 반복되어 나타나며 치료실패의 중요한 원인이 된다. 이런 현상은 부부간의 불화가 심할 때 더욱 심해진다.

그리고 형제놀이치료, 또래 집단놀이치료가 효과적이라는 보고가 많다. 낯선 곳에서 지나치게 긴장되고 경직되는 것을 완화시키고 치료 상황에 빨리 적응하도록 하기 위해 초기에 형제나 부모, 친한 또래를 함께 치료회기에 들어오게 하는 방법이 도움이 된다.

선택적 함구증의 치료는 어렵다는 것이 문헌에서 일관되게 나타난다. 말을 하지 않거나 행동을 하지 않는 아동을 치료하는 것은 치료자에게 가장 어려운 일 중의 하나로 이런 아동의 치료에는 신념과 노력이 필요하다. 함구증 아동과 길고 어려운 시절을 보내는 치료자는 '아동이 그들 스스로가 준비될 때 말을 찾을 것이다'는 것을 기억해야만 한다.

### 2) 인지행동놀이치료

인지행동놀이치료(CBPT)는 아동과의 작업에 인지행동 원리에 입각한 이론적 틀을 제공한다. 이 방법은 놀이치료의 패러다임 안에서 인지행동적 개입을 통합시키는 것이다. 이것은 아동이 자신의 행동을 변화시키고 치료에서 적극적인 참여자가 되는 것을 배우는 데 효과적이다. 인지행동놀이치료는 단기간의 제한된 시간 안에 이루어지는 구조화되고 직접적인 문제중심 치료다.

인지행동놀이치료는 다음의 구체적인 특성 때문에 효과적이다.

① 놀이를 통해 아동을 치료에 개입시킨다. 치료자는 아동의 문제를 부모나 중요한 성인을 통해서가 아니라 직접적으로 아동과 다룬다. 따라서 저항과 불복종의 문제를 직접 다루게 된다.

② 치료자는 아동의 사고, 감정, 환상, 환경에 집중한다. 따라서 문제에 대한 아동의 감정(분노, 슬픔 등)뿐만 아니라 상황과 관련된 요소(오줌 싸기)의 조합도 다룬다.

③ 아동에게 어려운 상황을 극복하기 위한 적응적 전략을 가르친다(예: 아동의 부적응적 사고를 대치할 긍정적인 자기 말).

④ 경험적으로 입증된 기법을 통합한다. 경험적으로 입증된 기법의 하나인 모델링은 흔히 사용되는 기법이다. 모델링은 아동에게 특수하고 구체적이고 비언어적으로 전달해야 하기 때문에 인지행동적 놀이치료의 기본이 된다.

⑤ 치료자와 아동이 함께 목표를 세우고 놀잇감과 활동을 고른다는 점에서 적극적인 방법이다.

⑥ 인지행동적 놀이치료자는 아동에게 새로운 기술을 가르친다는 점에서 부분적으로 교육자의 역할을 한다.

⑦ 아동이 새로운 기술과 행동을 이해하고 습득하도록 하기 위해 칭찬과 해석을 사용한다.

인지행동놀이치료는 독특한 방법이지만 치료의 성공 여부가 라포와 신뢰를 기초로 한 긍정적인 치료관계에 달려 있다는 점, 치료자와 아동의 의사소통 수단으로 놀이를 사용하는 점, 치료는 안전한 것이라는 메시지를 주는 것은 다른 놀이치료와 유사하다. 그러나 치료목표를 설정하는 것, 놀이도구와 활동을 선택하는 것, 교육하기 위해 치료를 이용하는 것, 칭찬과 해석을 사용하는 것에 대한 철학은 다른 놀이치료와 다르다(Knell, 1993).

### (1) 모델링

아동에 대한 대부분의 인지행동적 개입에서 사용한다. 특히, 언어적인 치료를 이해하지 못하는 아주 어린 아동에게는 결정적이다. 치료에서 모델링을 이용할 때 배워야 할 행동을 어떤 인물이나 사물(봉제완구나 다른 놀잇감)을 통해 아동에게 제시한다. 아동이 그 제시되는 모델과 긍정적인 관계를 가질 때 특히 효과적이다. 그 외에도 영화, 책, 인형과 같은 다른 다양한 매체를 모델링에 이용할 수 있다.

모델링은 적응적인 대처방법을 제시하는 데 사용된다. 그 모델은 특정한 행동에 대한 문제해결 기술을 언어화할 수도 있다. 큰 소리로 말하는 것은 아동에게 구체적인 예뿐만 아니라 많은 단서(청각적, 시각적)를 제공한다. 따라서 모델링을 통해서 아동이 가장 이해하기 쉽게 인지행동치료의 언어적인 요소를 제시할 수 있다.

(2) 역할연기

역할연기(role playing)는 아동이 치료자와 기술을 연습할 수 있게 하고 진전에 대한 피드백을 받도록 해 준다. 역할연기는 보통은 유아보다는 학령기 아동에게 더 효과적이다. 그러나 어린 아동에게는 모델링을 통해 역할연기를 알려 줄 수 있다. 역할연기 모델링을 통해 아동은 보는 것을 통해 배운다. 예를 들면, 수줍음 많은 아동은 다른 인형과 상호작용을 하기를 꺼리는 손인형을 관찰할 수 있다. 아동은 손인형을 통해 보고 들을 뿐 아니라 손인형이 치료자에게 받는 피드백도 경험한다.

(3) 행동적 기법

행동적 기법(behavioral contingency)은 아동에게 새로운 기술을 습득시키기 위해 강화하거나 보상할 때 이용된다. 결과를 조절하여 행동을 수정하는 기법이다.

① 정적 강화

칭찬 같은 사회적 강화물이나 스티커 등의 물질적 강화물을 이용한다. 치료자는 정적 강화를 다른 방법과 함께 사용하기도 하며 직접적으로 사용하거나(적절하게 놀이한 것에 대해 칭찬) 은밀하게 사용하기도 한다(아동이 특정한 주제를 탐색하도록 격려하는 것). 만약 특정한 문제가 치료의 핵심이라면 치료자는 아동이 그 문제를 숙달하도록 칭찬을 해 줄 수도 있다.

② 행동형성

아동이 바람직한 방식으로 행동하는 데 필요한 기술이 부족할 때가 있다. 그때 치료자는 아동이 행동형성(behavior shaping)을 통해 바람직한 반응에 점진적으로 접근해 가도록 강화한다. 치료자는 기대한 반응이 아니라 거기에 가까워지는 반응에 대해 긍정적인 강화를 한다. 아동이 기대한 반응에 가까워질수록 치료자는 점점 가까워지고 있는 것에 대해 보상하고 마침내 아동은 목표행동에 도달하게 된다.

### ③ 소멸

치료자는 강화물을 주지 않음으로써 행동을 소멸시킬 수 있다. 소멸(extinction) 자체로는 새로운 행동을 가르칠 수 없다. 따라서 치료자는 강화와 함께 소멸을 사용한다. 치료자는 아동이 새로운 행동을 배우는 것에는 강화를 해 주며 동시에 다른 행동은 소거시키기 위해 소멸을 사용한다.

### ④ 다른 행동에 대한 차별강화

치료자는 부적응적인 행동과 상반되는 다른 행동에 대해 강화한다. 좀 더 바람직한 행동이 나타난다면 이전의 수용될 만하지 않은 행동은 사라지게 된다.

### (4) 인지적 기법

인지행동놀이치료는 행동의 변화뿐만 아니라 인지의 변화를 다루는 인지적 방법도 사용한다. 인지이론은 정서와 행동의 변화가 사고변화의 결과로 나타난다고 전제한다. 아동과의 인지치료에서 치료자는 아동이 인지를 밝혀내고 수정하고 수립해 나가도록 돕는다.

인지적 전략은 개인이 잘못된 인지를 변화시키도록 돕는 것을 목표로 한다. 이를 위해 가설검증을 하는데 치료자는 아동이 사고, 신념, 가정, 예상을 과학적으로 검증되야 할 가설처럼 다루는 것을 배우도록 돕는다. 그러나 아동의 인지적 제한 때문에 이런 과정이 모두 적용되기에는 어려움이 있어 부분적으로만 이용된다. 치료는 부적절한 인지를 바꾸는 것보다 적절한 인지를 발달시키는 데 더 비중을 둔다.

① 비합리적 신념 확인하기: 치료자는 손인형에게 말한다. "아마도 너는 학교에서 말할 때 모든 사람이 너를 놀릴 것 같아서 두려워하는구나."

② 비합리적 신념 바꾸기, 긍정적인 자기 말 하기: "말하는 것은 괜찮아질 거야. 가만히 있는 것보다 나를 행복하게 만들어 줄 거야." "말을 시작하는 것은 어려운 일이야. 하지만 일단 시작하고 나면 점점 더 쉬워질 거야."

(5) 치료의 구성

1 평가

① 발달력, 특히 언어발달에 대한 자세한 정보가 필요하다. 또한 말하는 상황과 침묵하는 상황에 대한 정확한 정보가 필요하다.

② 아동은 그림, 놀이, 웃음, 눈 맞춤 등의 시각적 신호를 통해 반응을 전달하므로 아동의 비언어적 행동을 평가한다.

③ 부모와 평가시간을 갖는다: 발달력 등 접수 면접지를 완성한다.

④ 아동과 평가시간: 초기 3회기 동안은 놀이를 통해 아동을 좀 더 잘 이해하고 무엇을 좋아하는지 알기 위해 놀이를 평가한다.

2 개입전략

손인형을 이용해 인지행동적 개입을 하는 방법이 이용된다.

① 손인형을 이용해 인지행동적 개입을 할 때 치료자는 여러 가지 다양한 문제를 가진 몇 개의 손인형을 이용한다.

예
- 생쥐 손인형: 새로운 친구를 사귀기 원하는 인형
- 개구리 손인형: 하루 종일 말을 하는 수다쟁이 인형
- 호랑이 손인형: 말을 하지 않는 인형

② 인지행동적 기법은 모든 손인형을 돕는 데 사용한다. 즉, 말하지 않는 문제에만 초점을 맞추지 않는다. 치료자는 서서히 바람직한 방향으로 손인형에 대한 행동을 형성하고 손인형 각각의 노력에 대해 강화해 준다.

예 치료자는 개구리가 말을 하지 않는 것에 대해, 호랑이가 말을 하는 것에 대해 또는 아동이 무엇인가를 한 활동에 대해 스티커를 준다.

③ 감정을 사회적으로 적절히 표현하도록 하되 점진적으로 한다. 손인형이 자기들의 감정을 행동으로 표현하는 것보다 말로 표현하는 것을 배우도록 한다.

예 치료자: (개구리 손인형을 들고 아동에게 질문한다) 무얼 그릴 거야?
아 동: 개구리 입을 닫아 버리려 하고 종이를 찢어 버리는 것으로 화를 표현한다.
치료자: 얼굴표정 그림(화, 슬픔, 행복 등)을 그리고 각각의 얼굴표정에 대해 언어적으로 명명해 준 뒤 아동이 자기의 감정을 손으로 지적하도록 한다.
아 동: 화난 얼굴을 지적한다.

④ 손인형을 이용해 질문을 하고 답 하는 과정에서 치료자는 '얼굴표정' 을 그리고 각 얼굴표정에 언어적 명칭을 붙여 준 뒤 아동이 자기 기분을 그림으로 지적하게 한다.

예 아 동: 어떤 아이들은 안경 쓴 여자애들을 눈이 4개라고 놀려.

치료자: 너는 애들이 놀릴 때 그 여자애가 슬플 것이라고 생각하니?
아　동: 아니요. 그 여자애는 화가 났을 거고 놀린 애는 사과해야 돼요.
치료자: (개구리 손인형을 가지고) 나는 어떤 애들이 나를 놀리는 것을 좋아하지 않아. 그러면 난 화가 나. 내가 말을 할 때 아무도 날 놀리지 말았으면 좋겠어.

⑤ 치료자는 손인형을 가지고 아동의 감정을 공감해 주고 아동으로 하여금 자기감정을 인식하고 이를 언어로 표현할 수 있도록 하는 모델역할을 한다.

예 아　동: 선생님은 오늘 우리 부모님을 만나야 되죠?
치료자: 그래.
아　동: (화난 얼굴표정을 짓는다)
치료자: 나는 네가 화가 났다는 것을 알아. 내가 너희 부모님과 말하는 것이 필요할 때 네가 화났다는 것을 말해 줄 수 있니?
아　동: (조용히 있다)
치료자: (개구리 손인형으로 화난 얼굴 표정을 짓고 화났다고 말하는 방법을 보여 준다)

⑥ 각각의 손인형은 특별한 어려움을 갖게 된 이유에 대한 신념을 언어화하며 이 신념은 치료자에 의해 도전을 받는다. 또한 손인형은 긍정적인 자기 말을 아동의 모델링을 위해 보여 준다.

예 1
치료자: (호랑이 손인형에게 호랑이가 여전히 말을 하지 않는다고 지적한다)

아　동: 호랑이에게 말하라고 해.

치료자: 나는 아직 말할 수 없어. 호랑이가 준비되었을 때 말할 거야.

아　동: (호랑이에게) 언제 말할 거야?

호랑이: (입술을 움직이며 알아들을 수 없는 소리를 낸다)

아　동: 아니야! 나처럼 바른 소리를 제대로 내야지.

치료자: 호랑이는 학교에 있고 선생님은 1, 2, 3을 읽어 보라고 시킨다.

아　동: 호랑이야, 말해 봐! 1이라고.

호랑이: 1.

치료자: (호랑이와 호랑이가 말하도록 도운 아동에게 스티커를 준다)

**예 2**

치료자: 현주야! 호랑이가 너에게 궁금한 점이 있대. 호랑이는 학교에서 말하기 위해서 어떻게 해야 하는지 알고 싶대.

호랑이 : 난 학교에서 말하고 싶지 않아. 그러나 말하는 것이 필요하다는 건 알고 있어. 내가 어떻게 해야 될까?

아　동 : (치료자에게) 난 잘 몰라. 네가 말해 봐.

치료자 : 내가 말하라구? 좋아. 호랑이야, 잘 들어 봐. 호랑이야, 내가 생각하기에 네가 학교에서 말하는 일은 정말로 어려운 일이야. 그리고 너는 말하는 것을 두려워하고 있어. 그러나 만일 네가 조금만 말한다면 다음에 말할 때는 좀 더 많이 말할 수 있게 될 거야. 그리고 곧 너는 하루 종일 말할 수 있게 될 거야. 나는 네가 그것을 좋아하리라고 생각해. 놀림받는 것을 두려워하지도 않게 될 것이고 학교에서 말하는 것을 좋아하게 될 거야.

**예 3**

치료자: 호랑이는 이번 주에 학교에서 말하기 시작했단다. 호랑이는 선생님에

게 말하는 것을 좋아하게 되었고 정말 행복하게 되었어. 이제 호랑이는 모든 사람에게 말할 수 있어.

호랑이: 나는 선생님과 언어 선생님, 학교 아이들에게 얘기했어. 내가 다른 사람과도 말해야 할까?

아 동: 그럼.

호랑이: 내가 누구에게 말해야 하는데?

아 동: 많은 사람에게

호랑이: 내가 다음 주에 말해야 되는 사람을 말해 봐. 내가 교장선생님에게도 말해야 하는 걸까? 그건 어려울까 쉬울까?

아 동: 그건 쉬울 거야.

호랑이: 아, 그건 쉬울 거야. 난 그걸 할 수 있을 거야.

### 3 유의점

① 말하는 것을 초점으로 삼지 않는 긍정적 치료환경을 만들도록 한다.

② 말하는 것 대신에 타 영역에서의 성취감과 숙달감이 격려되어야 한다.

③ 아동이 말할 때 말하고 있다는 사실이 아닌 내용에 강화를 준다.

④ 말하고자 하는 아동 자신의 욕구를 격려한다. 말하는 것에 대한 강화를 통해 의사소통에 대한 동기를 유발시킨다. 침묵이 말하는 것보다 더 많은 보상이 되지 않도록 한다. 손인형을 이용해 말하게 하고 말하는 것에 대해 손인형이 칭찬과 스티커를 받는다.

⑤ 점차 치료자는 비언어적 행동에 대해 반응하지 않는다.

⑥ 인지행동적 접근은 아이에게 직접적으로 하는 것이 아니라 다양한 문제를 가진 여러 개의 손인형을 다루는 것으로 모델링을 통해 간접적으로 사용된다.

⑦ 손인형은 다양한 적응기술을 모델로 나타내며 사회적으로 적절한 방법으로 감정을 표현하도록 행동형성이 된다.

예

- 사회적으로 적절하게 감정을 표현하도록 얼굴표정을 그려 주고 지적하게 한다. 점차 비언어적으로 감정을 표현하게 하다가 언어로 감정을 분류하게 한다(얼굴표정 지적하기→특정한 감정에 대한 얼굴표정 만들기→감정을 언어로 표현하기).
- 말하는 것을 목표로 손인형을 한 단계씩 서서히 강화한다. 처음에는 입술 움직이기에서 시작하며 차츰 속삭이기 단계로 다음에는 놀잇감 전화놀이로 진행한다.

⑧ 목표를 이루기 위해 노력한 손인형에 대해 끊임없이 격려와 긍정적 강화를 함으로써 모델링이 되게 한다.
⑨ 부모교육을 통해 말하지 않는 문제에 대해 자꾸 물어보지 않도록 하고 말하는 것에 대한 주제가 나오면 중립적인 입장을 유지하도록 한다.
⑩ 교사와의 면담을 통해 아동의 침묵을 무시하도록 한다.

### 3) 호손센터 치료기법

호손센터(The Hawthorn Center) 기법은 공감적인 역동적 개입(empathic dynamic intervention), 확실한 행동기대, 가족참여, 학교와의 친밀한 연계로 구성되어 있다.

① 초기 접촉에서는 발달적, 가족적, 의학적 요소를 포함한 정신과적 평가를 통한 진단을 한다. 진단 후 증상에 대한 부모교육을 실시한다. 여기서 침묵이 사회정서적 발달에 미치는 해로운 영향이 강조된다. 치료기법에 대한 설명과 가족참여의 필요성이 강조된다.
② 치료 초기에 치료자는 빠르게 라포 형성을 시도한다. 이 라포는 '비언어적 놀이' 뿐만 아니라 치료자가 아동에게 이야기하는 것이 얼마나 어려운지 안

다는 '공감적 진술'을 포함한다. 또한 치료자는 아동에게 그들이 말할 필요성이 있다는 것을 알려 준다. 말함으로써 그들이 교사에게 얼마나 유능한지를 보여 줄 수 있게 되며 좀 더 많은 친구를 만들 수 있다는 것을 알게 된다는 것 등을 말한다.

③ 치료자는 하루를 계획하여 부모가 치료실에서 하루를 보내도록 고안한다. 이 회기 동안 치료자는 지지, 감정의 명료화, 격려와 더불어 아동이 떠나기 전에 적어도 한마디 정도 말해야 한다는 행동적 기대를 전달한다. 만일 아동이 계속 침묵한다면 때때로 치료자는 아동을 무시하는 척해야 하며 가족을 내보내게 된다. 아동이 말을 한 후에는 치료자에게서 칭찬을 받게 되며 가족과 다시 만나게 된다.

④ 부모에게 아동이 공개적인 자리에서 말하도록 요구하게 한다. 음식점에서 아동이 주문하기를 거절한다면 그들은 음식을 먹지 못할 것이다. 만일 부모가 이 약속을 지키지 못한다면 가족구성원은 아동의 증상에 대해 무언의 인정을 주기 시작하는 것이라고 볼 수 있다.

⑤ 학교에서 말을 시작하기 위한 단계가 취해진다. 우선 학교에 치료접근을 설명하고 학교의 지지를 얻는다. 학교에서는 특정한 날에 아동이 말하도록 계획한다. 아동은 이미 약속되었거나 연습한 선생님의 질문에 대답해야 하며 또는 특정한 문장을 읽어야 한다. 이 단계에서 아동이 언제 무엇을 말할 것인지를 선택하게 한다. 처음에는 선생님은 아동을 불러서 그가 대답하기를 기대한다는 것을 개인적으로 시도하고 그 후 점차 전체 학급 아동 앞에서 시도한다.

⑥ 만일 아동이 이러한 몇 번의 시도 후에도 말하지 않는다면 치료자는 학교에 가야 한다. 학교에서 치료자는 처음에는 그 아동이 학급에서 말하는 것을 격려한다. 만일 그것이 성공하지 못한다면 치료자는 아동과 개별적으로 말하도록 계획하며 그때 학급 아동을 들어오게 하여 그 행동이 일반화되도록 한다.

⑦ 개인적인 치료회기는 매주 진행된다. 첫 회기 이후에 말하는 것을 좀 더 중

가시키기 위해 행동적인 접근이 필요할 수도 있다. 예를 들어, 회기 동안 놀잇감 농구공을 가지고 농구대에 슈팅하는 남아에게 슛을 한 후 그에게 공이 다시 돌아가기 전에 말을 하도록 요구하는 것이다.

⑧ 아동이 회기에서 정상적으로 말하기 시작했을 때 다른 정서적 문제를 치료하기 위해 언어, 놀이, 예술치료기법이 사용된다.

### 4) 용암법

용암법(stimulus fading)은 언어를 조절하는 자극을 변화시켜 가는 치료기법이다. Kazdin(1977)은 용암법을 "자극을 촉진하는 것의 점차적인 제거"라고 정의하였다.

① 치료는 전형적으로 아동이 쉽게 언어적으로 반응하는 장소나 상황에서 시작되며 언어가 표현될 것 같은 비슷한 상황으로 서서히 진행된다. 즉, 좀 더 위협적인 상황이 서서히 나타나면서 안전한 환경은 서서히 사라지게 되는 것이다. 만일 선택적 함구증을 가진 아이가 집에서는 말할 수 있는데 학교에서 말하기를 거부한다면 용암법 치료는 가정의 자극을 점차적으로 제거하는 것이 포함되어야 한다. 학교와 관련된 자극을 도입하는 목적은 아동의 말 레퍼토리 안에 가정환경과는 다른 상황을 포함시키기 위한 것으로 자극통제의 범위를 확장시키기 위한 것이다.

② 두 번째 치료구성은 자극의 일반화다. 용암법은 모든 상황에서는 아니지만 아동이 이미 원하는 행동을 나타낼 수 있을 때 매우 유용하다.

③ 이 전략은 체계적 둔감법, 행동형성과 같은 행동기법과는 다르다. 행동형성은 바람직한 행동이 아직 어떤 상황에서도 일어나지 않을 때 아동의 행동 레퍼토리에 새로운 행동을 형성시키는 것이며, 치료자는 이 기대된 행동에 대해 보상하는 것이다. 용암법은 아동의 레퍼토리에 이미 형성된 반응이 새로운 자극조건에서 일어나게 하는 것으로 행동형성기법과는 다르다.

④ 치료는 치료실에서 시작된다. 아동은 처음에는 부모와 함께하여 쉽게 언어 표현이 이루어지게 되며 그 후 교사와 동급생에게 소개된다(Holmbeck & Lavigne, 1992).

### 5) 자기 모델링 기법

자기 모델링(self modeling)은 새로운 기법이다. 아동에게 기대되는 목표행동을 보여 주는 비디오테이프를 스스로 반복적으로 관찰하게 함으로써 행동 변화를 일으키려는 것이다. 이 모델링 테이프는 편집을 통해 만들어진다. 먼저 선택적 함구증을 가진 아동이 엄마의 질문에 대해 언어적으로 반응하는 것을 녹화한다. 다음에는 한 테이프에 교사가 같은 질문을 한 것이 혼합된다. 따라서 선택적 함구증 아동이 초기에 자기 엄마의 질문에 반응하지만 그것은 마치 교사에게 반응하는 것 같이 테이프에 나타난다. 아동이 집에서 또는 동급생 앞에서 테이프를 다시 보게 할 수 있다. 아동은 자기 스스로 현재 기능하고 있는 것보다 한 단계 더 상위 수준으로 기대되는 행동을 수행한 것에 대한 비디오테이프를 편집하여 관찰하게 된다. 이 전략은 아동의 다양한 행동 결함을 치료하기 위해 성공적으로 이용되어 왔다. 이 기법의 이점은 다음과 같다.

① 대부분의 아동이 텔레비전에서 자신을 보게 되는 것을 좋아하는데 이것이 치료전략을 재미있게 느끼도록 한다.
② 치료적 개입이 아동의 가정에 있는 비디오카세트 레코드에서 일어나므로 치료자는 문제에 대해 행동 평가를 하고 비디오테이프를 2~4분으로 만드는 데만 시간을 들이면 된다. 이것은 전문가의 시간 효용성을 고려해 볼 때 경제적이다.
③ 모델의 유사성(model similarity)이 모델링 효과를 증진시킨다는 것은 모두가 알고 있는 것으로 자신보다 더 유사한 모델은 없다.
④ 가장 중요한 것은 자기 모델링 기법이 아동의 자기상과 자기효능감을 증진

시키는 것이다(Pigott & Gonzales, 1987).

## 6) 가족치료 접근

### (1) 치료 1단계

함께 만나 구조적 진단을 하고 문제가 변화될 수 있는 근거를 조사한다. 문제를 재정의하며 치료목표를 설정하고 치료단위를 가족으로 선택한다.

선택적 함구증 아동의 가족은 학교에서 치료를 받으라는 압력을 받게 되는 경우가 많으므로 외부 개입에 대해 부정적이다. 따라서 치료자는 치료의 필요성에 관해서는 중립적인 입장을 취하는 것이 좋다. 치료자와 부모 사이에 친밀함이 형성된 이후에는 아동을 제외하고 증상의 제거에 대한 의견을 토론해야 한다.

치료자는 아동에게 말하도록 압력을 주거나 아동에게 관심을 집중시키는 것을 피해야 한다. 엄마에게 안전함을 느끼도록 하는 것은 중요하며, 특히 아빠가 참여한다면 엄마가 면담 안에서 발언권을 가지도록 해야 한다.

### (2) 치료 2단계

놀이시연(play enactment)을 도입해 가정이나 치료실 회기에서 성공적인 접근을 위한 기술을 강화하며 부모의 표현을 격려하고 갈등을 해결한다. 치료실 상황 안에서 용암법을 도입한다. 또한 학교상황에 대한 평가도 이루어진다.

놀이를 사용하는 것은 가족구성원과 의사소통하기 위한 한 가지 방법이다. 놀이는 실제 세계에서의 정서적인 표현이나 참여에 대한 불안을 완화시킨다. 치료실에서 놀이회기 동안 비언어적 행동이나 언어적 시도를 하는 것이 목표로 설정되며 언어는 계속 긍정적으로 강화된다.

선택적 함구증 아동을 위한 용암법의 점진적 과정은 다음과 같다.

① 아동은 첫 번째로 친숙한 사람들과 말하도록 격려된다(엄마 또는 형제).

② 덜 친숙한 사람들이 상황에 추가된다. 처음에는 너무 과도하지 않는 범위

내에서 점차적으로 아동에게 근접하는 것을 증가시킨다.

③ 덜 친숙한 사람들이 아동에게 간접적으로 질문을 하기 시작한다.

④ 덜 친숙한 사람들이 엄마 앞에서 아동에게 직접적인 질문을 시작한다.

⑤ 교실에서 아동이 선생님에게 언어전달을 하게 한다. 처음에는 한두 명의 아동 앞에서 하고 점차 교실의 전체 아동 앞에서 말하게 한다.

#### (3) 치료 3단계

가족 이외의 다른 사람(친척, 치료자, 교사)에게 초점을 두고 치료실 상황에서의 용암법이 이루어진다. 회기가 진행됨에 따라 선택적 함구증 아동이 치료자와 점차 친숙해진다 하더라도 치료자와의 직접적인 언어적 의사소통은 그 아동이 집에서 친척과 말할 때까지 미루는 것이 좋다. 친척과 익숙해지면 다음은 치료자, 그다음은 교사와 같은 외부 세계로 일반화되어 간다.

#### (4) 치료 4단계

학교에서 용암법이 도입된다. 또한 가족과 아동의 변화에 대해 강화를 준다. 치료의 마지막 단계에서 치료자는 아동이 학교에서 교사와 또래에게 자발적으로 말하도록 격려한다. 또한 수정된 가족 패턴을 강조한다. 신체활동에서 아동의 자발성이 증가되며 언어가 확장되며 특히 공격적인 표현이 증가된다.

### 7) 게슈탈트 치료

이런 아동에게는 표현치료기법이 유용하다. 이를 사용하면 아동은 침묵을 포기할 필요 없이 의사소통을 시작한다. 게슈탈트 치료기법은 이런 아동에게도 많은 도움이 될 수 있다. Oaklander(1988)는 게슈탈트 치료로 이런 아동을 치료한 사례를 다음과 같이 보고했다.

10세 소녀 앤지는 첫 시간에 한마디도 하지 않았다. 앤지의 부모는 어찌할 바를

몰랐다. 학교 성적은 좋았지만 말이 없는 것에 대해 교사도 걱정했다. 그녀는 부모에게 아무 말도 하지 않으려고 했고 자기가 왜 말이 없는지에 대해서도 부모에게 말하려고 하지 않았다. 부모는 그녀가 지금까지 항상 조용하고, 착하고, 모범적이며 성적도 좋았기 때문에 별로 걱정하지 않고 지내왔지만 이제는 앤지에게 뭔가 문제가 있다는 걸 깨닫기 시작했다.

나는 조심스럽게 접근했다. 억지로 열려고 하면 조개는 열리기보다는 깨질 우려가 있기 때문이었다. 나는 되도록 말을 줄이면서 현재 아동의 마음이 있는 곳에서 만났다. 첫 시간에 아동은 부모가 하는 호소를 곁에서 다 들었다. 하지만 그녀는 아무 말도 하지 않았다. 둘이 있을 때 그녀는 말 대신 주로 어깨를 움츠리거나, 얼굴을 찡그리거나 "몰라요!"와 같은 간단한 말로만 의사표시를 했다. 나는 이 아동의 권력에 대해 잘 알고 있었다. 조심하려고 애쓰는데도 나는 가끔 나도 모르게 목소리가 커지거나, 말이 많아지거나, 강압적이 되는 자신을 발견했다.

아동은 비록 말을 하지는 않지만 듣고 있는 것은 분명했다. 왜냐하면 말 없는 아동은 대개 자신의 침묵이 문제라고 느끼지 않기 때문이었다. 그들은 단지 자신이 별로 할 말이 없다고 느낄 뿐이었다. 이런 이야기를 해 주었더니 아동은 고개를 끄덕였다. 나는 아동에게 앞으로 함께 놀이를 하면 할 말이 좀 더 생길 거라고 말해 주었다.

부모가 대기실에서 기다리는 동안 앤지에게 사람을 그려 보라고 했더니 그녀는 아무 말 없이 순종하여 열심히 그렸다. 그녀가 그린 사람은 눈동자가 없었고, 얼굴에 미소를 띤 채 팔을 벌리고 있었다. 나는 앤지에게 그 사람의 이름이 뭔지, 나이가 몇 살인지, 그 밖에 생각나는 것을 모두 말해 보라고 했다. 그녀는 어깨를 으쓱하고 이마를 찌푸리고는 고개를 내저었다. 나는 그것이 자기를 그린 것인지 물었다. 그녀는 다시 고개를 저었다. 나는 그림을 그려 주어서 고맙다고 말하고 회기를 끝냈다.

다음 시간에 나는 모래상자 위에 장면을 하나 만들어 보라고 말했다. 그녀는 마치 '선생님이 원하신다면!' 하고 말하듯 어깨를 으쓱해 보였다. 내가 옆에 앉아 지켜보고 있는 동안 그녀는 매우 깊이 몰두하여 작업을 했다. 그녀는 선반에 있는 바구니 모두를 조사한 후 동물, 울타리, 나무, 사람, 집, 바위 등을 골랐다. 그녀는 동물원 장면을 만들었는데 동물마다 울타리를 해서 사람들이 구경할 수 있도록 했다. 그리고 그녀는 다시 배열을 하고, 자리를 바꾸고, 넘어진 것들을 일으켜 세우고, 자리가 비좁도록 열심히 만들었다.

이 작업을 하는 동안 그녀는 한마디도 하지 않았다. 숨 쉬는 소리도 잘 들리지 않았다. 문득 전에도 움츠러든 아동이 숨을 충분히 깊게 쉬지 않는 것을 본 기억이 났다. 그녀는 동물원의 한쪽 구석에 조그만 다리를 만들어 놓고, 다리 위에 작은 오리 한 마리를 올려놓았다.

그녀는 이제 작업이 끝났다는 듯이 나를 힐끔 한 번 쳐다보고는 물러나 앉았다. 나는 그녀에게 제일 좋아하는 동물이 어느 것이냐고 물었다. 그녀는 다시 어깨를 으쓱해 보이고는 아무 대답도 하지 않았다. 나는 다시 좀 힘주어 "만일 저 동물 가운데 네가 있다면 어느 동물이겠니?"라고 물었다. 그녀는 동물원을 들여다보더니 다리 위에 있는 오리를 가리켰다.

나는 ["네가 만든 동물원은 매우 비좁구나. 이 오리 말고는 모든 다른 동물은 비좁게 살고 있네. 너도 이 동물처럼 비좁다고 느낀 적이 있니?"]라고 말했다. 그녀는 다시 어깨를 으쓱했다. 나는 다시 ["그런데 네가 선택한 동물은 그래도 자리가 좀 여유가 있네? 너는 집에서 네 방이 따로 있니?"]라고 물었다. 이번에는 그녀가 분명하고 큰 소리로 "아뇨!"라고 답했다.

["누구하고 방을 쓰니?"] "여동생이요!" ["네 방이 따로 있으면 좋겠니?"] "네! 여동생도 자기 방을 갖고 싶어 해요. 우리는 함께 방 쓰는 것을 싫어해요!" 그리고는 다시 말이 없었다. 그녀는 동물원을 계속 응시했다. 나는 방해하지 않고 그냥 놔두었다. 이윽고 나는 그녀가 동물원을 보면서 무슨 생각을 했는지 물었다. 그녀는 다시 어깨를 으쓱하고는 답이 없었다. 그러고 나니 시간이 다 되었다.

나는 무척 행복했다. 두 번째 시간에 내가 일어나리라고 기대했던 것보다 훨씬 많은 것이 일어났기 때문이었다. 올 때마다 앤지는 그림을 그리면서 혹은 환상 작업이나 모래상자 작업을 하면서 점점 더 많은 말을 했다. 나는 앤지에게 공책에 글을 써 보라고 권했다(그녀는 작문을 잘했다). 그녀는 꿈이나 자신의 생각 혹은 느낌을 썼다. 우리는 찰흙 작업을 하는 동안 대화를 했다. 앤지는 마침내 그림을 통해 이야기를 했다. 어느 시간에는 콜라주 작업을 했는데, 그녀는 이 작업을 매우 좋아했으며 이어서 많은 이야기를 했다.

이런 작업을 통해서 점점 많은 정보가 나타나기 시작했다. 그녀가 느낀 감정, 그녀가 좋아하는 일, 좋아하는 색, 좋아하는 노래에 대한 이야기가 나왔다. 그녀가 왜 그토록 오랫동안 말을 하지 않았는지는 밝혀지지 않았다(나는 그녀의 가족사를 안다. 따라서 원인을 추측해 볼 수는 있다. 하지만 그런 것이 무슨 소용이 있을까? 때로는 부모가 내게 원인을 물어본다. 나는 내 생각을 말해 주지만 그것은 단지 추측일 뿐이라고 말해 준다). 앤지는 내게 말을 하기 시작했고, 부모나 여동생, 교사, 그리고 친구들에게도 말하기 시작했다. 그녀는 자기에게도 할 말이 있다는 것을 발견한 것이었다.

## 3. 선택적 함구증 아동의 놀이치료 실제: 재석 사례

### 1) 아동 인적사항

재석이는 7세의 남아로 접수 당시 유치원에 다니고 있었으며, 예쁘장하고 곱상하게 생긴 얼굴로 호감을 주는 외모였다.

### 2) 주 호소내용

① 남 앞에서 이야기를 하지 않는다. 부모와 할머니 앞에서만 이야기하고 그 외의 사람에게는 말을 하지 않는다. 5세 때 유치원을 다니면서부터 그 증상이 나타났다. 전혀 모르는 사람과는 가끔 말을 하나 아는 사람과는 오히려 하지 않는다. 현재 병원에서 선택적 함구증에 대한 약물치료(프로작)가 7개월째 진행 중이고 복용 후 말이 늘었으나 집에서만 그렇다.

② 엄마 말을 잘 듣지 않는다.

### 3) 발달 및 생육사

#### (1) 임신과 출산

① 계획된 임신이었고 임신에 대한 반응은 부모 모두 좋았다. 입덧이 심했고 임신 시 엄마가 하던 사업이 실패해 심리적으로 많이 힘들었고 우울증이 있었다.

② 정상 분만으로 출생했고 특별한 문제가 없었다.

#### (2) 발달사

① **수유 및 식사**: 젖병을 30개월쯤 떼었다. 18개월경 하려 했으나 남편이 우유병을 찾아 주었다. 식사태도는 좋지 않아 자리에 앉아 있지 않았다. 현재도 밥을 잘 먹지 않아 떠먹여 준다.

② **대소변 훈련**: 14개월부터 시도했다. 18개월부터 본격적으로 훈련을 시작했고 시간에 맞춰 야단을 치며 엄격하게 했으나 아동은 전혀 듣지 않았다. 대변은 2.5세 정도에 가렸으나 3세가 지나자 대변 보기를 힘들어하며 참는 모습을 보였다. 소변은 6세에 가렸으나 현재 야뇨가 있다.

③ **수면**: 잘 잤으나 동생이 태어날 무렵 3개월간 잠꼬대하고 보채서 힘들었다. 현재 가족이 모두 한방에서 같이 잔다.

④ 14개월에 걸었고 옹알이는 적었다. 부모-자녀관계는 엄마보다 아빠를 더 좋아한다. 아빠는 친구 같고 엄하지 않으나 잘 놀아 주지는 못한다. 재석이는 아빠에게 버릇없이 행동하며 아빠는 재석이가 머리를 때린다든가 해도 가만둔다. 엄마는 아동에게 잘해 주려고 하다가도 동생과 비교가 되어서 잘해 주기 어렵다. 동생에 대해서는 지금은 오빠로서 봐준다.

⑤ 집에서는 또래 애들과 잘 논다. 그러나 밖에 나가면 말을 하지 않는다. 아기 때부터 옆집 아줌마에게도 말을 하지 않았다.

⑥ **교육사**: 5세 때 미술학원에 1주일간 배가 아프다며 가지 않으려 했지만 달래서 보냈다. 현재 유치원에 다니고 있으나 유치원에서도 전혀 언어표현을

하지 않는다.

(3) 양육과정

① 0~1세: 주 양육자는 엄마였다. 순했고 13~15개월부터 옆집 아줌마가 부르면 반응이 없었다. 별로 사람을 따르지 않았다.

② 1~3세: 배변 문제로 엄마를 애먹였다. 남의 집에 가면 소변을 참고 요구를 하지 않아 남의 집에 잘 보내지 않았다. 18개월에 동생을 낳고 1개월간 할머니에게 맡겼다. 할머니와 얘기를 잘 하고 동생을 보면서 대변을 참기 시작하고 동생이 태어나자 동생을 예쁘다고 하면서 많이 때리고 물고 해서 동생에게 우유도 잘 주지 못했다. 그래서 엄마에게 야단도 많이 맞았으며 동생 출생 후 3세까지 힘들었다. 동생을 때리고 하루 5회 이상 변을 지리고 엄마는 깔끔한데 남편은 도와주지 않고 몸이 아파 남편에게 화가 많이 났다. 남편은 지금도 잘 도와주지 않는다.

③ 5세 : 미술학원에서 혼자 놀고 말이 없다는 얘기를 들었고 그 이전까지는 그냥 낯가림이 심하고 부모 성격을 닮았나 보다고 생각했다. 아동 때문에 부부싸움을 많이 했다. 양육방식에 차이가 있고 엄마가 아동을 혼내면 꼭 아빠가 반대하고 나선다. 병원이나 상담기관에 가는 것을 아빠가 싫어한다. 몇 년 후 학교에 가야 하는데 학교에 가서 대답이나 발표를 하지 않고 친구와 말을 하지 않을까 봐 걱정된다.

### 4) 가족관계

가족은 아빠, 엄마, 여동생(5세)으로 구성되어 있다.

부모의 성격이 소극적이며, 부모 모두 어릴 때 함구증이 있었다. 또 자기표현을 잘하지 못하고 남 앞에서 내 자식의 기를 세워 주는 역할을 하지 못한다고 한다. 현재 성격문제와 양육방식에 대한 의견 차이로 부부갈등이 많다. 부부 모두 유사한 특성을 가지고 있어 갈등이 일어날 때 잘 풀리지 않고 악순환이 거듭된다. 부부 모두 건강한 자기표현이 어려우며 서로에게 의존적인 특성이 있으나 서로 상대방이 먼저 자신을 배려해 주고 만족시켜 주기를 원하며 그것이 충족되지 않을 때 상처를 많이 받고 적대감을 갖고 원망한다. 문제가 일어났을 때도 원만한 대화가 되지 않는다.

### 5) 문제의 원인

재석이의 선택적 함구 증상의 원인은 몇 가지로 분석해 볼 수 있다. 첫째, 유사한 특성을 가진 부모의 기질적 측면을 아동이 이어받았을 가능성이 있다.

둘째, 부부갈등이 아동의 어려움을 가중시킨 점이다. 부부간의 갈등 속에서 아동은 자신을 보호하고 방어할 무기가 필요했으며 선택적 함구라는 증상으로 자신을 보호하고 부모에 대한 적대적 감정을 표현하며, 부모뿐 아니라 다른 사람을 조종하고 있을 수 있다.

가족관계에서 아빠는 아동과 가깝고 엄마는 감정적으로 동생과 더 밀착되어 있으며 부부간의 적대적 감정을 자식에게 전가하고 투사하고 있는 측면도 있다. 이로 인해 아동은 더 불안해지며 엄마에게 의존적이 되고 이런 특성은 또한 엄마의 불안에 의해 유지되고 있다. 재석이와 엄마는 적대적이며 의존적인 관계의 패턴을 갖고 있다. 부모 모두 어릴 때 그들의 부모에게 따뜻하게 보살핌을 받지 못한 감정을 자식을 통해 보상하려는 측면이 있는 것으로 보이며 이로 인해 아동의 의존성이 더욱 심화된 것으로 보인다. 따라서 부부 특성과 갈등적 가족관계 속에서 공생적이면서 수동공격적인 형태의 선택적 함구증이 아동에게 형성된 것으로 보인다.

### 6) 상담의 목표와 치료전략

① 선택적 함구증상을 일으키게 한 핵심적 갈등을 찾아내어 해결하고 아동이 모든 사회적 상황에서 일관성 있게 말을 하도록 한다.

- 치료자와 아동중심의 놀이치료 회기를 갖고 초기에 말을 강요하지 않음으

로써 치료를 편안하게 느끼고 놀이를 통해 감정을 정화하고 자신을 충분히 표현하게 한다.

- 말이 아닌 놀이나 그림, 글자, 문자, 제스처로 자기 생각이나 의사를 표현할 수 있도록 돕는다.
- 점차 언어화를 늘리고 단답식 표현에서 좀 더 긴 표현으로 발전해 갈 수 있도록 한다.
- 필요할 경우 용암법을 이용해 치료실에서 동생이나 또래, 엄마와의 회기를 갖게 해 놀이치료실에 편히 적응하게 하면서 언어화를 촉진한다.

② 언어 문제와 관련해서 좌절을 경험할 때 공격성을 나타내고 행동화하고 부정적인 관심 끌기 행동을 하는 패턴을 감소시킨다.

- 부정적 행동을 무시하고 긍정적 행동에 강화하는 행동수정 기법을 활용한다.
- 공격성을 건강하게 표출할 적절한 대안을 제공한다.

③ 부모에게 아동의 증상의 원인이 되는 가족갈등을 이해시키며 효과적인 대처방법을 찾도록 돕는다.

- 부모가 아동의 양육에 대해 일관성 있는 태도를 갖도록 한다.
- 아동을 과잉보호하는 태도를 줄여 가고 자율성과 독립성을 키운다.
- 부모와 개별상담을 하고 부부상담 회기를 갖는다.

## 7) 상담과정(아동 놀이치료 23회, 엄마 상담 7회, 아빠 상담 1회)

### (1) 접수상담

HTP(집, 나무, 사람) 그림검사 결과 그림이 모두 왼쪽에 치우쳐 있고 작았는데 특히 사람의 크기가 매우 작았다. 아동의 심리적 위축과 무력감, 대인관계의 위축을 반영하는 것으로 보였고 집 그림에는 많은 창문이 있는 것으로 보아 아동이 심리 내적으로는 대인관계에 대한 많은 욕구를 가지고 있는 것으로 보인다. 나뭇 가지가 꺾여 있는 것을 볼 때 대인관계에서 억압된 적대감을 갖고 있는 것으로 추정할 수 있다. 가족그림(KFD)검사에서는 동생을 그리지 않았고 엄마, 아빠는 같이 누워 있고 엄마 옆의 조금 떨어진 곳에 자기를 그렸다. 동생에 대한 거부감, 부모와의 심리적 거리감을 느낄 수 있다.

(2) 초기단계: 1~7회기

[1] 1~2회기

머뭇거리며 엄마를 확인한 후 놀이치료실에 들어간다. 주로 차 굴리기, 차끼리 부딪히기 놀이를 한다. 놀이치료실에서 놀고 나와서 대기실에서 엄마와는 얘기했으며, 치료자가 다가가면 얼른 중단했다. 2회 때는 놀이치료실 창에 쳐 놓은 블라인드를 올리려 해 올려 주었다. 포켓몬들을 꺼내 가운데 큰 피카츄를 놓고 그 둘레에 둥그렇게 빈틈없이 다른 포켓몬들로 둘러싼다. 망치 치기, 못 박기, 망치 두 개로 공과 못을 한꺼번에 치기도 했다. 말은 없으나 행동은 과격해 보였다. 치료자가 아동의 긴장을 풀어 주기 위해 반죽놀이를 제안했다. 재석이는 여러 색의 반죽을 한꺼번에 섞어 혼합된 색깔로 머리카락을 만들고 가위로 자르는 놀이를 여러 번 반복하며 즐겼다. 재석이의 긴장감 해소에 도움이 많이 되는 것으로 보여 치료자도 재석이가 하는 대로 함께 했다. 긴장감을 해소시키기 위해 노래 테이프를 틀까 물었더니 고개를 가로저으며 처음으로 확실한 의사표현을 했다. 치료자가 나와 있는 동안 방안에서 총 쏘는 놀이를 요란하게 한다.

**엄마 보고** 지난번 선생님과 이야기하고 가서 힘들었다. 어릴 때 내가 힘들게 했다는 죄책감 때문이다. 며칠간 나에게 아동이 공격적이었고 돈을 달라는 요구가 많고, 설거지를 할 때 다른 때 같으면 기다려라 하면 기다리는데 그날은 갑자기 누워서 소리 지르며 아이처럼 괴성을 지르고 던지려고 했다. 재석이 말이 자기가 말하면 애들이 "얘, 말하네." 하고 놀리고 웃는다고 한다. 그래서 예민해지고 입을 다문다고 한다. 너무 아이 같은 행동을 하고 엄마와 결혼한다고 한다. 엄마가 감정표현 많이 하기, 즐거운 시간 갖기를 많이 하면서 한편으로 수용할 수 없는 행동은 제한하고, 아동의 자조기술을 늘려 줄 것을 권했다. 엄마 상담을 하기로 해 이때부터 7회의 엄마 상담과 교육을 했다.

여기서 주로 남편에게 의존할 수 없는 감정과 분노, 갈등을 많이 토로했다. 치료자는 주로 엄마의 감정을 수용하면서도 엄마의 의존심과 분노감, 그의 원천, 그것이 아동과의 적대적-의존적 관계에 미치는 영향을 주로 다루려 했다.

② 3회기

구급차, 경찰차 등 요란하게 소리 나는 차들을 한참 굴렸으며 치료자가 작은 사람 모형들을 소개하자 차 안과 지붕 위에 사람을 가득 태운다. 재석이는 이렇게 사람을 가득 태우는 놀이를 많이 한다. 사람들과 상호작용하고 싶은 보상욕구의 표현으로 보인다. 치료자가 감정을 반영해 주자 치료자 얼굴을 쳐다보고 눈을 맞춘다. 치료자는 눈을 마주친 것에 대해 크게 반응했다. 그런 다음 경찰차 지붕과 앞 유리에 뱀, 애벌레, 개구리들을 다닥다닥 잔뜩 붙이고 병원차 안, 봉고차 안에 동물을 잔뜩 구겨 넣는다. 나중에 동물을 빼더니 선반에 정리한다. 정리하지 않아도 된다고 해도 끝까지 정리한다.

공룡끼리의 싸움에서 가운데 공룡을 양쪽에서 공격한다. 뿔 달린 트리케라톱스가 뿔로 찌르며 가운데에 있는 공룡을 공격하다 경찰차에 올라가 경찰차를 공격한다. 그 후 사람을 공격했고 주로 남자를 공격하다 차 안에 있던 모든 사람을 다 밖으로 꺼내 차례로 공격한다. 사람들을 일렬로 세우고 양쪽에 공룡 둘씩 놓았는데 뿔 달린 트리케라톱스는 사람을 밟고 집으로 들어가 집에 있던 남자를 쫓아다니며 공격해 밖으로 몰아낸다. 그다음 여자, 할머니, 할아버지를 차례로 밖으로 몰아낸다. 그러다 다시 트리케라톱스는 사람에게 공격당해 꼼짝하지 못하게 되고 다시 다른 공룡이 와서 트리케라톱스를 구해 주고 사람을 혼낸다. 공룡과 사람, 공룡과 공룡의 싸움이 엎치락뒤치락 반복 된다. 자신의 본능적 공격충동의 폭발과 그 충동을 제어하려는 힘 사이의 투쟁을 보여 준다.

**엄마 보고** 엄마는 아동에게 표현을 많이 하려 한다. 그러나 아빠는 별로 변하지 않는다고 불만을 말한다. 동생과의 회기를 계획하기로 했다. 동생도 말을 잘 하지 않는다.

### [3] 4회기

놀이치료실에 들어가며 엄마를 확인하는 행동은 없어졌다. 차들이 주유소 주위에서 충돌사고가 나고 차가 여러 대 엉키게 하고 119구급차, 경찰차, 견인차, 소방차 등이 여러 대 오고 견인차로 힘들게 견인한다. 만화 캐릭터를 꺼내 작은 개에게 사자가 3~4마리 붙어서 꼼짝하지 못하게 하고 개는 빠져나와 돌아다니다 이것저것 다른 것들을 물고 인어공주 꼬리도 문다. 왕자는 이 개를 발로 밟고 또 사자는 경찰차 지붕 위에 타고 동물들끼리 서로 싸우고 후크 선장과 사자의 싸움에서는 선장이 진다. 사자들이 백설공주에게 달려들어 싸우는데 처음에는 사자들이 지다 나중에는 사자가 달려들고 사자는 나중에 백설공주의 마녀와 문어 마녀도 공격한다. 나중에 더 거칠게 사자는 큰 로봇들도 공격한다. 치료자 질문에 1~2회 고개로 약간 표시한다. [“집에선 말을 곧잘 하는데 여기선 쑥스럽구나.”]라고 치료자가 아동의 감정을 반영해 주었다.

---

**엄마 보고** 요즘은 애들이 놀러 오지 않는다. 전에는 애들이 아동에게 관심을 가져 주었는데 요새는 흥미 없어 하고 아이는 점차 밀려나는 것 같다. 아동은 여기 올 때도 차 안에서 엄마 무릎에만 앉으려 한다.

---

### [4] 5회기

아동이 동생을 데려왔다. 동생과 20분을 놀고 치료자와 놀자고 하며 입실했다.

처음에 들어와 동생이 아주 작게 뭐라 소근거리더니 그다음부터는 동생도 전혀 말이 없고 재석이도 말이 없었다. 그러나 행동은 더 활발하고 커진 느낌이다. 둘이 상호작용 없이 따로 놀이하며 재석이는 나중에 문어 마녀를 가운데 놓고 둥그렇게 라이온 킹에 나오는 동물들을 배치하고 사자 등이 백설공주의 마녀를 공격하고 때리는 장면을 꾸민다. [“사자는 힘이 세 아무것이나 공격할 수 있구나. 마녀가 공격당하네.”]라고 치료자가 반영해 주었으나 아동은 별 반응이 없다. 아동과 엄마의 관계를 보여 주는 장면이라고 느꼈다.

동생은 집놀이를 하고 있었는데 그 집으로 가 구급차, 경찰차, 소방차를 꺼내 2층에 있는 동물들을 사다리로 구조한다. 동생이 배치한 그네의 아기를 툭 치기도 하며 관심을 보인다. 그러나 동생은 전혀 반응을 보이지 않는다. 아동이 게임을 꺼내 치료자와 말없이 게임을 했고 자신이 지게 되자 속임수를 쓴다.

---

**엄마 보고** 여기 가면 너무 재미있다고 동생에게 가자고 했다. 집에서 이번 주에 글씨를 날아가게 써서 다시 똑바로 쓰라고 했는데 엄마에게 심하게 반항했고 엄마는 내 마음도 모른다고 대들고 아빠에게 전화로 일렀다. (치료자는 글씨를 너무 엄격히 지도하지 말도록 권했다.) 아동은 엄마가 치료자와 면담하는 동안 동생에게 숨은그림찾기를 조그만 목소리로 가르쳐 주고 있다. 치료자가 다가가 ["동생에게 가르쳐 주고 있구나."]라고 하니 얼른 중단한다. 치료자는 아동이 놀이치료실 밖의 대기실에서 자연스럽게 말하는 상황을 이용하기로 하였다. 처음에는 아동이 말하는 상황에 치료자가 개입하지는 않고 함께 쳐다보기만 했으며 점차 그런 상황에서 치료자가 아동에게 다가가 아동의 말에 반응해 주는 것으로 발전시켜 갔다. 아동은 처음에는 치료자가 개입하면 얼른 말을 중단했으나 점차 치료자의 개입을 불편해하거나 회피하거나 행동을 중단하는 태도가 줄어들었다.

---

### 5 6회기

차끼리 충돌해서 집 앞에 각종 차(경찰차, 소방차, 견인차)가 오고 소방차가 2층의 사람들을 사다리로 구조한다. 아동의 놀이는 집에서 구조되는 놀이가 반복된다. 자동 기찻길 놀이를 치료자가 제안했다. 이 놀이는 막혀 있는 아동의 심리적 에너지가 활성화되는 데 도움이 될 수 있다고 보았다. 또한 기차를 멈추게 하거나 가게 할 수 있는 조종장치가 있어 조종하고 싶은 아동의 욕구를 건강한 방식으로 충족시킬 수 있는 효과가 있다고 보았다. 아동은 그 놀이를 한참 즐겼다.

놀이시간이 끝났음을 알렸으나 이때부터 다트 던지기를 하며 방에서 나오지 않는다. 집에 갈 때 엄마가 옷을 입으라고 해도 입지 않고 그냥 간다.

**엄마 보고** 엄마에 대한 반항이 줄었다. 그러나 오줌을 쌌으며 학교 가는 것에 대한 불안을 보인다. 옷도 자기가 입지 않으려 한다.

⑥ 7회기

동생과 함께 왔다. 처음에는 항상 동생이 뭐라고 조그맣게 말한다. 아동은 낚시게임을 골랐고 의사표시가 빨라졌다. 질문에 대답 시 입속말로 조그맣게 "네." 하고 고개를 끄덕이는 발전된 모습을 보였다. 나중에는 동생 것을 자기가 뺏고 움직임이 커지고 과격해졌다. 치료자가 질문하자 고개를 끄덕인다. 자동 기찻길 놀이를 하며 즐기고 좋아한다.

**엄마 보고** 요즘 야뇨는 없다. 학교에서 수업 시 오래 집중하지 못하고 산만하고 다른 장난하고 할까 봐 걱정되었으나 학교에 가서 조금은 말하고 다른 애들과 장난도 하고 적극적으로 행동하려고 노력하는 것 같고 즐거워한다. 그런데 같은 유치원 다녔던 애가 같은 반이 되어서 교사가 부를 때 어떻게 대답하느냐며 걱정한다. 교사에게 특별한 아이 취급하지 않도록 부탁하도록 했는데 교사가 크게 아동에게 주목하지 않는 것 같아 다행이다.

### 초기단계 요약

처음 놀이치료실에 들어갈 때 엄마와 분리되기 어려워했으나 4회기에서 분리를 수용했다. 주로 차놀이를 많이 했고 말은 없었으나 행동은 과격했다. 조용하고 위축된 여성적인 외모와 달리 놀이내용은 매우 공격적이었다. 차끼리 세게 부딪히기, 공룡끼리의 격렬한 싸움 등 억압된 공격충동을 놀이로 표현했다. 치료자는 아동에게 말을 강요하지 않고 말하기 어려운 아동의 심정을 공감하고 수용해 반영하려 노력했다. 아동은 점차 놀이치료실과 치료자에 익숙해지며 놀이를 잘 진행해 갔다. 그러나 가끔 치료자의 질문에 머뭇거리다가 소리 내 답하지 않고 제스처로만 답했다. 치료자는 아동이 대기실에 있을 때 용암법을 적용했다. 엄마나 동생과 편히 말하고 있을 때 치료자가 다가가는 것이다. 처음에는 치료자가 다가가면 하던 말도 중단했다. 그러나 점점 치료자의 존재에 익숙해져 치료자가 다가가도 말을 중단하는 빈도가 줄어들었다.

(3) 중기단계: 8～23회기

1 8회기

기찻길 위에 자동차를 일렬로 가득 세워 놓는다. 차가 레일 위를 달리다 커브에서 튕겨 나와 사고가 나고 경찰차와 군인차 2대가 오는 장면을 꾸민다. 나갈 시간이 되었으나 좀 더 놀려고 해서 치료자가 손을 잡고 데리고 나왔다. 놀이가 활발해지고 자연스러워지면서 공격적 충동도 많이 표출되었고 제한을 어기는 행동, 대기실에서 부정적 관심 끌기도 많아졌다.

---

**엄마 보고** 오늘은 학교가 끝난 후 아동의 기분이 좋지 않은 것 같았으며 다른 애들과 다른 길로 막 갔다. 매일 데려다 주고 데려온다. 명랑해지고 롤러블레이드를 타지 못했는데 타겠다고 해 타게 했다. 어제는 "엄만 왜 동생만 데리고 자? 난 사랑하지 않는 거지."라고 했다 한다. 6세까지 애 둘을 엄마가 데리고 잤다. 애가 조금만 아파도 남편은 엄마에게 애들과 자라고 한다. 그래서 자연스레 그렇게 되었고 그 후에는 동생과 엄마, 재석이와 아빠가 함께 자게 되었는데 이는 재석이가 선택한 것이었다. 남편은 엄마가 애들에게 무조건 잘하기를 원한다.

동생과의 놀이는 동생도 역시 너무 말이 없어 크게 도움이 되지 않아 친구와의 놀이로 계획해 보기로 했다.

---

2 9회기

친구를 데려왔다. 친구는 말이 많고 아동에게 말을 많이 시키고 질문도 했으나 아동은 대답을 하지 않는다. 중간에 치료자가 잠깐 나가자 그때는 친구와 말을 잘 했고 그 순간 치료자가 다시 들어가자 아동은 다시 입을 다문다. 아동은 경쟁적으로 큰 차를 가져오고 뱀을 가져오고 다른 차들을 밀어붙이고 길을 다 흐트려 놓는다. 치료자가 친구의 놀이에 관심을 보이자 총을 들더니 텐트에 들어가 밖을 향해 쏜다. 친구가 만든 기찻길에 총을 쏘다가 나중에는 그 길을 부순다. 그러나 친구는 부정적 반응 없이 별 상관을 하지 않는다. 아동에게 엄마가 너에게 친구 데려오는 것을 허락받았냐고 하자 망설이더니 고개를 흔든다. 치료에 친구를 계속 데려오고 싶은지 귓속말로 물은 후 답은 치료자가 종이에 글자로 좋다, 싫다를 쓰고는 그중에서 하나에 동그라미 표시를 하게 했더니 망설이다가 '좋다'에 표시한다.

**아빠 보고** 부부관계와 아동 문제를 보는 시각, 부부간의 양육태도의 일관성 유지가 필요함을 얘기했다. 자신이 어릴 때 부모에게서 따뜻한 정을 받고 싶었는데 부모가 생업에 바빠 그러지 못한 것 때문에 애들에게는 잘해 주고 싶다고 한다. 치료자는 그런 마음이 필요 이상으로 아동을 과잉보호하게 될 수 있다는 점에 대해 얘기했다.

### 3 10회

이때부터 놀이치료실에서 치료자가 있어도 엄마와 말을 하기 시작했다. 친구가 올 수 없게 되어 이때부터 엄마와 치료자 셋이서 함께 회기를 진행했다. 엄마와 아동이 먼저 들어가 놀게 하다가 치료자는 조금 지나서 들어갔다. 엄마에게 게임도 가르쳐 주고 아주 신나 한다. 치료자가 들어가자 처음에는 엄마에게 귓속말로 하더니 나중에는 그냥 자연스럽게 말한다. 게임을 골라 엄마와 함께 하다 나중에는 치료자도 함께 끼어 피자게임을 했다. 자기 마음대로 자기에게 유리한 규칙을 적용하려 해 치료자가 개입해 제한을 가했다. 치료자가 있는 상황에서도 엄마와는 자연스레 얘기를 하는 모습이 발전을 보여 준다. 그러나 아직 치료자에게는 직접적으로 말하지 않는다. 다음 회기에서는 기차놀이를 하면서 치료자가 있어도 개의치 않고 엄마와 말을 많이 해 치료자가 ["선생님이 있어서 쑥스러웠을 텐데 잘했어."] 하고 격려했다.

**엄마 보고** 같은 반 애들이 놀러와 "얘, 말 안 하는 애다."라고 했다고 엄마가 걱정해 그런 말로 너무 상처받지 말 것과 대처방법을 지도했다.

④ 11회기

이때부터는 치료종료 15분을 남기고 엄마가 방을 나가고 치료자와만 놀이를 했다. 엄마와 함께 들어와 엄마의 머리에 장난치며 뿅망치로 때려 치료자가 제한을 주고 인형에게 망치 치기로 대안을 주자 아동은 잠깐 한다. 엄마에게 "우리가 들어갈 큰 집을 만들자."라며 벽돌로 집을 짓고 거기에 둘 다 들어간다. 벽돌에 대해 유치원 때 여자 애들이 좋아했던 거라고 엄마에게 얘기한다. 엄마가 장난으로 재석의 벽돌을 빼앗자 엄마에게 "무슨 엄마가 벽돌을 뺐냐?"라고 하고 도둑이 들어오지 못하게 지붕을 쌓는다고 한다. 집 속에서 엄마와 함께 반죽놀이를 하며 밥 먹는 놀이를 했다. 자신은 아기, 엄마는 엄마로 정해 준다. 아동이 엄마에게 밥 달라고 하자 엄마는 "아기는 혼자서 먹을 수 있어. 혼자 잘 먹어야 스티커 붙여 주지."라고 하자 아동은 중단한다. "내가 제일 좋아하는 과일, 아기 쮸쮸도 있다. 내가 되게 좋아하는데 다 먹자." 등 구강적 욕구를 충족시키고 싶은 감정을 표현했다. 중간에 치료자가 아동에게 질문을 하면 아동은 엄마에게 "○○라고 얘기해."라는 식으로 대답을 했다. 그러면 치료자가 "응, ○○구나. 말해 줘서 고마워."라는 식으로 엄마를 중간매개로 치료자와 아동의 대화가 짧게 이어졌다. 이때 아동은 치료자를 회피하지 않고 눈을 똑바로 잘 쳐다본다.

치료자와만 놀이하는 회기에서 벽돌을 높게 쌓아 치료자가 질문을 하자 "백화점"이라고 처음 직접 대답한다. 벽돌을 쌓다가 떨어져 벽돌이 치료자 얼굴에 맞자 너무 재미있는 듯 깔깔대고 웃으며 아주 좋아하고 벽돌로 침대를 만들어 눕고 자동차로도 바꾸어 자신이 운전사가 된다. 치료자는 운전하는 소리와 행동을 반영했다. 전반적으로 아동이 치료자와 친근해지고 말도 정식으로 치료자에게 처음으로 했다.

---

**엄마 보고** 요즘에는 학교 갔다가 집으로 곧바로 오지 않고 다른 애 집에 먼저 가는 등 너무 벗어나는 것 같아 불안하다. 요즘은 겁이 없고 자전거도 자기가 타려고 한다. 그러나 학습지를 잘 하지 않으려 한다고 해 양을 줄이고 융통성 갖기를 권유했다. 아동의 자율성이 싹트는 것을 볼 수 있는데, 엄마가 자신의 불안 때문에 자율성의 성장을 막고 있는 측면이 있어 이에 대해 인식할 수 있도록 했다. 또한 아동은 증가된 자율성과 통제의 한계 사이에 어려움을 보이고 있기도 하다.

---

⑤ **12회기**

물감으로 그리기, 물감뿌리기를 하며 엄마에게도 자기처럼 하라고 시키고 매우 지저분하게 만든다. 주변에 물감이 튀는 것을 아랑곳하지 않아 치료자가 일정한 범위 안에서 하도록 한계를 주었다. 포켓몬스터들을 꺼내 자기는 거북시리즈를 갖고 엄마는 피카츄와 리자드들을 주고 대결하자고 한다. 엄마의 것을 물대포로 공격하고 엄마에게도 공격하라고 시킨다. 지난 회기보다 엄마가 조금 일찍 나갔다. 엄마가 나간 후 벽돌계단을 쌓고 치료자와 함께 올라가기, 방망이로 벽돌 세게 치기를 하여 즐겁게 웃었으며 벽돌로 만든 차 운전놀이를 했다.

---

**엄마 보고** 며칠 전부터 바지에 변을 지린다. 동생 방에서 바닥에 그냥 똥을 싸 놓고는 자기가 뒤처리를 했다. 밥을 스스로 잘 먹으면 스티커를 붙여 선물을 받기로 했으며 책을 받았다. 아빠에게 혼나고 아빠를 '바보' 라고 한다. 엄마에게는 학교 갈 때 "여보, 다녀올게." 한다. 아동은 오이디푸스 단계에서 보이는 행동을 보이고 있다. 전철을 탈 때 지나치게 행동통제가 안 되고 엄마에게 과격하게 대한다.

---

⑥ 13~14회기

엄마와의 놀이 시 엄마를 텐트 안에 들어가게 하고 나오지 못하게 텐트 문 앞에 벽돌로 쌓는다. 엄마와 같이 집에 들어가 피아노 치고 벽돌로 탱크를 만들어 엄마와 같이 탄다. 앞에 자기가 타고 엄마는 뒤에 함께 타고 운전하다가 차를 분리해 두 개로 만들고 각자 운전한다. 엄마에게는 엄마가 만들고 싶은 거 하라고 했다가 "내 말을 들어야지."라고 하기도 하는 등 이중적 태도를 보인다. 엄마가 놀이치료실을 나간 후 아기를 유모차에 태워 밀기를 한다. 나중에 그 아기가 차에 치이는 장면을 연출한다. 엄마에 대한 의존과 독립의 양가적 감정과 태도를 보인다.

**엄마 보고** 엄마에게 화를 많이 내고 동생과 비교하며 자기는 업어 주지 않았다며 울었다. 엄마가 편지를 필통에 넣어 놓았는데 갈기갈기 찢어 왔다. 엄마가 하라는 것에 대해 반항을 많이 하고 엄마 맘대로 한다며 집을 나가겠다고 한다. 공부만 시키고 밥 먹기 싫은데 먹으라 하고 놀잇감을 사 주지 않아서 엄마는 나쁘다고 엄마에게 불만을 말한다. 그러나 학교 교사가 아동이 말을 조금씩 한다고 한다. 재석은 엄마에게 자기표현을 거칠게 하고 있으나 그것이 아동의 선택적 함구증상을 완화시키는 데 도움이 되고 있다고 설명했다.

⑦ 15회기

요즘의 자기 기분에 대해 얼굴표정그림에 색칠하기를 치료자가 제안했다. 망설이다가 '심심하다'에 칠한다([그림 6-1] 참조). ["친구들과 즐겁게 놀고 집에서도 즐겁게 많이 놀았으면 좋겠는데 별로 그러지 못해 심심하지?"]라고 반영했다. 농구 게임을 엄마와 시도했는데 엄마에게 자기 마음대로 하며 "바보!"라고 하고 규칙 없이 자기 마음대로 규칙을 적용하며 자기가 하라는 대로 하라고 한다. 엄마는 이에 따라가 준다.

엄마놀이를 하자고 제안해 자기는 아빠 인형, 엄마에게는 엄마 인형을 주고

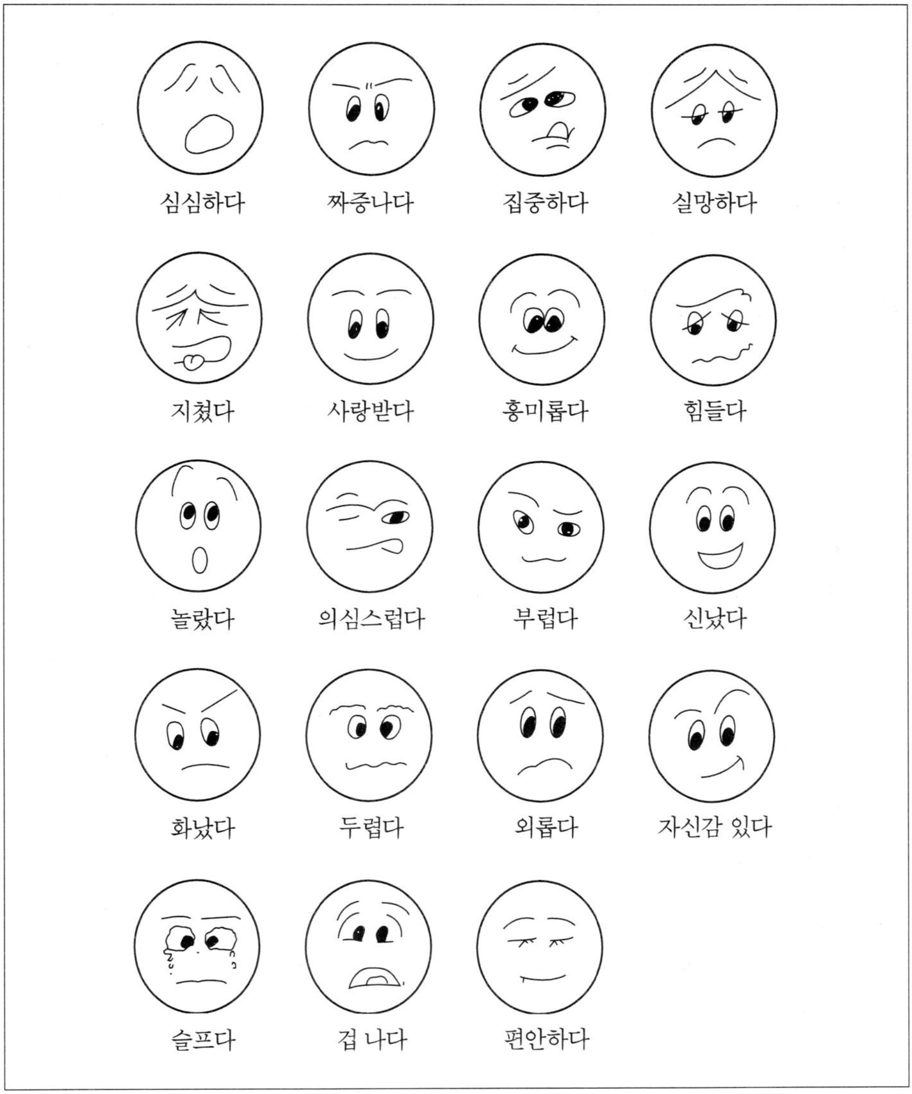


**[그림 6-1] 얼굴표정 그림**

엄마, 아빠 사이에 아기가 자도록 둔다. 그러다가 부부가 함께 누운 모습으로 바꾼다. 차를 가져와 놀러가는 장면을 꾸미고 펑크가 날까 봐 스페어타이어를 많이 싣고 아이, 동생, 아빠, 친구 등 사람을 아주 많이 태운다. 한 바퀴 요란하게 돌고 와 차들이 집에 쾅쾅 부딪치는 장면을 꾸민다. 가족이나 타인과 상호작용하고 싶은 욕구, 그에 대한 갈등과 좌절에 대한 부정적 감정을 표현하는 것으로 보인다.

---

**엄마 보고** 지난 상담 이후에 변을 (1회 정도) 조금 지렸다. 옷 입다가 괜히 화내는 경향이 있다. 양말, 바지 입을 때 몇 셀 때까지 입기를 시합처럼 하고 이기려고 한다. 요즘 의사의 권유로 약을 먹지 않는다. 약을 끊고 나서 전철 등에서 행동통제는 되나 전처럼 짜증 부리는 것이 늘었다. 3일 전부터는 공부도 스스로 한다. 반 아이들(여자애들) 하고도 얘기한다. 엄마는 약을 끊은 것에 대해 다소 불안해한다.

---

⑧ 16~18회기

놀이치료실에서 행동이 좀 더 과격해졌다. 경찰관 수갑을 꺼내 보고만 있기에 놀이로 실제로 채울 수 있다고 하자 별로 주저하지 않고 치료자 손에 수갑을 채우고 아주 좋아한다. 치료자를 꼼짝 못하게 해 놓고 그동안 자기는 기찻길을 맞추고 다트를 던지는 등 활발히 움직이며 만족스러운 표정을 짓는다. 17회기 때는 상담실에 오다가 재석이가 엄마를 발로 찬 후 잘못했다고 사과를 하지 않아 엄마가 화가 나 같이 놀지 않겠다고 해 치료자와만 놀이를 했다. 주로 텐트 안으로 들어가 있고 기찻길 놀이를 했는데 치료자가 화난 심정을 공감해 주면서 화나는 일이 있어도 사람을 때려서는 안 되며 말로 해야 한다고 해 주었다. 18회기에서는 비행기 구조놀이에 오랫동안 몰두한다.

---

**엄마 보고** 놀이치료실에 올 때 아동과 전철에서 실랑이를 많이 한다. 신발을 신고 의자에 올라가고 동생을 때리는 일로 엄마가 힘들다고 호소한다. 대처방법을 말해도 엄마는 화난 감정을 다스리기가 힘든 것으로 보인다. 아동이 보이는 부정적 행동에 엄마의 감정조절이 되지 않아 다시 아동에게 상처를 주고 아동은 이를 보복하는 악순환이 이어지고 있었다. 올 때 대안 찾기, 담담히 제지하고 자연적 · 논리적 결과를 경험하게

하기, 안 되면 전철에서 내리기, 늦더라도 불이익 주기, 잘할 때 관심 주고 인정하기 등을 엄마에게 지도했다.

---

⑨ 19~21회기

엄마와의 놀이를 20분으로 줄였다. 자신의 감정에 대한 인식과 치료자와의 의사소통을 위해 얼굴표정 지적하기를 했는데 재석이는 망설이다가 지난번처럼 '심심하다'를 지적한다. 다음 회기에는 동생과 들어와 청진기를 꽂고 의사놀이를 했다. 치료자에게도 청진기를 대고 동생은 간호사를 시키고 치료자 손에 반창고 붙이기, 주사 놓기도 한다. 자신이 반죽 찍은 것을 가져가고 싶어 해 이를 수용해 주자 아동은 치료자 질문에 고개로 표시하기도 하고 말도 단답으로 짧게 대답한다. 다음 회기에서는 치료자와 공 던지고 받기 놀이도 즐겁게 했다.

---

**엄마 보고** 아동이 떼를 심하게 부리고 학교에서 말을 조금 하려 하다가 다시 애들과 전혀 말을 하지 않는 것 같다고 한다. 엄마에게 업어 달라 하고 그다음은 안으라고 하는 등 어리광을 부리고 요구한다. 동생을 때린다. 아동이 엄마는 왜 마음이 두 개고 나는 하나냐고 한다. 여기 오다 보면 항상 아동이 엄마를 힘들게 한다고 엄마가 호소한다.

---

⑩ 22회기

엄마가 도둑이라며 꽁꽁 묶고 자기는 경찰을 한다. 손에 수갑을 채우려다 발을 묶는다. 엄마는 재석이에게 자신이 무슨 죄를 저질렀냐고 묻자 아동은 알 것 없다고 한다. 엄마가 나가려 하자 나가지 못하게 붙잡으려 하다 치료자가 제한하자 수용한다. 속상한 감정을 더미 카(부딪치면 부서졌다 다시 조립이 가능한 차)를 부딪쳐 풀 수 있도록 치료자가 유도했고 여러 차례 이를 한다. 치료자는 아동에게 엄마가 잘못한다고 생각하는 점을 종이에 글로 써서 번호로 표시하게 했다. ① 야단 많이 치는 것, ② 동생만 많이 예뻐하는 것, ③ 잘 놀아 주지 않는 것, ④ 자꾸 공부 하라는 것 중 해당하는 것에 동그라미 표시를 하게 했다. 주저하다가 마지막 ④번 자꾸 공부하라고 하는 것에서 고개를 끄덕인다.

**엄마 보고** 아빠가 상담을 반대한다고 하고 엄마도 상담에 오기가 너무 힘들다고 하여 치료자는 선택적 함구증 아동의 치료는 장기적인 노력이 필요하며 힘이 들지만 좀 더 노력해 보자고 권했다. 그러나 엄마는 집에서 당분간 노력해 보겠다고 해 아동의 치료가 아직 끝나지 않은 상태에서 어쩔 수 없이 상담중단을 엄마와 합의하고 앞으로 2회 더 하기로 했다.

⑪ 23회기

아동에게 그동안의 놀이치료 과정에 대해 이야기했다. 다시 오고 싶을 때 부모와 의논해 언제든지 다시 올 수 있다고 말했다. 마지막 놀이니 동생과 엄마와의 회기 중 선택하게 하자 동생을 선택한다. 공놀이, 여러 가지 게임을 함께 했고 치료자가 동생이 나갈 시간임을 알리자 동생을 잡지 않고 시간제한을 수용한다. 그리기, 반죽놀이를 하다 끝날 시간임을 알리자 그림을 엉망으로 칠하고 자신이 찍은 반죽을 가지고 가고 싶어 해 허용해 주었다.

**엄마 보고** 동생을 때리는 행동은 없어졌다. 치료자는 아동의 증상이 부부갈등과 관계가 깊으므로 꼭 부부상담기관에 가 상담을 받을 것을 권했고 엄마는 노력해 보겠다고 했다.

### 중기단계 요약

치료회기를 동생, 친구, 엄마와 함께 하는 것으로 구조화했다. 회기를 시작하자마자 이들과 함께 놀이하다가 편안해지면 나중에 시간을 남기고 동생, 친구는 나오고 후반에 치료자가 들어가는 방식으로 하였다. 점차 치료자가 들어가는 시간을 앞당겼다. 아동의 감정을 공감하고 언어에 대한 부담 없이 감정을 의사소통하도록 얼굴표정 그림을 지적하는 방법을 이용했다. 11회기에서는 단답식의 의사소통을 했고 웃음소리를 크게 내었다. 아동은 치료에서 점차 더 과격해져갔고 집에서도 행동화가 많아졌다.

## 치료자 전체 평가와 소감

아동은 처음에 엄마와 떨어지기를 주저하며 위축되었으나 일단 놀이치료실에 들어가면 자기가 하고 싶은 놀이를 즐겁게 했다. 차 굴리고 부딪히기, 사고 나는 장면, 망치치기, 총 쏘기, 반죽놀이 등 전반적으로 공격적인 놀이를 하다가 점차 사자를 동원해 자신의 공격성을 표출해 나갔으며, 싸움놀이에서 공격대상이 초점화되어 여자나 마녀를 거칠게 공격하고 때리는 놀이를 하며 집에서의 구조놀이도 하였다. 아동의 내면의 공격성을 공룡이나 사자의 형태를 통해 표출했으나 사자가 공격하는 대상이 주로 여자나 마녀인 점이 엄마에 대한 아동의 부정적 감정을 반영하는 것으로 보였다.

그러다가 공격의 대상은 점점 힘이 센 존재에게로 옮겨 가면서 자아를 강화시켜 갔다. 그러나 말은 없었으며 간혹 치료자의 예/아니요 식의 질문에 고개로만 소극적으로 표현했다. 겉에서의 위축과 달리 놀이내용은 짓밟아 버리거나 눌러 버리기, 과격하게 부딪히기 등으로 처음부터 상당히 공격적이었다. 이것은 선택적 함구아동의 표현되지 못한 공격성이 그 배출구를 찾게 되면서 나타나는 일반적 현상이기도 하다. 치료자는 처음에 말을 억지로 시키려 하지 않았으며 될 수 있는 한 재석이가 놀이치료실과 치료자를 편하게 느낄 수 있도록 질문 등도 하지 않으려 하면서 놀이에서 나타내는 재석이의 감정이나 현재의 입장을 반영해 주는 데 목표를 두었다. 그리고 점차 치료회기를 동생과 갖고 그다음에는 엄마와의 회기로 계획해 함께 했다. 그러나 치료 초기부터 엄마와의 공동회기를 가졌더라면 좀 더 빨리 라포가 형성될 수 있었을 것으로 보였다.

치료과정이 중반으로 접어들면서 재석이는 좀 더 과격해지면서 엄마에 대한 행동화도 심해졌다. 엄마는 엄격하게 훈육받았던 기준 때문에 재석이의 이런 행동을 수용하는 데 너무 힘들어했으며 남편에 대한 부정적 감정이 자극되면서 감정을 조절하지 못하고 아동을 혼내게 됨으로써 아동은 다시 보복하는 악순환이 일어났다. 이 고비를 잘 넘긴다면 아동에게 새로운 변화가 일어날 수 있는 전기가 마련되리라고 기대했으나 엄마는 그 외에도 아빠의 반대, 거리가 너무 먼 것, 많은 어려움에 비해 치료과정이 느린 것 등 몇 가지 점에서 이 고비를 이겨 나가기가 너무 벅찼던 것 같다.

선택적 함구증 아동의 치료는 치료속도가 느리며 부모와 아동이 공생적으로 심리적 측면에서 엉켜 있어 서로 상처를 주고받으면서 분리되기가 어렵다. 대부분 놀이치료에 의해 생긴 힘으로 아동이 분리독립을 시도해도 부모의 무의식에 의해 좌절되는 경우를 흔히 보게 된다. 재석이의 경우도 이런 예에 해당한다고 볼 수 있으며, 부모와 치료자 모두에게 인내가 필요한 치료가 힘든 증상으로서 치료자의 역량이 부족하다고 느낀 사례이기도 했다. 그러나 그동안의 놀이치료의 경험이 재석이에게 기존의 관계가 아닌 새로운 관계의 가능성에 대한 희망을 열어 주는 데 어느 정도는 기여했을 것이다.

# 이혼 가정 아동을 위한 놀이치료

● ● ● 우리나라에서는 최근 이혼이 급증하고 있으며 이혼으로 인한 후유증으로 상담이나 놀이치료를 받는 아동 또한 급격히 증가하고 있다. 이혼이나 별거, 재혼 등은 아동에게 갑작스러운 여러 가지 변화를 일으키는 상당히 고통스러운 과정으로 이때 아동은 마음의 상처를 입게 된다. 또한 아동은 사회적, 경제적, 심리적, 법적으로도 큰 영향을 받게 된다.

## 1. 이혼 가정 아동의 특징

### 1) 이혼이 아동에게 미치는 영향

이혼은 아동에게 다음과 같은 여러 가지 측면에서 영향을 미친다.

① 새로운 부모나 관계에 새로 적응해야 한다.
② 가정의 경제적 상태의 변화, 가정과 환경의 변화, 달라진 자녀교육 형태, 양육경쟁 또는 완전히 달라진 생활형태는 여러 가지 긍정적 또는 부정적 반

응과 감정을 야기한다.

③ 아동과 함께하는 시간이 많았던 엄마가 일을 하러 나간다거나 양육권에 대한 부모의 쟁탈전으로 인해 혼란을 겪을 수 있다.

④ 나이에 걸맞지 않게 과중한 책임감을 강요당할 수도 있다(Schopler & Reichler, 1993).

Mendal(1983)은 이혼은 발달의 방해(developmental interference)라는 측면에서 생각하는 것이 가장 적절하다고 한다. 이혼은 아동에게 개인적인 관계, 흔히 아빠와의 관계(발달단계에 맞는 과업을 이루기 위한 성공적인 타협에 필요한)의 결핍을 초래한다. 또한 이혼으로 인한 부모의 적개심, 한 부모의 갑작스러운 상실은 아동의 정서적 인지적 능력에 지나친 부담이 된다. 이혼이 발달에 장애를 일으키는 정도는 다음 요소에 달려 있다.

① 이혼 시 아동의 나이와 발달 수준

② 이혼 전 아동의 환경특성과 발달상의 방해물

③ 아동의 기질적 강점

④ 부모의 성숙도와 결혼 및 이혼의 적대감에서 아동을 보호할 능력

⑤ 엄마의 정신병리와 건강, 아동을 자신의 정서적 욕구를 만족시킬 대상이 아닌 아동에게 정서적이고 지지적이 될 수 있는 능력

⑥ 아빠의 정서적 건강과 성숙도 및 이용 가능성

⑦ 다른 가족구성원과 이웃의 도움을 받을 가능성

⑧ 잃은 부모를 대치할 수 있는 아동이 믿고 친밀한 관계를 가질 수 있는 인물의 활용 가능성

이혼이 아동의 발달에 영향을 미치는 정도는 이혼 시 아동의 연령과 발달 수준에 따라 다르다. 어릴수록 더 큰 문제를 야기한다는 견해가 있다. 2.5세 전에 이혼한 경우는 학령기 동안에 분리와 관련된 어려움을 갖게 되며 오이디푸스기 동

안의 이혼은 청소년기의 극적인 성 문제를 일으키며 남아는 공격성을 심하게 억압하고, 여아는 학습문제를 동반하면서 공격성의 시한폭탄과 같은 문제를 갖는다.

Wallerstein과 Kelly(1980)는 더 어린 유아는 한 부모와 분리 시 더 퇴행하는 반면 학령기 아동은 좀 더 고통을 표현하고 참을 수 있는 능력이 있다고 하며 다음과 같이 보고했다.

① 아주 어린 아동은 부모의 고통에 관계없이 자신의 기본적 욕구를 만족시키려 하며 매우 의존적이다.
② 3~5세의 유아는 인지가 충분히 발달되지 못해 집안 사정에 대한 인식이 부족하며 이로 인해 더욱더 공포에 떨며 불안해하고 악몽을 꾸며 과거의 유아기적 행동으로 퇴행하기도 한다.
③ 학교 입학 전 아동은 좀 더 발달된 인지적·정서적 수준으로 인해 사태를 좀 더 똑바로 인식할 수 있다.
④ 초등학교 1~3학년 정도의 아동은 이혼 상황이 자신의 잘못이라고 믿는다. 가족화합에 대해 비현실적 희망을 가지기도 한다.
⑤ 초등학교 4~6학년은 아동의 성장이 가장 빨리 일어나기 때문에 중요한 시기다. 부모를 잃음, 거절, 수치, 고립, 이혼에 대한 반감을 쉽게 경험한다. 보통 이혼 후의 상황에 용감하게 적응하려 하며 자기균형을 잃지 않으려 한다.

한편 Neal(1983)은 이혼 시 아동의 연령에 따른 반응을 다음과 같이 말하고 있다.

① 3~6세 아동은 이혼을 자기중심적 시각으로 이해하고 이혼이 자기 잘못이라 여긴다.
② 5~8세 아동은 이혼을 자기중심적으로 바라보지만 그들이 부모의 모든 문

제에 개입되어 있지는 않다고 이해한다.

③ 사춘기 전기 아동은 이혼한 부모에게 반감을 크게 갖고 모든 책임을 부모에게 전가하는 경향이 있다.

아동의 연령과 이혼의 부정적 영향의 상관관계에 대한 연구결과가 서로 상반된 결과를 보이기도 한다. 이혼 시 아동의 연령이 어릴수록 부정적인 영향을 많이 받는다는 견해(Hetherington, Cox, & Cox, 1978)와 어릴수록 영향을 적게 받는다는 견해가 있다. 어릴수록 그 당시 사건을 기억하기 어려우므로 기타 가정에서의 긴장과 갈등 정도, 아동이 경험한 갈등의 시간, 갈등에 대한 부모의 반응, 이혼에 대한 부모의 개인적 적응, 부모역할의 재개 등의 요인이 아동에게 영향을 미친다고 한다(Wallerstein, 1983). 그러나 이혼은 모든 연령의 아동에게 분노, 슬픔, 자기비난, 자기애적 상처, 유기와 거부에 대한 공포, 안전감과 정체감의 흔들림을 가져온다. 이들이 문제를 가지고 있음에도 여러 가지 문제(학령기에 이르러 공격성이나 학교문제, 비행, 성적 행동화, 청소년의 약물남용 등)를 뚜렷하게 보일 때까지는 치료자에게 오지 않는다(Mendal, 1983).

### 2) 이혼 가정 아동의 심리치료에서 나타나는 주제

어린 아동의 경우 이혼 직후 부모와 단기간의 지지적이고 교육적인 위기개입을 하면 이혼의 부정적인 영향을 최소화할 수 있다. 분석적 놀이치료가 도움이 되며 아동이 안전한 치료 환경 속에서 자기의 환상을 자유롭게 펼치게 해 아동의 갈등의 특성과 성격구조를 치료자가 이해한 후 아동에게 해석해 준다. 또한 부모를 지도해 적절한 환경 개입이 이루어지도록 한다. 이런 접근이 이루어졌을 때 이혼에 관련된 주제들이 관찰되며 놀이치료는 이런 주제가 드러날 수 있도록 이루어져야 한다. 이혼가정 아동의 놀이치료에서 나타나는 주제는 다음과 같은 것이 있다(Mendal, 1983).

### (1) 슬픔

이혼은 관계의 부분적 상실이며 영원한 상실이다. 상실을 슬퍼하는 아동의 능력에 대해서는 논란이 많다. Freud가 처음으로 사랑하는 사람의 죽음에 반응하는 성인의 능력에 대해 말하면서 상실에 대한 반응을 '슬퍼하는 것'이란 용어로 표현했다. Nagera(1970)와 Wolfenstein(1966)은 애도과정(mourning process)이 성인기가 되어야 가능하다고 했으며, Furman(1964)은 슬픔에 동반되는 고통을 참아 낼 수 있도록 지지적 환경을 이용할 수 있으려면 성기기까지의 발달이 필수적이라고 보았다. Bowlby는 아동의 애도과정도 성인의 병리적 애도과정과 유사하며 저항, 절망, 부인의 과정을 거친다고 주장했다.

Deutsch에 따르면 아동은 슬픔의 고통에서 도망가는 경향이 있고 아동의 자아는 긴장을 참을 수 있을 정도로 충분히 잘 발달되어 있지 못하다. 따라서 유아적 퇴행으로 우회하거나 정서의 이탈과 같은 원시적 방어가 활성화된다.

아동은 상황의 현실을 인식하지 않으려 함으로써 고통스러운 정서를 억압하고 버텨 내기 위해 부정과 환상(denial & fantasy)을 사용한다. 또 자아분열(splitting of the ego)로 인지적으로는 상실의 본질을 알고 있지만 정서적으로는 상실의 수용을 거부하고 재결합과 화해 환상을 가지며, 양부모를 거부하기도 한다.

아동은 이혼 때문에 발달과정이 중지되어서는 안 된다. 상실된 관계에 대한 집중에서 벗어나 새로운 현실 파악이 이루어져야 한다. 이를 위해 치료자는 발달 촉진자의 역할을 해야 한다. 심리치료 과정을 통해 아동은 이혼으로 방해받은 많은 발달과업을 완수하기 위한 새로운 대상과 새로운 기회를 갖게 된다. 남아는 처음에는 치료자와 성기기적 경쟁활동을 할 수도 있고 여아는 아빠에게서 얻을 수 없었던 자기애적인 공급을 받도록 치료자를 부채질할 수도 있다.

이런 아동은 이혼으로 인한 신경증적 갈등을 다루기보다 이혼에 의해 방해받은 발달을 촉진시킬 수 있는 누군가가 절실히 필요하다. 이들은 치료자를 잃어버린 대상에 대한 대치물로 삼고 싶어 하며 이를 위해 어떤 일이든 하는 것 같다. 그러나 치료자는 부분적인 대치물에 불과하며, 실제로 현실의 부모를 대신할 수 없다. 치료자는 이 현실을 부드럽게 아동에게 직면시키고 상실한 관계에 대한 포기할 수 없는 열망의 고통을 다루도록 도와야 한다. 동시에 슬퍼하는 과정을 포기하지 않고 방해받은 발달과업을 완수할 수 있도록 도와야 한다.

Furman(1964)은 슬픔의 과정을 견뎌 낼 수 있도록 도울 수 있는 가정환경이 중요하며 치료자는 엄마가 자신의 감정(분노, 고통, 상실, 거부)을 견뎌 내는 것을 배우도록 지지해야 한다고 한다.

(2) 재결합 환상과 화해 환상

아동이 상실된 관계를 유지하고 재창조해 내고자 하는 경향은 결국 애도과정을 수행할 수 없는 무능력을 보이는 것이다. 때로는 대상을 상실한 충격으로 아동은 원시적인 사고와 문제해결 과정으로 퇴행하며 상실된 관계를 회복하게 하는 마술적인 태도를 취하기도 한다.

한 사례에서 아동은 전이과정 동안 치료자를 가짜 감옥에 감금시킴으로써 제시간에 회기를 종료하지 못하도록 하면서 치료자에게 매달리려고 하였다. 여아의 경우 때로는 남자에 대한 공공연한 지나친 유혹으로 대치되어 나타나기도 하며 남자 치료자를 유혹하기도 한다. 이런 방식으로 아동은 부모가 자기와 다시 결합하는 것에 대한 환상을 갖는다.

또 부모끼리 재결합하기를 원하기도 하는데 이런 현상은 잠복기 아동에게 보편적이다. 이는 부모의 태도에 의해서 가속화되기도 한다. 부모가 이혼 후에도 지속적으로 성적인 관계를 맺으면서 애착관계를 해결하지 못하고, 아동에 관한 문제로 싸우고, 방문권이나 누가 더 좋은 부모인가의 싸움에 얽히게 될 때 아동은 더욱더 부모가 재결합하는 환상을 갖게 된다.

또한 아동의 죄책감도 화해 환상을 유지시키는 역할을 한다. 아동은 부모의 분리에 자신이 책임이 있을지 모른다는 죄책감을 덜기 위해 부모가 분리를 끝내고 화해하는 환상을 갖게 된다.

아동은 완전한 부모단일체(parental unity)의 결여를 자기애적 상처로 경험할 수 있고 완전한 자기감을 회복하기 위해 이 단일체의 통합을 재정립하려고 시도할 수도 있다.

### (3) 유기의 공포와 자기비난

아동은 아빠가 자기를 버린다면 엄마 또한 자기를 버릴 수 있다고 생각한다. Wallerstein과 Kelly(1980)에 따르면 유아는 엄마를 화가 났을 때 가족을 사라지게 할 수 있을 정도로 놀랄 만큼 힘이 센 위협적인 존재로 본다. 때때로 어린 여아는 엄마와 아빠가 자기에게서 고추를 빼앗았다는 이중적인 자기애적 상처를 입고 자기 엄마를 붙든다. 좀 더 나이 든 유아는 자기가 좀 더 잘 행동했거나 나쁜 감정을 갖지 않았더라면 그런 일이 일어나지 않았을 것이라고 자기를 비난한다. 아직 마술적 사고과정과 오이디푸스 전기의 전능 환상을 갖고 있는 좀 더 어린 유아는 강한 분노감정과 열망, 욕구를 억누르면서 이 감정은 나쁘고 통제되어야 한다고 생각한다.

아동은 때때로 부모가 보이는 아동에 대한 충성심 경쟁의 갈등에 휩싸이거나 양부모를 받아들이는 것은 부모에 대한 배신이란 죄책감을 가지게 된다. 또 자신이 떠나간 부모에 대한 오이디푸스적인 승리자라고 여기고 죄책감을 느낄 수도 있고, 화가 나서 돌아오는 라이벌(엄마 또는 아빠)에게 당하는 것에 대한 공포를 상상으로 갖게 될 수도 있다.

이혼한 아동은 감소된 자기애와 감소된 물질에 직면하고 이를 다루는 것을 배워야 한다. 아동은 필요한 물질을 계속 공급받도록 하기 위해 다른 방법을 사용할 수도 있다. 자기의 나쁜 행동 때문에 부모가 이혼했다고 생각하는 아동은 통제의 환상을 유지하기 위해 나쁜 행동을 계속할 수도 있다.

### (4) 동일시 문제

Neubauer(1960)는 오이디푸스기 동안 한 부모의 상실은 초자아 형성과 성 동일시에 병리적인 영향을 미친다고 한다. 초자아 발달과정에서 아동은 부모를 기쁘게 하기 위해 자기의 즉각적, 본능적 욕구를 타협하는 것을 배운다.

Chethik(1989) 등에 따르면 아동이 동일시의 기제를 통해 이혼으로 떠나간 부모를 가지려는 것은 일반적인 현상이다. 그러나 부모가 이혼 전에 했던 배우자와의 투쟁을 이번에는 아동과 계속하기 위해 아동에게 떠난 부모 중 한 사람의 역할을 맡도록 요구하면 이 방어적 동일시는 고착된다. 예를 들면, 한 여아의 엄마는 딸과 함께 목욕하고 함께 자고 때로는 전남편의 특성에 대해 불평했던 것과 똑같이 자기 딸의 짜증, 무책임, 비열한 행동을 불평했다. 또 초자아 억제의 부족을 나타내며(예를 들면, 아빠의 부재로 오이디푸스적인 대상에 굶주림을 느낀 한 여아는 치료자의 페니스를 가지려 했다), 동시에 거부당하지 않기 위해 치료자를 만족시키려고 지시를 잘 따르려는 강한 욕구를 보인다.

Wolfenstein(1966)에 따르면 아동이 때때로 보이는 좋은 행동은 '거래'의 결과다. 만약 자기가 착하면 나쁜 일이 일어나지 않을 것이라고 예상한 결과다. 그러나 부모가 자신을 떠날 때 아동은 거래를 포기하고 결국 화가 나 이전에 내면화된 규준을 거부하게 된다고 한다.

## 2. 이혼 가정 아동의 놀이치료

### 1) 정신역동적 놀이치료

이혼가정 아동을 위한 놀이치료는 주로 정신역동적 접근에 의한 치료를 이용한다. 이를 위해 우선 아동이 보이는 심리역동을 평가하며, 치료계획을 수립하고 치료를 한다.

#### (1) 정신역동 평가

**1 1단계**

부모를 만나(따로, 함께) 아동에 관한 정보를 수집한다. 아동의 문제, 현재 기능 정도, 관계양상, 가정해체에 대한 아동의 반응, 발달사에 관해 조사한다. 이 면접을 통해 아동의 역사, 양육태도, 부모의 이혼 전후의 경험에 관한 이해를 얻고, 치료자는 이 과정 동안 편견 없이 대해 주는 태도로 부모와 치료동맹을 맺어 간다.

또한 가정해체 이후에 생긴 아동의 외부 세계에 대한 이해를 얻게 되고, 아동과 놀이평가를 통해 아동의 내적, 정서적 문제에 대한 아빠가 정보를 얻는다. 놀이평가는 아동과의 상호작용, 자발적 놀이의 관찰을 통해 이루어지고, 심리역동적인 치료자는 아동의 걱정, 갈등, 갈등의 해결 및 대처기제, 방어, 지각, 대인관계 양식, 전반적인 발달수준에 관한 정보를 수집한다. 이에 근거해 치료계획을 세운다.

2 2단계

치료자의 발견과 치료계획의 수립, 치료에 대한 부모교육, 치료과정에 부모를 참여시키는 것, 비밀보장 문제를 의논하기 위해 피드백 회기를 갖는다. 치료자는 양쪽 부모에 대해 모두 비밀이 없는 중립적인 태도로 대해야 하고, 부모 중 한 사람이 치료자와 나누어 갖게 된 정보는 어떤 것이든 아동과 다른 쪽 부모에게 이용될 수 있다. 반대로 아동과 치료자 간에 의사소통된 것들은 위험한 상황을 제외하고는 비밀이 유지되어야 한다.

(2) 치료계획의 수립

이혼가정의 아동은 모든 아동에게 적용되는 일상적인 발달과제뿐만 아니라 6개의 상호 관련적이고 위계적인 대처과제를 숙달해야 한다(Wallerstein, 1983). 심리적 과제와 그와 관련된 치료 요소는 다음과 같다.

① 가정해체의 현실에 대한 인식: 어린 아동은 현실을 정확히 파악하지 못하며 환상을 갖거나 가정상황의 현실을 직시하기를 거부한다. 좀 더 나이 든 아동은 무서운 환상에 빠져 있거나 사고하고 대처해 나갈 능력이 줄어들게 되고 걱정의 징후인 정신적, 신체적 증상을 보이기도 한다. 부모는 나름대로의 고통으로 인해 아동에게 친절한 설명이나 현실 인식의 노력을 소홀히 하게 된다.

② 부모의 갈등과 곤란에서 빠져나와 일상적인 일을 해 나가기: 부모가 이혼으로 갈등과 혼란을 겪고 있지만 아동은 발달과정 중에 있으므로 지속적으로 성장발달해 갈 수 있어야 한다.
③ 상실의 해결
④ 분노, 자기비난의 해결
⑤ 이혼의 영구성을 수용하기
⑥ 관계에 관한 현실적인 희망 갖기

이상의 ①, ②, ③은 이혼 1년 내에 해결해야 할 과제다. 이 세 가지가 해결된 후라야 다음의 과제로 나아갈 수 있고 다음 과제는 그 후 수년에 걸쳐 이루어지는 것이다. 마지막으로 청소년기 또는 초기 청년기 동안에는 친밀한 이성관계를 맺는 것에 대한 현실적인 희망을 갖는 어려운 과제에 직면하게 된다.

위 여섯 가지의 과제를 해결하기 위해서 치료에서 공통적으로 저항의 극복, 은유적 사고, 숙달이 이루어져야 한다. 그 외에도 ②번의 과제를 위해서는 창의적 사고의 증진, 애착형성, 관계증진, 즐거움이 필요하다. ③, ④, ⑤번의 과제를 위해서는 특히 편안한 의사소통, 역할놀이, 게임놀이 등도 필요하다.

#### (3) 치료

정신역동적인 놀이치료(psychodynamic playtherapy)가 치료에 흔히 이용된다. 기본 전제는 아동이 이끄는 대로 따라가면 아동은 치료자에게 자신의 내적 세계에 대한 귀중한 정보를 제공해 준다는 것이다. 아동은 자발적으로 놀이하도록 격려되고 치료자는 놀이대화에 참여함으로써 아동과 함께한다. 이것은 아동이 말한 것, 한 것에 관해 치료자에게 안내하도록 격려함으로써 이루어진다. 아동은 대본을 쓰고 치료자는 놀이의 은유를 이용하는 배우의 역할을 한다. 아동의 놀이에 참여하고 관심과 열정을 보임으로써 치료자는 아동의 욕구에 초점을 맞추고 정서적으로 접근할 수 있다. 이것은 치료적 관계 형성을 돕고 점차 치료자가 대처기술을 습득시키기 위한 개입을 가능하게 한다.

치료의 주요 목표는 아동의 갈등, 걱정, 실망이 해결될 수 있도록 아동이 그것들을 일단 명백하고 확실하게 드러내도록 만드는 것이다. 처음에는 의식적인 사고와 행동을 지적함으로써 그 후에는 좀 더 위협적인 감정과 방어를 말해 줌으로써 치료가 점진적으로 이루어진다. 이를 위해 치료자는 네 가지 단계적 개입(직면, 명료화, 해석, 해결)을 한다.

직면과 명료화는 의식적 행동을 다루는 것이고 해석을 하기 위한 전제조건이다. 직면은 놀이의 주제나 관찰 가능한 행동을 아동이 인식하도록 지적하는 것이다. 명료화는 여기서 한 단계 더 나아가 아동의 행동이나 놀이주제와 관련된 자기감정을 인식하도록 돕기 위한 질문을 하는 것을 포함한다.

해석은 무의식적 과정을 다루는 것인데 아동이 그 행동이나 놀이주제의 의미를 이해할 수 있도록 치료자가 설명을 하는 것이다. 이것은 처음에는 아동의 놀이에서 명백히 드러나는 은유와 같은 간접적인 방법을 통해 이루어진다. 나중에는 아동의 통찰이 증가되면 좀 더 직접적인 해석이 치료자에 의해 주어진다. 이 해석의 과정은 아동에게 통찰을 주고 아동이 갈등이나 걱정을 해결하게 해 준다.

해결의 과정은 아동이 갈등적 상황을 더 현실적으로 보고 방어에 대한 욕구를 줄여 가는 것이다(Glenn, 1992). 치료자는 아동이 좀 더 건강하고 아동의 연령에 맞는 방식으로 대처기술을 습득하도록 돕는다.

자아심리학의 패러다임을 갖고 있는 치료자는 아동의 감정, 사고, 가족상황에 대한 아동의 이해를 돕기 위해 정보를 줄 필요가 있을 때 교육자 역할을 한다. 이혼가정의 아동을 치료할 때 치료자는 아동이 이혼에 대해 알고 있는 것을 함께 나눔으로써 아동의 감정과 걱정을 정상화시키고 타당화시키는 것이 중요하다. 예를 들면, 아동의 놀이가 엄마와의 분리불안 주제를 나타낸다면 치료자는 인형이 아빠가 떠나갔기 때문에 엄마에게도 어떤 일이 일어날 거라고 걱정했다는 것을 지적할 수가 있다. 덧붙여 다른 많은 아동도 아빠가 떠나갔을 때 그렇게 느낀다는 것을 강조하는 것은 도움이 되는 개입이다.

#### (4) 이혼한 부모 상담 시 해야 할 조언

부모가 아동과 이혼에 대해 함께 이야기 나누고 알리는 과정은 중요한 과정이다.

① 아동의 인지수준에 맞추어 이혼에 대해 자유스럽게 이야기하도록 한다. 인지 수준에 맞추어 이혼 시나 그 후에 어떤 일이 발생할 것이라는 것을 설명한다. 아동은 아무 잘못도 하지 않았다는 것을 강조한다. 대화의 통로를 열어 놓아 아동의 오해나 공포를 곧 알아차릴 수 있도록 한다. 또 한쪽 부모를 비난하거나 비판하지 않도록 한다.
② 아동의 생활이 되도록 안정되고 일관성을 유지할 수 있도록 계획한다. 아동이 그들의 세계가 완전히 무너진 것이 아니라는 사실을 이해하게 한다.
③ 아동을 다른 한쪽 부모의 생활을 알아 오는 매개체로 생각하지 않는다.
④ 떠난 부모가 정기적으로 방문하도록 하여 아동이 부모 모두에게 사랑받는다는 것을 확신할 수 있도록 한다.
⑤ 아동의 미래에 대해 이야기를 나눈다.
⑥ 아직 성장단계에 있는 아동이므로 그들의 능력 이상으로 많은 책임을 부과하지 않도록 한다.

### 2) 놀이치료 방법

#### (1) 두 장의 그림 그리기

그림과 미술치료는 아동의 상태를 평가하며, 저항을 극복하고 치료자와 의사소통을 가능하게 한다. 그림은 아동의 환상을 표현하게 하며 은유적으로 가르치고 치료관계의 증진을 위해 이용될 수 있다. 자유화를 이용하기도 하며 다음과 같이 구조화된 형태를 이용하기도 한다.

**1 전후의 가족 그림 그리기**(before & after series technique)

아동에게 이혼 전의 가족 그림과 이혼 후의 가족 그림 두 장을 그려 보게 한다. 이 그림의 변화는 아동에게 부모의 이혼에 의한 변화, 상실, 적응에 관한 대화를 촉진할 수 있게 해 준다(Cangelosi, 1994).

**2 원하는 가족 그림 그리기**(wished for family technique)

먼저 아동에게 자신의 전체 가족에 대한 그림을 그려 보게 한다. 그런 다음 자기가 바라는 가족에 대한 그림을 그려 보게 한다. 포함된 사람, 빠진 사람, 가족의 물리적 위치가 치료자에게 유용한 진단적 정보를 주고 아동과 그 사람들과의 관계에 대해 함께 토의할 수 있는 수단을 준다(Cangelosi, 1994).

(2) 두 가지 집의 이용

Kuhli(1993)는 분리경험이 있는 아동을 치료하는 데 두 가지 집의 기법을 이용했다. 이 기법은 특히 자기 부모가 각기 다른 가정에서 살게 될 것이라는 사실에 접하게 되는 이혼 초기에 있는 가정의 아동에게 유용하다. 놀이치료실에서 두 채의 집을 이용하는 것은 아동에게 혼란감을 해결하고 두 사람의 집 중 어디에 자기의 거처가 마련될 것인지에 대한 현실적 이해를 갖게 하는 기회를 준다.

다양한 외상을 가진 아동에게 이 기법을 적용할 수 있다. 의부모나 의형제에 적응해야 하는 아동은 많은 스트레스를 받는다. 그런 아동에게 이 방법은 새로운 가족구성원을 평가하고 안전한 환경 속에서 그들에 대한 분노를 표현할 수 있는 장소를 제공해 줄 수 있다. 또한 새로운 형제의 출생으로 인한 문제를 다루는 데도 이 기법을 적용할 수 있다.

이 방법은 또한 죽음, 이혼 등의 문제로 사랑하는 사람을 잃는 슬픔을 애도하는 수단으로 이용될 수 있다. 이 경우 아동은 두 번째 집을 통해 자신의 감정을 다시 처리할 수 있다. 여기서 아동은 무력감을 느끼는 대신 가족구성원과의 상호작용에 주의를 돌리고 확실한 경계를 설정할 수 있게 된다. 두 번째 집은 대체되는 지지체제를 마련하는 것의 이점, 아동이 집에 갈 때 양육을 보충해 줄 수 있는 돌보는 사람의 이점을 묘사할 수도 있다. 두 번째 집은 양육받고 적절한 한계를 주는 곳으로, 또 동일시의 모델로서 묘사될 수 있다. 또한 아동의 가치감, 욕구, 바람직하며 가능한 것에 대한 환상을 발달시키는 수단을 제공한다. 아동은 두 번째 집에서 옛날 집의 소중한 것은 취하고 그렇지 않은 것은 버리거나 재구성하는 일을 할 수 있다. 좀 더 편안한 상태에서 가족구성원이 상호작용하는 방식을 바꾸며, 가족구성원에 대한 감정을 발산시킬 수 있게 된다. 그런 다음에 아동은 자기의 실제적인 집으로 돌아가는 선택권을 갖는다.

두 개의 집을 제공하는 것은 놀이에서 아동의 생활환경을 은유로 나타내도록 촉진한다. 또한 아동 자신의 여러 부분과 갈등이 상징적으로 작동할 수 있게 하며, 아동으로 하여금 슬퍼하고 재조직하며 욕구에 맞는 가능한 해결책을 수용하고 새롭고 성공적인 대안을 창조해 내도록 할 수 있다. 두 개의 집은 가정환경에서 갇혀 있던 두려움을 확인하고 표현하게 하며, 두려움, 거부, 죄책감, 분노에 대한 감정을 해결할 수 있도록 퇴행을 할 수 있게 해 주기도 한다. 또한 부모를 새롭게 지각하고 자신의 욕구를 만족시키키기 위해 자기주장을 할 수 있는 능력을 발달시키기도 한다. 예전 집에서 있었던 과거의 정신적 외상(trauma)을 극복하고 새로운 집과 새로운 집의 부모상과의 동일시를 통해 새로운 성장이 일어나게 한다.

### (3) 이야기 꾸미기 활동

이야기 꾸미기 활동은 이혼가정의 아동에게 의사소통을 하고, 창의적 사고, 은유적 학습, 숙달을 위한 기회를 준다. Gardner의 상호 이야기 꾸미기 기법은 아동에게 이야기를 꾸미게 하고 그 이야기의 교훈을 말하게 함으로써 치료자가 아동의 걱정과 사고의 과정을 알게 한다. 치료자는 그 이야기를 아동의 상황과 관련해 좀 더 새롭고 적응적인 이야기로 재구성함으로써 아동의 이야기의 주제에 반응한다.

Early(1993)는 아동이 자기의 의식적인 경험과 관련이 없는 것처럼 보이는 콤플렉스 이야기를 읽게 했다. 이런 방법은 아동으로 하여금 위협감을 덜 느끼게 한다고 한다. 그 후 치료자는 아동을 그 이야기의 주제에 관한 대화에 참여시켰으며 언어적으로 또는 그 이야기에 관한 그림을 그려 보게 했다. 이야기에 관한 아동의 연상은 아동의 관심 영역, 감정, 사고과정을 드러낸다. 이런 정보는 치료적 과제를 직면시키고, 정서 반응을 명료화하거나, 아동의 연상의 의미를 해석할 때 이용된다. 『신데렐라』 『한스와 그레텔』 같은 고전은 외로움, 안전한 가정의 상실, 변화된 가족관계의 주제를 제공한다. 『미운 오리새끼』는 유기와 거부에 관한 주제를 드러내며 『벌거숭이 임금님』은 믿었던 권위적 인물에게 속은 것에 대한 감정을 끌어낸다.

#### (4) 역할놀이

은유적 가르침을 제공하고 창의적 사고, 의사소통, 숙달에 이용될 수 있다. 그러나 이 기법은 아동으로 하여금 갈등 상황을 재경험하게 함으로써 정화(catharsis, abreaction) 효과가 있다. Lewinson과 Herman(1993)은 역할놀이가 역할이나 정체성의 역전을 통해 무력감을 해소시키는 효과를 준다고 한다. 역할놀이가 언어적인 기법이고 언어사용과 이해의 숙련도가 필요하지만, 아동에게 미해결된 과제나 갈등을 일으킨 사건을 극복하기 위한 수단으로 반복의 방법을 사용하게 함으로써 의식과 잠재된 갈등을 건드린다고 한다.

#### (5) 치료적 보드게임

특히 감정을 표현하는 데 어려움을 겪는 잠복기 아동과 청소년 전기 아동을 치료하는 데 효과적이다. 덜 위협적으로 느끼며 저항을 극복하게 하고, 의식적, 무의식적 자료의 의사소통을 돕는다. 또한 창의적 사고를 촉진하고, 애착을 형성하며 사회화, 즐거움, 이혼과 관련된 주제를 숙달하게 한다(Cangelosi, 1994).

**예 나의 집 우리 동네 게임(my home and places)**

이혼과 관련된 주제를 다루는 보드게임

리더와 1~5명까지의 아동이 함께하며 아동은 9개의 특별한 장소(집, 학교, 조부모댁, 클럽하우스, 무서운 유령의 집, 법원, 교회) 중 어디든지 자신이 갈 곳을 선택할 수 있다. 각 장소에 도착한 아동은 그곳에 있는 카드를 들어 거기에 쓰인 실제 또는 상상의 문제, 무서운 일, 재미있는 일에 관한 질문을 읽고 답한다. 필요하면 빨리 안전지대로 되돌아올 수 있다. 이야기하기와 듣기를 자극하기도 한다. 아동은 이혼과 관련된 느낌, 생각, 두려움, 소망 등을 표현한다. 또 아동은 가고 싶은 집, 피하고 싶은 집을 선택할 수 있다.

(6) 책의 이용

책을 이용해 이혼과 관련된 주제를 좀 더 의식적으로 다룰 수 있다.

① 나의 이야기(my story): 이 책은 워크북의 형태로 치료시간에 치료자와 함께 색칠하면서 미완성의 이야기를 완성된 형태로 만들어 나갈 수도 있고 집에서 해 보는 과제로 제시할 수도 있다. 그러면서 이혼과 관련된 내용을 함께 이야기 나눌 수 있다.

② 따로따로 행복하게: 이혼을 주제로 한 이야기 책으로 아동과 함께 읽고 얘기하거나 집에서 또는 대기실에서 읽어 보는 과제로 제시할 수 있다.

(7) 상징놀이의 이용

인형, 손인형, 마스크, 전화는 아동에게 의사소통, 정화, 환상, 은유를 통한 학습, 숙달 경험을 주는 상징놀이를 촉진시킨다. 전화나 손인형을 이용하는 것은 치료자에게 아동을 면담하고, 가상놀이의 은유를 이용해 아동에게 필요한 정보를 제공하는 기회를 줄 수 있다.

놀잇감 군인도 아동에 대해 충성을 보이며 서로 자기편으로 만들려는 부모간의 갈등과 혼란으로 인해 겪은 아동의 충격을 해결하도록 도와준다.

# 3. 이혼 가정 아동의 놀이치료 실제: 태훈 사례

## 1) 아동 인적사항

태훈은 접수 당시 4학년 남아로 귀여운 얼굴에 다소 통통한 체격이다. 그러나 약간 화가 나 있으며 불만스러운 얼굴표정을 하고 있다.

## 2) 주 호소내용

① 또래관계가 원만하지 못하다. 아동을 싫어하는 애들이 많고 잘 부딪힌다. 3학년 2학기 전학 후 1개월간 4명의 애들에게 집단 괴롭힘을 당하고 그때부터 힘센 아동에게 당하고 약한 아동을 괴롭힌다.

② 교사와 학교에 대한 불만을 집에만 오면 분통을 터뜨리며 말한다. 교사가 자기만 잘못했다고 한다고 한다. 교사는 태훈이 다루기 힘든 아이라고 한다.

③ 산만하고 학습의욕이 없고 수업에 참여하지 않는다. 노트 필기, 알림장을 쓰지 않고 책, 노트에는 모두 만화인물 그림(힘센 인물)만 그린다. 준비물을 챙기지 않고 자기 물건정리를 전혀 하지 않는다. 수업 중 엉뚱한 말이나 혼잣말을 많이 한다.

④ 부정적인 생각이 많고 성에 관한 얘기, 똥 등 원초적인 말을 많이 한다.

⑤ 엄마에게 화를 많이 낸다. 뭐든지 엄마 마음대로 한다고 한다. 3학년 2학기 때 이사 오고 나서 더 심하다.

## 3) 발달 및 생육사

### (1) 임신과 출산

임신 시부터 별거 전까지 남편과 성격차이로 갈등이 많아 불안했다. 출산은 자연 분만이었고 출산 시 특별한 문제는 없었다.

(2) 발달사

① 4~5세 때 내과질환으로 입원했고 천식을 앓았다. 체중이 많이 나가 애들이 돼지라고 놀린다.

② 성격: 잘 싸운다, 겁이 많다, 화를 잘 낸다, 말대꾸가 심하다, 짜증이 많다.

③ 사회정서 발달: 엄마 없이도 잘 놀았다. 좋아하는 놀잇감은 버스, 택시→공룡 →로봇→만화 캐릭터 순이다. 주로 혼자 놀며 4학년이 되어 컴퓨터를 하면서 만화 그림에 몰두하고 자기가 몰두하는 만화인물이 있다.

④ 엄마와의 관계: 나쁘진 않다. 아동이 화를 잘 내고 말대꾸가 심해 엄마가 화내게 된다. 심하면 1개월에 3~4회 크게 화를 낸다. 어려서부터 고집이 세고 자기주장이 강했다. 할머니는 허용적이었고 엄마는 할머니가 너무 허용하는 것 같아 덜 받아 주고 화도 냈다. 7세 때부터 엄마가 일을 시작했다.

⑤ 아빠와의 관계: 관계가 좋았고 아빠가 잘 놀아 주었다.

⑥ 또래관계: 자기보다 힘센 친구에게는 많이 당하는 것 같고 짓궂은 면 때문에 마찰이 많다. 3학년 때부터 엄마가 이를 알게 되었고 화해도 잘하나 아동을 싫어하는 친구가 더 많다. 3학년 2학기에 전학했는데 1개월간 4명이 괴롭히고 그때부터 힘센 아동에게 당하고 약한 애를 건드렸다.

(3) 교육사

6세 때부터 유치원을 다녔고 잘 다닌 편이나 돌출행동이 많았고 지시 따르기 등을 잘하지 않았다. 학습태도는 전반적으로 의욕과 끈기가 없고 산만해서 성취도가 낮다. 숙제를 잘 하지 않아 엄마가 많이 챙긴다.

(4) 양육과정

① 1세까지: 엄마가 주 양육자였다.

② 3세까지: 아동이 3~4세부터 부부싸움이 많아졌고 아동이 여러 번 목격했다.

③ 6세에 별거했으며 별거 후 아빠에 대해 적대적이 되었다. 자기가 크면 가만두지 않겠다고 한다. 화가 나면 아빠 기질을 닮아 조절이 어렵다. 엄마는 아빠와 별거한 얘기를 거의 하지 않고 아동도 묻지 않았으며 별거 후 외가로 들어와 외할머니 사랑을 받으며 살았다.

④ 학령기: 별거 후 4년간 외가에서 살며 엄마는 일 때문에 밤늦게 퇴근하는 때가 많았다. 외할머니가 과잉보호를 해서 3학년 2학기에 분가하며 전학을 했고 엄마는 더 엄격해지기 시작했다. 별거 후 아동은 아빠를 1회 만났으며 아빠가 연락을 하지 않는다. 아동은 아빠 성격을 닮아 성격이 불같다가 뒤끝이 없다.

### 4) 가족관계

엄마와 아동으로 이루어진 모자가정이다. 부모는 현재 별거 중이나 사실상 이혼과 같고 서류 정리만 아직 안 된 상태다. 별거 후 1～2회 부부가 만났고 수년간 접촉을 하지 않고 있다.

### 5) 심리평가 결과

#### (1) 실시된 심리검사

BGT, HTP, KEDI-WISC, KFD, SCT, RORSCHACH, MMPI가 실시되었다.

#### (2) 검사결과

1 지적 측면

전체 IQ는 보통 수준이며, 언어성 지능과 동작성 지능에서 유의미한 차이는 보이지 않는다. 그러나 각 소검사 간 편차가 상당히 커서 인지기능의 불균형이 시사된다.

언어이해력 및 개념 형성 능력은 연령수준에 맞게 적절히 발달되어 있다. 지각적 구성능력, 시각운동 협응능력 등의 시공간적 인지능력도 적절히 발달되어 있다. 그러나 주변 환경에 대한 적극적인 관심이 부족하며 모호한 상황에서 적극적이고 자발적으로 과제를 탐색하려는 노력이 부족하고 쉽게 포기하는 경향이 있다. 사회적 상황에 대한 판단력이나 도덕 수준의 발달이 다른 능력에 비해 저하되어 있고 대인관계에 대처하기 위한 사회적 레퍼토리가 부족하다. 또한 사회적인 장면을 자기중심적으로 파악하기 쉽고 눈치가 부족해 대인관계의 어려움이 예상된다.

**② 정서적 측면**

정서는 불안정하며 욕구지연 능력과 내면화 능력의 발달이 미숙하다. 성취 욕구는 높으나 이를 성취할 만한 내적 자원과 내재된 자기 능력을 활용하고 장기적인 목표를 위해 참고 기다리는 능력이 부족해 쉽게 좌절을 겪기 쉬우며 이로 인해 충동적인 양상을 보일 수 있다. 대인관계에서 친밀감의 욕구가 만족되지 못해 좌절감이 많고 우울 양상을 보인다. 오랫동안 스트레스의 과부하를 경험해 온 것으로 보이며 스트레스에 대처할 수 있는 자원이나 힘도 많이 감소된 상태로 적응에서 어려움이 예상된다.

### 6) 문제의 원인

아동이 현재의 어려움을 보이게 된 것은 부모의 이혼으로 인한 심리적 문제가 가장 큰 원인인 것으로 보인다. 그러나 그 외에도 부모의 성격과 양육방식, 아동의 성격적 문제도 함께 영향을 미쳤다고 본다.

첫째, 아동이 어릴 때부터 부부관계가 원만하지 않아 엄마가 심리적으로 불안하고 갈등이 많았으며 부부싸움이 잦았다. 그로 인해 아동이 정서적으로 불안정하며 안정된 애착을 형성하기가 어려웠고 부모의 별거로 아동은 더욱 상실감과 분노감을 갖게 되었다.

둘째, 양육태도의 문제를 들 수 있다. 초기에 아동은 잦은 질병으로 인해 과잉보호를 받았으며 자기통제를 배울 기회가 부족했던 것으로 보인다. 특히, 외할머니는 아동을 심하게 과잉보호했으며 엄마는 외할머니의 과잉보호를 걱정해 양육에서 좀 더 제한을 많이 했다. 이런 태도는 아동으로 하여금 엄마에게 수용받지 못한다는 느낌을 갖게 해 이로 인해 아동은 엄마의 말을 잘 듣지 않는 태도를 갖게 되었고 권위적인 인물에 대해 부정적인 상을 갖게 되고 반항적이 되었다.

셋째, 엄마의 정서와 성격적인 문제가 영향을 미쳤다. 엄마는 도덕적이며 모든 것을 확실히 완벽하게 해야 하는 성격으로 자신의 일도 열심히 해내는 사람이었다. 그러나 아동이 그렇지 않은 것에 대해 수용하기가 어려웠고 아동의 아이다운 모습을 편안히 수용할 심리적인 여유가 없었다. 이런 경향은 특히 남편에 대한 부정적인 감정이 남편을 닮은 아동에게 투사되면서 심화된 것으로 보인다. 엄마는 좀 더 아동을 걱정하고 야단치게 됨으로써 아동은 늘 엄마가 자신을 사랑하지 않는다고 느끼며 엄마도 아빠처럼 자기를 버릴 수 있다는 불안과 상실감으로 인한 우울을 갖게 되면서 현재의 문제를 나타내게 되었다.

### 7) 상담목표와 치료전략

① 부모의 별거로 인한 유기공포를 극복하고 엄마와 사랑받고 안전한 관계를 수립한다.

- 모래놀이치료로 아이다운 퇴행을 편안히 수용하고 신뢰를 형성해 엄마와 안전한 애착관계 형성을 돕는다.
- 충분한 대화를 통해 현재의 상황을 객관적으로 이해할 수 있도록 돕고 버림받을 것에 대한 불안을 줄여 간다.

② 아동이 가족 이외에서 강하고 지지적인 사회적 관계망을 구축함으로써 가정 내에서 잃은 사랑과 지지를 보충하도록 한다.

- 가족 및 친족 내에서 잃어버린 아빠의 역할을 대신하고 보충할 수 있는 사람을 찾아서 좀 더 빈번하고 지지받을 수 있는 관계를 구축하도록 한다.

③ 아동의 부정적 정서를 감소시키고 안정시킨다.

- 아동의 죄책감, 자기비난, 불안, 우울감, 분노를 표출할 수 있는 적당한 매체를 탐색하고 부정적 정서를 충분히 표현할 기회를 준다.

④ 부정적 정서를 행동화하지 않고 표현하도록 하는 방법과 그에 대한 언어화를 돕는다.

- 모래놀이치료를 통해 부정적 정서를 배출하고 좀 더 내성할 수 있는 힘을 기른다.
- 아동이 부정적 정서를 좀 더 허용될 수 있는 방식으로 표현할 수 있도록 대안을 제시하고 궁극적으로는 언어화할 수 있도록 돕는다.

⑤ 학교생활 및 일상생활에서 적응력을 키운다.

- 엄마와 밀착되는 시간을 줄이고 점차 사회적 참여기회를 늘려 가도록 한다.
- 수업에 집중도를 늘리며 자신이 할 일을 스스로 할 수 있도록 한다.

⑥ 또래관계를 잘 형성할 수 있도록 한다.

- 자신감을 키워 또래와의 관계를 늘린다.
- 게임놀이 등의 방법을 통해 원만한 또래관계를 유지하는 데 필요한 기술을 배운다.

### 8) 상담과정(아동 놀이치료 26회, 엄마 상담 7회)

#### (1) 접수상담

접수상담은 다른 치료자가 하였다. 처음에 아동은 시큰둥한 태도로 이곳은 공부하는 곳이라고 하였다. 좋아하는 것이 무엇인지에 대한 질문에 수학, 영어, 체육, 읽기라고 한다. 싫어하는 것은 실과와 자연이며 자신의 좋은 습관은 예절 바르고 공부 잘하는 것이다. 고칠 점은 엄마의 말을 잘 듣지 않는 것이라고 한다.

아동에게 HTP를 실시했다.

① 집: 할머니 집이다([그림 7-1] 참조).

② 나무: 100세. 계절은 여름이고 건강하다. [나무가 좋아하는 것은?] 우리. 키워 주니까. [싫어하는 것은?] 사냥꾼. 도끼로 나무들 찍어서 나무집을 만드니까. [걱정?] 사냥꾼이 올까 봐. ([그림 7-2] 참조)

③ 사람: 남자. 23세. 나쁜 사람과 싸우는 생각을 한다. [희망?] 초사이어인이 되는 것. [걱정?] 없다. [바라는 것?] 힘이 세지는 것. 나쁜 사람 죽이려고. ([그림 7-3] 참조)

④ 세 가지 소원

- 엄마가 안 때렸으면. [어떤 때 때리나?] 말을 안 들을 때, 엄마가 하라는 대로 안 할 때 때린다. 난 하고 싶지 않다.
- 부자가 되는 것
- 할머니가 죽지 않게 하는 것. 할머니가 아프다.

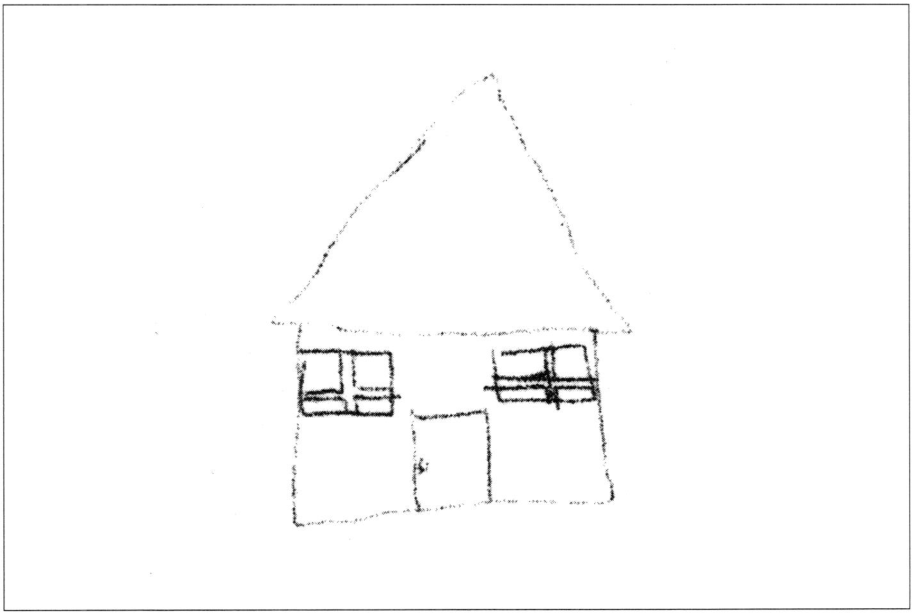

[그림 7-1] 집

[그림 7-2] 나무

[그림 7-3] 사람

### (2) 초기단계: 1～7회기

#### 1 1회기

아동에게 선택권을 주자 거침없이 모래를 선택했고 그 뒤로 주로 모래놀이를 했다. 아동은 모래놀이를 충분히 즐겼으며 자발적으로 자신의 여러 가지 상황과 감정, 사고과정을 모래를 통해 충분히 표현했고 이것은 아동의 치료에 큰 힘이 되었다.

초기의 모래놀이는 주로 아동의 현재 상태와 관련된 것이었다. 자기의 현 상황과 그에 대한 아동의 불안이 주로 표현되었고 그것은 가족관계, 또래관계를 통한 것으로 표현되었다.

흰색 마른 모래를 선택했다. 처음에 큰 뱀을 가운데 놓고 산, 동굴, 거북 새끼를 왼쪽 구석에 숨기고 거북이 태어났다며 큰 거북과 새끼 거북이 함께 있는 장면을 꾸민다. 큰 거북은 저 멀리 바다로 가 버리고 산꼭대기에는 코브라가 등장하고 한가운데 악어가 등장해 악어 알을 숨겼는데 코브라가 알을 훔쳐 먹으면 어떡하나 걱정한다. 악어는 거북 새끼를 먹다가 피를 토한다.

"어제 내가 꿈꾼 것을 하겠다. 3번이나 꾸었다. 무서운 공룡(티라노)이 날 잡아먹으려고 했는데 다른 공룡(초식공룡 둘)이 도와주었다."

치료자는 엄마가 아동을 남편에게 빼앗길까 봐 걱정하는 불안한 마음이 아동에게 투사되어 표현된 것으로 보았는데, 어려운 상황에서 치료적인 도움을 받고 있는 면도 표현되었다.

**엄마 보고** 아동의 적대감의 원인(부부 문제, 양육태도의 수정, 환경변화)에 대한 설명과 외삼촌을 적극적으로 활용할 것을 권했다.

#### 2 2회기: 괴물과 티라노의 싸움

오자마자 밥을 먹지 못해 배고프다고 한다. 아동은 이렇게 먹는 것과 관련된 얘기를 많이 했으며 구강기적 욕구의 좌절과 그를 충족하고 싶은 소원을 표현하는 것으로 보인다.

마른 모래를 선택해 꿈꾼 것을 표현하겠다고 한다. "괴물이 돈 내놓으라고 했는데 안 주니까 나를 잡아먹으려고 해 내가 총으로 쏘았더니 기절했다가 다시 살아났어요. 내가 돈이 어디 있냐고 했어요. 내가 문방구에 갔는데 거기서 괴물이 나왔어요. 나중엔 내가 괴물을 죽여서 쓰러졌어요. 어제 꿈에서 괴물에게 당해 오늘 여기 와서 괴물이 티라노에게 당하게 할 거예요. 외계인이 괴물을 조종해 돈을 가져오라고 해 진짜 총으로 쏘았어요. 다시 살아났는데 티라노가 나와 괴물을 먹었어요. 꿈꾸고 나니까 또 꾸었으면 좋겠어요." ["왜?"] "아슬아슬하면서도 내가 살아났으니까요." ["그때 느낌은?"] "나는 괴물하고 싸울 때 재미있어요. 숨바꼭질할 때처럼 쏘고 숨고 하는 것도 재미있고 나는 총 쏘는 게 취미예요. 공룡 중에서 티라노를 제일 좋아해요. 꿈을 많이 꿔요. 하루에 세 가지도 더 꾸고. 기분이 좋은 꿈이에요. 하지만 내가 죽을까 봐 겁날 때도 있어요. 나는 360일에 299일은 괴물과 싸우는 꿈을 꿔요. 할머니 집에서 자면 그런 꿈을 안 꿔요." ["왜 할머니 집에 가면 그런 꿈을 안 꿀까?"] "할머니 집은 편하니까." ["어떤 점이 편하니?"] "할머니는 나에게 잘해 주고 먹을 것이 있으면 기다렸다 주고, 한 살 때 유모차에 태우고 다니고." ["할머니가 많이 사랑해 준다고 느끼고 그래서 편안했구나. 집에 오면 어떤데? 더 힘드니?"] "그래요. 내가 먹고 있으면 그거 사 오라고 해서. 그러나 재미있기도 해요."

["모래작품에 대한 느낌은?"] "제일 통쾌한 것은 괴물이 티라노에게 나동그라지는 거예요. 그러나 나중에는 티라노도 괴물에 당했어요. 꿈에서 나는 태권도 150단이고 아주 세서 애들을 이겨요." ["센 아이가 좋은 이유는?"] "내가 세면 제일 인기 많이 받으니까." ["인기가 많았으면 하는구나. 너에게 변화되기 바라는 것은?"] "힘이 더 세지고 멋있어지는 것, 살 빠지는 것이요. 깡패 같은 사람 혼내 주려고요." ["좋은 점은?"] "엄마와 같이 먹는 것, 공부 잘하는 거예요."

### ③ 3회기

마른 모래를 선택했다. 사막에 기찻길이 났으나 길은 끊긴 상태며 불이 나고 티라노가 괴물과 싸우는 장면을 꾸민다. 다음에도 이어서 하겠다고 한다.

**엄마 보고** 외할머니의 입원으로 엄마가 힘들다. 요사이 며칠간 더 화를 잘 내는데 전에는 엄마가 혼을 내서 참았던 것을 이제 표현하는 것 같다. 그러나 서로 감정이 격하게 부딪치는 횟수는 줄었다. 엄마가 부딪치지 않으려 노력한다. 치료자는 태훈을 위해 격렬한 운동이나 펀치백 치기 등을 시켜 보도록 권했다. 엄마가 태훈이에게 외할머니가 아픈 상황을 말하고 도와 달라니까 잘하려 신경을 쓴다.

담임교사가 이유를 묻지도 않고 자기만 혼낸다고 불평이 많았다. 교사가 애들을 거칠게 대하는 편인데 교사도 이를 인정한다. 놀아도 자기보다 약한 애들을 불러서 오락을 하고 요즘 태권도장에 다니는데 아동이 너무 말을 듣지 않아 사범이 죽을 지경이라고 한다. 그래서 기합을 많이 받는다.

**교사 전화 보고** 수업시간에 딴짓을 많이 하며 교사도 엄마가 걱정하는 것을 걱정한다. 치료자는 교사에게 아동의 분노감과 그 원인에 대한 설명을 하고 이혼 후 아빠에 대한 적대감과 엄마와 부딪치는 점을 이해해 줄 것을 요청했다. 교사는 자신이 좀 더 관대하게 대하겠다고 하며 행동수정 방법을 의논했다. 수업 초기에 말을 듣지 않게 되기 전에 빨리 인정해 주며 잘하고 있을 때 좀 더 격려를 많이 해 주기로 했다.

**엄마 전화 보고** 아동이 많이 편해지고 교사에 대해 나쁜 말을 하지 않는다. 자기는 이제 예전의 자기가 아니라고 한다.

④ 4회기: 연이어 모래놀이 두 장면을 꾸밈

**장면 1**

뱀과 사자가 괴물을 괴롭힌다. 괴물은 자기만 살려고 사람을 먹고 별짓을 다

한다. 먹을 게 필요하고 배고프니까. 암사자가 괴물 때리는 장면을 낄낄거리고 웃으며 만들고 재미있다고 한다. 새끼도 동조해 괴물을 쓰러뜨린다.

사자 가족이 등장한다. 수사자는 주로 놀기만 좋아하고 어미가 사냥을 한다. 뱀이 괴물의 몸을 조이고 있으나 사자들은 도와주지 않는다. 뱀이 괴물을 죽였는데 수사자가 괴물을 빼앗아 먹으려고 해 둘이 싸움을 한다. 어미 사자와 새끼 사자는 수사자를 돕지 않는다. [“어미 사자와 새끼는 수사자를 어떻게 생각할까?”] “미운 수사자예요.” [“왜?”] “자기 혼자 사냥물을 먹어요. 암사자가 못 먹게 하고 남으면 줘요. 욕심을 부려요. 어미와 새끼는 배고파하며 보고만 있어요.” [“새끼는 그런 수사자에 대해 어떤 느낌일까?”] “나쁘다고 생각해요. 혼자만 먹으니까. 코끼리 가족이 와서 수코끼리가 수사자를 공격해요. 그러나 사자 가족은 코끼리를 응원해 수사자는 코끼리에게 져요.”

가족의 주제가 등장했다. 아동의 가족관계를 사자 가족으로 표현하고 있으며 아빠에 대한 적대감도 표현되고 있다. 다른 측면에서는 무의식적 본능을 조절해 가는 과정에서 부성상이 긍정적인 영향을 미치지 못하고 있으며 이것이 활성화되어야 할 필요가 있음을 보여 준다. 자신은 새끼 사자로 엄마(암사자)와 같은 편으로 묘사하고 있다. 자기는 모성상과 동일시되어 있다.

### 장면 2

태평양 한가운데서 큰 고래 두 마리가 싸우고 있었다. 나중에 두 고래는 힘을 합쳐 큰 배를 침몰시키려 하고 작은 고래들은 저지하려 한다. 큰 고래들은 작은 고래들 때문에 되는 게 없다고 불평한다. 큰 고래는 자기만 먹을 것을 먹으려고 한다. [“이 고래들은 어떤 사이니?”] “어른 고래와 새끼 고래요.” [“고래를 보면 떠오르는 것은?”] “나 커서 돌고래 키울 거예요. 프리윌리 영화 봤어요.” [“기억에 남는 장면은?”] “1탄에서 가족을 잃었다가 나중에 가족에게 보내지는 것이요. 2탄에서는 케빈이 윌리를 보러 6박 7일 걸려 바다에 왔고 윌리가 오염되어 죽으려 하는데 구해 주는 장면이 좋았어요.”

**엄마 보고** 아빠는 전에 살던 집에 혼자 살고 있고 모든 가재도구를 다 둔 채 아동과 엄마만 나왔다. 아동은 아빠를 만나러 가고 싶다는 얘기는 한 적이 없고 크면 만나서 때려 주겠다고 한다. 모든 친정 식구가 아빠에 대해 전혀 얘기를 하지 않았다. 그러나 아동은 우리가 나올 때 쫓겨나듯이 나온 상황을 알고 있다.

아동은 아빠를 아주 욕심꾸러기라고 생각하고 더욱 분노하고 있는 것 같으니 헤어진 것은 부모의 성격 차였다고 말해 주는 것이 좋겠다고 엄마에게 권했다. 치료자는 아동의 상실감을 해소시켜 주기 위해 아빠와 접촉시킬 것을 권했으나 엄마는 아동을 계기로 남편과 연결되는 걸 원하지 않았다.

⑤ 5회기

사자 가족, 두 마리 큰 곰(아빠, 엄마)이 등장한다. 애들은 없다. 귀찮게 하니까. 종류별로 그룹을 지어 네 귀퉁이에 배치한다. 고릴라는 배치기만 잘하고 사실은 약해 다른 동물이 눈치채고 새끼들을 잡아간다. 동굴 속에 새끼와 엄마 사자가 숨고 아빠 사자가 숨을 곳은 없다. 기린 둘이 나타나자 치타 둘이 숨어서 기린을 잡으려 한다. 치타 둘이 서로 싸우다 둘 다 사자 동굴에 부딪쳤다. 동굴 속에 있던 암사자는 애들을 깨게 했다고 화가 나 약한 작은 치타를 혼낸다. 왕따당한 치타는 옆에 있는 새끼 늑대를 때린다. ["왜 새끼 늑대를 때렸을까?"] "새끼 늑대는 치타보다 약해서요." ["치타의 기분은?"] "억울해해요. 나머지 1명도 부딪쳤는데 왜 나만?" ["치타는 왕따당하고 억울하고 화가 났으나 힘이 없어 자기보다 약한 애를 공격했구나."] "그런데 새끼 늑대는 두 부모 사이에 숨었어요." ["부모 사이에 숨은 늑대를 보고 치타는 어떤 느낌이었을까?"] "치타는 불쌍히요."

강한 모성상과 약한 부성상에 대한 표현이다. 강한 부성상의 부재로 인한 슬픔을 표현한다. 개인적으로는 아빠의 상실과 보호받지 못하는 자신에 대한 슬픔이 표현된 것으로 보인다.

**엄마 보고** MMPI, SCT, CBCL 실시결과를 설명했다. 엄마는 자존심이 강하고 환경에 대한 불만감, 분노감이 있다. 아동의 CBCL 척도는 성 문제, 미성숙한 사회성, 공격성, 외향화 행동순으로 임상기준을 넘는다.

⑥ 6회기

["한 주 동안 기분이 어땠니?"] "좋았어요." ["별일은?"] 없다고 하다 엄마에게 혼났는데 하루 종일 혼났다고 한다. "어떻게 하루 종일 혼낼 수가 있어요?" ["하루 종일 혼났어? 많이 속상했구나. 그런데 왜 그랬니?"] "말할 수 없어요."

목표설정을 위해 학교생활에 대해 질문하자 얘기하면 놀 시간이 없다고 하지 않겠다고 하다가 애들이 돼지라고 놀린다고 하였다. ["많이 속상했겠다. 그래서 어떻게 했니?"] "때려요." ["결과는?"] "마찬가지예요." ["그 방법이 도움이 되지 않았구나. 그럼 다른 방법은 없을까?"] "모르겠어요." ["무시하기를 해 본다면?"] "그래도 놀릴 것 같아요." ["너는 다른 애들을 놀린 적이 있나?"] "놀릴 게 없어요." ["아, 너는 다른 애들에게 당하고 너는 놀리지 못했구나. 정말 화가 났겠다."] "그렇죠." [애들은 흔히 성에다 별명을 붙여 김장독이니 김칫국이니 하지 않니?] "그래요? 그렇게 해 봐야지." ["그래도 놀리면?"] "때리죠." ["그건 별로 효과가 없다고 했는데."] "그럼 무시할래요." 치료목표를 친구들과 잘 지내보는 것으로 설정했다. 엄마가 동물을 사 주지 않는다고 호소했고 끝날 시간이 됐다고 했으나 더 하길 원하며 나가지 않으려 했다.

**엄마 보고** 엄마 자신과 아동이 분리되지 않고 자신의 엄마에 대한 죄책감을 아동에게 투사하고 전이시키는 측면이 있어 그에 대해 엄마와 얘기했다.

아동은 물건에 대한 욕심이 끝이 없다. 동물들도 다 사 준 것이다. 동물에 대한 관심이 2학년 때부터 생겼고 같은 걸 계속 사 달라고 한다. 요즘 들어 엄마를 구두쇠라고 표현한다.

엄마 면담 중 아동이 방에 들어와 나가 있으라니까 엄마가 울고 있다고 나가지 않겠다고 한다. 치료자는 아동이 엄마에게 죄책감을 느낀다고 보고 너 때문에 엄마가 울었다고 생각하느냐고 물으니 그렇다고 한다. 치료자는 그렇지 않다는 점을 설명하고 안심시킨 후 내보냈다. 아동의 자기비난, 죄책감을 엿볼 수 있다.

---

7 7회기

"오늘 친구랑 싸웠어요. 요즘은 선생님과 약속해서 덜 싸우는데 친구가 나를 무시해서 때렸어요." ["어떻게?"] "뚱뚱하다고 놀렸어요." ["많이 속상했구나."] "나도 욕해요? 나는 욕을 몰라요." ["안 되면 때리지 말고 욕이라도 해야지. 그러나 먼저 말로 하자."]

모래놀이를 했다. 배트맨이 스타워즈 영화에 나오는 다스베이더의 옷을 빼앗아 입고 자기 거라고 우긴다. ["배트맨은 왜 그랬을까?"] "좋은 편. 좋은 곳에 쓰려고 망토를 빼앗은 거라 괜찮아요." ["좋은 일을 위해선 남의 것을 빼앗아도 된다고 생각하는구나."] 다스베이더는 망토를 달라고 하고 돌고래는 배트맨 편이다. 둘이 이겼다 졌다를 반복하나 배트맨이 질 때는 돌고래가 헬기를 타고 나타나 구조한다. 비행기, 다양한 종류의 운송수단을 타고 나타난다. 그러나 다스베이더가 너무 불쌍해서 돌고래가 아끼는 배트맨 편이었으나 지금은 다스베이더 편이 되어 치료해 준다. 다스베이더는 계속 고쳐 주면 당하고 또 당하고. 진짜 안 진다고 하고 계속 진다. 태훈이는 계속 낄낄거리며 돌고래가 여러 가지를 타고 나타나는 것, 다스베이더가 계속 지는 것을 너무 재미있어하고 통쾌해한다.

영웅 원형의 도움으로 아빠에 대한 부정적 감정을 해결해 가는 과정을 보인다. 그러나 싸움이 너무 일방적인 것으로 보아 자아가 아직 강하게 서지는 못한 것으로 보인다.

---

**엄마 보고** 집에서는 화를 좀 더 내는 편이나 학교에서는 노력을 한다. 낙서도 하지 않고 필기도 해 온다. 학교에서 자기가 칭찬받은 얘기를 하며 자랑한다. 학교에서 놀리는

애들을 때렸다고 한다.

---

## 초기단계 요약

아동은 처음부터 자발적으로 모래놀이를 매우 즐기고 몰두했다. 아동은 모래놀이에서 동물 가족으로 자신의 상황을 표현했고 무의식의 갈등을 동물의 투쟁(괴물과 공룡)의 주제를 통해 표현해 갔다. 그러나 싸움은 매우 일방적이며 아직 무의식적 본능을 자아가 조절하지 못한다.

자신의 약하고 부정적인 부성상을 표현하고, 모성상과의 동일시를 표현하기도 했다. 점차 생활에서 긍정적인 면이 나타나기 시작한다.

### (3) 중기단계: 8~18회기

#### ① 8회기

["지난번 네가 얘기한 친구에게 놀림받은 문제는 어떻게 되었니?"] "애들이 이젠 안 그래요." ["어떻게 그렇게 되었니?"] "내가 지난번 세게 때린 후로 애들이 안 놀려요." ["네 표현을 확실히 했구나. 또 다른 이유도 있는 것 같니?"] "없어요." ["요새 다른 학교생활은? 선생님에게 야단맞는 것은 어떤가?"] "요샌 하나도 야단 안 맞아요. 칭찬받아요." ["그런 것 때문에 애들이 너를 우습게 보지 않고 놀리지 않게 된 점도 있나 보다. 자꾸 야단맞으면 애들도 그 애를 함부로 하는 것 같아."]

**모래놀이 1**

아나콘다와 치타의 싸움을 꾸민다. "아나콘다가 세요. 그러나 머리는 치타가 더 좋아요." ["그래 힘만 세도 꾀가 없으면 이길 수 없지."] "나는 동물이 좋아요. 매일 동물책 봐요. 돌고래, 뱀, 호랑이가 좋아요. 나는 멋있고, 힘세고, 싸움 잘하는 게 좋아요."

### 모래놀이 2

길을 만들어야 한다고 모래상자의 모래를 대부분 덜어 낸다. 길은 모래상자를 전체적으로 둥그렇게 돌면서 끊어지지 않고 연결된다. 왼쪽 아래에 원광 주유소, 오른쪽 위에는 원광 가는 길 표지판을 둔다. 자기 삼촌 차가 아주 빠르고 삼촌이 자신에게 잘해 준다고 한다. "경찰차 두 대가 사기꾼 차를 좇아가요. ["어떤 사기?"] "남의 차를 빼앗았어요. 비가 오고 있고 원광 가는 길 표지판을 따라 뺑소니차를 좇아가다 경찰차 2대가 주유소에서 박히고 뺑소니차는 원광주유소를 찾아가 기름도 넣고 타이어도 갈아요. 너무했죠?" ["왜?"] "남의 차를 빼앗아 달아나잖아요." 버스는 원광을 가려는데 앞에 가는 차들이 이리저리 방해한다. 그러나 주유소까지 가서 기름을 넣고 경찰차는 원광 가는 길 표지판을 들이받고 사고가 난다. 경찰서가 나타나고 갑자기 왼쪽 위에서 티라노가 나타나 차들이 좇기고 경찰서를 공격하고 공룡이 경찰서를 밖으로 날려 보낸다. "난 공룡이 좋아요. 멋있어서. 모든 차들은 공룡이 무서워 원광주유소에 숨었어요. 티라노는 원광주유소를 들이받고 주유소는 부서졌어요. 피신했던 경주차에 탄 2명은 먹히고 경찰차들은 도망가요." 공룡은 여기저기 들이받고 이때 아동은 신나게 노래한다. 친구가 부른 노래라며 똥과 설사를 하늘까지 쌓는다는 노래를 낄낄거리며 재미있다고 한다. 티라노는 버스를 공격하다 모래 틀을 들이받아 기절한다. ["제일 기억에 남는 좋았던 장면은?"] "원광 가는 길 표시가 티라노에게 받힌 것, 사기차가 들이받힌 거예요."

공격본능이 활성화되고 있고 치료자에 대한 양가감정이 표현된다. 부정적 전이가 예상되며 놀이치료에 오는 과정에서 엄마와의 갈등이 엿보인다. 두 개의 대립되는 힘의 출현을 의미하기도 한다.

**엄마 보고** 아동이 자기가 결심했다며 요즘은 정말 여러 면에서 나아졌다. 준비물을 잘 챙기고 필기를 하며 낙서는 하지 않는다. 학교에서 싸우지 않는다고 하며 보상물도 받아 왔다. 비만으로 매일 아침 학교체력 단련도 잘 참가하고 있는데 재미있다고 한다.

그래서 엄마가 놀랍다며 칭찬을 했다.

---

② 9회기

"지난번에 주유소가 부서졌죠?"라고 하며 이번에는 사막에 공룡 세 마리가 나타나서 공룡을 잡으러 탱크와 사람(미스터 사탄의 아들, 조수-토끼 아저씨)이 왔고 이들이 싸운다. 전세가 거의 비슷하다.

오른쪽 위로 집이 처음 등장했다. 토끼 아저씨가 잘 잤다 하고 있는데 갑자기 티라노가 나타나 토끼 아저씨는 집 뒤로 피신했다. 티라노 공룡은 다른 공룡(트리케라톱스)에게 꼬리로 받혀 화가 나 집을 들어 내동댕이쳤다. 토끼 아저씨는 무서워 모래 속에 숨었고 다시 이리저리 피신 다니다 집 뒤와 지붕 위로 숨었으나 티라노는 집을 민다. 비가 와 물을 피해 지붕 위로 도망갔는데 그곳도 위험하다. 토끼는 당하다 더 이상 질 수 없다며 무기를 들고 나와 티라노의 꼬리를 자르려 한다. 그러나 티라노에 의해 미스터 사탄의 아들과 토끼 아저씨가 잡아먹힌다. 미스터 사탄의 아들은 다시 살아나 끝까지 살아남았다.

집과 관련된 갈등, 자신의 분노의 원인과 결과를 표현하는 것으로 보이며, 공룡과 사람의 싸움에서는 공룡이 우세해 아직 무의식적 충동의 조절이 필요해 보인다.

치료자에게 자기가 여기에 언제까지 다니냐고 질문하며 1년 동안 다니고 싶은데 엄마가 몇 달만 다니라고 했다고 말한다.

---

**엄마 보고** 오늘 옆집 친구랑 말다툼이 조금 있었는데 다른 때 같으면 항상 먼저 사과했는데 이제는 달라졌다. 자존심 상하게 사정하다시피 해서 놀지는 않겠다고 한다.

---

③ 10회기

의젓하게 들어왔고 엄마 면담시간에도 잘 기다린다.

**모래놀이**

미스터 사탄(남)과 미첼(여자)의 싸움. 미스터 사탄은 허풍 치다 모두(미첼, 이상한 나라의 앨리스 등의 여자들)에게 당하고, 미첼에게 죽임을 당한다. ["미스터 사탄은 왜 이렇게 공격받니? 다른 사람들은 사탄을 어떻게 생각하니?"] "허풍쟁이라고요." ["어떤 허풍?"] "세지도 않으면서 세다고 해요. 센 척하고 공격해요."

남자 대 여자의 투쟁을 연출했고 상당히 균형 잡힌 편이나 끝에 가서 균형이 무너지면서 여자가 우세한 모습을 보인다.

**④ 11회기**

2주 만에 왔고 그동안 오지 못해서 싫었다고 한다. 연두색 모래를 골랐고 큰 집이 왼쪽 아래에 등장한다. 티라노가 사람 집으로 들어와 지붕을 부수고 들어간다. 난쟁이 7명이 나타나 침대에서 자기 자리를 차지하려고 하다 잠자고 있고 눈이 내려 이불이 젖고 있다. 지붕이 없는 집에 계속 눈이 쌓이고 있다. 그러나 모르고 잠만 잔다. 중간에 알게 되었으나 멍청이는 혼자 남아 이불에 갇혔다 풀려나고 모두 함께 눈청소를 한다. 그 과정에서 난쟁이끼리 갈등이 생겼다. 뚱뚱이는 사다리를 놓고 높은 데 올라가 청소하며 집이 이렇게 되었는데 지금 자유롭게 놀 때냐라고 한다. 가끔 놀리고 공격하는 주제가 있으나 전반적으로 협조해 집 안의 눈을 다 치운다. 자기 인격 내의 여러 요소의 갈등과 조화를 표현하며, 무의식에서 자신의 상황을 느끼고 있는 것으로 보인다. 더 놀고 싶어 했으나 끝났다니까 잠시 후 받아들인다.

**엄마 보고** 지금은 화내는 것이 심하지 않고 학교 갔다 오면 거의 학교에서 당한 얘기를 하지 않는다. 성에 관한 얘기를 하지 않고 요새는 엄마에게도 별로 화를 내지 않는다. 그러나 습관화된 패턴인지 가끔 화를 내는 경우가 있다. 교사도 전반적으로 좋아졌고 친구관계에서도 별 문제가 없다고 한다. 학습태도와 자신감이 향상되었다.

[그림 7-4] 야생동물원 1

⑤ 13회기: 연두색 모래와 흰 모래로 각각 야생동물원 1, 2를 꾸밈

야생동물원 1([그림 7-4] 참조)

동물들이 사육사의 보호를 받으며 맛있는 것을 많이 먹고 만족스럽게 사는 곳이다. 큰 백곰을 잡는 자연보호 관리인은 곰을 보호하려고 한다. 그냥 놔두면 사냥꾼이 잡아가니까 곰을 우리에 가둔다. ["우리에 있는 곰의 느낌은?"] "좋다. 혼자 있는 것보다 같이 살 수 있으니까요. 이번에는 자연보호 관리인이 또 고래를 두 마리 잡아 우리에 넣어요. 친구도 있어야 하니까요." ["혼자일 때는 어떤 느낌?"] "외로워요." 호랑이 가족, 코끼리 가족도 울타리에 둔다. 나중에 곰은 우리에서 풀어 주고 야생공원에 있게 한다. 두 고래는 바다로 보낸다. "여기 야생공원은 먹을 게 많고 서로 잡아먹을 필요가 없어요. 사육사 아저씨가 많이 주니까. 사육사 아저씨는 한때 씨름 선수였어요. 아저씨는 바쁘기도 해요. 불곰, 하마, 사자도 잡으러 가고. 그러나 이 아저씨는 분수를 모르기도 해요. 언젠가 실패할 때도 있으니. 하마는 아저씨한테 자기를 잡아 달라고 해요. 먹을 것이 많고 여기가

[그림 7-5] 야생동물원 2

좋아서요." 이는 구강기적 본능을 충족하는 모습과 외로움이 표현된 것이다.

## ↘ 야생동물원 2([그림 7-5] 참조)

동물이 너무 많아져 먹이 싸움이 일어나고 결국 보안관은 맹수를 다 죽인다. 한 고릴라가 바나나를 숨겼고 바나나를 빼앗으려고 모든 원숭이가 곰 위로 다 올라온다. 곰은 몰랐으나 나중에는 너무 무거웠다. ["원숭이들은 곰에 대해 어떻게 느꼈니?"] "원숭이들은 곰의 고통을 몰라요. 곰이 너무 불쌍해요. 바나나가 많이 있었는데 모르고 하나의 바나나에 너무 많은 동물이 다 달려들었어요. 나중에 다른 것을 발견하고 내려갔으나 곰은 뼈가 부러져 병원에 갔고 곰은 거의 죽게 되었다가 살아나 복수를 시도해요. 배고픈 동물들은 예민하게 굴어 보안관은 원숭이 종류만 남기고 다른 맹수는 다 죽어요."

이는 아동의 무의식이 구강기적 수준으로 내려간 것을 표현한다. 구강기적 본능 충족에 대한 소망과 그 과정에서의 갈등과 불안, 본능과 자아의 갈등, 적절한 조절의 실패로 인한 죄책감, 불안을 나타내는 것으로 보이며 이에 대한 자아의 의식화가 이루어져야 함을 드러낸다. 야생동물원 1은 원인이고 2는 결과다.

---

**엄마 보고** 아동이 엄마와의 상담내용을 들으려 해 치료자가 아동의 걱정, 감정을 반영해 주자 "말 안 들으면 엄마가 나를 아빠에게 보낼 것 같다. 엄마는 정말 그럴 것 같고 전에도 그런 말을 했다. 절대로 아빠에게 가서 살지는 않겠다."라고 한다. 아동은 엄마에게서도 버림을 받을까 봐 불안한 마음이 큰 것을 알 수 있다. 치료자는 아동의 걱정을 공감해 주고는 엄마는 그런 일을 하지 않을 것이라고 말해 주었다. 엄마에게도 버림받지 않을 것이란 확신을 심어 주도록 하기 위해 아동을 비난하지 말 것과 말로 확실히 하도록 권고했다.

---

⑥ 15회기

아빠에 관한 얘기를 치료자가 시도했다. ["아빠는 어디에 살고 계시니?"] "몰라요." ["전에 살던 집에 사시니?"] "네." ["어떻게 알게 되었니?"] "엄마에게 들었어요." ["엄마와 아빠가 왜 따로 살게 되었다고 생각하니?"] "몰라요. 아빠가 잘못해서요." ["어떤 잘못을 했는데?"] "술 먹어서." ["술 먹으면 어떻게 하시니?"] "화내고 나빠요." ["그래 사람들은 술을 먹게 되면 가끔 나쁜 행동도 하게 되지. 어떤 나쁜 일을 하셨니?"] "엄마를 힘들게 해요. 내가 어렸을 때라 잘 몰라요." ["너는 아빠가 잘못해서 엄마랑 아빠가 따로 살게 되었다고 생각하는구나."] "네, 아빠가 오면 문도 안 열어 줄 거예요." ["아빠가 잘못했다고 생각했고 그래서 아빠에게 화가 많이 났구나. 그래 사람은 누구나 잘못을 할 수 있지."] "그럼 엄마도요?" ["엄마도 잘못할 수 있지. 선생님도 잘못할 때가 있어. 그러나 잘할 때도 있지. 선생님은 누구나 잘못할 때도 있고 잘할 때도 있다고 생각해. 선생님은 너희 부모님이 서로 잘못한 점이 있고 성격이 서로 잘 맞지 않아서 따로 살게 된 것이라고 알고 있어. 지난번에 엄마가 너를 아빠에게 보낼지도 모른다고 했는데. 그런 걱정이 많이 되니?"] "네." ["엄마는 너를 절대로 보내지 않는다고 하셨어. 지금 열심히 일하시는 것도 너와 잘 살아가기 위해서야."]

**모래놀이**

연두색 모래를 선택해 포켓몬의 싸움 장면을 꾸민다. 일대일 또는 집단 싸움 모두에서 힘의 균형이 이루어지며 질서와 규칙이 있는 싸움을 하려 하나 잘 지켜지지 않고 있다. 착한 포켓몬과 나쁜 포켓몬이 싸운다. 규칙은 줄 밖으로 나가면 장외판정으로 지는 것이다. 약한 삐삐는 해설가로 등장해 모든 선수에게 경기장을 부수지 말라고 경고한다. 자기도 작고 힘은 더 약하면서 피카츄 선수에게 힘을 더 기르라고 한다. ["자기는 못하는 걸 남에게 하라고 하는구나."] "자기는 못 그러면서 남을 비난하는 애들이 많아요. 삐삐는 5억이나 든 경기장을 리자몽이 부숴서 야단치고 절대로 경기장을 빌려 주지 않겠다고 가슴을 쓸며 아까워하고 있어요. 너무 돈을 아까워하는 구두쇠예요."

["이 포켓몬들은 성격이 어떠니?"] "포켓몬들은 착하거나 아니면 나빠요. 한 가지 성격이에요." ["포켓몬들은 성격이 단순하네. 사람하고는 좀 다르구나. 사람들은 그렇게 한 가지로 착하기만 하거나 나쁘기만 하진 않는데. 어떤 면에선 착해도 다른 면에선 잘못하거나 나쁠 수도 있지."]

여자에 대한 부정적 감정이 표현되고 있고 그것은 엄마에 대한 감정과 관련된 것 같다. 자신의 여성적 측면을 받아들이기 어려워하는 것이기도 하다. 질서와 규칙을 강조하는 여성상이 등장하나 아직 이를 받아들이기 어렵다. 치료자는 아동이 투사와 분열시키는 방어기제를 많이 사용해 분노가 계속 일어나는 것으로 보고 이를 통합할 수 있도록 대화를 이끌었다.

---

**엄마 면담** 엄마의 경제 형편상 2주에 1회 상담하기로 했다.

---

### 7 16회기

["방학인데 어떠니?"] "좋아요. 학교에 안 가서요. 그런데 수학공부 때문에 잘

모른다고 엄마에게 야단을 많이 맞았어요. 한두 번이 아니에요." ["엄마가 야단을 많이 쳐 같이 공부하고 싶지 않겠다. 엄마가 어떻게 했으면 좋겠니?"] "친절하게 말해 주면 좋겠어요." ["엄마에게 그렇게 표현해 본 적 있니?"] "네, 그래도 또 야단쳐요."

### 모래놀이: 착한 편과 나쁜 편의 싸움

영웅들의 출현으로 나쁜 편을 무찌른다. 나쁜 놈은 엄청 허풍만 떨다가 쓰러진다. 여전히 힘세다는 것을 과시하나 졸병의 공격에 지고 자리를 뺏긴다. 대장이 되고 싶어 나머지 졸병 애들에게 사약을 먹인다. ["그 대장은 정말 대장을 하고 싶어 했구나. 대장이 되면 어떤 좋은 점이 있니?"] "누구에게 뭐 시킬 수 있어요." ["이 대장은 그런 걸 하고 싶었구나. 그런데 대장이 되면 불편한 점은 없을까?"] "없어요." ["책임감, 부담감은 없을까?"] "이건 산적대장이라 그렇지 않아요."

**엄마 보고** 교사가 이제는 친구 문제는 적은데 학습이 문제라고 한다. 아동도 걱정하며 자기가 스스로 문제집을 풀겠다고 해 시작했으나 생각을 하지 않으려 하고 자세가 흐트러진다. 태훈이는 자기의 진정한 욕구를 인식하지 못하고 부인하며 사고와 감정이 분리되어 있다. 부모의 이혼으로 인한 심리적 상처를 방어하기 위해 아동이 분열의 방어기제를 많이 사용하고 있다. 또한 엄마의 비난하는 양육태도도 많은 영향을 미친 것으로 보인다. 엄마는 처음엔 자신의 양육태도에 대한 치료자의 설명을 받아들이고 이해하기 어려워했으나 나중에 자신이 아동을 많이 비난한 것(애들과 문제 일으킬 때 늘 네가 문제다라는 식), 자신의 방식이 모범적인 것을 중요시하는 것을 인정하였다.

엄마 면담 시 그곳을 떠나려 하지 않으며 "날 아빠에게 보낼 거라고 얘기했잖아요. 전에 그랬어요. 내가 산만하게 굴고 힘들게 한다고." ["네가 엄마를 힘들게 해 엄마가 너를 아빠에게 보낼 거라고 생각하니?"] "엄마는 날 나쁜 아이라고 생각하잖아요." ["너는 어떻게 생각해? 너도 그렇게 생각하니? 너 자신이 말썽만 일으키는 나쁜 아이고 그래서 엄마가 널 싫어하고 그래서 아빠에게 보낼 거라고 생각하는구나."] "네." 엄마 상담 시 곁을 떠나려고 하지 않아 엄마 면담을 끝냈다.

엄마에게서 버림받을지 모른다는 불안이 잘 해결되지 않고 있다. 방학이고 아동이 엄마와 밀착되어 있으면서 자꾸 부딪치고 있고 엄마가 남편에 대한 감정을 아동에게 투사하고 있으며 남편과 했던 갈등을 아동과 반복하는 점에 대해 엄마와 상담했다.

---

⑧ 18회기

울면서 들어와 치료자에게 엄마가 자신을 야단친 것에 대해 얘기하며 엄마가 나쁘다며 방이 떠나가게 큰 소리로 엉엉 울었다. 전에 엄마가 욕하고 때린 것에 대해서도 말한다. "엄마랑 살기 싫어요. 할머니, 할아버지는 안 그러셨어요. 할머니랑 살겠어요." ["할머니 건강은 어떠셔?"] "엄마는 할머니가 아파서 같이 못 산다고 했어요. 빨리 어른이 되었으면 좋겠어요. 그럼 혼자 살 수 있으니까. 욕하는 것보다 차라리 때리는 게 나아요. 때리고 나면 용서받으나 욕할 때는 용서하지 않고 계속계속 욕해요." ["엄마가 용서하지 않을 때는 어떤 느낌이니?"] "싫죠." ["네가 나쁜 아이인 것 같은 느낌이니?"] "네." ["네가 나쁜 아이라 널 아빠에게 버릴 것 같은 느낌이니?"] "네."

["지난번에 엄마가 널 아빠에게 보낼 거라고 했을 때도 엄마가 널 나쁜 애라고 생각하니까 그럴 거라고 생각했구나."] "그래요, 엄마가 나에게 욕할 때는 주로 공부 때문이에요. 여기 와서는 착한 척하고 집에서는 만날 혼내고 욕해요."라며 계속 울음을 그치지 않는다.

진정된 후 아빠에 대해 질문했다. "아빠랑은 살기 싫어요. 아빠는 화내고 엄마를 때렸어요. 다섯 살 때 그랬어요. 또 당구장에서 집에 오라니까 12시 넘어 나에게 소리 지르기도 했어요. 내가 크면 가만 안 놔둘래요." ["아빠에 대해 좋은 기억은 없니?"] "없어요. 바둑 가르쳐 준 건 있지만 그래도 때렸잖아요." ["같이 살고 싶은 마음은?"] "같이 살면 또 때릴 텐데요. 엄마도 아빠도 다 싫어요." ["아빠와 어떻게 헤어졌니?"] "아빠가 우리를 내쫓았어요. 그래서 엄마랑 나랑 할머니네 갔어요. 난 ○씨(자신의 성)가 싫어요. 외할아버지가 내 친할아버지예요."

### 모래놀이

엄마와 전에 있었던 힘들었던 일을 떠올려 꾸며 보라고 주제를 주니 생각만 해도 끔찍하고 생각하기도 싫다고 하다가 '레슬링 선수와 여자의 대결'을 꾸민다. 여자가 계속 피를 흘리고 당하게 하고 통쾌해하는 장면, 허풍쟁이가 허풍 떠는 장면을 연출한다. ["그렇게 허풍떠는 사람을 알고 있니?"] "우리 반에 허풍쟁이가 있어요. 지네 아빠하고 자기가 무슨 절벽에서 떨어져 착지했다고 해요. 그걸 누가 믿어요? 웃겨요. 그 애 아빠가 와서 물어보니 아니래요. 스타크래프트도 한다고 허풍 떨다가 결국 하지 못했어요. 그런데 우리 엄마는 날 안 믿어요." ["그래? 네가 사실대로 말해도 엄마가 널 믿어 주지 않는다고 느끼는구나. 애들이 아빠 얘기할 때는 어떤 느낌이 드니?"] "싫죠." 여기서 태훈이는 아빠가 있는 친구들에 대한 부러움과 질투 감정을 표현하고 있다.

### 중기단계 요약

인간과 동물, 인간과 인간의 투쟁이 이루어진다. 본능 에너지의 활성화와 그를 조절하고 통합하기 위한 활발한 투쟁이 전개된다. 또한 아동의 무의식이 점차 깊은 수준으로 내려가는 것이 표현된다. 구강기적 본능 충족에 대한 소망과 그 과정에서의 갈등과 불안, 본능과 자아의 갈등, 적절한 조절의 실패로 인한 죄책감, 불안을 나타내는 것으로 보인다. 전형적인 방어기제(투사, 분열)도 드러낸다. 부정적인 모성상에 대한 표현, 엄마에 대한 부정적 감정을 활발히 표현하며 이를 통해 분리개별화를 이루려는 것을 알 수 있다.

#### (4) 말기단계: 19~26회기

##### 1 19회기

『나의 이야기』란 워크북(이혼가정의 아동을 위한 책)을 가지고 치료자와 함께 이야기하고 빈칸 채우기를 했다. 이에 대한 반응에서 아동은 "주변에 부모가 이혼한 애들은 없어요. 나만 그래요. 이혼 후 엄마한테 야단맞았을 때 외로웠어요.

외로울 때 위로가 될 만한 사람은 없어요. 외로움을 덜 수 있는 친구도 없어요. 부모의 재결합은 싫어요. 주정뱅이 아빠라 싫어요. 이혼 후 엄마는 기분이 좋아지고 나도 좋아졌으나 아빠는 아닌 것 같아요. 엄마가 다른 남자와 사는 것도 싫어요. 부모님이 다투게 된 것은 내 잘못이 아니고 아빠 잘못이에요."라고 한다.

**모래놀이**

뱀과 사람(드래곤볼 허풍쟁이)이 싸운다. 허풍만 떨던 허풍쟁이가 진짜로 뱀을 기절시킨다. 허풍쟁이의 아들은 아버지 힘내라고 응원한다. 허풍쟁이는 실제로는 가짜로 뱀을 공격한 것이고 손오반 보고 몰래 도와 달라고 해서 뱀을 이긴다. 그러나 나중에는 악어와 대결해 악어의 급소를 찌른다. ["아들은 아버지에 대해 어떤 느낌을 가지니?"] "그래도 아버지인데 좋아해야죠. 그러나 실제로는 좀 부끄러워요."

---

**엄마 보고** 지난주에 엄마가 잘못했다고 말하며 서로 부정적인 감정을 표현할 수도 있다고 하니 자기 마음을 좀 표현했다. 여행을 다녀 오고 그동안 즐겁게 놀았다.

---

**2 20회기**

**갈색모래 – 공룡왕국**

모래상자 오른쪽 아래에 통나무집을 짓고 안에 가족을 넣는다. 마당이 있고 울타리를 친다. 집 밖 공룡 울타리 안에 공룡이 갇혀 있다. 공룡이 집에 들어와 행패 부릴까 봐 아빠가 공룡을 가두었다. 그러나 갇혔던 공룡들은 울타리를 뚫고 나와 집 대문을 부수고 공격하며 자유의 몸이 되었다고 외친다. 엄마는 놔두고 아들딸과 아빠가 캠핑하러 오다 땅이 갈라져 공룡왕국으로 떨어진 것이다. 공룡은 아빠 차를 운전하고 처음에는 아빠가 공룡의 침입을 저지한다. 그러다 가족이 모두 힘을 합해 공룡 잡기에 나서고 서로 협동해 작전을 짜서 공룡 둘을 무찌른다. 그러나 어느 날 또다시 공포가 시작된다. 아빠는 자동차 기름이 떨어져 사러 가고 아들이 지휘해 부서진 집을 고치고 있는데 다시 공룡이 습격해 큰 공룡이 드디어 집을 부순다. 아들은 집채에 끼어 있다 아빠에게 구원을 청하고 아빠가 아들을 구해 도망간다. 이 과정에서 딸이 큰 도움을 준다. 딸의 도움으로 차를 타고 도망가다 또 다른 공룡의 습격으로 차가 들이받히고 아빠는 아들에게 조종석을 내준다. ["아들의 기분은?"] "처음에는 좋았으나 나중에는 조종을 잘하지 못해 싫었어요."

갑자기 비가 오고 공룡은 도망갔으나 공룡으로 인해 엄청난 재산 손실을 입었다. 아빠는 다른 데 가서 집을 짓자고 가족에게 지시하고 공룡이 잘 볼 수 없는 곳에 다시 멋있고 튼튼한 집을 짓기로 했다. 아빠는 이제는 절대로 집이 부서지는 일이 없을 거라고 하고 아들은 다시 부서질지 모른다고 걱정한다. 아빠는 아들에게 혼자 행동하지 말라고 당부하고 이제 절대로 집을 부수지 못하게 할 거라고 맹세한다. 한 보름간 편안해 아들도 마음이 놓였다. 그러나 어느 날 공룡이 또 박치기하며 나타난다. 아들은 가다가 죽을지라도 이번에는 집을 지키겠다고 결심한다. ["아들의 심정은?"] "겉으론 여자 친구에게 잘 보이려고 폼을 많이 잡았으나 속으로는 겁났어요."

아들은 공룡과 싸우고 아빠는 집으로 도망간다. ["아버지의 도망을 아들은 어떻게 느낄까?"] "아들 때문에 자기까지 죽을 순 없으니까. 숨었던 아빠는 다시 폼 잡고 나서기로 하고 공룡과 싸우나 집은 다 부서지고 아빠는 다시 숨어요. 딸 둘은 숨은 아버지를 보고 저렇게 될 줄 알았다고 해요. 아빠는 근육은 있고 폼 잡기는 하나 실제로는 힘이 없어요. 아버지 따라 아들도 멋진 척, 힘센 척을 하다 결국 공룡들은 서로 부딪쳐 자폭하게 되었어요." 다음에 이어서 다시 하겠다고 한다.

지난번에 이어 같은 아버지와 아들의 주제이나 아들은 아빠와 협력하기도 하고 아빠의 역할을 떠맡기도 한다. 아빠는 처음에는 힘 있고 자기를 지켜 준다고 약속하나 나중에는 폼만 잡고 실제로 약한 모습으로 표현되고, 아들도 아빠와 같은 것으로 표현된다. 그러나 그래도 가족을 돕고 보호하기 위해 애쓰는 긍정적인 부성상이 있고, 아빠가 공룡들을 막으려 하는 장면을 통해 자신의 파괴적 충동을 다스리려 하며, 초자아의 요구를 받아들이는 모습, 본능을 조절하려는 노력이 힘겹게 이루어지고 있고 어느 정도 성공하는 모습이다. 자신의 부성상의 회복과 여성성의 활성화와 긍정적 역할도 표현되면서 통합을 향해 가고 있다.

3 21회기: 젖은 모래에 물을 가득 부어 사용

지난번과 같은 주제(고난에 처한 가족)가 이어진다. 가족이 배를 타고 공룡을 피해 있는 장면이다(오른쪽 구석에 둑을 쌓고 물을 넣고 배가 거기 서 있다). 갑자기 공룡이 오고 있고 둑이 무너져 물이 사방으로 가득 퍼졌고 배는 이리저리 가다가 상자의 왼쪽 구석을 들이받고 부딪쳐 난파한다. 이것은 큰아들 잘못이다. [“왜?”] “아들이 둑을 무너뜨리고 공룡을 오게 했고, 배가 처박히게 만들었기 때문이에요.” 모두 물에 빠졌고 큰아들은 흙 속에 묻혔다가 공룡의 똥 세례를 받아 똥 더미 속에 묻힌다. 공룡의 공격을 받으려는 순간 아동은 집에서 가져온 ‘셀’이란 놀잇감 인물(드래곤볼 만화에 나오는)을 꺼내 공룡에게 유머를 사용하며 위기를 모면한다. 아빠는 아들을 구하기 위해 애쓰나 아빠도 공룡의 똥 세례를 받아 쓰러지고 언니만 빼고 모든 가족이 똥 속에 갇힌다. 언니가 여러 번의 노력 끝에 드디어 아동과 가족을 구해 낸다. 익살스럽고 악의적인 느낌이 없으며 고난에 직면했으나 오히려 여유로워 보이는 표현이다. 아동은 물기 있는 모래를 충분히 즐겼고 모래놀이가 재미있으니 다음 주에 또 오게 해 달라고 한다.

퇴행하는 모습, 자기비난, 인격 전체에 퍼져 있는 항문기적 영향력, 항문기에 고착되어 있는 모습을 표현하는 것 같다. 또한 거기서 나아가는 과정과 여성성의 활성화, 치료자에 대한 긍정적 전이감정이 표현되었다. 의식적으로는 자신이 책임이 없다고 하고 있으나 무의식에서는 자기책임, 자기비난의 감정이 표현되고 있다.

4 23~24회기

그동안 지낸 느낌에 대해 긍정적 감정과 부정적 감정을 함께 말한다. “엄마가 공부 많이 시켜서 지루하고 짜증 나요. 어제 엄마가 말을 사랑스럽게 했다고 나를 사랑해 주었어요.”

모래놀이에서는 팀끼리(로봇군단과 다른 팀)의 싸움이 일어나고 말들이 심판으로 등장한다. 농구 게임(깡패 팀 : 엉터리 팀)도 한다. 모두 감독이 있다. 그러나 감독은 힘을 쓰지 못하고 선수들이 자기 마음대로 경기를 하고 있다. 농구를 하다가 깡패 팀이 지니까 말을 타고 칼싸움으로 바꾸고 다시 레슬링으로 바뀐다. 자기네가 유리한 거니까. 농구를 해서 관중에게 인정받고 싶었는데 이건 싸움이다. [“정당한 방법으로 인정받고 싶었는데 잘 안 되는구나. 감독이 있지만 막지를 못하고 있네. 이 깡패들을 어떻게 하면 제대로 싸우게 할 수 있나?”] “이 깡패들을 막을 존재는 없어요. 제일 강한 깡패라 경찰도 못 당해요.” 일대일 싸움을 벌이고 졌다 이겼다를 반복한다. 팀끼리의 농구 게임으로 볼 때 자아가 강화된 모습이 나타난다. 그러나 그 투쟁이 마지막까지 건설적으로 이루어지지는 못하고 있다.

치료자의 제안으로 ‘집 안에서 일어난 일 게임’을 했다. 모래놀이를 통해 표현되고 느낀 점을 언어화하고 의식화시키기 위한 것이었다. 아동의 카드내용(질문)과 그에 대한 반응은 다음과 같다.

① 애들이 내가 없을 때 나에 대해 말을 한다면? 내가 애들에게 시비를 잘 건다고 할 것 같다.
② 너의 고쳐야 할 점: 화내는 것, 공부를 잘했으면, 엄마와 행복하게 사는 것
③ 긴장하다: 상 받을까, 못 받을까 긴장한다.
④ 아빠가 우는 것 본 적 있나? 우리 아빠는 자존심이 강해 절대 안 운다. [그런 것에 대해 너는 어떤 느낌?] 울 때도 있어야죠.
⑤ 아빠에게 쓰는 편지: 우리 가족이 소풍갈 때 행복해요.
⑥ 깜짝 놀라다: 내가 학교에서 오는데 엄마가 갑자기 야단칠 때

아동의 카드에 대한 반응을 통해서 볼 때 방어가 줄어들었으며 자신의 감정을 솔직히 드러내고 있다. 또 관찰 자아(observing ego)의 형성으로 자신을 객관적으로 보는 시각이 생기고 있다.

치료자는 태훈이의 아빠에 대한 카드반응을 이용해 아동이 아빠에 대한 두 가지 감정(분노와 갈망)을 가지고 있는 것 같다고 말하고 그런 감정은 생길 수 있는 일이라고 하였다. 아동은 처음에는 부정하다 나중에는 긍정한다.

치료자 차례에서 치료자는 자기투사를 직면시킬 필요가 있다고 보고 '언제 강하다고 느끼는지'에 대한 카드에서 '자기 단점을 받아들이고 솔직히 시인하는 사람'이란 반응을 했다.

**엄마 보고** 자기가 잘한 것(수학점수 잘 받은 것)에 대해 자신 있게 잘 얘기한다. 애들에게 자기 아빠가 미국에 있다고 얘기했다고 하며 엄마 나이를 줄이고 싶다고 한다. 끈기 있게 해 나가는 것은 아직 부족하다.

⑤ 26회기: 젖은 모래에 물을 담아 사용

난쟁이 둘이 책상 위에서 뛰고 다른 애들은 지켜본다. 심술이가 올라와 괜히 폼 잡다가 애들에게 당한다. ["그런 심술이 같은 사람 보면 어떤 느낌?"] "꼴불견이에요." ["그런 행동하는 사람 누구를 아니?"] "우리 반 ○○○. 공부는 못하면서 잘난 척한다. 머리 염색을 그렇게 많이 바꾸고. 그런 애 보면 정말 싫어요. 이곳에 놀러온 여행자 중 한 명도 잘난 척하며 오토바이 타고 폼 잡고 있어요. 심술이는 그 아이 보고 폼 잡는다고 비난해요. 자기도 폼 잡으면서. 주유소에서 기름을 넣어 주는 소년이 기름을 넣다 실수하자 차 안의 사람들이 사기꾼이라고 비난해요. 주유소 소년은 폼 잡고 뺑까서 공룡들이 그에게 똥 세례를 퍼부어요." ["폼 잡아서 실제로 피해 본 일은?"] "없어요." ["실제로 피해 본 일은 없지만 기분이 나쁘구나."] "네, 주유소가 완전히 똥으로 뒤덮인 후 모든 사람이 도와 주유소를 청소해요. 그러나 심술이는 심술만 부려요. 잘난 척한 애는 흙 속에 묻히고 공룡에 밟혀요." ([그림 7-6] 참조)

["학교에서 제일 싫은 애는?"] "잘난 척하고 오버하는 애. 남은 안 그러는데 자기 혼자 오버하는 ○○○. 짜증나요." ["그 앤 왜 그렇게 오버한다고 생각하

[그림 7-6] 주유소와 난장이들

니?"] "인기를 받으려고." ["인기를 받고 싶었나 보다. 인기를 받고 싶을 때는 그런 방법 말고도 많을 텐데 애들이 싫어하는 것을 하는구나. 너도 인기받고 싶을 때가 있니?"] "네." ["그럼, 누구나 사람들은 인기받고 싶은 때가 있지. 그럴 때 넌 어떻게 하니?"] "몰라요." ["다른 애들을 도와주는 건 어떨까? 애들이 좋아할 텐데."] "하려고 해도 선생님이 날 안 시키고 다른 애만 시켜요. 공부 못하는 애 공부 도와주는 것은 안 시켜요." ["너는 할 준비가 되어 있는데 널 인정해 주지 않는다고 느끼는구나."] "그래요." ["공부 아니고도 선생님이 시키지 않아도 너 혼자 도울 수 있는 일은 없을까 찾아보자."] 자기 IQ에 대해 질문하며 자신의 IQ가 140이 안 된다고 말한다. 치료자가 최고가 되고 싶어 하는 아동의 마음을 반영하자 "할머니가 나보고 7,000만의 지도자가 되어야 한대요. 할머니는 욕심이 많아요."라고 할머니에게 책임을 전가한다.

항문기적 고착에서 벗어나고자 하는 노력이 보인다. 인정을 받고 싶은 마음과 최고가 되고 싶은 마음이 자기 반에서 잘난 척하는 아이에 대한 질투와 미움으로 투사되고 있다. 자신의 무의식에 있는 그림자(shadow)를 인식하기 어려운 것이 표현된다.

엄마의 병이 심각한 수준이란 진단으로 수술에 들어가게 되어 상담을 일시 중단하기로 했다. 추후연락을 통해 엄마가 수술을 잘 끝냈고 아동이 스스로 할 일을 잘하고 잘 지내고 있다고 알려 왔다.

어떻게 종료를 하느냐가 이 아동에게는 특히 중요한 일이라고 느꼈다. 원하는 종료가 아닐 경우 또 하나의 관계의 상실로 상처를 경험하는 것일 수도 있기 때문이다. 엄마에게 이 점을 설명하고 협조를 구했다. 전화로 아동과 상담 중단 이유에 대해 통화를 했고 적절한 시간에 다시 만나기로 했다.

### 말기단계 요약

부자간의 주제(의존욕구와 좌절, 동일시 과정의 어려움, 초자아 형성과정의 어려움. 그러나 조금씩 이루어지고 있음), 부성상에 대한 부정적 감정의 감소와 긍정적 감정이 표현되었다. 투쟁은 좀 더 균형이 잡히고 조직화되어 간다. 아동의 내적 인격이 활성화되고 통합되어 가며 좀 더 적응적이 되어 간다.

항문기적 고착에서 벗어나고자 하는 노력이 보이며 본능이 조절되고 있다. 인정을 받고 싶은 마음과 최고가 되고 싶은 마음이 자기 반에서 잘난 척하는 아동에 대한 질투와 미움으로 투사되고 있다. 자신의 그림자를 인식하기 어려운 것이 표현된다. 그러나 전반적으로 방어가 줄어들었으며 자신의 감정을 솔직히 드러내고 있고 긍정적인 자아상이 형성되고 있다. 또 관찰 자아(observing ego)의 형성으로 자신을 객관적으로 보는 시각이 증가되고 있다.

### 치료자 전체 평가와 소감

태훈이는 이혼 가정의 아동이 나타내는 여러 가지 어려움을 가지고 있었다. 위기의 시기에 놀이치료를 받게 되었고 시기적절한 엄마의 노력으로 초기에 호소한 문제가 많이 해결되어 가정과 학교, 또래관계에서 원만한 적응을 하게 되었다.

태훈이는 자발적으로 모래놀이를 주로 이용하였고 치료자는 정신역동적 입장과 분석적 입장에서 놀이를 이해하려 했다.

놀이치료 과정에서 아동은 버림받은 것에 대한 분노, 다시 버려질지 모른다는 불안, 상실의 슬픔, 자기비난, 자신의 긍정적 · 부정적 감정과 환상, 사고를 자유롭게 표현해 갔다. 또한 투사하고 분열하는 기제를 표현하기도 했다. 아동은 자신의 감정, 환상, 사고에 대해 치료자에게서 수용을 받고 자신의 불안, 슬픔, 분노를 잠재워 갔다.

놀이치료실은 아동에게 자신의 내부와 외부 그리고 자신의 남성성과 여성성을 수정하고, 무의식과 의식 그리고 자기와 자아를 연결시켜 주고 통합할 수 있는, 부성상과 모성상을 수정하는 장소였다. 아동은 외부의 요구를 받아들이게 되었고 행동화하지 않고 자기를 표현할 수 있게 되었다.

치료자와의 놀이치료 경험은 아동을 새로운 세계로 안내했고 태훈이는 새로운 자기를 만나게 되면서 아동이 나타냈던 문제행동은 사라져 갔고 고착되고 왜곡되었던 발달과정에서 한 단계 더 나아갈 수 있었다. 태훈이는 힘든 상황에서 자신이 힘들다고 소리칠 수 있는 힘을 가진 아동이었다. 그리고 그것은 자기를 찾기 위한 노력이었고 그 과정에서 아동은 보물을 발견해 낼 수 있었다. 그러면서 분리개별화를 이루어 나가고 있다. 아직 아동의 문제가 모두 해결된 것은 아니나 아동은 새로운 길에 들어서 있다. 새롭게 열린 그 길을 걷다 보면 때로는 장애물도 접하게 되겠지만 자기의 어려움을 극복한 힘으로 잘 헤쳐 나갈 수 있으리라 믿는다.

# 학대받은 아동을 위한 놀이치료

● ● ● 아동학대는 엄연히 존재해 오면서도 상당히 은폐되어 왔다. 그러나 학대에 대한 인식이 증가하면서 학대아동의 발견, 치료, 예방에 대한 접근이 점차 활발히 이루어지고 있다. 그럼에도 아직 이들에 대한 발견과 치료는 그렇게 쉽지 않은 상황이다.

## 1. 아동학대란

### 1) 정의

아동학대(child abuse)의 일반적인 정의는 "자기의 보호 또는 감독을 받는 18세 미만의 자에 대한 학대행위"를 말한다. 여기서 학대행위란 아동에게 가해진 행위로 인하여 아동의 건강 또는 복지를 해치거나 정상적인 발달을 저해할 수 있는 모든 신체적, 정신적 상해, 성적 행위 및 방임을 포함한다(보건복지부, 1999).

아동학대란 아동에게 자행되는 다음의 네 가지로 분류될 수 있으며 그 정의는 다음과 같다.

### (1) 신체적 학대

아동보호를 책임지고 있는 성인 측의 행위로 발생한 우연적이지 않은 상해를 포함한다. 주된 상해는 뇌손상, 내장손상, 화상, 심각한 창상, 타박상, 열상을 포함한다. 그런 상해는 극단적인 방치에 의해 아동의 생명, 건강 또는 안전이 위협받는 위탁이나 태만에서 발생하기도 하며 신체적 결과뿐만 아니라 심리적 결과까지 포함한다(Wenar, 2004).

미국의 아동학대 예방, 입양, 가족서비스법(PL 100-294)에서는 "아동의 복지를 책임진 사람에 의해 18세 이하의 아동에게 행해지는 신체적 손상, 그로 인해 아동의 건강 또는 복지가 해를 입거나 위협받으며 보건서비스(Health and Human Services) 담당자에 의해 인정된 규칙에 따라 결정된다."라고 규정하고 있다(Barkley, 1997).

### (2) 정서적 학대와 방임

정서적 학대(emotional abuse)에 대해서는 여러 관점이 주장되어 왔으나 어떤 합의도 이루어지지 않았다. 그러나 확실히 정서적 학대는 존재한다고 보며 신체학대와 성학대를 제외하고도 성인은 아동에게 심리적으로 해로우며 아동의 건강한 발달을 방해하는 방식으로 행동한다.

정서적 학대의 개념을 더욱 확실히 하기 위해 정서적 학대의 범주를 밝히는 데 더 많은 주의가 기울여졌다. 즉, 정서적 학대란 거부하고, 위협하고, 고립시키고, 모욕하고, 타락시키고, 착취하고, 부정하는 정서적 반응을 말한다.

미국 보건사회부 「전국 아동학대 및 방임빈도조사」에서 사용된 정서적 학대(abuse)와 방임(neglect)의 정의에서는 정서적 학대를 억제나 감금, 언어적이나 정서적 위협, 기타 가학적 행위(굶기기, 내쫓기 등)를 하는 것으로 본다.

또한 방임에 대해서는 신체적, 교육적, 정서적 방임으로 분류하고 있다. 신체적 방임이란 건강보호를 고의로 거부하거나 지연시키는 것, 유기, 기타의 보호

문제, 축출, 부적절한 지도감독, 기타의 신체적 방임을 말한다. 교육적 방임이란 만성적인 무단결석의 허용, 학교등록의 포기나 기타 무단결석, 특수교육에 대한 무관심을 말한다. 정서적 방임이란 적절한 양육과 사랑을 제공하지 않는 것, 배우자의 학대에 노출시키는 것, 아동에게 약물이나 술을 허용하는 것, 다른 부적응행동을 허용하는 것, 심리적 보살핌을 소홀히 하는 것이다(Kaplan, 1996).

#### (3) 성학대

성학대(sexual abuse)의 개념에 대해서는 사회나 문화, 시대에 따라 많은 차이를 보이고 있다. Fraser(1981)는 성학대를 "성인이 자신의 성적 충족을 위해 아동을 악용하는 행위"라고 한다. 미국국립아동학대 및 방임센터(National Center for Child Abuse and Neglect: NCCAN)에서 규정하는 성학대는 "성인의 성적 욕구나 욕망을 위해서 아동과 성인 사이에 일어난 신체적 접촉이나 상호작용"을 총칭한다. "18세 이하의 가해자일 경우 현저히 나이 어린 아동(5세 이하의 연령차가 나는 아동)과 성적 상호관계가 있을 경우, 가해자가 힘을 행사할 수 있을 경우, 가해자가 부모, 보모, 교사, 그 외에 아동을 돌보는 위치에 있을 때" 이다(최보문, 1992).

### 2) 학대받은 아동에게서 나타나는 임상양상

#### (1) 신체학대아동

##### ① 신체검사상 소견

피부에 멍든 상처 등의 타박상에서부터 화상, 피부결손 및 자상, 골절, 내부장기 파열, 두뇌손상 등 매우 다양하다. 그러나 가장 중요한 것은 '합리적으로 추정되는 원인에 의한 것보다 심각하고 납득되지 않는 손상'이 특징적이다.

##### ② 정신병리

학대의 결과는 단순한 타박상, 골절 등 비교적 가벼운 일시적 손상에 그치는 것이 아니며 심각한 뇌손상이나 사망을 초래하기도 한다. 연구자에 따라 높은 비율의 정신지체와 언어장애 또는 심각한 정서적 · 심리적 후유증을 갖는다고 보고한다. 흔히 임상에서 위축되거나 잘 놀라거나, 공격적 행동이나 가변적인 기분상태를 보인다. 또는 우울, 낮은 자긍심, 불안을 보이기도 한다. 발달지연을 나타내기도 하고(곽영숙, 홍강의, 1989), 때로는 또래관계의 곤란, 자해 및 자살 행동이 나타나기도 한다.

학대받은 아동에게서 나타나는 후유증은 다음과 같다.

① 자아기능의 손상: 지적 인지기능의 결함, 심한 발달지연과 중추신경계 장애를 갖는다. 과잉행동, 충동적 행동이 많고 외부 위험에 집착하면서 학습과 자기개발에 필요한 에너지를 고갈시키고 있다.

② 급성불안반응으로 나타나는 손상반응: 심한 불안상태를 나타내며 표출행동이나 상징 활동(상상, 놀이, 그림 등)에서도 손상의 반복을 나타내며 같은 행동을 반복한다.

③ 대상관계의 이상: 학대받은 아동은 생후 초기 발달에서 폭력과 거부에 노출됨으로써 기본적 신뢰감 형성에 결함을 갖는다. 정신치료 중의 특징은 초기에는 무관심하고 멀리하며 치료자에게 잘 보이려 하고 벌받는 것을 피하려 한다. 그 후 안전하다고 느끼면 치료자를 지나치게 갈망하고 이상화하여 의존적 만족의 원천과 나쁜 부모 대상에서 자신을 지켜 줄 좋은 부모로 합일하려 한다. 그러다가 치료관계에서 좌절과 한계로 인해 아동은 분노, 환멸을 나타내게 된다. 아동은 자신의 분노를 치료자에게 투사하여 치료자가 자신을 처벌할 것이라고 예상하게 되며 치료자는 나쁜 부모로 변하게 된다. 아동은 이 같은 부정적 이미지를 공고히 하여 보복의 두려움을 증가시킨다. 치료 상황에서 불안과 절망감이 증가되면 아동은 '공격자와의 동일시' 기제에 의해 '나쁜 아이' 라는 부정적인 자기상을 갖게 된다. 도발적이고 시험하는 행동을 많이 하며 예상되는 처벌을 극복해 가는 방법을 찾게 된다.

④ 원시적 방어기제: 학대받는 아동은 위협하는 외부의 부모 또는 내재화된 부모상에 적응하기 위해서 부정(denial), 투사(projection), 내사(introjection), 분열(splitting)과 같은 원시적인 방어기제를 사용한다. 이들은 부모나 그 외의 대인관계에서 사랑과 적대적인 면을 통합하는 능력이 부족하다.

⑤ 충동조절의 어려움: 집이나 학교에서 공격적이며 파괴적이란 말을 많이 듣는다. 또래나 형제관계에서 남 괴롭히기, 싸움, 공격행동이 많이 나타나는데 어린 아동에게서는 안절부절, 과잉행동이 많고 좀 더 나이 든 아동이나 청소년에게서는 반사회적 행동이나 비행이 많다.

⑥ 자아개념의 손상: 종종 슬프고 기가 죽고, 자기멸시에 빠진다. 반복적인 처벌, 구타, 위협 등으로 인해 아동은 실제로는 잘못이 없음에도 자신의 행동으로 인해 벌을 받는 것으로 생각하게 되어 결국 부정적인 자아개념을 갖게 된다.

⑦ 자학적, 자기파괴행동: 자살 시도 및 위협, 자해행동 등을 나타낸다. 또 '사고를 내기 쉬운 경향성'을 나타내기도 한다.

⑧ 학교 부적응: 흔히 집중력이 짧고, 부산하고, 정서적으로도 불안정해 학업수행이 저조한 경우가 많다. 또래나 교사와의 관계에서도 문제가 흔히 일어난다.

### (2) 성학대 아동

Sauzier(1989)는 성학대를 받은 후에 나타나는 특징을 다음과 같이 열거했다. 급성기에는 수면장애, 신경질, 가해자에 대한 공포심 등의 불안증세가 두드러지고, 시간이 지나면서 이 같은 급성기 증상이 가라앉으면서 성학대와 관련된 것으로 간주되는 증상인 나이에 맞지 않게 노는 행동, 관심 끄는 행동, 지나치게 매달리는 행동과 가족역동과 관련된 증상인 부모와 형제와의 다툼이 증가한다고 한다. 또 청소년에게서는 성에 관한 혼란된 행동이나 성적 방종, 고독, 우울, 슬픔 등의 자아개념의 손상과 관련된 행동변화가 나타난다.

Sgroi 등(1982)은 다음과 같은 스무 가지 행동을 열거하고 있다. 지나치게 순종하는 태도, 공격적 행동, 나이에 맞지 않게 성숙해 보이는 행동, 지속적이고 부적절한 성적 놀이, 성행위에 대해 나이에 맞지 않게 지나치게 잘 알고 있는 것, 학교에 지나치게 일찍 또는 늦게까지 남아 있는 것, 친구를 사귀지 못함, 신뢰감 부족, 교내나 과외활동의 참여 기피, 학교에서 집중 부족, 갑작스러운 학업성적 저하, 남성(또는 여성)에 대한 지나친 두려움, 남성(또는 여성)에 대한 유혹적인 태도, 가출, 수면장애, 퇴행행동, 위축, 우울증, 자살충동 등이다.

Lourie와 Blick(1987), Vizard와 Tranter(1988)는 연령에 따른 특징적인 증상과 행동변화를 다음과 같이 보고하였다(안동현, 1999에서 재구성).

① **학령 전기**: 신체증상이나 퇴행행동이 흔히 나타난다. 퇴행행동으로는 손 빨기, 야뇨증, 유아어를 쓰며 악몽을 꾸고, 수면변화가 일어나며 지나치게 매달린다. 성적 놀이를 하거나 성에 대한 관심이 많아지고 자위행위를 한다. 나이에 어울리지 않는 행동을 한다.

② **학령기**: 수면장애, 야뇨증, 가출, 학업부진, 신경질, 부정적인 신체상, 친구관계의 곤란, 체육시간 기피, 지나친 성에 대한 지식, 우울, 불신감, 해리

③ **청소년기**: 자아손상, 반항 및 자해가 빈번, 수면장애, 가출, 학업부진, 신경질, 잦은 싸움, 친구관계 곤란, 약물남용, 불신감, 부정적인 신체상, 성에 대한 혼란, 임신, 자살, 신체증상, 해리.

### 3) 학대받은 아동을 위한 진단평가

초기평가에 의해 아동에게 필요한 도움의 정도와 도움의 형태를 결정하게 된다. 평가는 해부학적으로 바르게 표현된 인형을 사용한다. 이 인형은 치료기간 동안에도 사용된다. 책, 테이프, 학대에 관한 이야기도 도움이 될 수 있다. 그러나 이런 것은 법적인 판단을 해야 하는 경우에는 자료에 대한 규준이 없기 때문에 장애가 될 수 있다. 예를 들면, 아동에게 성학대에 관한 대화를 이끌어 가기 위해 해부학적인 인형을 보여 주는 것은 보통 있는 일로 평가나 성학대를 발견해

내기 위한 방법으로 인형을 사용할 때에는 적당히 인정되는 평가과정과 평가에 관한 보고서가 첨부되어야 한다(Goodman & Bottoms, 1993).

성학대 아동의 해리증상을 체계적으로 평가하는 것은 적절하고 효과적인 치료 계획을 수립하는 데 중요하다. 해리의 평가는 치료 초기에 해리성 정체감 장애(dissociative identity disorder)와 같은 심각한 복합증상을 밝혀 줄 것이다. 평가는 아동이 견뎌 낸 충격의 정도를 결정하는 데 도움을 준다. 뚜렷한 해리증상을 보이는 아동은 서로 갈등을 일으키는 자신의 정서적 욕구와 반작용을 극복하기 위해 그들이 만들어 낸 자기(self)의 다양한 측면을 다루는 특별한 치료가 필요하다. 치료과제는 이런 갈등을 일으키는 다양한 자기의 측면을 하나의 잘 기능하는 자기로 통합하는 것이다.

### (1) 진단적 면담

학대가 의심될 경우에는 아동과의 면담이 이루어져야 한다. 면담과정에 대해서는 여러 곳에서 언급되었는데, 여기서는 다음의 4단계로 나누어 논의하겠다. 우선 면담에 들어가기에 앞서 면담자가 이 과제를 적절히 다룰 수 있는 자격이 있는가 하는 여부를 고려해야 하고, 가능한 한 적은 횟수의 면담에서 집중적으로 원하는 내용을 충분히 얻어 내어 반복되는 면담에서 아동이 암시받거나 거짓 진술하는 가능성을 줄여야 한다. 또한 면담은 가능한 따로 방해받지 않는 편안한 장소에서 이루어져야 한다(안동현, 1999).

#### [1] 1단계: 관계수립의 단계

① 면담자를 소개한다. 흔히 아동에게 면담자의 이름을 말한다.

② 아동에게 관심을 보인다. 아동의 이름을 물어보거나 친근감을 표시하고, 어린 아동인 경우에는 놀잇감 등을 제시하기도 한다.

③ 믿음을 심어 준다. 아동에게 면담자가 경험이 많고, 아는 것이 많은 사람이라는 것을 알려 주는 것이 중요하다.

④ 처음 기대를 명확히 한다. 앞으로의 면담과정 중에 논의될 것에 관해서 아

동의 기대가 무엇인지 명확히 하는 것이 좋다. 보통 "내게 뭐 물어볼 것 없니?" 등의 질문이 이루어진다. 또한 아동에게 잘못된 암시를 주는 것은 피하는 것이 좋다. 예를 들면, 아동이 이야기한 모든 것은 비밀로 할 것이라는 말은 잘못된 것이고, 대신 필요한 사람들과 상의한다는 식으로 설명해야 한다.

⑤ 기꺼이 도와줄 것임을 전달해 준다. 여기에는 자세하게 알려 주는 것, 편안한 기분이 들도록 지지해 주는 것, 두려움을 줄여 주는 것, 아동을 믿어 주는 것 등이 포함된다.

### 2 2단계: 사실확인 단계

학대(성적 학대 포함)의 내용과 정도를 파악하는 단계다. 아동과의 관계 수립이 이루어지고 나면 다음에는 구체적으로 학대 사실을 확인해야 한다. 이때 어려운 표현은 가능한 한 줄이고, 어떤 선입견을 가지고 아동의 말을 유도하지 말고, 직접적이기보다는 다음과 같이 일반적인 사항을 소개하면서 면담을 진행하는 것이 좋다.

① 어떻게 시작되었는가? 처음 일어난 일에 대해서 자세히 이야기해 보도록 한다. 필요하면 그림 또는 인형을 이용하기도 한다.
② 그 후에 어떻게 되었는가? 그 일이 어떻게 진행되었는지 알아본다. 아동이 잘 표현을 하지 못하는 경우에는 "가끔 어른 중에는 아이들 ××를 괴롭히는 수도 있단다."라는 식의 일반적인 표현으로 아동의 이야기를 유도하기도 한다.
③ 어디서 일어났는가?
④ 그때 다른 사람은 다 어디 있었는가? 어디에서 일이 일어났으며 그때 가족은 어디에서 무엇을 하고 있었고, 누가 본 사람은 없었는지, 또는 옆에 있었다면 그들은 어떤 태도를 취했는지를 알아본다.
⑤ 언제 그런 일이 있었나? 낮인지 밤인지 또는 주말인지 물어보고, 엄마가 일

하러 간 동안인지, 목욕할 때인지 또는 음주상태에서 일어났는지 등이 평가되어야 한다.

⑥ 얼마나 오랫동안 계속되었는가? 지속기간뿐만 아니라 횟수도 명기되어야 한다.

⑦ 누가 이 사실을 알고 있는가? 아동이 학대 사실을 누군가에게 이야기를 했는지 또는 하려고 하였는지 알아야 한다. 말을 하지 않았다면 왜 하지 않았는가와 그 이유를 알아야 한다. 그것은 비밀유지의 이유를 밝히는 단서가 되기 때문에 중요할 뿐만 아니라 대책수립에도 중요하다.

⑧ 왜 그런 일을 따라 하였나? 위협이나 폭력의 사용 여부를 파악한다.

⑨ 이런 특별한 관계를 갖는 것을 어떻게 생각하는가? 성학대의 경우는 신체학대와 달리 가학자와 아동의 관계가 특수하게 친밀하고 심리적으로 공생관계를 유지하는 경우가 많기 때문에 이들의 관계에 대한 심리적인 이해가 필요하다.

⑩ 특별히 신체적인 문제는 없는가? 상처나 병, 임신 등이 있었거나 혹은 현재 있는지의 여부를 파악한다.

⑪ 왜 지금 이야기를 하는가? 노출의 시기와 의도(또는 우연성)가 중요하다. 만일 의도적인 노출이라면 아동의 기대가 무엇인지 밝혀야 할 것이고, 의도하지 않았는데 우연히 밝혀진 경우라면 심리적으로 위기에 처하게 되고 이때는 위기개입이 필요하게 된다.

### (2) 성학대를 받은 아동을 위한 놀이치료 중 관찰을 통한 진단(PTSI-CSA)

PTSI-CSA(play therapy screening instrument for child sexual abuse)는 3~10세 아동을 대상으로 하며 성학대 여부를 판단하는 데 사용한다. 놀이치료자는 표에 있는 각 항목에 대하여 아동이 구체적인 행동을 보였는지 아닌지를 표시해야 한다. 이 관찰도구로 비교 아동과 성학대 가능 아동을 각각 관찰한다(〈표 8-1〉 참조).

**〈표 8-1〉 성학대 평가를 위한 놀이치료 관찰도구**

이 름 : ____________ 나 이 : ____________

작성자 : ____________ 작성일 : ____________

비교 아동 내담자(성학대 피해아동 아님)/아동(성학대 가능성으로 선정됨)
다음과 같은 놀이행동을 보인 적이 있습니까? 예-아니요

| | 예-아니요 |
|---|---|
| 1. 손인형을 사용하여 치료자의 얼굴/목에 키스한다 | □-□ |
| 2. 전화놀이에서 전화를 끊기 전에 어떤 사람에게 애정표현보다는 증오의 절규를 한다 | □-□ |
| 3. 가정의 상황 혹은 가정에 관한 어떤 일을 이야기할 때 성적 몸짓을 해 보인다 | □-□ |
| 4. 의료검사 놀이에서 성학대를 재연한다 | □-□ |
| 5. 인형의 성기/젖가슴을 베거나 때린다 | □-□ |
| 6. 인형이 다른 인형에게 오줌 싸는 체한다 | □-□ |
| 7. “오줌 싸다” 그리고 “똥싸다”와 같은 말을 언급한다 | □-□ |
| 8. 담요로 덮어 달라고 요구한다 | □-□ |
| 9. 인물화를 그리고 개칠하거나 찢고, 구겨서 던져 버린다 | □-□ |
| 10. 입을 크게 벌리고 있는 인물화를 그린다 | □-□ |
| 11. 인물화에서 신체의 많은 부분이 지워져 있다 | □-□ |
| 12.그림 속의 인물을 캡슐로 씌우거나 탁자를 그려서 하체 부분을 가린다 | □-□ |
| 13. 인물화의 성기 부분을 연필로 콕콕 쑤시거나 찌른다 | □-□ |
| 14. 인물화에서 신체 부분들이 있을 자리에 없거나 엉뚱한 자리에 그려져 있다 | □-□ |
| 15. 성기가 있는 남자 인물화를 그린다 | □-□ |

‘예’에 표시된 항목의 총수

비교아동 내담자 총점 : ____________

성학대 가능성 아동 총점 : ____________

〈표 8-1〉의 채점 방법은 다음과 같다.

1 1단계

① 비교 아동으로 비성학대 아동 내담자를 선택한다. 비성학대 아동은 성학대가 아닌 다른 이유로 놀이치료를 받고 있는 아동으로 형제가 성학대 피해자라든가 가족학대 피해자와 같은 성학대 고위험군이 아니어야 한다. 비밀유지를 위해 비교 아동의 이름은 기록하지 않는다.

② 비교 아동 내담자란에 놀이치료 중 보인 모든 행동을 체크한다. 놀이치료 중 관찰된 행동의 문항은 '예'에 체크한다. 놀이치료 중 관찰되지 않은 행동은 '아니요'에 체크한다. 관찰행동의 체크는 한 번에 할 수도 있고 여러 번에 걸쳐 할 수도 있다.

③ '예'에 체크된 반응 수를 센다.

④ 총점을 본 도구의 다음 부분의 비교 아동의 점수란에 옮겨 적는다.

2 2단계

① 성학대 가능성이 있는 아동(선택된 아동)의 이름을 기록한다.

② 놀이치료 중에 보인 모든 행동을 체크한다. 놀이치료 중에 관찰된 행동의 문항은 '예'에 체크한다. 놀이치료 중 관찰되지 않은 행동은 '아니요'에 체크한다. 관찰행동의 체크는 한 번에 할 수도 있고 여러 번에 걸쳐 할 수도 있다.

③ '예'에 응답한 반응 수를 계산한다

④ 선택된 아동의 총점에서 비교 아동의 총점을 뺀다. 그것이 총 차점이 된다. 총 차점이 4점 이상이면 성학대 피해의 가능성이 높은 것으로 간주된다. 이런 아동은 가능한 한 빨리 성학대의 가능성을 평가해 보아야 한다(유가효, 문현주, 1999).

### (3) 부모용 질문지를 통한 아동 성학대 진단

Homeyers(1999)가 개발한 성학대 피해아동의 부모용 질문지로 부모에게 실시한다(〈표 8-2〉 참조).

〈표 8-2〉 아동 성학대를 평가하기 위한 Homeyers 부모용 질문지

**행동의 변화**

다음의 문항 중 귀댁의 자녀가 최근에 보였던 행동의 변화에 체크하여 주십시오. 해당 문항에 체크하신 후 그런 행동을 보인 지 얼마나 되었는지를 체크하십시오. 즉, 당신이 그런 행동의 변화를 알아챈 것이 몇 주 혹은 몇 달이 되었는지를 기록하여 주십시오.

아동의 이름 : ____________ 생년월일 : ____________
기록자 : ____________ 기록일 : ____________

행동의 변화

[수면문제]
1.___악몽
2.___침대에 가는 것을 두려워함.
3.___침대에 소변 묻힘.
4.___침대에 대변 묻힘.

[섭식문제]
5.___과식
6.___구역질
7.___토함

[대소변 가리기 문제]
8.___변비
9.___낮 중에 '우발적인' 오줌 혹은 똥 지리기
10.___지나친 모험 감행
11.___갑작스러운 실수
12.___자신을 비하하는 말하기
13.___'죽고 싶다'고 함
14.___자해: 칼로 베고 할퀴기 등
15. ___가출

놀이의 변화

[다음의 대상에게 성적 공격성을 보임]
16.___놀이친구
17.___놀잇감
18.___애완동물
19.___성을 주제로 한 그림
20.___상세한 해부 내용의 그림
21.___비밀스러운 게임의 암시
22.___놀잇감의 파괴

성적 행동

[자위]
23.___공공장소에서 하루 중 ___회
24.___사적 장소에서 하루 중 ___회
25.___자신
26.___타인
27.___희롱
28.___문지르기

정서의 변화

29.___화장실을 두려워함
30.___침실을 두려워함
31.___학교 혹은 탁아소를 두려워함
32.___성인과 단 둘이 남겨지는 것을 두려워함
33.___비밀의 암시
34.___동성 혹은 이성의 성인을 두려워함
35.___포옹, 접촉, 손잡기, 달램 등을 싫어함
36.___분리불안
37.___지나친 복종
38.___위축

[신체적 질병/상처]
39.___위통
40.___두통
41.___요도감염
42.___성병
43.___성기감염
44.___성기의 찰과상, 멍듦, 염증, 가려움

다른 행동의 변화 ____________

### 4) 심리치료 목표와 개입전략

#### (1) 성학대 아동치료의 목표

① 더 이상의 성적 희생이 없도록 보호한다.

② 성학대의 주제를 성공적으로 해결해 자신의 정서와 행동을 이해하고 조절할 수 있도록 한다.

③ 성학대와 관련된 문제(밀접한 대인관계를 맺고 유지하지 못하는)를 해결한다.

④ 가족 내에서 적절한 경계와 세대 간의 선을 구분해 미래에 일어날 수 있는 성학대의 위험을 최소화한다.

⑤ 가족체계 내에서 치료를 한다. 언어적으로 용서를 표현하고 아동이 그 문제에서 해방되도록 한다.

⑥ 가해자에게 책임을 돌리면서 아동이 지지받는다는 느낌을 갖게 함으로써 자기와 가족을 부정하지 않게 한다.

⑦ 모든 부적절한 성적 행동을 제거한다.

⑧ 자기를 존중하고 자신의 힘을 느끼게 한다. 그럼으로써 다양한 과외활동에 참여하게 되고 자신에 대해 긍정적인 말이 증가된다.

#### (2) 성학대 아동치료의 개입 영역

**1 어린 아동**

① 아동의 죄책감과 학대받는 것이 자신의 책임이라고 해석하는 것

② 자신을 학대한 사람과 다른 가족구성원에 대한 혼란된 감정

③ 영원히 다른 사람과는 다른 존재가 될 것이란 두려움

④ 즐거운 감정에 대한 수치감

⑤ 보고의 결과로 인해 생기는 죄의식

⑥ 거절당하거나 계속 학대당하는 것에 대한 두려움

**[2] 좀 더 연령이 높은 아동**

① 불감증의 개념으로 모호하게 정의되어 있는 동성애에 대한 두려움

② 자신이 성범죄자가 되지 않을까 하는 걱정

**[3] 치료 유의점**

① 치료개입의 초점을 결정하는 데 있어서 가장 중요한 것은 성학대 발생 시점과 발견 시점에서의 아동의 발달 수준이다. 예를 들면, 모든 연령 수준에서 신뢰와 관련된 문제가 발생하지만, 여러 해 동안 성학대를 받아 왔거나 이전에 학대받은 것이 보고되었으나 도움을 받지 못한 경우 다른 피해자보다 훨씬 더 심각한 신뢰의 문제를 보이게 될 것이다.

② 아동을 문제별로 나누어 개별적으로 치료해 나간다.

③ 아동기를 계속 유지하면서 발달해 나갈 수 있도록 지지해 주고 정보를 제공한다.

④ 아동이 직면하고 있는 발달과업에 기초를 두면서 빨리 아동이 자신의 연령 수준에 가깝게 기능할 수 있도록 치료한다. 예를 들면, 어린 아동의 놀이치료의 초점은 충동과 감정을 언어화함으로써 자기통제를 하도록 하는 것이다. 학령 전기 아동에게는 일반적으로 공포와 불안에 대해 간접적으로 표현하게 하는데 놀이치료에서 환상을 이용하여 안전한 수준에서 불안한 감정을 다룬다. 좀 더 연령이 많은 아동은 자신의 문제가 무엇인지 알려고 하고 더욱 직접적으로 표현하려고 할 때 문제해결 방법을 사용하려고 할 것이다. 치료자는 아동이 계속 학대를 받게 되면 정상적인 심리적 발달이 직접적으로 방해받게 되므로 이런 아동은 자기 연령에 비해 정서적으로 더 어리다는 것을 알고 있어야 한다.

### (3) 성학대 아동의 치료기법

**[1] 전통적 심리치료기법**

성학대 아동을 위한 전통적 치료전략은 초기평가에서부터 성학대 경험에 초

점을 맞춘 장기적 치료에 이르기까지 단계적으로 진행된다. 개인적인 대화치료에서는 초기에 아동과의 라포를 형성하고 신뢰동맹을 맺는 데 초점을 맞추며 결국 학대 경험이 드러나게 한다. 다음 단계는 치료자가 그런 학대가 일으킨 고통을 알리고 아동이 '왜 내가?' '어떻게 누군가가 나에게 이런 일을 할 수 있었나?' 란 의문을 갖게 한다. 그러나 초기에 그런 질문에 답하는 것은 불가능하다. 치료자는 치료의 결정적 시기에 지지를 해 주어야 한다. 치료의 마지막 단계인 대화치료에서는 새로운 자기감을 갖고 개인적 힘을 인식하도록 하는 것이다. 의문은 끝나고 학대 이유의 모호성은 더 잘 견뎌질 수 있다. 학대에 대한 책임이 가해자에게 돌려지며 그럼으로써 아동은 새롭게 자유로움과 자기가치감을 갖게 된다.

Strand(1991)는 성학대 아동을 위한 치료의 6단계를 제시했다.

① 발달평가를 한다.
② 성학대의 역사를 수집한다.
③ 아동의 자아 고양을 위해 강점을 찾아낸다.
④ 충격적 경험이 표면화되게 돕고 충격적 경험의 영향을 평가한다.
⑤ 충격적 경험을 훈습(work through)한다.
⑥ 충격적 경험을 해소한다.

전통적인 치료전략은 충격적 경험이 해소되는 시점이 있다는 것을 가정했다(Herman, 1992). 아동에게는 그때가 심각한 정서적 고통 없이 학대사건을 말할 수 있을 때다. 훌륭한 치료를 받고 적절한 지지가 주어진다면 학대받은 아동에게 거리감과 객관성이 발달된다. 그러나 아동이 영원히 충격적 경험을 충분히 해결하는지는 확실하게 결론짓기 어려울지 모른다. 왜냐하면 충격적 사건은 아동의 인생에 크고 중요한 영원한 변화를 갖고 오는 경우가 많기 때문이다(Pamela, 1997).

### 2 미술치료기법

미술치료는 성학대를 받은 아동을 위해 효과적인 기법이다. 아동의 가장 깊은 생각과 걱정을 드러내게 하는 강력한 투사적 도구면서 정화(카타르시스) 효과가 있다. 아동은 치료과정에서 자신의 미술 작품을 돌아봄으로써 도움을 받을 수 있다. 미술은 아동의 과거의 충격적 경험을 시각화해 보여 주는 데 도움을 준다. 또한 특히 충격적 경험을 한 아동이 자신을 정서적으로 표현할 수 있는 유일한 매체가 될 수 있다. 성적 학대를 받은 아동이 듣는 공통적인 위협은 '학대 사실에 대해 절대로 말해선 안 된다.'는 것이다. 따라서 많은 아동에게 이것은 학대의 경험을 언어로 말하는 것은 위험한 일이란 것을 의미한다. 비언어적인 미술치료는 이런 부담과 두려움을 감소시켜 준다. 해리장애를 가진 아동을 치료할 때 이들의 다양성이 뛰어난 미술적 능력을 보여 줄 수도 있다. 이런 성격 특성은 너무 어려워 치료자에게 말할 수 없었던 학대의 측면을 미술을 통해 드러냄으로써 나타난다(Cohen & Cox, 1995).

미술은 선사시대부터 자기 표현과 다른 사람과의 관계를 탐색하기 위한 수단으로 사용되기 시작했다. 그러나 1940년대 Margaret Naumburg의 선구자적인 노력으로 미술이 치료적으로 사용되기 시작했다. 미술치료는 처음에는 신경증적 갈등을 다루는 정신역동적 통찰치료에 부수적으로 사용되던 것에서부터 점차 그 범위가 확대되어 정신의학적 진단에 분류되는 증상 전반에 걸쳐, 또한 일상적인 삶의 문제에서 성장을 촉진시키기 위해 사용되게 되었다(Wadeson, 1980). 뿐만 아니라 아동과의 상담에서도 중요한 자기 표현적인 치료매체로 활발히 사용되어 왔다. 미술은 언어, 문화, 억압된 경험과 저항 등의 어려움을 극복하고 아동과의 의사소통을 촉진시킨다.

미술활동은 창조성, 자발성, 자기 표현, 자기 노출을 격려한다. 미술작품은 정화작용을 하는 투사적인 매체로 작용하는데 이를 통해 감정, 생각, 걱정거리 등이 투사되고 탐색되며 궁극적으로는 이해되고 다루어질 수 있다. 미술활동은 완성된 결과물이 있으므로 완성감과 유능감을 경험할 수 있는 활동적이고, 창조적이며, 직관적인 과정이다.

아동은 난화, 연필 그림 그리기, 물감 그림 그리기, 찰흙이나 핑거페인팅 물감 같은 재료로 작업하면서 자신을 괴롭혔던 감정과 걱정거리를 드러낸다. 미술치료에는 이렇게 다양한 매체가 사용될 수 있는데 환자의 요구와 목적에 맞는 매체를 선택해야 한다. 따라서 다양한 매체가 불러일으킬 수 있는 결과에 대해 알고 있어야 한다. 매체를 선택할 때는 아동이 그 매체를 얼마나 잘 다룰 수 있는지와 촉진을 잘 시킬 수 있는지를 고려해야 한다. 매체를 지나치게 많이 제공하면 아동을 혼란시키거나 질리게 한다. 적절한 크기의 종이, 다양한 색 등은 자발성을 촉진시킨다. 좌절감을 주는 매체는 피해야 하며 판에 박힌 활동을 하는 아동은 매체를 바꾸어 주는 것이 필요하며 억압된 아동에게는 핑거페인팅을 해 보도록 권하는 것이 좋다. 그러나 지나치게 퇴행된 아동에게는 적당하지 않다. 매체의 특성과 사용뿐만 아니라 특정 매체 사용의 시기 또한 중요하다.

**3 분석심리학적(Jungian) 미술치료: 연속 그림 그리기**

이 기법은 Allan(1988)에 의해 개발된 기법으로 C. G. Jung의 이론을 기본으로 하고 있다. 분석학적(Jungian) 입장의 치료기법은 심리적 외상(trauma)을 가진 아동의 치료에 적절하다.

치료자가 아동을 규칙적으로 만나(적어도 주 1회, 20~25분) 그림을 그리도록 요청한다. 시간이 가면서 라포가 형성되고 아동의 문제가 그림에 상징적으로 표현되고, 내적 갈등이 해결되고 치유가 된다.

Jung에 따르면 심리적 건강은 외부 세계의 요구와 내부 세계의 욕구 사이의 미묘한 균형이라고 한다. 그에게 표현예술 활동은 감정과 이미지의 내적 세계로 가는 중요한 길을 나타냈다. 그는 무의식을 단지 억압된 감정의 저장소가 아니라 건강과 변형(transformation)의 원천으로 보았다. 스트레스를 느낄 때 사람들의 무의식은 그 안에 치유에 대한 잠재력과 씨앗을 품고 있는 꿈이나 이미지 등을 향해 내부로 방향을 돌린다. Jung의 방법은 귀납적인 분석이 아니라 종합적이며 목적론적인 관점을 가지고 있다. 그는 개인의 내적인 삶이 그를 이끌어 가는 것에 관심이 있었다. 따라서 심리치료자는 환자의 이미지를 분석하는 것이 아니라 오히려 이미지를 만들고 이미지가 전개되는 대로 따라가도록 격려하는 것이다. 그것은 어느 정도 자아(ego)가 무의식적인 움직임과 이미지에 길을 비켜 주어 무의식이 의식보다 우위에 서게 하는 것이다.

Jung은 치료동맹과 라포가 인간의 정신에 숨겨진 치유의 잠재력을 활성화시킨다고 했다. 그는 이런 잠재력을 개인이 잠재력을 실현하게 하거나 개성화의 길로 안내하는 자기원형(archetype of the self)의 부분으로 보았다. 치료동맹에 의해 이 원형이 활성화되면 자기원형은 환자가 가야 할 필요가 있는 곳으로 환자를 데려간다. 따라서 놀이치료에서 아동은 자발적으로 자기의 심리적 투쟁과 직접적인 관련이 있는 환상 주제를 작업하며 그림에서도 마찬가지다.

연속 그림 그리기(serial drawing)는 치료자가 있는 데서 매주 그림을 그리는 것이다. Jung은 그림을 볼 때 단순히 한두 가지를 분석하기보다 시리즈로 보는 것이 중요하다고 말했다. 아동이 치료자 앞에서 정기적으로 그림을 그려 가면 치유의 잠재력이 활성화되고, 갈등이 표현되며 해결되고 치료자는 환자의 무의식의 활동을 명확하게 보게 되며 그에 대한 좀 더 정확한 관점을 알 수 있게 된다. 그곳은 성스러운 공간이 되며 일상의 시간에서 벗어난 성스러운 시간이 된다. 이 둘은 긍정적인 치료동맹으로 심리적 성장과 변형을 촉진한다. 이런 조건은 무의식이 치유를 향해 움직이도록 활성화시킨다. 환상과 이미지들이 만들어지고 상징화되고 구체화되면서 심리적 성장이 촉진된다. 흰 종이(8.5×11inch)는 투사가 이루어지는 안전한 장소가 되고 상징과 이미지들은 다양한 정서를 담는 그릇이 되어 감정이 표현되게 한다.

아동은 자기의 심리적 외상이나 심리적 투쟁의 특성과 자아강도에 따라 자신의 속도로 움직인다. 일반적인 패턴이 있기는 하나 어떤 아동은 고통의 이미지를 만들어 내고 다른 아동은 회복과 치유의 이미지를, 또 다른 아동은 매우 정형화된 그림만을 보여 준다. 어떤 아동은 고통의 이미지에 오랫동안 시간을 보내나 다른 아동은 직접적으로 치유의 이미지로 들어간다. 또 성장의 욕구와 파괴의 욕구 사이의 강력하고 양가적인 충돌에 고착되어 버린 것같이 나타나기도 한다. 이런 독특한 패턴은 시간이 지나야만 명백해진다. 따라서 연속적인 그림에 대한 접근이 필요하다.

① 상징적 주제

연속 그림에서 아동은 하나의 상징적 주제를 고르며 많은 그림에서 그 주제들을 나타낸다. 이미지들은 고정된 방식으로 표현되지 않으며 형태와 기능이 변화된다. 상처와 침범의 이미지에서 회복과 건강한 이미지로 여러 번 변화되어 간다.

**예 1 6세 성학대 여아**

성교를 하고 생식기를 드러내고 있는 사람들이 있는 침대와 목욕탕을 꾸준히 그린 아동은 종료 시 여전히 침대와 목욕탕을 그리긴 하였으나 사람들은 각자 자기의 침대에서 자고 있고 방은 깨끗하고 불이 켜진 상태로 그렸다.

**예 2 11세 성학대를 경험한 여아: 매우 조용, 위축, 안면 틱**

처음에는 거대한 언덕에 둘러싸인 작은 집을 그렸다. 수 주일 동안 집은 차츰 배경에서 나와 중앙에 나타나게 되었고 언덕의 크기는 작아졌다. 집은 집들, 집들이 많은 마을과 시를 그리다 마침내 6개월 후 맨해튼을 그렸다. 종이 가득 고층빌딩들이 들어찼고 이때부터 아동은 말하기 시작했다. 그림에 대해 "이 그림은 아빠 같아요. 이 빌딩들은 쓰러져 와요. 아빠처럼 나를 눌러요. 나를 숨 막히게 해요. 나에게 키스를 하고 내 위에 눕고 내 궁둥이를 꼭 안고 나에게 아빠를 만지게 해요. 나는 그것을 증오해요. 아빠가 미워요." 그리고 분노하며 울기 시작했다. 그림은 성학대를 드러내게 했고 그 후에 중요한 진전이 있었다. 이 일화는 특정한 상징(멀리 있는 작은 집—무의식 속에 깊이 있는 것)이 수일 후 천천히 표면화되고 드디어 의식의 전면(맨해튼)에 나타나게 되고 언어적으로 노출하도록 이끌었다.

② 방법, 치료자의 태도

**소개**　라포를 형성하고 도움을 주는 역할을 밝힌다. 그리기와 말하기가 도움이 된다는 것을 알리는 것, 시간과 장소의 설정, 그림의 저장(자기가 만들어 낸 것을 품어 주고, 보호하고, 존중한다는 느낌을 줌), 나중에 그림을 되돌려 준다는 것을 알리고, 아동에게 질문할 기회를 준다.

시간이 짧은 치료에서는 크레용, 지우개, 자는 준비하지 않으며 요구할 때만 준다. 크레용은 칠하는 데 많은 시간이 걸리기 때문에 치료과정을 분산시키기 쉽다. 가능하면 같은 방을 사용하며 매번 새로운 종이를 아동 앞에 놓는다. 어떤 아동은 그림 하나를 5~6회 동안 그리는 경우도 있는데 아동이 전에 그린 그림을 달라고 요청하면 소망을 반영은 해 주되 그것을 파일에 보관하는 것이 중요하다고 말한다. 경계선, 제한, 심리적 자료의 보호가 변형을 위해 중요하다. 그림을 꺼내는 행동의 의미와 중요성을 알리고 대화를 나눈다. 그러나 계속 고집한다면 그림을 복사해 주고 원본은 파일에 보관한다.

**치료자 태도** 회기가 진행되는 동안 치료자는 아동 옆이나 근처에 앉아 초기에는 가능하면 말을 적게 하며 아동의 침묵을 존중해야 한다. 외향적인 아동은 움직임이 많고 소리를 많이 내고 말을 많이 하는데, 치료자는 최소한으로 반응하면서 그림에 초점이 맞춰지도록 해야 한다. 치료자는 대화를 주도하지 말고 단지 아동을 관찰하며 그림에 접근하는 방법, 인물의 위치, 이미지나 상징의 유형, 주제 등을 관찰한다.

치료자는 치료자와 아동 간에 전개되는 눈에 보이지 않는 감정의 색조를 띤 공간에 민감해야 한다. 아동이 그려 가면서 그의 무의식이 움직이며 과거의 감정이 표현되고 새로운 감정이 표면에 떠오른다. 또 전이-역전이가 발달하고 치료자는 아동과 그 자신의 미묘한 감정 변화를 느끼게 된다. 이것은 치료자가 아동의 심리적인 투쟁을 이해하고 침묵의 가설을 세우도록 돕는다. 이 침묵 속의 이해와 수용은 아동이 앞으로 나아가도록 돕는다. 때때로 아동은 어떤 주제에 고착돼 뚜렷한 변화를 보이지 않고 그 주제를 오랫동안 반복하게 될 수도 있다. 이때 치료자는 아동의 갈등을 언어화하거나 해석하는 더욱 적극적인 역할을 해야 한다.

치료자의 언어적, 비언어적 행동은 이 방법의 성공에 결정적으로 중요하다. 치료자는 이 활동이 아동을 도울 것이란 믿음이 있어야 하며 무조건적인 긍정적인 존중을 하고 신뢰를 구축하고, 아동이 그림을 그리고 말할 수 있는 환경을 마련해야 한다.

아동의 상호작용 양식은 모두 다르므로 치료자는 융통성이 있어야 한다. 처음에 치료자는 아동이 이끄는 대로 따르는 것이 필요하다. 그리는 동안 아동이 말을 하면 치료자는 때로는 감정을 반영하고, 때로는 질문에 답하며 반응을 한다. 아동이 그림에 몰두해 조용히 있으면 치료자도 조용히 있어야 하고 아동과 그의 이미지, 그의 감정에 함께해야 한다.

치료자는 회기의 끝에 다음과 같은 질문을 할 수 있다.

"그 그림은 이야기가 있니?" "그림에서 무슨 일이 일어나고 있는지 말해 주겠니?" "그림에 제목이 있니?"

가끔 다음과 같은 질문을 하는 것은 확충(amplification)을 도와준다.

"이 그림 전에는 어떤 일이 있었니? 다음에는 어떤 일이 일어나니?"

또한 회기의 끝에는 그리는 동안 관찰한 특이한 것에 대해 질문한다.

"선영아 네가 집을 그릴 때 손잡이를 오랫동안 그리더구나. 손잡이를 그리고 칠하는 동안 생각한 것을 나에게 말해 줄 수 있을지 궁금하구나. 그 손잡이는 너에게 무슨 뜻이 있니?" 질문은 그리는 활동에 방해가 될 수 있으므로 맨 끝에 해야 한다. 그림은 단지 그림 이상의 것이며 아동이 내적인 표상, 주제, 갈등을 심리적으로 해결할 기회다.

③ 연속그림의 특정 기법

비지시적인 방법, 지시적인 방법, 부분적으로 지시적인 방법이 있다.

**비지시적 기법** 어떤 아동은 치료에 와서 치료자가 말하기도 전에 그리기 시작한다. 이런 아동은 치료자와 치료환경에 기꺼이 반응하며 자기가 원하는 것, 그릴 필요가 있는 것이 무엇인지 안다. 즉시 심리적인 작업에 들어가며 초기에는 치료자를 단지 자기 그림의 목격자로 있어 주기를 원한다. 이미 이들은 자신의 치유적인 과정과 연결되어 있으므로 비지시적 접근을 하는 것이 중요하다. 그들은 자기가 어디로 갈 필요가 있으며 무엇을 그리는 것이 필요한지를 직관적으로 안다.

이런 아동은 10~12주 정도에 중요한 진전을 하며 그림이 3단계를 거치며 각 단계는 뚜렷한 주제와 이미지를 드러낸다. 최적의 촉진적 조건을 만들어 주기 위해 치료자의 반응과 행동은 각 단계에서 달라져야 한다.

### 연속 그림의 단계

Allan은 연속 그림에 3단계가 있으며 각 단계가 특정한 이미지나 주제를 나타낸다고 한다.

- 초기(1~4회기): 그림들이 아동의 내부세계에 대한 관점을 제공해 주고 아동의 문제의 원인을 반영하는 이미지를 나타낸다. 내적 조절의 부재와 절망의 감정을 보인다. 치료자와 초기 라포를 수립하기 위한 수단을 준다. 아동의 실제 그림에서 치료자는 자주 친절한 거인, 헬리콥터 파일럿, 의사, 간호사 등 상징적인 형태로 통합된다.
- 중기(5~8회기): 그림의 내용은 순수하게 정서를 드러내고, 대극(선과 악)의 투쟁이 있으며 양가적 감정이 분리되어 나온다. 아동과 치료자 간의 관계가 깊어지고 이 단계의 끝에 가면 아동은 그림을 고통스러운 주제에 대해 직접 말하거나 비밀을 드러내는 다리로 이용한다.

> ※ 치료자 역할
> 치료자가 그림의 내용을 직접 아동의 삶과 관련짓기 시작하는 것(해석)이 중요하다.
> (예) 나는 네 엄마가 집을 떠났을 때 정말 상처를 입었고 때로는 네가 죽어서 다시는 그런 고통을 당하지 않고 싶었다는 것을 안다. 나는 네가 이런 느낌을 나에게 말해 주어 기쁘다.

- 말기(9~12회기): 더욱더 깊은 감정과 고통을 해결하려는 빠른 움직임이 있

으며 아동은 극복의 감정, 자기통제, 가치감을 반영하는 이미지를 그린다. 긍정적인 이미지(전쟁, 폭력, 위험이 없는)를 그리며 중심적인 자기상징(초상화나 만다라 형태), 유머가 있는 장면이나 치료자에게서의 분리를 나타내는 그림들을 그린다. 이 방법은 그림뿐만이 아니라 다른 창의적인 표현(모래, 드라마, 그 밖의 환상 활동–반죽이나 찰흙, 창의적인 이야기)에서도 똑같이 적용된다. 따라서 치료자는 각 아동에게 가장 잘 맞는 치료매체를 찾는 일이 중요하다.

**※ 치료자 역할**

치료자가 활동을 주도하는 정도에 관한 문제는 어려운 문제며 결국은 치료자의 고유한 성격의 문제다. 처음에 치료자는 이해와 의미 파악은 무의식적인 수준에서 상징적으로 일어난다는 신념으로 거의 말을 하지 않는 것이 좋다. 그러나 아동의 고통과 투쟁이 심하고, 아동의 애착과 전이를 강화하는 것이 필요하다고 느끼면 그림에서부터 나와 치료적 관계나 외부 상황과 연결하는 것이 좋다. 이것은 아동이 반복적인 사이클에 고착되어 버리거나 고통과 불안을 감소시키기 위해 해석이 필요할 경우 할 수 있다. 그러나 너무 많은 질문, 반영, 해석은 때로는 아동의 자발적인 치료과정을 막을 수 있다. 연결이나 해석은 회기 끝에 해야 하며 그림의 내용과 연결하기 위해 우선 그 내용에 대한 공감적 반응이 이루어져야 한다. 어떤 때는 이런 해석의 사용이 전이와 성장을 크게 촉진하는 것 같다. 아동이 자기 스스로는 분리해 낼 수 없는 강한 양가감정에 빠져 있을 때는 특히 해석을 하는 것이 중요하다. 그림의 이미지와 동시에 아동의 외부 현실과 대화하는 것이 가능하다. 그림에서 일어나고 있는 것은 상징적으로 내적인 심리적 투쟁을 반영한다. 아동이 해석을 수용하고 이해하려면 라포, 타이밍, 해석의 정확성이 중요하다. 문제의 해결과 행동변화는 상징적 수준에서 일어나고 시작될 수 있다.

종료단계에서 치료자는 그림의 긍정적인 측면, 주인공 인물의 주도성, 질서와 조용함이 회복된 것을 강조해야 한다. 또 치료자가 아동의 진전 상황(처음과 현재의 아동의 차이)을 아동과 함께 검토한다. 치료자는 아동에게 도움을 요청하는 방법을 인식시켜야 한다. 종료가 가까워지면 치료자는 "재훈아, 앞으로 어떤 것 때문에 힘들어진다면 네가 어떻게 할 수 있다고 생각하니?" 아동이 많은 대처전략을 찾아내도록 질문한다. 종료 시에는 모든 그림을 그린 순서대로 펼쳐 놓고 검토한다. "네 그림들을 모두 보니 어떤 생각이 드니?" 그리고 몇 마디 요약을 해 준다. ["네가 처음에 왔을 때 나는 네가 ○○을 그리는 것을 보았고, 다음에는 ○○을, 이제는 네 그림들은 ○○을 보여 주는 것 같구나."] 치료자는 아동에게 자기 그림들을 가져가기를 원하는지, 아니면 나중에 가져가게 안전한 곳에 보관하고 싶은지 묻는다.

**지시적인 방법** 위축되고 단절되고 고정된 이미지에 갇힌 아동은 혼란스러워하고 자기 자신에 대해 확신이 없다. 이들에게는 무엇을 그리라고 제시하는 것이 도움이 된다. 이들에게는 HTP(집, 나무, 사람 그림)로 그리기를 시작할 수 있다. 그런 다음 자기 스스로 그림을 그릴 준비가 될 때까지 다른 지시받은 그림을 그린다. 예를 들면, 매우 화가 난 아동에게 "폭발하는 화산을 그려 보겠니?"와 같은 지시를 준다. 지시는 아동이 현재 투쟁하고 있는 핵심 감정에 대한 심리적 평가나 그 순간 아동에게 특별한 의미를 갖는 것 같은 이미지나 상징에 기초한 것이어야 한다.

**부분적으로 지시적인 방법** 가끔 특정한 상징이 그 아동에게 특별한 관계가 있는 때가 있다. 아동은 초기부터 이것에 애착하고 이런 이미지를 치료자와 의사소통한다. 이미지는 가끔 깨지거나 파괴되거나 전체성의 상징이나 건강을 표현한다. 이런 상징은 그 아동이 발달하는 데 중심적인 힘을 나타내는 것 같다. 그것은 아동에게 특별한 의미가 있는 어떤 것(집, 창고, 꽃, 나무, 벌레, 지하, 태양, 새장, 개 등)이 될 수도 있다. 부분적으로 지시적인 방법에서는 4~6주마다 치료자가 아동에게 특정한 상징을 그리도록 요청할 수 있다. 회기가 시작되면 치료자는 아동에게 다음과 같이 말한다. "준영아, 나는 오늘 새장에 대해 생각하고 있었단다. 네가 나에게 새장을 그려 줄 수 있을지 궁금하구나. 나는 지난번 네가 그것을 그린 후부터 거기에 무슨 일이 일어났는지 궁금했단다." 4~6주는 마음이 변화를 받아들이고 중요한 상징적 주제에 대해 새로운 태도나 관계를 발전시키기에 적절한 기간이라고 본다(Allan, 1988).

### 4 가족치료

가족치료는 성학대 아동을 치료하는 데 아주 강력한 도움을 준다. 그러나 학대상황이 다양해서 초기에 조심스럽게 평가되어야 한다. 부모가 학대를 가한 사람이라면 그 부모가 학대에 대한 책임을 인정하는지가 조심스럽게 평가되어야 한다. 또한 가해부모가 개별치료를 받아야 한다. 부모가 학대의 책임을 부정하는 상황에서 아동의 치료를 위해 가족치료를 하도록 하는 것은 흔하게 일어나는 심각한 실수다. 부모가 학대를 인정한다면 아동과 부모가 학대적인 행동에 직면하게 하고 그것을 함께 해결해 가도록 하는 것이 가장 효율적인 치료방법이 된다. 아동이 정당성을 얻고 사과를 받으며 부모가 적절한 치료를 받게 되면, 앞으로는 그런 일이 일어나지 않을 것이란 희망을 갖게 된다. 그러나 성인 쪽에서 이런 인식이 없다면 그와 같은 해결의 기회는 없다. 아동은 학대에 대한 자기의 보고가 무시된다고 느끼고 아동의 현실에 대한 지각은 무참히 파괴될 것이다.

가해자가 집 밖에 있거나 가까운 가족이 아닌 사람일 때 가족이 아동을 지지해 주는 것이 가장 바람직하다. 아동은 자기 부모를 보호자로 인식하는 것이 필요하다. 아동이 가장 믿었던 양육자에게서 학대를 받았을 때 아동은 자기를 돌보는 부모의 능력을 믿을 수 없게 된다. 가족회기를 갖는 것은 이런 부모와 아동 간의 신뢰감, 안전감을 재확립해 주며 확인을 하게 해 준다. 가족회기의 일차목표는 세대 간의 경계선을 강화시키고 대화를 증진시키고 좀 더 안전한 가정을 제공해 주는 것이다.

## 2. 학대받은 아동의 놀이치료

### 1) 성학대 아동을 위한 놀이치료

#### (1) 놀이치료의 필요성

아동의 성학대는 비밀을 갖게 만들며 그 충격에서 받은 모든 감정의 표현을 숨이 막히도록 막아 버린다. 이로 인해 정상적 발달은 장애를 입게 되고 그것은 또 다양한 심리적 문제를 야기하게 된다. 성학대의 치료에 대한 대부분의 접근은 치료적인 상황에서 일어난 사건을 보고하고 치료자의 수용을 받고 양육적인 반응을 경험하게 함으로써 심리적 외상을 재경험하도록 한다. 또 갈등이 명료화되고 자기비난에서 빠져나올 수 있게 된다.

치료 상황에서 심리적 외상을 드러내고 재경험하게 할 때 치료적인 역할은 학대 자체를 없애는 것이 아니라 치료자가 아동으로 하여금 학대받는 동안 전달되었던 파괴적인 내용을 적극적으로 찾아내고, 의문을 갖고 탐색하고, 없애 버리게 도와주는 것이다. 파괴적인 내용은 아동의 자존감과 개인적 힘에 관한 것이다. 가해자가 아동의 몸을 경멸하고 모욕함으로써 아동은 자신이 학대받을 만하다고 느끼게 되고 다른 사람의 요구에 자신이 굴복해야 한다고 느끼게 된다. 이런 내용은 아동이 이해할 수 있는 수준으로 치료에서 다루어져야 한다. 놀이는 자연스러운 의사소통 수단이므로 이런 파괴적인 내용을 검토하고 해결하는 효과적인 도구다. 성학대는 어린 아동에게는 위협적이며 불안을 일으키는 문제다. 놀이기법은 아동과 학대의 주제를 탐색할 때 불안을 감소시키면서 학대에 관한 대화로 들어갈 수 있게 한다. 더욱이 치료 상황에서 나타나는 놀이주제에서 학대에 대한 아동의 반응에 관한 많은 정보가 수집될 수 있다.

성학대를 받은 아동은 놀이에서 전형적으로 선과 악, 지배와 복종, 엄청난 힘을 가진 나쁜 사람, 남녀나 부모 사이에 관한 과도한 성적 주제를 드러낸다. 이 모든 주제 속에서 아동은 성학대 사건 동안 일어난 다양한 혼란스러운 이미지와 상호작용을 찾아내고 이해하려고 시도하고 있는 것이다. 놀이를 통해 아동의 복잡한 고통이 건드려지고 확인될 수 있다. 또 불안과 걱정이 표현되고 해소되며 이 경험은 아동에게 힘을 북돋아 주고 정당화해 준다.

전통적인 대화치료에서는 아동이 이런 불안하며 치욕적인 주제를 말하기가 너무 힘들며 불안으로 압도되어 충격을 깊이 있게 말할 수 없다. 놀이치료에서는 간접적인 방식으로 불안을 덜 느끼게 하면서 아동의 충격이 해결할 수 있다. 아동의 놀이에서 치료와 해결의 모든 단계가 보인다. 예를 들면, 아동의 개인적인 힘의 부족에 관한 주제는 놀이에서 신체적 힘이나 개인적인 강점을 갖는 것, 침입자나 위협적인 이미지를 이겨 내는 주제를 통해서 극복된다. 치료자가 놀이주제를 확인하면서 아동 또한 자신에 대한 새로운 메시지—아동의 개인적인 힘을 치료하고, 느끼고, 타인에게 위협을 당할 때는 그 힘을 행사하는 것이 옳다—를 확인하게 된다. 더욱이 놀이 같은 치료적인 활동과 과제를 통해 자신의 비밀스러운 부분에 대해 건강한 태도를 회복하게 해 주며 자신을 부적절한 방식으로 건드리는 누군가에게 저항하는 방법을 재확립시켜 준다.

(2) 놀이치료를 위한 준비작업

1 지도감독자 찾기

여기서 지도감독자는 사례를 관리해 주는 사람이 아니라 학대받은 아동을 상담하면서 받게 될 치료자의 스트레스와 감정에 대처할 수 있도록 도와줄 수 있는 경험 있는 사람을 말한다. 학대받은 아동은 불균형적인 힘에 의해 왜곡된 관계를 경험하였고 그로 인해 모든 성인이 자신을 힘으로 억누를 것이란 예측을 하게 된다. 따라서 치료자는 아동이 나타내는 전이의 의미를 이해할 수 있도록 지도감독을 통해 항상 도움을 받아야 한다.

2 치료에 대한 필요성 평가

아동이 만약 학대로부터 안전하다면 놀이치료가 아동에게 효과적인 유일한 방법인지를 알아보는 것이 가장 중요하다. 아직 위기상황에 놓여 있고 여전히 위험한 환경 속에 있는 아동을 상담할 경우 그 가족은 치료를 방해할 것이고 아동은 치료자가 자신을 구출해 줄 것이라고 기대할 가능성이 있다. 그러나 이것은 치료의 기능이 아니다.

3 개입시기의 조정

학대받은 아동에게 개입한다면 반드시 시기적절하게 이루어져야 한다.

4 아동에 대한 정보수집

아동과 가족에 대해 치료를 시작하기 전에 가능한 한 많은 정보를 수집하는 것은 매우 중요하다. 특히 학대가 어떻게, 어디서 이루어졌고 그때 아동의 반응은 어떠했는지에 대해 알아야 한다. 학대받은 아동을 위한 놀이치료는 통합된 치료계획의 일부가 되어야 한다(Cattanach, 1993).

### (3) 치료적 개입

학대의 세세한 부분에 대해 알아내고 아동에게 증거를 얻기 위해 더 많은 이야기를 하도록 이끄는 것이 놀이치료자의 역할은 아니다. 그러나 아동이 놀이치료 동안 학대에 대해 표현한 것이 보호가 필요한 내용이라면 놀이치료자는 이 정보를 사회복지사에게 알려 아동이 앞으로 받게 될 학대에서 안전하게 보호될 수 있도록 해야 한다.

놀이치료를 시작할 때 아동에게 아동의 안전과 관련된 정보는 다른 사람에게 알릴 것이고 누구에게 어떤 일을 하도록 말할 것이라는 점을 이야기한다. 이는 아동과 치료자가 정직한 관계를 맺게 해 주고 두 사람이 서로 신뢰를 쌓아 가게 하는 데 중요한 역할을 한다.

#### 1 놀이치료를 위한 안전한 공간의 확보

아동을 위한 안전한 공간이 확보되어 있어야 한다. 학대받은 아동은 누군가의 위협에서 자신을 지키고 방어할 수 있다고 느낄 만한 정도의 거리를 유지할 때 안전감을 느낀다. 따라서 방이 지나치게 좁지 않아야 한다. 벽면은 쉽게 씻을 수 있는 것이어야 하며 창문은 안전유리로 되어 있고 잠글 수 있어야 한다. 그 외에 상처를 입히거나 부서지기 쉬운 물건이 없도록 고정가구는 최대한 치워야 한다.

48×6인치의 파란색 매트를 깐 분리된 공간이 도움이 된다. 이 공간에서 보내는 시간은 아동에게 특별하고, 이 공간은 현실세계 밖의 공간이며 치료무대다. 매트 자체가 아동을 치료할 수 있는 강력한 상징이 될 수 있다.

#### 2 도구 및 기법

놀이도구는 비싸지 않고 쉽게 대체될 수 있는 것이어야 하며 잘 부서지지 않고 공격적인 수단으로 사용되더라도 충분히 안전한 것이어야 하는데, 특히 플라스틱으로 된 것이 좋다. 놀이도구는 투사적이고 상징적인 놀이를 촉진해야 한다. 다음의 도구는 필수적인 도구다.

① 인형을 넣는 가방

가방 안에는 힘을 상징하는 인형과 힘이 없는 것을 상징하는 인형을 넣는다. 인형 중 어떤 것은 항상 학대자로 사용되어 학대받는 희생자를 물고, 먹고, 싸우게 한다. 어떤 인형은 중재자의 역할을 하기도 하는데, 고슴도치는 현명하지만 다루기 힘든 사람, 조언을 해 주는 사람으로 사용되기도 한다. 작은 호랑이는 부드러움을 안에 감추고 있는 자신의 공격성에 대한 상징으로 사용되기도 한다. 보통 학대를 상징하는 동물은 입이 크고, 다른 대상을 먹거나 물어뜯을 수 있도록 아동이 손으로 조정하기 쉬운 것이 많이 사용된다.

② 가족 손인형과 작은 인형

일반적으로 학대받은 아동을 위해서는 가족 손인형이나 작은 가족 인형이 학대와 관련된 이야기를 만들어 내고 관계, 분리, 죽음, 새로운 탄생과 같은 것을 표현하는 데 많이 사용된다. 어떤 아동은 가족 인형보다 동물 손인형을 사용하는 것을 좋아한다. 아동은 자신이 학대받은 그대로 인형을 학대한다. 이를 통해 성학대와 신체학대는 재상영된다.

손인형은 아동이 좀 더 안전한 거리에서 적극적으로 동일시하고 자신의 감정을 표현할 수 있게 한다. 4세 이하의 아동은 다양한 동물이나 사람 손인형을 가지고 놀 때 효과적이며 4세 이상의 아동은 스스로 간단한 손인형을 만들며 놀 수도 있다. 종이가방을 만들고 크레용과 매직펜으로 다양한 인물을 그려 만들 수 있다. 아동은 손인형을 동일시하여 원하는 사람을 만들어 놀이를 하도록 격려받는다. 주의할 점은 아동이 손인형을 통해 자신의 감정을 스스로 이야기하도록 격려하는 것과 그 상황에 개입해 구조화하는 것의 정도를 균형 있게 하는 것이다.

성학대 아동을 위해서는 성적 특징을 나타내는 인형, 인형 집, 트럭이나 승용차, 가게나 학교 세트, 8개의 가족 인형(성인 남성 인형 2개, 성인 여성 인형 2개, 소년 인형 2개, 소녀 인형 2개)이 필요하다. 전화도 필요하다. 평가와 치료에서 모두 해부학적으로 성적인 세부사항이 크고 바르게 표현된 인형이 사용된다. 이것은 치료자가 말하고 있는 성적인 주제를 구체적으로 보여 주고 아동이 성행위에 대한 자신의 느낌을 이야기할 수 있게 하는 매개체가 되기 때문이다. 그러나 해부학적 인형의 사용이 아동을 과도하게 자극하므로 오히려 좋지 않다는 견해도 있다(Benedict, 2001).

성학대의 경우 대부분은 성학대의 실제적인 상세한 부분은 사회사업가와 면접을 하는 동안 밝혀지므로 다시 반복하는 일이 없도록 녹화해 두는 것이 좋다. 놀이치료 시에는 세부적으로 자세히 말하게 하거나 질문이나 대답을 반복하게 하기보다는 학대받은 상황에 대한 아동의 해석에 초점을 맞추도록 한다.

③ 괴물과 영웅

나무로 된 뱀, 다양한 마녀, 거미, 개구리, 소름끼치는 파충류, 텔레비전이나 영화에 나오는 악당, 머리에 총을 맞은 괴물, 유령, 사슬을 감고 있는 괴물, 세계레슬링 챔피언(보통 남아에게 많이 사용되는 영웅), 만화주인공(예: 심슨 가족)이 필요하다. 보통 여아를 위한 영웅('뮬란'의 여주인공)은 거의 없어서 여아는 보통 작은 가족 인형이나 공주인형을 많이 사용한다. 대부분의 여아는 남성적인 인형을 무시하고 동물로 영웅이나 괴물을 표현하며 놀이를 한다.

④ 감각놀이 도구

찰흙이나 밀가루 반죽과 같은 촉각을 사용할 수 있는 도구로 모형을 만들고 냄새 맡고 만질 수 있게 한다. 성학대를 받은 유아는 성욕을 자극하는 점액을 가지고 만지고 찌르고 어루만져서 성적으로 흥분을 하게 된다. 만약 성이라는 것이 아동이 받은 유일한 감각적 자극이었다면 이것을 양육 경험에서 분리해 내는 것은 어려운 일이다. 이런 아동의 경우 모든 신체감각이 성적이다. 치료자는 아동의 감각의 범위를 확장시켜 주어야 하고 성적인 반응이 줄어들 수 있도록 감각을 구별시켜야 한다.

⑤ 그림 그리기 도구

진한 색의 펜과 다양한 종류의 종이를 준비한다. 형광펜과 금색, 은색 펜은 아동이 매우 좋아하는 도구다.

⑥ 서로 이야기 만들기

이는 아동이 재미있어하는데, 자신의 이야기에 귀를 기울여 주는 것은 자신이 중요한 사람이라고 느끼게 만드는 장점이 있다.

하는 방법은 우선 아동에게 이야기를 만들어 보게 한다. 그 후 아동이 하는 이야기를 오디오나 비디오로 녹음, 녹화한 다음 아동에게 다시 들려준다. 그러고 나서 치료자가 이야기를 만든다. 이때 치료자는 내면에 흐르고 있는 감정, 욕구, 이야기 속에 있는 갈등을 알아내야 하고, 문제를 규정해 주거나 환상 내에서 대처 패턴을 제시해 줄 수 있는 이야기를 만들어야 한다. 이야기의 주제는 다양한데, 성학대를 받은 아동은 보통 신체적인 순결, 취약성, 분노, 거절당하는 것에 대한 두려움에 대해 이야기한다.

⑦ 자기에 관한 책 만들기

이런 활동은 아동이 자아존중감을 형성하는 데 매우 효과적이다. 학령 전기 아동에게 '기분에 관한 책' 을 만들어 보게 하여 치료에 통합할 수 있다.

처음에는 아동에게 긴장을 풀 수 있는 놀이를 하게 한다. 그런 다음 감정을 하나 고르게 한 후 그 감정에 대해 그림을 그려 보게 한다. 좀 더 연령이 많은 아동은 그 감정에 이야기를 덧붙일 수도 있다. 몇 주에 걸쳐 모든 감정을 다 모아 놓게 되면 아동은 자부심을 갖게 된다. 아동은 가족치료 시간에 부모에게 자신이 만든 책을 보여 주고 싶어 하는데 거기서 이 책이 감정을 나눌 수 있게 하는 도구가 된다. 아동이 어느 누구와도 학대받은 경험을 얘기하는 것을 어려워한다면 자신이 만든 책을 통해 자신에게 일어난 일에 대한 감정을 의사소통할 수 있게 할 수 있다.

⑧ 힘을 주기

치료는 아동에게 앞으로 일어날 수 있는 학대 상황을 조절할 수 있는 힘과 기술을 제공해 줄 수 있어야 한다. 범죄의 피해자가 된 성인과 마찬가지로 아동도 무력감과 계속적으로 학대를 받게 되는 취약성을 갖게 될 것이다.

아동이 자기에게 일어난 일과 성학대를 받은 자신의 신체에 대한 환상을 재구조화하기 위해 많은 성교육 자료를 치료에 이용할 수 있다. 또한 성학대 예방을 위한 책도 함께 읽을 수 있는데 처음에는 치료자와, 다음에는 부모와 함께 읽어 아동에게 수용되는 느낌과 또 다른 상황을 조절할 수 있는 기법을 알려 줄 수 있다.

### 2) 신체학대 아동을 위한 놀이치료

유아의 경우 자신의 스트레스를 자신을 학대한 것과 관련된 사람이나 대상을 잘 표현하고 있는 물건을 통해 해결해 나가고 놀이를 통해 그 사건을 간단하게 재구성해 나간다. 유아는 고통을 지각할 때까지 이 놀이를 반복한다. 많은 아동은 학대를 받은 후 이런 스트레스를 해결하지 못하고 자신에게 일어난 일에 대해 혼란스러워하며 화를 낸다.

좀 더 나이 든 아동은 신체적 고통에 대해 놀이에서 상징과 은유를 사용한다. 만일 자신의 스트레스를 해결하지 못할 경우 신체학대를 받은 아동은 자신을 비난하게 된다. 아동은 자신과 자신의 손상된 신체를 나쁜 것으로 경험한다. 이런 아동은 치료자를 신뢰하고 관계를 형성해 가는 데 좀 더 오랜 시간이 소요되고 이 관계 형성을 통해 치유가 될 수 있는 창조적인 공간이 만들어지게 된다. 신체학대를 받은 아동이 놀이를 통해 나타내는 주제는 다음과 같다.

① 다치게 되는 것에 대한 공포
② 학대가 이루어지는 방법
③ 학대로 인해 겪게 되는 신체적인 고통과 외모가 손상되는 것
④ 가해자에 대한 두려움과 사랑
⑤ 상실: 부모, 형제, 친구, 애완동물, 익숙한 영역, 집/학교, 내 자전거, 내 놀잇감 등에 대한 것
⑥ 미래: 나에게 어떤 일이 일어날 것인가, 나를 사랑해 줄 사람은 있을까?

⑦ 내 자신: 나는 분명 나쁜 아이임에 틀림없다. 내 신체도 형편없다.
⑧ 무력감과 분노: 아무도 나에게 귀를 기울이지 않는다.

### 3) 학대받은 아동을 위한 놀이치료 과정

학대받은 아동을 위한 놀이치료 과정은 놀이를 통해 아동이 자신의 경험을 발달과정에 적절한 방법으로 지각할 수 있도록 돕는 것이다.

#### (1) 1단계

아동과 치료자 간에 관계를 형성하는 것으로 이를 통해 신뢰가 생기게 된다. 충분히 안전한 장소에서 치료자와 아동이 관계를 맺을 수 있어야 하며 아동이 자신의 곤경이 충분히 이해받고 있다고 느껴져야 한다. 치료자는 이 단계에서 아동이 나타내는 구체적인 문제를 지각할 수 있어야 한다. 그러나 학대받은 아동은 신뢰감을 재확립하는 데 상당히 오랜 시간이 필요하다.

#### (2) 2단계

아동과 치료자는 놀잇감, 물건의 놀이를 통해 탐색해 나가야 하고 좀 더 집중된 방법으로 과거의 공포를 지각하고 통합할 수 있게 한다. 이 단계에서는 놀이가 매우 반복되어 나타난다. 자신의 죄책감과 수치심, 가해자에 대한 감정, 부모나 기타 가족에 대한 감정에 대해 충분히 환기할 수 있어야 한다. 또한 치료과정 중 치료자에게 성적 행동화(sexual acting out)가 나타나기도 하는데 치료자는 지속적으로 일관성 있고, 예측 가능하고, 중립적인 태도를 취해야 한다. 이런 아동은 정서적 친밀성과 성적 친밀성을 혼동하므로 이를 분리시켜 주는 것이 필요하다. 동정심이나 열망 또는 역전이 감정으로 아동에게 지나치게 시간을 할애하거나 특별취급을 하거나 해서는 안 된다.

#### (3) 3단계

자기존중감을 발달시키고 과거의 학대받은 사건과 그로 인한 결과, 학대관계에 매여 있지 않도록 한다. 또한 가족관계의 변화, 과거 집안에서의 가족의 역할, 의사소통 형태, 남녀 역할과 성에 대한 교육 등을 한다. 학대 경험이 아동 자신의 책임이 아니라는 것을 받아들이게 한다.

## 3. 학대받은 아동의 교육

### 1) 조력 방법

아동 성학대로 인한 일반적인 증상은 대부분의 경우 실제로는 더 이상 학대가 이루어지지 않더라도 행동상의 문제를 지속시킨다. 부모, 대리양육자, 교사는 정신건강 전문가에게 학대당한 아동의 자기패배(self-defeating)적인 패턴에 대해 조언이나 제안을 얻으려고 한다. 개개인의 행동 패턴을 일반화하는 것에는 어려움이 있지만, 다음의 제안은 성학대를 당한 어린 아동을 돕는 데 효과적이다.

#### (1) 조숙한 성적 행동에 대한 교육

조숙한 성적 행동이란 자위행위에 열중하는 것에서부터 다른 아동에게 성적인 놀이를 강제로 하게 하는 공격적 시도까지 포함된다. 성인과의 상호작용도 매우 성적인 형태를 띠게 될 수 있다. 이런 패턴은 거의 여성 피해자와 그들의 생활 속의 중요한 남성 사이에서 발생한다. 대리부, 남자 교사 등에게 미리 아동의 이와 같은 조숙한 성적행동에 대한 가능성을 알려 주어 정서적·인지적 대처를 할 수 있도록 한다.

#### (2) 지도감독

성적인 상황에 매우 재빠르고 조용하게 개입하며 새롭게 교육받도록 해야 한다. 특별히 또래와 놀이하는 상황 초기에 성인이 지도감독을 하는 것이 중요하다. 학령 전기 아동의 양육 장소에서 이러한 지도감독은 중요한데, 이는 이런 아동의 충격적 경험이 놀이를 통해 재연되고 행동화되기 때문이다. 이런 문제는 성학대를 당한 아동에 대한 초기 배치에 실패할 때 일반적으로 발생한다.

(3) 유아원, 놀이치료실, 학교 교사와 함께 협동하기

많은 사람은 성학대를 받은 사실이 알려지면 그 아동에게 낙인이 찍힐 것이라고 두려워하지만, 이러한 걱정보다는 학교, 가족, 치료자가 협동하여 이를 해결하는 것이 더 중요하다.

(4) 성학대받은 아동을 맡아 기르고 있는 대리부모에 대한 지원과 훈련

대리부모는 우리 사회에서 가장 어려운 일 중 하나를 하고 있지만, 여기에 대한 훈련이나 인식은 부족한 상태다. 이를 돕기 위해 최소한 경험이 있는 대리부모나 경험이 없는 부모를 한 집단으로 구성하여 토론하거나 지원해 주어야 한다.

(5) 치료에 성학대를 받지 않은 형제를 포함시키기

성학대를 받은 아동의 형제도 성적인 문제에 어떻게 대처할지를 다른 사람에게서 배우게 해야 한다.

(6) 아동에 대한 성인의 수용

문제되는 행동에 대한 분명하고 확실한 제한과 함께 수용이 이루어져야 한다. 특히 아동이 공격적이고 격렬하게 폭발할 때 이 점이 더욱 중요하다. 거부하는 것은 어떤 방식으로든지 학대받은 아동에게는 위협을 주는 것이다.

(7) 구조화

일정을 예측 가능하게 만들고, 분명한 행동상의 제한을 하고, 행동수정 계획을 세우는 것 등의 구조화를 한다. 구조화는 학대 때문에 내적인 충동조절이 파

괴된 아동이 안심할 수 있게 해 준다.

(8) 적절한 방법으로 분노를 표현하는 것을 모델링하기

이 모델링은 위협적이지 않은 환경에서 이루어져야 한다. 통제력을 상실한 성인의 행동을 목격한 아동은 모든 일에 대해 두려움을 가지게 된다. 그들에게 감정을 안전하게 표현하는 방법을 모델로 보여 주는 것이 필요하다.

이처럼 학대받은 아동이 안전감, 지지, 구조화를 경험하게 되면, 의미 있는 행동을 습득할 수 있게 될 것이다.

(9) 신뢰감 획득을 위해 인내심 있게 기다리기

신체적, 성적으로 학대받은 아동에게 가장 흔하고 지속적인 어려움은 다른 사람을 신뢰하지 못하는 것이다. 부모와 대리부모는 아동의 이런 행동패턴을 빨리 바꿀 수 없다 해도 실망하지 말아야 한다. 성인은 학대받은 아동에게서 조금씩이라도 신뢰를 얻을 수 있도록 계속적으로 인내심 있게 시간을 갖고 기다려야 한다.

## 2) 예방 방법

대부분의 예방 프로그램은 아동에게 어떤 시도가 있을 때 그것을 구별하고 그 시도를 아동이 어떻게 피하고 예방할 것인가에 대한 지식과 대처방안 및 기술을 가르치는 것이 목표다. Conte(1991)는 성폭력의 예방전략을 다음과 같이 네 가지로 제시하고 있다.

(1) 지식의 획득

성학대 또는 성폭력이 무엇인가를 알려 주어야 한다. 옷 속의 네 몸은 중요한 부분이니까 다른 사람에게도 함부로 만지게 하거나 보여 주는 것이 아니라고 알려 주고 부당하게 취급받았을 때 즉시 믿을 만한 성인에게 이야기하고 숨기지 말라고 가르친다.

(2) 접촉의 구별

'괜찮은, 적절한 접촉'과 '안 되는, 부당한 접촉'을 구별하여 부당한 접촉은 거부하도록 가르쳐야 한다. 그러나 여기서 문제는 친족 간에는 '좋은, 괜찮은 사람'으로부터 '점진적인 접촉'이 일어나는 경우가 많기 때문에 이런 방법으로 접촉을 구별하도록 가르치는 데 어려움이 많다.

(3) 피하는 행동전략 훈련

"싫어요."라고 말하고 다른 성인에게 이야기하도록 가르친다. 아동은 무섭거나 불쾌하거나 부당하다고 느끼면 "싫어요."라고 이야기하고 피하거나 도망가도록 한다. 그런 후 믿을 만한 성인에게 그 일을 이야기하도록 가르친다.

(4) 자기주장훈련

스스로 위의 (1), (2), (3)과 같은 행동전략이나 판단을 주장할 수 있도록 가르쳐야 한다(안동현, 1999).

연령에 따른 성폭력 예방전략은 〈표 8-3〉과 같다.

〈표 8-3〉 성폭력 예방전략

| 연령 | 내용 |
|---|---|
| 18개월 | 신체 각 부위의 정확한 명칭을 가르친다. |
| 3~5세 | 자기 몸의 소중함을 가르치고, 몸을 만지려고 하거나 할 때 "싫어요." 하고 말하는 것을 가르친다. 성에 관한 질문이 있으면 적절히 대답해 준다. |
| 5~8세 | 집 밖에서의 안전에 대해 가르치고, 은밀한 부위를 만지는 것과 일반적 만짐을 구별시킨다. 나쁜 경험을 이야기하도록 격려한다. |
| 8~12세 | 안전에 대해 강조하고, 특히 조심해야 할 곳(오락실, 상점가, 탈의실, 그 외 위험한 곳)을 가르친다. 성적인 행동에 대해 지켜야 할 규칙을 가르친다. |
| 13~18세 | 개인적인 안전과 위험한 장소에 대해 다시 강조한다. 성폭력, 데이트할 때 주의점, 성병, 임신 등 문제행동에 대해 가르쳐 준다. |

## 4. 신체학대와 방임을 경험한 아동의 놀이치료 실제: 미영 사례

### 1) 아동 인적사항

미영이는 8세 7개월의 초등학교 2학년 여아다. 피부가 까무잡잡하고 단발머리에 마른 체격으로 목소리가 작고 상당히 쑥스러워하는 모습이었다.

### 2) 주 호소 내용

#### (1) 두통과 가슴 답답함을 호소

36개월경 때부터 이 증세를 호소했다. 영아 때부터 아빠에게 수시로 머리를 주먹으로 맞았고, 장롱에 머리를 들이박힌 적도 많았다. 아동이 계속해서 이 증세를 호소하여 병원에서 뇌파검사를 한 결과 머리 뒤쪽의 좌우뇌 구조가 이상한 것으로 나타나 정확한 진단을 위해 CT 촬영을 권했지만 경제적인 이유로 하지 못했다.

#### (2) 분리불안 증세

방과 후에 무서워서 혼자 집에 있지 못하고 일터에 있는 엄마에게 울면서 매번 전화한다. 엄마가 아빠와 분리해 이사하고 직장을 다니게 되면서 분리불안이 나타났다. 아빠가 찾아올까 봐 불안해하였고 그때마다 아빠가 찾아오지 못할 거라고 안심시켰다. 무서워서 혼자서 화장실을 가지 못한다.

### 3) 발달 및 생육사

#### (1) 임신과 출산

원하는 임신이 아니었으며 아빠의 강압적인 성관계 후 임신을 했다. 아빠의 무능력과 술주정, 구타 등으로 정서적, 육체적으로 힘들었다. 출산 시 자연분만을 하였으나 난산을 했고 아동은 출생 당시 저체중(1.8kg)에 호흡곤란과 체중미달로 특수인큐베이터에 보름 이상 있었다.

### (2) 발달사

모유는 먹이지 못하고 분유를 먹였으며 많이 먹지 못하는 편이었다.

대소변 훈련을 특별히 훈련시킨 적은 없으며, 35개월 전에는 아빠와 함께 생활하여 아빠가 무서워 대소변을 숨어서 보았고 만 4세경에 저절로 가렸다. 잠을 불규칙적으로 얕게 자는 편이었다.

걷기는 11개월로 빠른 편이며 첫말 사용은 또래보다 늦지 않았다고 기억하나 정확한 시기는 기억하지 못한다. 남자를 무서워하고 아빠를 무서워했다. 지금도 아빠 얘기만 하면 무섭다고 한다. 성격은 활발한 편이나 짜증을 많이 부린다.

엄마가 죽을지도 모른다는 불안이 있으며 분리불안을 보이며 엄마를 좋아하고 엄마도 언니보다는 아동이 더 의젓하다고 좋아한다. 언니를 의지하면서도 집안일을 시키거나 언니에게 양보를 하지 않으면 화를 내는 것에 대해 불만을 가지고 있다.

또래와의 관계는 유치원에서부터 알고 지낸 단짝친구 외에 다른 친구는 없으며, 어울리지 못하는 것 같다. 만 4세부터 어린이집 다니는 것 외에 특별한 과외활동을 한 것은 없다.

초등학교에서 학교성적이 떨어지며 읽기가 부족하고 계산능력이 부족하다.

### (3) 양육과정

① 0~1세: 아빠가 돌 전부터 아동을 무릎 사이에 끼우고 머리를 때리거나 머리카락을 잡아 벽에 머리를 부딪치게 하기도 하고, 마당에서 노는 아동의 머리를 잡고 때리는 등 학대가 많았다. 아빠가 일정직이 없어서 엄마가 직장을 다녀 낮에는 아이들과 아빠가 집에 함께 있었다.

② 1~3세: 아빠가 언니와 아동을 때리면 엄마가 데리고 나가거나 아이들이 밖으로 도망갔다. 도망간 아이들이 밖에서 울고 다니면 파출소에서 데려오거나 이웃집에 도망가 있기도 했다. 아빠가 술을 마시고 와 깜깜한 방에 혼자 불 끄고 숨겨 둔 적도 있다. 엄마가 직장에 갔을 때 아빠가 집에 있으면 무서워서 화장실에 가지 못하고 소변을 그냥 옷에 싸 버렸다. 아빠가 알면 맞기 때문에 말도 못 한 채 숨기고 있다가 엄마가 와 치워 줬다. 아동이 35개월이 되었을 때 엄마가 아이들을 데리고 가출을 해서 아는 동생 집에서 함께 지냈다. 그때 집에서 부업하면서 아이들을 돌봤다.

③ 3세~학령 전: 2년간 선교원에 다녔고 아빠에 대한 공포감이 컸을 때 목사님이 애 둘을 데리고 다녔으며 적응하는 데 힘들어했다. 이사하고 나서 학교 들어가기 전까지 유치원에 다녔다.

④ 학령기: 정서적으로 불안하고 학습능력이 떨어져서 9세에 입학했다. 힘들어했으나 교사가 아동을 이해해 주려 했다.

### 4) 가족관계

아빠는 중졸로 알코올 클리닉에 입원한 상태였다. 아빠는 알코올중독에 무책임하며 무능력자로 아동에게는 무서운 존재였다. 항상 술에 취해 있었고 엄마뿐만 아니라 자녀도 학대했다. 아빠가 "나도 맞고 살았다." "너희 나이 때 막대기로 맞았다."라고 하는 등 아동학대에 죄의식을 느끼지 못했다고 한다. 6년 전 엄마가 아이들을 데리고 가출한 후 만나지 못한다. 할아버지, 작은아버지도 주사와 폭력이 심했고 폭력이 대물림되고 있다.

엄마는 중졸이고 청소 일을 하고 있으며 통제적인 양육방식을 보인다. 엄마는 얼굴에 수포가 생기는 병(신경섬유종)을 앓고 있는데 이로 인해 대인관계를 기피하며 아빠에게 도망친 이후 숨어살다시피 했고 불안하게 생활했다. 엄마가 경제적 책임을 지면서 지치고 힘들 때가 많았으나 예의 바르고, 정직하게 이웃을 돌볼 줄 아는 좋은 점도 있다. 외할아버지는 전처와 사별을 했다. 전처와의 사이에

1남 3녀의 자녀가 있었으며 이후 외할머니와 재혼을 하고 1남 3녀의 자녀를 두었다. 엄마는 재혼관계에서 출생한 맏이로, 외할머니가 너무 엄해서 외할머니에 대한 정이 없었고, 위축되어 지냈다고 한다. 어릴 때부터 착하다는 소리를 많이 들었고 잘못되어 혼나면 어떻게 할까 걱정되어 발표를 하지 못했던 기억이 많다. 예의 바르고 신용 있고 정직한 사람으로 평가받았다. 아동이 4세였을 때 남편의 폭력 때문에 아이들을 데리고 가출했고 아동도 그 사실을 기억하고 아빠를 제일 무서운 사람으로 인식한다.

언니는 현재 초등학교 6학년으로 같은 기관에서 놀이치료 중이다. 욕심이 많으며 짜증이 많고 집안일 등으로 동생과 자주 다툰다.

### 5) 심리평가 결과

전체 지능은 72로 경계선 수준이고 잠재능력은 동등 수준으로 추정된다. 주된 정서는 불안감으로 나타났으며 위축되고 불안이 높다. 엄마가 병으로 죽는 것에 대한 불안, 아빠에 대한 분노가 있다. 애정욕구가 있으나 좌절감을 경험해 온 것으로 보인다.

### 6) 문제의 원인

아동의 문제행동의 원인은 크게 기질적인 문제 그리고 학대와 방임의 영향으로 나눌 수 있다.

아동은 출생 시 저체중 및 호흡곤란을 경험하였고 2000년 뇌파검사 시 이상소견을 보였다는 엄마 보고와 현재 낮은 지능지수로 볼 때에도 뇌의 기질적 손상 문제가 출생 시부터 있었던 것으로 보인다.

출생 시부터 아빠에게 신체적 학대를 받으며, 비이성적 상태의 아빠로 인해 항상 긴장되고 불안한 상황에서 생활했다. 엄마 또한 자신의 열등감, 신체적 문제 때문에 남편의 무능력, 술주정, 학대에 대항하지 못하고 참아내며 힘들어하는 상황으로, 아동에게 적절한 보살핌을 주지 못한 채 방치하다시피 했으며 안정된 애착 형성을 하지 못했다. 엄마가 아이들을 데리고 가출한 후에도 경제적인 이유와 엄마 자신의 심리적 어려움 때문에 아동에게 안정되고 신뢰할 만한 환경이 제공되지 않아 애정욕구가 좌절되었던 것으로 보인다. 이로 인해 아동은 더욱 불안해하고 또래관계를 맺기 어려워하고 적절한 대처를 하지 못한다.

또한 엄마의 성격을 고려할 때, 아동에게 정서적이고 지지적인 양육태도보다는 엄격하고 훈육적인 양육태도를 보였을 것으로 보이며, 아동은 내적으로 쌓이는 심리적 불안, 갈등, 부적절감을 표현하지 못하고 억누르면서 두통, 가슴통증 등의 신체화 증상이 나타난 것으로 보인다. 아동의 지능저하는 아빠의 학대와 엄마의 심리적 방임의 문제, 그리고 열악한 환경으로 인해 더욱 심화됐으며 지능저하 때문에 효과적인 문제해결을 하지 못하고 증상이 더욱 심화된 것으로 보인다.

한편, 어릴 때부터 경험했던 가정폭력으로 인해 또래나 타인이 자신을 공격해도 적절하게 방어하지 못한 채 위축되어 버리는 등의 모습을 보인다. 특히, 6년간 이혼 등의 법적 처리가 되어 있지 않은 상태로 지내면서 아동도 아빠가 언제 나타나 자신을 해할지도 모른다는 불안과 공포가 커서 엄마가 직장을 다니기 시작한 후로 분리불안이 심해진 것으로 보인다.

### 7) 상담목표와 치료전략

① 학대와 방임으로 실패한 애착관계를 재건하여 위축과 불안, 신체증상을 감소시킨다.

- 아동중심놀이치료로 안전한 환경 속에서 치료자와 튼튼한 신뢰관계를 맺는 데 집중적으로 노력한다.
- 퇴행과 의존욕구를 충족시켜 결핍을 보충하고 위축과 불안을 줄인다.

② 학대와 방임으로 인한 심리적 상처를 정화시키고 해결한다.

- 아동에게 일어난 학대를 놀이로 재연할 수 있도록 돕는다.
- 모래놀이치료, 미술치료 등 표현적 기법을 이용해 학대로 인한 다양한 정서

(무력감, 분노, 자책감, 불안과 공포)를 자연스럽게 표현하게 한다.

③ 부정적 자기상을 긍정적 자기상으로 변화시킨다.

- 학대가 자기의 책임이 아니라는 것을 알게한다.
- 자율성과 주도성의 발달을 도와 무력감을 극복하게 한다.

④ 예상되는 학대의 재연에 대비해 문제해결력을 증가시킨다.

- 앞으로도 반복될 수 있는 학대 상황에 대처할 수 있는 힘과 기술을 습득하도록 교육한다.

### 8) 상담과정(아동 놀이치료 44 회, 엄마 상담 3회)

#### (1) 초기단계: 1～4회기

놀이치료실에 들어와 처음엔 표정변화가 거의 없으며, 놀잇감을 고르지 못하고 10여 분 정도 놀잇감만 보고 있다. 치료자가 긴장이완을 돕기 위해 비눗방울을 만들어 보여 주자 살짝 미소 지으며 관심을 보이고 스스로 해 보기도 했으나 소극적인 모습이다. 놀잇감의 적절한 사용법을 모르는 듯했고 집을 선택하여 가구로 꾸미기를 하는데 가구의 상하 구별도 어려운 듯 보인다. 4인 가족이 함께 앉아 텔레비전을 보는 장면을 꾸민다.

2회기에서는 병원 장면을 꾸미며 토끼의 발에 붕대를 감은 후 침대에 눕힌 뒤 병원장에 물건을 정리하다가 그만하겠다고 한다. 비눗방울 불기를 하며 나머지 시간을 보내면서 긴장과 불안을 해소하는 모습을 보인다.

3회기에서는 다양한 놀이를 잠깐씩 탐색했다. 놀이 중간 엄마가 문밖에 보이지 않자 불안한 모습을 보였으나 엄마가 밖에 있다고 하자 안정감을 찾는다. 긴 풍선, 종이접기 한 것을 가져가겠다고 해 놀이치료실과의 상징적인 연결 의미로 가져가게 하였다.

4회기에 풍선을 불어 생각나는 사람의 얼굴을 그려 보자고 하자 처음에는 그렸으나 두 번째는 고래 2마리, 세 번째는 별과 하트, 네 번째는 달리기 선을 그린다. 종이 접기로 부채, 펭귄을 접고 나머지 시간은 비눗방울을 불며 보냈다.

**엄마 보고** 말이 많아졌다. 시골에 다녀왔는데 돌아오면서 PD와 얘기를 많이 했다. 예전엔 남자들을 무서워했다. 학습도 조금 나아진 듯 보인다고 한다. 아빠의 학대를 기억하고 제일 무서운 사람으로 인식하고 있으며, 1998년까지는 남자를 무서워했는데 교회 목사님 덕분에 남성상이 다소 긍정적으로 되었다고 한다. 불안한 모습은 여전히 나타나 종종 엄마 직장에 울며 전화한다.

### 초기단계 요약

엄마와 분리의 어려움, 긴장과 불안으로 놀이하기를 어려워했다. 치료자가 긴장과 불안을 완화시키기 위해 비눗방울 불기 놀이를 안내했고 이를 매개로 차츰 안정감과 라포 형성이 진전되면서 서서히 놀이치료실에 적응해 갔다. '아픈 토끼'로 상처받고 아픈 자기상, 학대로 인한 손상을 상징하는 놀이를 하기 시작한다.

(2) 중기 1단계: 5~10회기

1 5~8회

5회기에 병원을 꾸민다. 7세 토끼가 계단에서 넘어져 다리를 다쳤다며, 다리에 붕대를 감고 침대에 눕힌 후 링거를 꽂고는 엄마 토끼가 옆에서 토끼가 빨리 낫게 해 달라고 하고 있다고 한다. 여아가 2층 침대 위, 엄마가 2층 반대편 창가 창밖을 보고 있고, 아빠와 남아는 1층 의자에 앉힌다. 성인 남성을 그 옆에 앉힌다. 8회기에서는 변기, 욕조, 세면대에 물을 담다가 여동생, 아빠는 TV 앞, 엄마는 2층 화장대 앞 거울을 보고 있게 하고, 오빠는 2층 침대 자고 있으며, 개는 현관 앞 소파 위에 앉아 이모를 기다린다고 한다. 비오는 날 저녁이며 집안 분위기는 행복하다고 한다.

하마게임, 축구게임, 풍선불기, 글라스테코로 기린 꾸미기 등을 한다. 놀잇감 선택 시 자연스럽지 못한 채 쑥스럽고 주저하는 모습을 보이나 "이거 할래요." 등의 의사표현은 한다. 세탁기에 물을 넣고 인형 팬티를 세탁했고, 세탁 후 배수구로 물을 빼기도 한다. 집에서 언니 옷은 자기가 빨고, 자기 옷은 언니가 빤다고 한다.

2 9~10회

축구게임을 하며 골을 넣거나 행동할 때 치료자를 자꾸 의식한다. "그만 할래요."라며 자발적으로 얘기한다. 풍선 선택 시 목소리는 작으나 "주황색 필요해요."라고 요구표현은 정확하게 한다.

탬버린을 만들고 찰흙으로 개 밥그릇을 만들었다. 개가 귀엽다고 한다.

10회기에서 치료자와 방학생활에 대해 간단히 대화를 나누었다.

방학이 되어 좋은 점은 뭐냐고 묻자 그냥 '숙제'라고 한다. ["숙제 뭐?"] 대답 없다. ["안 하는 거?"] "네." 자기표현을 언어로 잘하지 못한다.

["점심식사는?"] "언니가 나한테 하라고… 밥 가져 와." ["그러면 기분이 어때?"] "싫어, 언니가 내가 한다고 그래요." ["언니가 너에게 시키면 하기 싫구나."] ["뭐하면서 놀아?"] "집 밖에서 논다." ["어디에서?"] "마당." ["그래, 뭐하고 노는데?"] "그냥 뛰어놀아요."

병원을 만들고 토끼가 한 마리 누워 있다고 하고 배가 아프며 5세라고 한다. 카운터에 1명이 있고 밖에 2명이 서 있는데 친구라고 한다.

### 중기 1단계 요약: 학대로 인한 손상 주제를 표현

라포가 형성되면서 치료자 질문에 대해 일상적인 이야기를 하기 시작하였다. 아동이 소망하는 이상적인 가정이 표현되고 불안의 언어화, 학대와 방임으로 인한 신체적, 심리적 상처를 반복적으로 표현하며 놀이를 통해 치유과정도 표현하였다.

(3) 중기 2단계: 11～18회기

1 11회

밖에서 엄마 소리가 나자 아주 반색을 한다. ["그래. 엄마 소리네. ○○는 엄마 없을 때 어떤 마음이 드니?"] 고개 저으며 "안 돼요." ["그렇구나. 엄마가 없으면 안 될 것 같구나."] "무서워요. 혼자 있는 느낌이에요." 언니랑 있어도 그렇다고 한다. 다른 때도 무서운지 묻자 '밤에 혼자 있을 때, 밤에 화장실 갈 때'라고 한다. 병원놀이 세팅 후 다했다고 하며 놀이를 끝내려 해서 치료자가 역할놀이를 해 보자고 제안했다. 아동이 자신은 의사, 치료자는 형(9세)과 동생(4세, 여)의 역할을 설정했다. 동생이 상한 음식을 먹어 배가 아픈 상황이라고 한 후 의사가 약을 주고 먹여 준다. 양육실패를 표현하며 그로 인한 상처를 치유하는 장면이기도 하다.

교실과 놀이터를 꾸민다. 책상 옆에 아이들과 교사가 앉아 있는데 한 아동이 책상 위에 누워 있다. 배가 아파 누워 있다고 한다. 치료자가 "배가 아픈데 안 아프게 도와줄까." 하자 그냥 그대로 두라고 한다. 교실 안의 다른 사람은 이야기를 하고 있다고 한다.

치료자가 ["너도 그런 적이 있었어?"]라고 묻자 배가 아파 선생님에게 말했는데 책상 위에 엎드려 있으라고 했다고 한다. 그때 기분이 좋지 않았다고 하고, 아동이 아플 때 엄마는 어떤지 묻자 "엄마는 바쁘대요."라고 했다. 치료자가 아동을 무릎 위에 안고 ["엄마 손은 약손"] 하며 쓰다듬어 주자 편안하게 웃으며 누워 있었다.

2 12회

놀이치료실에 들어와 새 옷을 샀다고 자랑한다. 음식과 그릇을 꺼내 상을 차리고 엄마의 생일이라고 한다. 엄마의 생일 파티를 한 적 없다고 해서 엄마의 생일파티를 제안하자 하지 않겠다고 말한다. 아동의 생일에는 어땠는지 묻자 파티한 적 없다고 해서 아동의 생일파티를 제안하자 아동이 좋아한다. 생일에 먹고 싶은 것은 피자라고 해 아동과 치료자가 함께 만들었다. 글라스테코로 강아지

장식을 함께 만들어 아동의 생일 선물로 하고, 생일상을 차리고 생일 축하 노래를 불러 주자 아동이 밝게 웃었다. "소중한 ○○ 세상에 태어난 걸 축하한다." 하며 선물을 전해 주자 너무 좋아한다. 엄마 생일놀이로 관심과 사랑을 받고 싶은 마음을 표현한다.

③ 13회

궁전을 꾸민 후 공주와 왕자를 식탁에 앉히고 식사를 하고 침대에 공주와 왕자를 눕히고는 잔다고 한다. 아기를 선택해서 옷을 입혀 주고, 우유를 먹이는데 아기 얼굴을 한 손으로 누르고 아기 우유를 먹인다. 우유를 먹인 후 양손으로 아기를 잡고 아기의 머리가 위아래로 움직이게 흔들었다. 아기를 안고 공갈 젖꼭지를 입에 물린 후 머리가 흔들리게 세게 빼었다 물렸다를 반복한다. 아기 때의 학대경험을 표현한다.

학교 이야기를 자발적으로 하면서 반 친구가 배 때린 이야기를 했다. ["많이 아파겠다. 선생님이 쓰다듬어 줄까?"] 고개를 끄덕이며 치료자의 무릎에 머리를 대고 누워서 치료자가 배를 마사지해 주자 친구가 혼자서 책 보고 앉아 있는데 갑자기 때린 거라고 한다. ["많이 놀랐겠네. 친구가 때려서 너는 어떻게 했니?"] "아무 말도 못했어요."

아동이 치료자의 무릎을 베고 편안하게 누워 있어서(손가락이 길고 가늘다) ["예쁘네."]라고 하니 "네." 하며 웃는다. 머리카락도 만져 주며 부드럽다 등 신체에 대한 긍정적인 경험을 갖게 하도록 한다. 머리 아프고 배 아픈 것이 한 주 동안 거의 없었다고 한다. 무서운 것은 예전엔 100점이었으면 99점으로 줄었다고 한다.

④ 14회

놀이치료실에 들어오기 전 함께 온 아동의 언니가 "손 다쳤는데 선생님한테는 말하지 말래요."라고 한다. 놀이치료실에 들어와 ["선생님에게 ○○가 다친 것 말하고 싶지 않았나 보다."] 하자 "그냥요. 선생님이 걱정할까 봐."라고 한다.

아기 옷을 입히고, 공갈 젖꼭지를 물리더니 세게 뺀다. 손으로 배를 때리기도 하고 머리를 때리기도 하고, 주먹으로 아기를 치려다가 그만둔다. 이러한 행동 중에 치료자의 눈치를 살핀다.

크레파스로 엄마 그림을 그리고 엄마에게 줄 거라고 한다.

### 5 15~16회

표정도 밝아지고 자발적인 표현도 많아졌다. 대기실에서 치료자를 보자 언니 바지 찢어진 이야기도 하고 치료자에게 껌도 건네준다.

엄마에게 선물(그림)을 줬는데 엄마가 아무 말도 하지 않았다며 서운한 감정을 표현한다.

일상에 대한 이야기를 자발적으로 한다. 오늘 교회에 가는데 교회에 가면 자신이 좋아하는 순대국을 먹는다는 이야기, 머리도 자기가 빗고, 옷도 평일엔 자기가 고른다는 이야기, 언니 때문에 만날 학교에 늦는 이야기를 한다.

녹음기의 마이크를 잡고 처음엔 "아" 소리만 조금 내다가 "엄마, 사랑해." "언니, 미워."라고 한다.

아기 인형을 선택하고 기저귀를 채워 주고 젖병을 물릴 때 세게 입에 꽂고 우유를 먹인다. 모래상자를 선택하고 소꿉놀이를 가져와 그릇에 모래를 담으며 놀이를 한다. 강아지 선물을 받았는데 언니랑 같은 강아지여서 싫다고 한다. 그래서 코 부분을 다르게 만들었다고 한다.

### 6 17회

토끼, 당근, 사과를 그리고 토끼(2세, 여아)가 당근을 먹고 싶어 엄마한테 조른다고 한다. 엄마가 사 주지 않아서 남의 집 것을 훔쳐 먹는다고 한다.

악기 세트를 꺼내더니 만져 보기만 할 뿐 놀이 시도를 하지 못해서 누가 세게 두드리는지, 작게 두드리는지, 빠르게 두드리는지 게임으로 유도하자 표정이 밝아지며 신나게 여러 가지 악기를 두드린다.

7 18회

"오늘 교회 가요." ["그래, 교회 가면 어때?"] "순대국 먹어서 좋아요. 엄마가 이제 외식 안 한다고 했어요." ["외식을 안 한다고 했어? 그 말 들으니까 기분이 어땠니?"] "몰라요." ["선생님이라면 서운했겠다."] "나도 서운했어요. 기분도 안 좋았어요." ["또 하고 싶은데 못한 거 있었니?"] "과자 먹는 것이요. 순대국 안 사 줄지도 몰라요." ["○○는 먹고 싶은데 엄마가 안 사 주셔 속상하구나."] "다른 거 먹어요. 난 순대국이 좋은데." [○○는 순대국 좋아하는데 엄마가 다른 거 먹으라고 하면 서운하겠네. ○○는 순대국 먹고 싶다고 말해.] "엄마가 화내요. 화내면 무서워요. 떼쓴다고 맞아요." ["엄마가 떼쓴다고 혼낼까 봐 ○○가 원하는 게 있어도 말 못하는구나."] 떼쓰지 않고 원하는 것을 말하도록 하였다.

기린이 생일에 선물을 받는 그림을 그린다. 선물은 곰돌이, 엄마놀이, 크레파스, 축구공, 놀잇감 전화기, 옷 등이다. 자기 생일은 12월 18일이고 언니 생일은 12월 28일이라고 한다.

**중기 2단계 요약:** 학대로 인한 손상 주제가 반복되고 심화되며 학대로 인한 외상표현이 출생 초기로 내려가고 있다. 엄마와 언니에 대한 분노표현, 자기표현이 증가한다.

자발적인 자기표현이 점차 증가되고 게임도 하기 시작한다. 엄마와 분리 시 불안한 감정, 언니에 대한 미운 감정을 표현한다. 아픈 토끼로 학대 경험을 반복적으로 표현하는데 아픈 토끼의 나이는 전보다 더 어려진다. 퇴행을 하면서 초기 학대의 외상을 재연한다. 치료자는 학대로 인한 부정적 자기상을 긍정적으로 바꿔 주기 위해 특별히 아동의 신체 부위를 긍정적인 메시지로 만져 주고 긍정적 신체상을 반영해 주었다. 양육실패와 그로 인한 상처를 치유하는 장면도 나타난다. 음식놀이를 하면서 구강적 욕구를 충족해 가며 결핍을 보충해 갔다. 엄마가 원하는 먹을거리를 사 주지 않는 것, 욕구를 표현하면 혼나고 거부당한 것에 대한 속상함, 엄마에 대한 원망 등도 표현한다.

#### (4) 중기 3단계: 19~39회기

1 19회

엄마와 함께 왔다. 엄마 곁에서 좋아하며 밝은 모습으로 앉아 기다린다.

슈퍼마켓 놀이를 하자고 한다. 아동은 자신이 주인을 하고 치료자에게 손님 역할을 맡기고는 놀잇감 가게라며 놀이치료실 안의 놀잇감, 게임을 사게 한다. 녹음기를 선택하여, "아" 소리를 길게 내어 녹음했는데 예전보다 더 크고 자신 있는 목소리다. 모래상자를 처음 선택했고, 가족이 순대국 먹는 상황을 만든다. 엄마가 없을 때 집에서 혼자 기다렸다고 자랑한다.

**엄마 보고** 예전에는 언니가 없다고 울면서 엄마 직장으로 전화했는데 지금은 울지 않고 잘 논다. 엄마와 이야기를 하고 있는데 아동이 "엄마 순대국 먹고 싶어. 히히." 하고 편지를 써서 엄마에게 주고 갔다. 엄마가 아동의 편지를 보며 틀린 철자법을 지적했다. 아동이 원하는 것을 말하면 엄마에게 혼난다고 한 놀이시간 얘기를 해 주자 아동의 요구 시 설명을 해 주지 못하고 "안 돼."라며 반응하게 된다고 한다. 아동의 용기를 칭찬해 주도록 하고, 매일 칭찬하기를 하도록 하였다.

2 20회

"엄마가 순대국 사 줬어요." 하며 놀이치료실에 들어오자마자 자랑한다. 치료자는 아동이 떼를 쓰기보다 엄마에게 편지를 쓰는 방법으로 자기 표현한 것을 격려해 주었다.

우유병을 아기의 입, 눈에 꽂고 손으로 두 번 인형을 때린다. 젖꼭지를 물려 던지듯 인형을 내려놓았다. 학원에서부터 머리가 아팠다고 해서 머리를 만져 주었다.

마차에 왕자, 공주를 태웠다가 내려놓고 성 안에 왕자와 공주를 놓고 왕을 가져와 2층 베란다에 놓고 창밖을 보게 세워 두었다. 왕이 궁에서 왕자와 공주를 지켜 준다고 하며 십자가를 가져와 공주에게 주었다. 무엇에서 공주와 왕자를 구해 주는지 물었으나 말하지 못한다.

치료자가 아동의 생일선물로 곰돌이와 축하 카드를 선물하자 매우 좋아한다.

---

**엄마 보고** 예전에는 엄마에게 말대답을 하고 야단치면 화를 냈는데 지금은 아이의 짜증이 많이 줄어들었다고 한다. 또 성격이 밝아지고 주변에서도 아동의 표정이 밝아졌다고 말하며, 학습능력도 높아졌다고 한다. 엄마는 자신이 매일 칭찬해 주지 못했고 또 스스로 자주 하지 못하는 걸 느꼈다고 한다. 곧 생일이 돌아와 생일 때는 어떻게 했는지 묻자 백일, 돌 사진도 찍지 못했고 이전에도 생일은 챙기지 못했다고 해서 큰 생일 파티는 아니어도 아동이 태어난 것에 대해 즐거움을 갖고 의미를 부여하는 시간을 가족끼리 갖도록 하였다.

---

③ 21회

생일 때 어땠는지 묻자 엄마가 소고기 넣고 미역국 끓여 줬는데 소고기가 조금밖에 없어서 저녁에 엄마 몰래 고기를 다 먹었다고 한다. 개집, 화장실, 수박 그림을 그리고, 강아지가 옆집에서 수박을 가져와 혼나고 도망갔다고 한다. 타악기를 선택해 자발적으로 두드리며 연주한다. 두더지 잡기와 다트 게임, 고리 던지기 등의 게임을 즐기며 치료자의 행동과 언어적 반응을 모방해 치료자가 실패하면 '아쉽다, 안타깝다' 등의 언어표현을 한다.

---

**엄마 보고** 아동이 혼자 있어도 무서워하지 않고 대범해졌다. 예전에는 울면서 전화했는데 "엄마, 어디야." 하고 가끔 묻기도 하지만 전화도 거의 없다. 짜증은 가끔 낸다고 한다. 현재 월세로 살고 있는데 재개발을 한다고 주인집에서 집을 비워 달라고 해서 그러면 아이들을 고아원에 보낼 수밖에 없다고 하며 주인집에 사정하는 걸 아동이 듣고 울었다고 한다. 엄마가 언제나 아동 곁에 있을 것임을 확인시켜 주는 것이 필요함을 이야기했다.

---

④ 22회

햄스터 놀이터를 선택한다. 고양이가 거위를 쫓는 장면 만든다. 거위는 고양이가 무서워 3일 동안 밥을 먹지 않고 숨어 있었다고 한다. 고양이가 사라지는 것을 확인하고 나와 밥도 먹고, 물도 마시고, 화장실도 다닌다고 한다. ["거위는 정말 고양이가 무서웠나 보다."] 고양이를 미끄럼틀 아래로 떨어뜨린다. ["고양이를 물리쳤네."] 거위는 그네 타며 좋아한다. ["기분은 어때?"] "재미있고 하늘을 나는 기분이에요."

엄마 일을 많이 도와줬다고 자랑하며, 집안일은 재미있다고 한다. ["힘들거나 짜증날 때는 없니?"] "짜증나는 거 있어요. 언니가 시킬 때. 언니는 욕심쟁이에요. 내꺼 좋은 거 있으면 달라고 해요. 내가 꼬시면 줘요."라고 말한다.

⑤ 23~24회

23회기에서 전략게임인 '황금삽 찾기' 게임을 선택하고 처음에는 긴장했으나 아동이 이기고 즐거워한다. 24회기에서는 체스를 선택하고 방법을 듣다가 포기하며 "어려운 거 질색이야."라고 한다. 진열장의 뱀을 보더니 "뱀 무서워. 질색이야. 꿈에 나타나."라고 말한다. 포클레인 등을 모래상자 안에 놓고 모래로 덮은 후에 사막에 공사하러 갔다가 다쳤다고 한다.

⑥ 25회

공주의 드레스가 잘 안 입혀지자 던져 버리며 "부숴 버려." 하며 손으로 부수는 행동을 보인다. "짜증 난다." ["네가 원하는 대로 잘 안 되어서 짜증이 나는구나."] "네." ["또 언제 짜증 난 적 있니?"] "전화해서 상대방이 말 안 했을 때" ["그럴 때도 짜증이 나는구나."]

왕은 공주 아빠인데, 나쁜 놈이 공주를 죽이러 온다고 해서 아빠가 걱정하고 있다고 한다. 공주 엄마는 9세 때 나쁜 놈들이 죽여서 돌아가셨다고 한다. 성 안에 왕, 왕자, 공주를 놓고서는 왕과 왕자는 공주를 돕지 못한다고 한다. 정리한다며 던지듯 진열장에 놓고 인형을 섞어 놓았다.

낚시게임을 선택해 낚시가 잘 안 되자 "짜증 나."라고 말한다. ["물고기가 잘 안 잡혀서 짜증 나는구나."] "네." 하더니 다시 물고기를 잡는다. ["○○는 짜증 나면 어떻게 하니?"] "자요." ["요즘에 학교나 집에서 짜증 난 적 있니?"] "없어요."

모래상자를 선택하고 아기 인형을 가져와 아기 위에 모래를 뿌리며 목욕을 시킨다고 한다. 학대의 상처를 정화시키는 장면으로 보였으며 성학대도 받은 게 아닌가 하는 추측이 되었다. 치료자가 엄마와 함께 성학대 평가도구로 평가해 보았으나 낮은 점수를 받아 성학대로 명확히 진단되지는 않았다. 건강하고 힘 있는 부성상과 모성상의 부재와 학대, 그리고 방임으로 인한 약한 자아아 그로 인해 불안에 대처하기 어려운 모습을 나타낸다. 아동은 특히 예상불안이 높았다.

7 26~27회

26회기에 수요일에 머리가 아파 울었다고 한다. 아파트로 이사 갈지 모르는데, 학교 선생님이 엘리베이터에 이상한 사람이 탈지 모른다고 해서 걱정이 된다고 한다. 남자들이 무섭다는 이야기를 한다. 27회기에는 고양이와 거위를 선택하고 고양이가 거위한테 항상 당하는데, 둘의 관계는 친구관계라고 말한다. 고양이가 거위 밥 몰래 가져다주다가 엄마 고양이한테 쫓겨났다고 한다.

고리 끼우기를 보고 "언니 목걸이 좋아하는데 만들어 줄까?" 하더니 고리 끼우기를 한다. 고리 끼우기를 하며 중학생 오빠가 집 앞에서 언니를 기다리고 있다가 옆에 앉으라고 하더니 어깨에 손 올려서 울고 들어온 이야기, 3일 전부터 중국집 종업원을 만났는데 첫날은 쫓아와서 사람 많은 데로 도망간 이야기, 오늘도 신호등에서 마주쳐 도망간 이야기를 한다. 엄마도 알고 있냐고 하자 엄마가 무서우니까 일찍 끝나면 이모 집으로 가라고 했다고 한다.

얼굴에 반점 빼는 수술을 하는데 언니는 무섭다고 하는데 자기는 무섭지만 죽는 거 아니니까 괜찮다고 한다.

8 28~29회

28회기에서 반점 빼는 수술을 해 마스크를 쓰고 왔다. 무서웠다고 하며 아파서 울기도 하고 소리도 조금 질렀다고 한다. 무섭고 아픈 상황을 공감하며, 잘 견딘 것을 지지했다. 저번 시간에 만든 것은 언니가 방 치우라고 짜증 내서 친구에게 줬다고 하며, 오늘은 언니 목걸이를 만들어 줄 거라고 한다.

29회기에서 "볼링 해야지." 하더니 분가루, 공 닦는 수건도 만들고 볼링 전에 분가루를 손에 묻히고 공을 닦은 후에 게임을 한다. 종이를 달라고 하더니 엄마가 팔에 반점 빼는 수술을 했다며 잘 모르는 철자는 치료자에게 물으며 엄마가 수술해서 엄마를 도와야 한다며 자기 스스로 엄마를 돕기 위한 각서를 쓰겠다고 한다. 각서에 〈1. 엄마일 도와주기 2. 언니하고 안 싸우기 3. 엄마 설거지 돕기 4. 엄마 심부름하기 5. 엄마한테 안 대들기 6. 용돈 안 달라고 하기 7. 방 다 치우기〉를 썼다.

집에서 혼자 언니를 기다릴 수 있다며 머리도 아프지 않고 불안하지도 않다고 한다.

---

**엄마 보고** 아동은 언니보다 어른스럽다고 한다. 아동의 감정억압과 자기주장의 필요성을 말했다. 최근에 "왜 나만 아빠가 없냐."라고 해서 "그럼 네 아빠한테 가라."라고 했다고 한다. 아동이 "그런 아빠가 어디 있어. 때리는 아빠가 어디 있어." 하며 울었다고 한다.

---

9 30~32회

30회기에서 모자를 쓰고 왔는데 놀이치료실에 와 벗으며 "머리 깎았어요."라고 말한다. 귀엽고 발랄해 보인다고 하자 수줍게 웃으며 "저는 이상했는데…."라고 한다. 모래를 이용해 소꿉놀이를 한다. 31회기에 친구 얘기를 했다. 유치원 때부터 친구인데 좋은 점은 없다고 한다. 같은 반에 ○○라는 친구가 있는데 화나면 무섭다고 한다.

예쁘게 만든 목걸이를 언니에게 준다고 해 이유를 묻자 "안 그러면 언니 삐쳐요. 삐치면 나 놓고 가요. 나 혼자는 집에 못 가요."라고 한다. 치료자가 혼자될까 봐 걱정하는 아동의 마음을 반영해 주었다.

32회기에 뚱뚱한 오빠가 자기를 총으로 쏴서 맞았는데 무서워서 그냥 갔다고 한다.

모래상자를 선택하고는 모래를 만지며 부드럽다며 "하얀 그릇, 깨끗한, 구름이 연상돼요. 구름 위에 앉아 있어요. 푹신할 것 같아요."라고 한다. 불안과 긴장을 이완하는 시간을 가졌다. 새를 모래 속에 숨기며 "엄마가 과자를 만들었는데 훔쳐 먹어서 숨었어요. 무서워서… 혼날까 봐."라고 한다. 엄마가 바빠서 혼나지 않았다고 한다. 부부라며 침대에 눕히고, 부부 사이를 묻자 사이가 좋은데 자녀는 곧 생길 거라고 한다. 주인이 없어서 밥을 먹었는데 밥을 몰래 훔쳐 먹었다고 오해해서 새와 부부 사이는 좋지 않다고 한다.

⑩ 33회

두더지 잡기 게임을 하는데 치료자가 앞서면 그만둔다. 가게놀이에서 아동이 주인을 하고 치료자에게 손님을 하라고 한다. 손님인 치료자가 음료수를 3개 샀는데 껌, 비스킷을 서비스로 주었다. 다음번엔 과자, 할리갈리 게임, 음료수를 샀는데 마차, 공주, 임금, 돈 2만 4,000원을 서비스로 주었다. 아기놀이를 하며 인형을 등에 업고 옷을 개며 아기 돌 때 받은 선물이라고 한다. 아동이 아기의 엄마, 아빠가 미국에 출장 갔고 자신은 이모라고 한다. 아기를 눕히더니 "오늘 엄마 오니까 맘마 먹고 잘 자라."라고 말한다. ["아기는 엄마 오니까 어때?"] "좋아요." 돌선물을 받은 아기와 미국에 간 부모가 돌아오는 놀이는 상처받은 아기인 자신이 새로운 아이로 태어나는 과정을 보여 준다. 두더지 잡기 게임을 다시 선택해서 혼자서 마구 두드리며 좋아한다.

⑪ 34회

소꿉놀이를 가져와 모래와 물을 이용해 음식을 만든다. 라면, 밥, 계란프라이,

물을 만든다. 라면 좋아하냐고 하자 집에 다 떨어져 사 달라고 하면 엄마가 화낸다고 한다. ["엄마가 화내면 어때?"] "서운해요." ["그렇겠다. 음식이 없어서 사 달라고 하는 건 자연스러운 마음인데, 너는 엄마가 어떻게 해 주면 좋겠어."] "설명해 주면 좋겠어요." 심심해서 교회 복도에서 뛰어다녔는데 엄마가 교회에 오지 말라고 했는데, 일찍 집에 가서 쉬니까 좋다고 한다. 모래로 음식을 만들다가 학교에서 슈베르트 음악을 들었는데 하늘을 나는 기분이었다고 한다.

⑫ 35회

엄마가 먼저 도착하고 아동은 늦게 도착했다. 엄마를 보자마자 "머리 아파." 하고 호소하는데 엄마는 늦게 왔다고 먼저 화를 낸다. 놀이치료실에 들어와 머리가 아프냐고 물으니 고개를 끄덕인다. 머리를 만져 보자 열이나 언제부터 그러냐고 하자 낮부터 그랬다고 한다. ["○○가 아파서 엄마에게 말했는데 받아 주지 않아 서운했겠다."] 울먹이는 표정으로 끄덕인다. 두더지 잡기를 선택하더니 게임을 제안한다. 아동이 이기자 즐거워한다.

**엄마 보고** 아동은 너무 잘 먹는다고 한다. 무료로 한 달에 우유 1박스가 오는데 한 번에 4~5개를 먹는다고 한다. 엄마는 그런 아동을 보면 먹는 것만 찾는다고 야단친다고 한다. 아동이 결핍감 때문에 먹는 것에 집착하는 것을 엄마가 이해해 주도록 하였다. 최근 아동이 짜증이 많다고 한다. 최근 엄마가 청소하는 직장으로 옮겼는데 힘들다고 한다. 주 3회는 새벽 6시경에 출근해서 밤늦게 들어온다고 한다. 집에 왔는데 정리가 되어 있지 있으면 짜증이 나서 잔소리를 하게 된다고 한다. 아이들이 정리정돈을 잘 하지 않는다고 한다. 교사 상담을 했는데 아이가 착하고 적응을 잘한다고 한다.

⑬ 36~37회기

오전에 엄마에게 전화가 왔다. 아동이 비가 많이 오는 월요일에 하교하다가 집에 올라가는 언덕에서 성인 남성이 성기를 드러내고 서 있는 것을 보고 놀라서 집에 들어온 일이 있었다고 한다. 그날 밤에 그 아저씨 생각이 난다면서 무섭다고 펑펑 울었다. 그 이후 수요일까지 밤에 잠을 잘 자지 못하고 불안해했다. 엄마도 얼굴을 알고 있는 남자인데 집 앞에 서 있는 그 남자를 아이들과 함께 보고 아동의 아빠와 닮아 놀란 적이 있다고 한다.

36회 놀이에서는 오리와 강아지의 즐거운 놀이를 꾸민다. 오리는 4세고 강아지는 12세인데 둘의 관계는 형제관계라고 한다. 미끄럼틀을 타기도 하고 서로 부둥켜안고 장난을 치기도 하고 산책을 한다고 한다. 치료자가 엄마에게 들은 이야기를 꺼냈다.

["○○야, 엄마한테 들었어. 놀라는 일 있었다면서?"] "네. 어떤 아저씨가요. 바지 벗고 서 있었어요. 무서웠어요." ["그랬구나, 많이 놀랐겠다."] "네." ["비가 오면 그런 행동을 하는 사람들이 있어."] "맑은 날에도 봤어요." ["처음 본 사람은 아니구나. 정말 많이 무서웠겠다. 혼자 있어서…."] "네." 울 것 같은 표정을 짓고 앉아 있어서 치료자가 다독여 준다. 조금 진정이 된 후 생각나는 사람이 있었는지 묻자 "아빠"라고 한다. ["아빠 생각이 나서 더 무서웠구나. 아빠에 대해 기억 나는 것 있니?"] "아빠가 나 어릴 때 술병 들고 때리려고 해서 엄마가 막아 줬어요." ["그런 일이 기억나니? 많이 무서웠겠구나. 아빠는 화가 잘 나고 참기 어려워서 때렸구나. 그건 아빠의 병이고 아빠의 잘못된 행동이야. 네가 잘못했기 때문은 아니야."] "아빠가 올까 봐 무서워요."라고 해 아빠가 안 오기로 약속해서 오지 못하며, 이제는 너희를 때릴 수 없는 사람이라고 안심시키려 했다. 밤에 생각나서 잠이 안 오는 이야기를 하다가 무섭다며 더 이상 얘기하고 싶지 않다고 한다. ["그래, 아빠가 못 올 거라고 해도 자꾸 올 것 같아 안심이 안 되는구나. 혼자 있을 때 도와줄 사람이 있니?"] 엄마와 집에서 한복 만드는 아줌마네 집(아이들은 이모라고 부름)가 있는데 그 아줌마는 길 건너 멀리 있다고 한다. 사회복지사 연락처 기억하기, 학교 선생님, 놀이치료자, 경찰서 등 도움을 청할 수 있는 곳에 대해 기억시켰다.

37회기에서는 두더지 잡기를 선택하여 신나게 두들긴다. 젖은 모래상자를 이용해 산을 쌓았다 부수며 공격성을 자연스레 표현하고 두꺼비집 놀이도 하고 즐거운 기억을 떠올리며 즐거움을 경험해 간다.

⑭ 38회

하굣길에 아는 오빠가 자신에게 욕을 해서 언니에게 말했는데 일렀다며 아동에게 돌을 던졌다고 한다. ["큰일 날 뻔했네. 어디를 맞았는데?"] 다리를 보여 준다. ["많이 아팠겠다. 다행히 상처는 안 났네."] 빨갛게 부은 데를 약을 발라 주며 쓰다듬어 주고 아동이 언니에게 얘기한 건 아동의 잘못이 아니며, 돌을 던진 건 오빠의 잘못이라고 이야기했다. ["오빠가 돌을 던져 맞았을 때 어떤 기분이었어?"] "약간 화가 났어요."라고 해 그건 당연한 감정이라고 말해 주었다. 학교에서 친구가 요즘에도 때린 적 있는지 물어보자 친구가 때려서 선생님께 말했다고 해서 예전보다 적극적인 대처방법을 격려해 주었다. 친구에게 직접 자기감정을 말한 적 있는지 묻자 말하기 어렵다고 해서 친구에게 직접 자기감정을 말하는 것 어려움을 공감해 주었다. ["네 몸이 소중하다고 생각하니?"] "네." ["그래 자기 몸은 소중한 거고 다른 사람이 날 아프게 하면 그렇게 못하도록 날 지켜야 해."] 역할놀이를 통해 친구가 모르고 나를 건드릴 때, 상대방이 자기를 때리거나 해롭게 할 때 직접 상대방에게 말하는 방법을 연습했다. 학교에서 하는 것을 봤다며 바둑을 처음 선택해 아동이 앞서자 즐거워하며 처음인데 재미있다고 한다.

엄마가 퇴근하고 오자 하교하며 있었던 일을 큰 목소리와 밝은 표정으로 말했다고 한다. "내가 말한 게 잘못은 아니잖아. 말할 수도 있지."라고 했다고 한다.

**엄마 보고** 아동이 예전보다는 아니지만 다시 불안해하며 전화를 가끔 하고 혼자 있으면 무서워한다고 한다. 아동이 아빠와 있었던 일을 기억하고 이야기하는데 엄마도 몰랐던 일을 아동이 얘기해 놀란다고 한다. 아동의 감정 공감과 적극적인 경청을 하도록 했다.

⑮ 39회

퍼니버니(funny bunny) 게임을 선택해 회전 카드가 나와 구멍을 돌릴 때마다 조금씩 놀란다.

무서운 생각은 어떤지 묻자 아직 조금 무섭다고 하고, 아빠 생각이 난다고 한다. 무서울 때 어떻게 하냐고 하자 엄마에게 전화하거나 언니에게 간다고 한다. 엄마가 전화를 받지 않으면 엄마가 전화번호를 바꾸고 오지 않을 것 같은 생각에 무섭다고 한다. 엄마가 전화를 받지 못할 수도 있다고 하자 상황을 잘 이해하지 못하겠다는 표정이다. 그 후 모래놀이를 원하며 한가운데에 바다를 만들고 소꿉놀이 세트와 과일을 가져와 모래를 담으며 음식놀이를 한다. 모래가 부드럽고 놀이터가 생각난다고 하며 부드러운 모래로 심리적 위로를 받는 모습이다.

**엄마 보고** 이달 초보다는 불안한 모습은 많이 줄었고 35개월경에 있던 아빠와의 일을 기억하며 이야기한다고 한다. 치료자가 아동의 불안의 정도가 심하다고 재차 알리고 안정감을 가질 수 있도록 적극적으로 돕도록 했다. 엄마가 전화를 받을 수 없는 때를 미리 알려 주어 불안을 줄이도록 했고 아동의 곁에는 엄마가 항상 있을 것이며, 아빠가 아동을 해칠 수 없는 상황인 것에 대해 재확인시켜 주도록 했다. 아동이 자신의 불안한 감정을 있는 그대로 표현할 수 있도록 엄마가 인내심을 가지고 아동의 얘기를 들어주도록 하였다.

### 중기 3단계 요약: 가해자에 대한 공포, 손상된 부모상의 회복, 새로운 자아의 탄생, 감정의 적절한 표현과 위험상황의 대처연습

자기 주도적인 모습이 많아지고 감정을 적절히 표현하기 시작한다. 학대받는 아기놀이를 하면서 불안이 올라오면서 짜증도 많이 내고 해를 입는 것에 대한 불안과 대처하지 못하는 것에 대해서도 표현한다. 아동의 놀이를 볼 때 아동이 신체적 학대만이 아니라 성학대도 받은 게 아닌가 하고 의심되었다. 엄마에게 기본적 욕구충족이 거부당한 좌절감에 초점을 맞추었다. 집 이사 문제로 불안을 재경험하면서 자기를 지켜 줄 건강한 부모상과 남성 동일시 모델의 결여로 인한 약한 자아도 표현된다. 한편 돌이 되어 선물을 받고 미국 간 부모가 돌아오는 놀이를 통해 아기로서의 상처를 해결하고 손상된 부모상을 회복하면서 새로운 아이로 태어나는 과정을 보여 주기도 하며 게임을 통해 새롭게 유능감도 경험한다.

성도착증 아저씨를 본 후 다시 불안이 심해졌다. 치료에서 이 일을 다루면서 아빠에 대한 부정적인 감정, 기억을 언어적으로 표현한다. 모래놀이를 통해 분노와 공격성을 자연스레 표현하고 모래를 이용한 음식놀이로 위로를 받는다. 예상되는 무서운 일에 대해 치료자와 함께 대화하고 무서운 일이 일어났을 때 도움을 줄 사람이 있음을 인식해 갔다. 아동의 몸이 소중함을 알리고 아동과 자신을 지키고 보호하는 적극적인 대처방법을 익혔다.

(5) 말기와 종료단계: 40~44회

1 40~41회

언니의 놀이치료를 종결하는 날 함께 와 언니가 종결파티에 자기를 초대하지 않았다고 소리 지른다. 41회기에서는 언니와 함께 와 울고 있어 이유를 묻자 대답을 하지 않고 놀이치료실에 들어가기 싫다고 한다. 언니가 옆에서 "나랑 함께 들어가자고 해요."라고 한다. 아동은 엄마가 올 때까지 기다린다고 한다. 엄마가 오자 그래도 들어가지 않겠다고 한다. 엄마와 함께 들어가기로 한다. 안에 들어가자 퍼니버니 게임을 선택해 재미있게 놀이를 한다. 아동에게 아까 왜 그랬는지 이유를 묻자 언니가 들어가지 않고 엄마를 기다린다고 해서 그랬다고 하며, 엄마와 언니가 자기만 놓고 도망갈까 봐 그랬다고 한다. 감정을 공감하며 아동을 왜 버리고 갈 거라고 생각하는지 묻자 '귀찮아서'라고 한다. 어떤 것이 귀찮게 한 것이냐고 묻자 화내지 않아야 하고, 엄마의 말을 잘 들어야 한다고 한다. 아동이 엄마를 귀찮게 해서 엄마가 자기를 버릴 거라는 죄책감과 불안을 갖고 있는 것을 반영하고 자신의 잘못이 아니라는 것을 반복해서 말해 주었다. 종료를 앞두고 분리를 준비하면서 아동의 불안이 다시 높아지고 있다.

② 42~44회

엄마가 먼저와 기다린다. 엄마가 요즘에 아동이 저녁마다 운다며 아동이 불쌍하다며 엄마도 잊었던 옛 기억이 난다고 한다. 아빠가 언니보다 아동을 더 미워했으며, 아동을 죽이겠다고 한 적이 몇 번 있다고 한다. 한번은 아빠가 아동을 죽이겠다고 해 아동을 깜깜한 붙박이장에 엄마가 숨겼는데 아빠가 집 안을 뒤지다가 그 문을 열어 아동을 찾았다고 한다. 그때 아동이 깜짝 놀랐다고 한다. 또 한번은 아동이 24개월 전후경에, 아빠가 아동을 죽인다고 해서 할머니 댁에 맡겼는데 할머니가 이틀 동안 낮에는 일을 하러 가시고 아동을 혼자 놔두었다고 한다. 엄마가 3일째 갔을 때 혼자 있었는데 엄마를 멍하니 보다가 불러도 대답이 없었는데 엄마가 안아 주자 울었다고 한다. 요즘에 이 일을 다시 떠올리며 이것이 아동이 밤에 불 끄는 것을 싫어하고 엄마가 도망갈까 봐 걱정하는 원인인 것 같다고 한다. 월요일엔 언니가 야유회를 간다고 하자 무섭다며 학교에 가지 않았다고 한다. 불안완화를 위해 아동이 하교 후 집에 있을 시간에는 주기적으로 엄마가 전화를 하도록 했다.

42회기에서는 아동이 늦게 언니와 함께 왔다. 와서 그 아저씨를 다시 봤다고 한다. 언니와 함께 봤는데 언니가 혼자 도망갔다고 한다. 언니가 옆에서 웃으며 "나도 무서워서 그랬어."라고 한다. 엄마가 언니에게 혼자 가면 어떻게 하냐며 동생 무서우니까 그럴 때는 손을 잡고 도망치라고 했다. 엄마가 밖에서 기다리고 있을 테니 들어갔다 오라고 하자 약간 거부표현을 보인다. 엄마가 "교회 가서 순대국 사 줄게." 하며 다시 다독이자 웃으며 들어와 퍼니버니 게임을 즐겁게 한다.

43회기부터 불안이 진정되어 간다. 혼자서 방에 들어와 두더지 잡기를 선택한다. 함께 게임을 하자고 하고, 게임을 하다가 아저씨가 무슨 옷을 입었는지 이야기한다. 아저씨를 다시 보니 어떠냐고 하자 예전보다는 덜 무섭다고 한다. 아빠도 덜 생각난다고 하더니 어제는 무섭다고 울지도 않고 엄마 옆에서 잤다고 웃으며 이야기한다.

44회기에는 언니, 엄마와 함께 간단한 파티 후 종료를 했으며 추후 엄마와의 전화상담을 통해 아동이 증상의 악화 없이 잘 지내고 있음을 확인하였다.

### 말기 및 종료단계 평가와 소감

종료를 앞두고 불안의 증가가 나타났고 다시 불안이 완화되면서 종료를 하게 되었다. 이 사례는 1년간 치료비 지원을 받아 치료가 이루어진 사례다. 아동의 초기 학대와 방치가 심해 좀 더 장기적인 놀이치료가 필요한 사례였으나 치료비 지원기간이 종료되면서 엄마의 경제사정상 더 치료를 할 수 없게 되어 충분하진 않아도 어느 정도 아동의 문제를 다루고 증상이 호전되었다고 보아 종료를 하게 되었다.

아동은 놀이치료를 통해 신뢰감을 형성해 가면서 초기 학대의 반복적인 재연, 가해자인 아빠에 대한 두려움, 해를 입는 것에 대한 공포를 표현했다. 또한 긍정적인 부모상에 대한 소망, 무력감과 분노, 자신에 대한 부정적 자기상과 죄책감, 애착대상 상실에 대한 불안을 반복적으로 표현했다. 치료자는 아동이 놀이치료를 하면서 이런 감정을 해소해 가고 직면하며 새로운 시각으로 학대를 재구성하고 죄책감에서 벗어나 가도록 도왔다.

# 참고문헌

강경미(1994). 소아기 우울증의 개관과 발달학적 측면. 소아청소년정신의학, 5(1), 3-11.
강경미(1996). 품행장애. 소아청소년정신의학 1996년 연수교육 자료집. 서울: 대한소아청소년정신의학회.
곽영숙(1992). 선택적 함구증을 보인 6세 아동의 놀이치료. 소아청소년정신의학, 3(1), 138-146.
곽영숙(1996). 자폐증과 전반적 발달장애. 소아청소년정신의학 1996년 연수교육 자료집. 서울: 대한소아청소년정신의학회.
곽영숙, 홍강의(1989). 아동학대의 개념과 원인, 아동학대. 서울: 한국아동학대예방협회.
구본권(2000). 아동심리측정평가. 서울: 강남대학교 교육학부.
배연창(2007). 한국지적장애인 복지협회 보도자료. 서울: 한국지적장애인협회.
보건복지부(1999). 보건의료인을 위한 아동학대 대처방안 안내서.
신민섭, 김민경(1994). 아동기 우울증의 평가. 소아청소년 정신의학, 5(1), 12-27.
신민섭, 박광배, 오경자, 김중술(1990). 고등학생의 자살성향에 대한 연구: 우울-절망-자살 간의 구조적 관계에 대한 분석. 임상, 9(1), 1-19.
신민섭, 오경자, 홍강의(1995). 주의력결핍 과잉활동 장애 아동에서 약물 단독 치료와 부모 훈련 병합 치료의 효과 비교. 소아청소년 정신의학, 6(1), 65-73.
안동현(1999). 아동 학대 및 방임. 아동간호학회 춘계학술세미나 자료집, 1-39.
유가효, 문현주(1999). 아동 성학대의 진단과 치료. 한국놀이치료학회 제18차 학술발표 및 사례연구회.
유미숙(1997). 놀이치료: 이론과 실제. 서울: 상조사.
이정섭(1996). 불안장애. 소아청소년 정신의학 연수교육 자료집. 서울: 대한소아청소년정신의학회.
전성일(2000). 아동기 장애의 이해. 미간행 강의록.
정문자, 이은해, 박경자(1993). 베일리 유아발달척도의 한국 표준화를 위한 예비연구.

아동학회지, 14(1), 5-21.

정선주, 홍강의(1995). 선택적 함구증 아동의 임상특성 및 치료경과. 소아청소년정신의학, 6(1), 74-89.

조수철, 이영식(1990). 한국형 소아우울척도의 개발. 신경정신의학, 29(4), 943-955.

채규만(1999). ADHD 전문가 과정교재. 서울: 성신여대 부설 심리건강연구소.

최보문(1992). 소아 성 학대. 대한소아청소년 정신의학회 추계학술 대회 초록집.

홍강의, 신민섭, 조성준, 한국정보공학(주)(1999). 주의력장애진단시스템 사용설명서.

홍성도(1996). 아동과 청소년기의 우울장애. 소아청소년정신의학 1996년 연수교육 자료집. 서울: 대한소아청소년정신의학회.

河合集雄(1983). 모래상자놀이요법입문(심재경 역). 서울: 양영각.

Aborn, A. (1993). Play and positive emotion. In C. E. Schaefer (Ed.), *The therapeutic powers of play* (pp. 291-307). Northvale, NJ: Jason Aronson.

Abramson, L. Y., Metalsky, G. I., & Alloy, L. B. (1989). Hopelessness depression: A theory-based subtype of depression. *Psychological Review, 96,* 358-372.

Alexander, E. (1964). School-centered play therapy program. *Personnel and Guidance Journal, 43,* 256-261.

Allan, J. (1988). *Inscapes of the child's world.* Dallas, TX: Spring Publications, Inc.

American Psychiatric Association. (1980). *Diagnostic and statistical manual of mental disorders* (3rd ed.). Washington, DC: Author.

American Psychiatric Association. (1987). *Diagnostic and statistical manual of mental disorders* (3rd ed., rev.). Washington, DC: Author.

American Psychiatric Association. (1994). *Diagnostic and statistical manual of mental disorders* (4th ed.). Washington, DC: Author.

Axline, V. M. (1947). *Play therapy.* Boston: Houghton Mifflin.

Barkley, R. A. (1990). Attention deficit disorder: History, definition, and diagnosis. In M. Lewis & S. M. Miller (Eds.), *Handbook of developmental psychopathology* (pp. 65-95). New York: Plenum.

Barkly, R. A. (1997). 말 안 듣는 아이(안동현, 김세실 역). 서울: 하나의학사.

Beck, A. T. (1967). *Depression: Clinical, experimental, and theoretical aspects.* New York: Harper & Row.

Benedict, H. E. (2001). Understanding children's play themes for effective assessment and therapy. 국제놀이치료 워크숍 교재. 성균관대학교.

Blatt, S. J. (1974). Levels of object representation in analytic and introjective depression. *Psychoanalytic Study of the Child, 29,* 107–157. New Haven, CT: Yale University Press.

Bowlby, J. A. (1988). *A secure base: Parent-child attachment and healthy human development.* New York: Basic Books.

Briesmeister, J. M. (1997). Play therapy with depressed children. In H. G. Kaduson, D. Cangelosi, & C. E. Schaefer (Eds.), *The playing cure-individualized play therapy for specific childhood problems.* Northvale, NJ: Jason Aronson.

Broad, J. C. (1987). *Neighborhood game: Social skills training programme for children and adolescents training manual.* Ontario, Canad.

Brody, V. A. (1997). Developmental play therapy. In K. J. O'Conner & L. M. Braverman (Eds.), *Play therapy theory & practice: A comparative presentation.* New York: John Wiley & Sons.

Bromfield, R. (1989). Psychodynamic playtherapy with a high-functioning autistic child. *Psychoanalytic Psychology, 4,* 439–453.

Cabe, N. (1997). Conduct disorder: Grounded play therapy. In H. G. Kaduson, D. Cangelosi, & C. E. Schaefer (Eds.), *The playing cure.* Northvale, NJ: Jason Aronson.

Cabe, N. (1997). Consequences: Reaching the oppositional defiant adolescence. In H. G. Kaduson & C. E. Schaefer (Eds.), *101 favorite play therapy techniques.* Northvale, NJ: Jason Aronson.

Cangelosi, D. (1994). Play therapy for children from divorced and seperated families. In H. G. Kaduson, D. Cangelosi, & C. E. Schaefer (Eds.), *The playing cure* (pp. 119–142). Northvale, NJ/London: Jason Aronson.

Carey, L. (1990) Sandtray therapy with a troubled child. *The arts in psychotherapy, 17*(3), 197–209.

Cattanach, A. (1993). *Play therapy with abused children.* London: Jessica Kingsley Publishers.

Chethik, M. (1973). The intensive treatment of an elective mute. *Journal of the American Academy of Child Psychiatry, 12*(3), 482–498.

Chethik, M. (1989). *Techniques of child therapy.* New York: Guilford Press.

Claman, L. (1980) The squiggle-drawing game in child psychotherapy. *American Journal of Psychotherapy, 34*(3), 414–425.

Claman, L. (1993). The squiggle drawing game. ln C. E. Schaefer & D. Cangelosi. *Play therapy techniques.* Northvale, NJ: Jason Aronson.

Cohen, B. M., & Cox, C. T. (1995). *Telling without talking: Art as a window into multiple personality.* New York: Norton.

Cole, P. M., & Kaslow, N. J. (1988). Interactional and cognitive strategies for affect regulation, developmental perspectives on childhood depression, In S. B. Allet (Ed), *Cognitive process in depression.* New York: Guilford Press.

Coleman, M. C., & Hoyle, J. C. (1999). Internalising disorders of childhood and adolescence. In V. L. Schwean & D. H. Saklofske (Eds.), *Handbook of psychosocial characteristics of exceptional children.* New York: Kluwer Academic/Plenum Publishers.

Crenshaw, D. A., & Mordock, J. B. (2005). *A handbook of play therapy with aggressive children.* New York: Jason Aronson.

Cytryn, L., & Mcknew, D. H. (1972). Proposed classification of childhood depression. *American Journal of Psychiatry, 129,* 149-155.

Dawson, G., & Adams, A. (1984). Imitation and social responsiveness in autistic children. *Journal of Abnormal Child Psychology, 12,* 209-225.

Dawson, G., & Galpert, L. (1990). Mother's use of imitative play for facilitating social responsiveness and toy play in young autistic children. *Development and Psychopathology, 2*(2), 151-162.

De Domenico, G. S. (1988). *Sand tray world play: A comprehensive guide to the use of sand tray in psychotherapeutic and transformational settings.* Oakland, CA: Vision Quest Into Reality.

DiLavore, P. C., Lord, C., & Rutter, M. (1995). Pre-linguistic autism diagnostic observation schedule. *Journal of Autism and Developmental Disorders, 25*(4), 355-379.

Doft, N. (1992). *When your child needs help: A parent's guide to therapy for children.* New York: Harmony.

Doll, E. (1969). 사회성숙도검사(김승국, 김옥기 역). 서울: 중앙적성연구소.

Dundas, E. (1990). *Symbols come alive in the sand* (2nd ed.). Boston: Coventure.

Early, B. P. (1993). The healing magic of myth: Allegorical tales and the treatment of children of divorce. *Child and Adolescent Social Work Journal, 10,* 97-106.

Ekstein, R. (1966). *Children of time and space of action and impulse.* New York: Appleton Century Crofts.

Erikson, E. H. (1950). *Childhood and society.* New York: Norton.

Erikson, E. H. (1964). The initial situation and its alternatives. In M. R. Haworth (Ed.), *Child psychotherapy* (pp. 106-110). New York: Basic Books.

Fraser, B. G. (1981). Sexual child abuse: The legislation and the law in the united states. In P. B. Mrazek & C. H. Kempe (Eds.), *Sexually abused children and their families* (pp. 55-73). Oxford: Pergamon Press.

French, J. I. (1985). 그림지능검사 실시요강(서봉연, 정보인, 최옥순 역). 서울: 중앙적성 출판사.

Freud, S. (1917). Mourning and melancolia. *Standard Edition 4,* 152-170

Freud, S. (1922). *Beyond the pleasure principle*. London: International Universities Press.

Freud, S. (1961). *Beyond the pleasure principle*. New York: Norton.

Friedman, R., & Karagan, N. (1973). Characteristics and management of elective mutism in children. *Psychology in the Schools, 10,* 249-252.

Furman, R. (1964). Death and the young child: Some preliminary considerations. In sychoanalytic. *Study of the Child, 19,* 321-333.

Gardner, R. A. (1971). *Therapeutic communication with children: The mutual storytelling technique*. New York: Jason Aronson.

Gardner, R. A. (1983). Treating oedipal problems with the mutual storytelling technique. In C. E. Schaefer & K. J. O'conner (Eds.), *Handbook of playtherapy*. New York: John wiley & Sons.

Gardner, R. A. (1987). Mutual storytelling technique. In C. E. Schaefer (Ed.), *The therapeutic use of child's play*. Northvale, NJ: Jason Aronson.

Garritt, P., & Crenshaw, D. A. (1997). *Ego-supportive drawing series*. Rhinebeck, NY: Astor Home for Children.

Gillberg, C. (1988). The neurobiology of infantile autism. *Journal of Child Psychology and Psychiatry, 29,* 257-266.

Gillberg, C. (1990). Autism and pervasive developmental disorders. *Journal of Child Psychology and Psychiatry, 31,* 99-119.

Gillberg, C. (1998). Chromosomal disorders and autism. *Journal of Autism and Developmental Disorders, 28,* 415-425.

Glenn, J. (1992). *Child analysis and therapy*. Norhtvale, NJ: Jason Aronson.

Goodman, G. S., & Bottoms, B. L. (Eds.), *Child victims, child witnesses: Understanding and improving testimony*. New York: Guilford Press.

Grandin, T. (1988). Teaching tips from a recovered autistic. *Focus on Autistic Behavior, 3,* 1-8.

Halpern, A. S., Lehman, J. P., Irwin, L. K., & Heiry, T. J. (1982). *Contemporary asessment for mentally retarded adolescents and adult*. Baltimore: University Park Press.

Hambridge, G. (1955). Structured playtherapy. *American Journal of Orthopsychiatry, 25,* 601-617.

Hardy, K. V. (2003). Working with aggressive and violent youth. Presentation at the Psychotherapy Networker Symposium, Washington, DC.

Hart, E. L., Lahey, B. B., Loeber, R., Applegate, B., & Frick, P. J. (1996). Developmental change in attention-deficit hyperactivity disorder in boys: A four-year longitudinal study. *Journal of abnormal child psychology, 23,* 729-749.

Hayden, T. L. (1980). Classification of elective mutism. *Journal of the American Academy of Child and Adolescent Psychiatry, 19,* 118-133.

Herman, J. L. (1992). *Trauma and recovery.* New York: Basic Books.

Hetherington, E. M., Cox, M., & Cox, R. (1978). The aftermath of divorce. In J. H. Stevens & M. Mathews (Eds.), *Mother/child, father/child relations* (pp. 149-176). Washingtin, DC: National Association for the Education of Young Children.

Hoberman, H. M., & Lewinson, P. M. (1985). The behavioral treatment of depression. In E. E. Beckham & W. R. Lever (Eds.), *Handbook of depression: Treatment, asessment and research.* Homewood, IL: Dorsey Press.

Holmbeck, G. N., & Lavigne, J. V. (1992). Combining self-modeling and stimulus fading in the treatment of an electively mute child. *Psychotherapy, 29* (4), 661-667.

Jensen, P. S., Martin, B. A., & Cantwell, D. P. (1997). Comobidity in ADHD: Implications for research, practice, and DSM-IV. *Journal of the American Academy of Child and Adolescent Psychiatry, 36,* 1065-1079.

Jernberg, A. M., & Booth, P. B. (1999). *Theraplay: Helping parents and children build better relationships through attachment-based play* (2nd ed.). San francisco: Jossy-Bass Publishers.

Jongsma, A. E., Peterson, L. M., & Mclnnis, W. P. (2000). *The Child Psychotherapy Treatment Planner* (2nd ed.). New York: John wiley & Sons.

Kaduson, H. G. (1997). Play therapy for children with attention-deficit hyperactivity disorder. In H. G. Kaduson, D. M. Cangellosi, & C. E. Schaefer (Eds.), *The playing cure.* Northvale, NJ: Jason & Aronson.

Kalff, D. (2003). *Sandplay: A psychotherapeutic approach to the psyche.* Boston: Sigo Press.

Kaplan, S. J. (1996). Physical abuse and neglect. In M. Lewis (Ed.), *Child and adolescent psychiatry: A comprehensive textbook* (2nd ed., pp. 1033-1041).

Baltimore: Williams & Wilkins.

Kashani, J. H., Holcomb, W. R., & Orvaschel, H. (1986). Depression and depressive symptoms in preschool children from the general population. *American Journal of Psychiatry, 143,* 1138–1143.

Kazdin, A. E. (1977). *The token economy.* New York: Plenum Press.

Kazdin, A. E., Rodgers, A., & Colbus, D. (1986). The Hopelessness Scale for Children: Psychometric characteristics and concurrent validity. *Journal of Consulting and Clinical Psychology, 54,* 241–245.

Kendall, P. C. (1991). Guiding theory and therapy for children and adolescents. In P. C. Kendall (Ed.), *Child and adolescent therapy: Cognitive-behavioral procedures* (pp. 3–22). New York: Guilford Press.

Kenny, M. C., & Winick, C. B. (2000). An integrative approach to playtherapy with an autistic girl. *International Journal of Play Therapy, 9*(1), 11–33.

Klein, M. (1935). *A contribution to the psychogenesis of manic-depressive sate in contributions to psychoanalysis* (pp. 282–310). London: hogarth.

Knell, S. M. (1993). *Cognitive-behavioral play therapy.* Northvale, NJ: Jason Aronson.

Kritsberg, N. I. (1975) *The structured therapeutic method of game analytic psychotherapy.* Hicksville, NY: Exposition Press.

Kritzberg, N. I. (1975). *The structured therapeutic game method of psychoanalytic psychotherapy.* Hicksville, NY: Exposition.

Krohn, D. D., Sander, M. D. M., & Weckstein, M. D. (1992). A study of the effectiveness of a specific treatment for elective mutism. *Journal of the American Academy of Child and Adolescent Psychiatry, 31,* 711–718.

Kuhli, L. (1993). The use of two houses in play therapy. In C. E. Schaefer & D. M. Cangelosi (Eds.), *Play therapy techniques* (pp. 63–68). Northvale, NJ: Jason Aronson.

Landreath, G. L. (1991). *Play therapy: The art of the relationship.* Indiana: Accelerated Development, Inc.

Landreath, G. L., Homeyer, L., Glover, G., & Sweeney, D. S. (1996). *Play therapy interventions with children's problems.* Northvale, NJ: Jason Aronson.

Leland, H. (1983). Play therapy for mentally retarded developmentally disabled children In C. E. Schaefer & K. J. O'connor (Eds.), *Handbook of Play therapy* (pp. 431–454). New York: John Wiley & Sons.

Lesser-Katz, M. (1988). The treatment of elective mutism as stranger reaction. *Psychotherapy, 25*(2), 305–313.

Levenson, R. L., & Herman, J. (1993). Role playing. In C. E. Schaefer & D. M. Cangelosi (Eds.), *Play therapy techniques* (pp. 225-236). Northvale, NJ: Jason Aronson.

Lindblad-Goldberg, M. (1986). Elective mutism in families with young children. *Family Therapy Collection, 18,* 31-42.

Lord, C., & Schopler, E. (1989). Stability of assessment results of autistic and non-autistic language-impaired children from preschool years to early school age. *Journal of Child Psychology and Psychiatry, 30,* 575-590.

Lotter, V. (1966). Epidemiology of autistic conditions in young children. I: Prevalence. *Social Psychiatry, 1,* 163-173.

Lotter, V. (1978). Follow-up studies. In M. Rutter & E. Schopler (Eds.), *Autism: A reappraisal of concepts and treatment.* New York: Plenum.

Luckasson, R., Coulter, D. L., Polloway, E. A., Reiss, S., Schalock, R. L., Snell, M. E., Spitalnik, D. M., & Stark, J. A. (1992). *Mental reatardation: Definition. classification, and systems of supports* (9th ed.). Washington, DC: American Association on Menrtal Retardation.

Lusebrink, V. B. (1990). *Imagery and visual expression in therapy.* New York: Plenum.

Lyness, D. (1997). Play therapy for children with fears and phobias. In H. G. Kaduson, D. Cangelosi, & C. E. Schaefer (Eds.), *The playing cure.* Northvale, NJ: Jason Aronson.

Marks, I. (1987). The development of normal fear: A review. *Journal of Child Psychology and Psychiatry and Allied Disciplines, 28,* 667-697.

Martin, H. P. (1972). The child and his development. In C. H. Kempe & R. E. Helfer (Eds.), *Helping the battered child and his family.* New York: J. B. Lippincott Company.

Mash, E. J., & Wolfe, D. A. (2001). 아동이상심리학(송영혜, 조현춘, 조현재 역). 서울: 시그마프레스.

McEachin, J. J., Smith, T., & Lovaas, O. I. (1993). Long-term outcome for children with autism who received early intensive behavioral treatment. *American Journal on Mental Retardation, 97,* 359-372.

Mendal, A. E. (1983). Play therapy with children of divorced parents. In C. E. Schaefer & K. J. O'Connor (Eds.), *Handbook of play therapy* (pp. 320-354). New York: John Wiley & Sons.

Moustakas, C. E. (1992). *Psychotherapy with children: The living relationship.* New York: Harper & Row.

Nagera, H. (1970). Children's reactions to the death of important objects: A developmental approach. *Psychoanalytic Study Child, 25,* 360-400.

Neal, J. H. (1983). Children's understanding of their parents' divorces. In L. Kurdek (Ed.), *New directions in child development: Children and divorce, No. 19.* San Francisco: Jossey-Bass.

Nelson, R. W., & Israel, A. C. (1990). 아동기 행동장애(김보경, 조현춘, 정대영, 박영균 역). 서울: 성원사.

Neubauer, P. (1960). The one-parent child and his oedipal development, *Psychoanalytic Study of the Child, 15,* 286-309.

Nihira, K., Foster, R., Shellas, M., & Leland, H. (1974). *AAMD adaptive behavior scale.* Washington DC: American Association on Mental Deficiency.

O'Connor, K. J. (1991). *The play therapy primer.* New York: John Wiley & Sons.

Oaklander, V. (1988). *Windows to our children.* Highland, NJ: Center for Gestalt Development.

Pamela, E. H. (1997). Play therapy with sexually abused children. In H. G. Kaduson, D. Cangelosi, & C. E. Schaefer (Eds.), *The playing cure* (pp. 187-193). Northvale, NJ: Jason Aronson, Inc.

Patricia, K. (1988). *Helping abused children.* Seattle, WA: Parenting Press.

Petti, T. A. (1978). Depression in hospitalized child psychiatry patients: Approaches to measuring depression. *Journal of American Academy of Child Psychiatry, 17,* 49-59.

Petti, T. A., & Law, W. (1982). Imipramine treatment of depressed children: A double-blind study. *Journal of Psychopharmacology, 2,* 107-110.

Pigott, H. E., & Gonzales, F. P. (1987). Efficacy of videotape self-modeling in treating an electively mute child. *Journal of Clinical Child Psychology, 16* (2), 106-110.

Pitcher, E. G., & Prelinger, E. (1963). *Children tell stories: An analysis of fantasy.* New York: International Universities Press.

Rasmussen, L., & Cunningham, C. (1995). Focused play therapy and non-directive play therapy: Can they be integrated? *Journal of Child Sexual Abuse, 4* (1), 1-20.

Redl, F., & Wineman, D. (1951). *Children who hate: The disorganization and breakdown of behavior controls.* New York: Free Press.

Rehm, L. P. (1977). A self-control model of depression. *Behavior Therapy, 8,* 787-804.

Rutter, L. C., Goode, M., Heemsbergen, S., Jordan, J. H., Mawhood, L., &

Schopler, E. (1989). Autism diagnostic observation schedule: A standardised Observation of communication and social behavior. *Journal of Autism and Developmental Disorders, 19,* 185–213.

Sarnoff, C. A. (1987). *Psychotherapeutic strategies in the latency years.* Northvale, NJ: Jason Aronson.

Sauzier, M. (1989). Disclosure of child sexual abuse: For better or for worse. *Psychiatric Clinics of North America, 12,* 455–69.

Schaefer, C. E. (1993). What is play and why is it therapeutic? In C. E. Schaefer (Ed.), *Therapeutic powers of play* (pp. 1–15). Northvale, NJ: Jason Aronson.

Schaefer, C. E., & Reid, S. E. (1986). *Game play-therapeutic use of childhood games.* New York: John Wiley & Sons.

Schalock, R. L., Luckason, R. A., & Shogren, K. A. (2007). Perspective: The renaming of mental retardation: Understanding the change to the term intellectual disability. *Intellectual and Development Disabilities, 45*(2), 116–124.

Schopler, E., & Reicher, R. J. (1996). 아동기 자폐증 평정척도(김태련, 박랑규 역). 서울: 도서출판 특수교육.

Schopler, E., & Reichler, R. J. (1987). 자폐아, 발달장애아, 유아용 교육진단 검사 요강(김정권 편역). 서울: 도서출판 특수교육.

Schowalter, J. E. (1994). Fears and phobias. *Pediatrics in Review, 15*(10), 384–388.

Schreibman, L., Charlop, M. H. (1989). Infantile autism. In T. H. Ollendick M. Hersen (Eds.), *Handbook of child psychopathology* (2nd ed.). New York: Plenum Press.

Schwean, V. L., & Saklofske, D. H. (Eds.). (1999). *Handbook of psychosocial characteristics of exceptional children.* New York: Kluwer/Plenum.

Seligman, M. E. P. (1975). *Helplessness: On depression, development and death.* San Francisco: Freeman.

Sgroi, S. (1982). Family treatment. In S. Sgroi (Ed.), *Handbook of clinical intervention in child sexual abuse* (pp. 241–268). Lexington, Massachusetts: D. C. Heath and Co.

Shellhaas, M., & Nihira, K. (1969). Factor analysis of reasons retardates are referred to an institution. *American Journal of Mental Deficiency, 74*(2), 171–179.

Sherwood, S. (1980). Play Psychotherapy with Socially Maladaptive Mentally Retarded Children Using Same Age, and Younger-age Peers as

Therapists. Unpublished Doctoral Dissertation. Columbus: The Ohio State University.

Shirk, S. (1999). Integrated child psychotherapy: Treatment ingredients in search of a recipe. In S. Russ & T. Ollendick (Eds.), *Handbook of psychotherapies with children and families* (pp. 369-384). New York: Kluwer Academic/Plenum Publishers.

Spitz, R. (1946). Anaclitic depression. *Psychoanalytic Study of the Child, 2,* 313-342.

Stark, K. D., Humphrey, L. L., Laurent, J., Livingston, R., & Christopher,. J. (1993). Cognitive, behavioral, and family factors in the differentiation of depressive and anxiety disorders during childhood. *Journal of Consulting and Clinical Psychology 61,* 878-886.

Strand, V. (1991). Victim of sexual abuse. In N. B. Webb (Ed.), *Play therapy with children in crisis: A casebook for practitioners* (pp. 69-91). New York: Guilford Press.

Thompson, C. L., & Rudolph, L. B. (1983). *Counselling children.* Monterey, CA: Brooks/Cole.

Thompson, C. L.. & Rudolph, L. B. (1993). 아동을 위한 상담이론과 방법(김영숙, 이재연 편역). 서울: 교육과학사.

Toolan, J. M. (1981). Depression and suicide in children: An overview. *American Journal of Psychotherapy, 35*(3), 311-322.

Turecki, S. (1994). *The emotional problems of normal children: How parents can understand and help.* New York: Bantam.

Turley, D. (1998). Fredirika: Wrapped in layers of burgundy wool. In L. Golden (Ed.), *Case studies in child and adolescent counselling* (2nd ed., 143-163). Upper Saddle River, NJ: Prentice Hall.

Vanfleet, L., & Kaduson, H. G. (1999). Play therapy for children exposed to violence: Individual, family, and community interventions. *International Journal of Play Therapy, 8*(1).

Wadeson, L. (1980). *Art psychotherapy.* New York: Wiley-interscience.

Waelder, R. (1933). Psychoanalytic theory of play. *Psychoanalytic Quarterly, 2,* 208-224.

Wallerstein, J. S., & Kelly, J. B. (1980). *Surviving the breakup: How children and parents cope with divorce.* New York: Basic Books.

Wallerstein, J. S. (1983). Children of divorce: the psychological tasks of the child. *American Journal of Orthopsychiatry, 53,* 230-243.

Watchel, E. F. (1994). *Treating troubled children and their families.* New York:

Guilford Press.

Wechsler, D. (1996). K-WIPSSI 지침서(박혜원, 곽금주, 박광배 역). 서울: 도서출판 특수교육.

Weinrib, E. (1983). *Images of the Self*. Boston: Sigo Press.

Weis, S., & the Mount Zion Psychotherapy Research Group. (1986). *The psychoanalytic process: Theory, clinical observation and empirical research*. New York: Guilford Press.

Weiss, G. (1983). Long-term outcome: Finding, concepts, and practical implications. In M. Rutter (Ed.), *Developmental neuropsychiatry* (pp. 422-436). New York: Guilford Press.

Wenar, C. (1982). Developmental psychology: It's nature and models. *Journal of Clinical Child Psychology, 11,* 192-201.

Wenar, C. (2004). 발달정신병리학: 영아기부터 청소년기까지(이춘재, 성현란, 송길연, 윤혜경, 김혜리, 이명숙, 박혜원, 곽금주, 장유경, 이도헌 역). 서울: 박학사.

Winnicot, D. W. (1971). *Therapeutic consultations in child psychiatry*. New York: Basic Books.

Wolfenstein, M. (1966). How is mourning possible? *Psychoanalytical Study of the Child, 21,* 93-123.

Wulff, S. (1985). The symbolic and object play of children with autism: A review. *Journal of Autism and Developmental Disorders, 15*(2), 139-148.

# 찾아보기

## 《인 명》

《내 용》

▪ 염숙경

숙명여자대학교 아동복지학과 학사

서울대학교 대학원 교육학과 석사

숙명여자대학교 대학원 아동복지학과 문학박사(아동심리치료전공)

미국 University of New England 모래놀이치료과정 수료

캐나다 University of British Columbia 국제놀이치료워크숍 과정 수료

스위스 융 연구소 모래놀이치료과정 수료

놀이치료전문가(한국놀이치료학회), 상담심리전문가(한국상담심리학회)

전 한국행동과학연구소 아동발달연구부 연구원, 원광아동상담센터 목동분원장, 숙명여자대학교, 연세대학교, 서강대학교 등 강사, 서울여자대학교 대학원 교육심리학과 겸임교수(놀이치료 담당), 한국놀이치료학회 자격관리위원장 겸 교육위원장

현 새길아동청소년 상담센터 대표 겸 소장, 숙명여자대학교 대학원 아동복지학과 겸임교수, 한국놀이치료학회 이사, 한국상담심리학회 이사

# 아동의 증상과 특성별 놀이치료

2009년 9월 21일 1판 1쇄 발행
2023년 3월 20일 1판 13쇄 발행

지은이 • 염숙경
펴낸이 • 김진환
펴낸곳 • (주) 학지사
121-837 서울특별시 마포구 서교동 352-29 마인드월드빌딩 5층
대표전화 • 02)330-5114 팩스 • 02)324-2345
등록번호 • 제313-2006-000265호

홈페이지 • http://www.hakjisa.co.kr
커뮤니티 • http://cafe.naver.com/hakjisa

ISBN 978-89-6330-209-6 93180

정가 18,000원

저자와의 협약으로 인지는 생략합니다.
파본은 구입처에서 교환해 드립니다.